# 物流十年录

陆　江／著

中国财富出版社

**图书在版编目（CIP）数据**

物流十年录／陆江著．—北京：中国财富出版社，2017.3

ISBN 978－7－5047－6441－6

Ⅰ．①物…　Ⅱ．①陆…　Ⅲ．①物流管理—中国—文集　Ⅳ．①F259.22－53

中国版本图书馆 CIP 数据核字（2017）第 050893 号

| | | | | | |
|---|---|---|---|---|---|
| 策划编辑　黄正丽 | | 责任编辑　邢有涛　黄正丽 | | | |
| 责任印制　石　雷 | | 责任校对　杨小静　胡世勋　孙丽丽 | | 责任发行　敬　东 | |

出版发行　中国财富出版社

| | | | |
|---|---|---|---|
| 社　　址　北京市丰台区南四环西路 188 号 5 区 20 楼 | | 邮政编码　100070 | |
| 电　　话　010－52227588 转 2048/2028（发行部） | | 010－52227588 转 307（总编室） | |
| 　　　　　010－68589540（读者服务部） | | 010－52227588 转 305（质检部） | |
| 网　　址　http://www.cfpress.com.cn | | | |
| 经　　销　新华书店 | | | |
| 印　　刷　北京京都六环印刷厂 | | | |
| 书　　号　ISBN 978－7－5047－6441－6/F·2731 | | | |
| 开　　本　787mm×1092mm　1/16 | | 版　　次　2017 年 12 月第 1 版 | |
| 印　　张　19.5　彩色 1 | | 印　　次　2017 年 12 月第 1 次印刷 | |
| 字　　数　425 千字 | | 定　　价　180.00 元 | |

# 序

　　自 2001 年 2 月中国物流与采购联合会（以下简称联合会）成立，到 2010 年 11 月卸任，我当了将近 10 年的联合会会长。这 10 年正是我国物流事业快速发展、产业地位得到确立的 10 年；是联合会在改革中不断发展壮大、行业地位确立的 10 年，也是本人职业生涯中值得回忆的 10 年。

　　在这 10 年当中，由于工作的原因，我留下了一些文稿。我卸任后，联合会提出把这些文稿整理成册。在联合会现任领导的支持和帮助下，《物流十年录》终于和大家见面了。书中收录了我在这 10 年工作中的讲话、谈话、致辞、提案、序言、调查报告等共计 65 篇。除个别篇章在报刊发表外，多数尚未公开发表。本书是对我 10 年工作的一个回顾，作为历史资料呈现给大家，也是对我国物流业发展及联合会成长的一个记录。本书所反映出的工作成果是贯彻党中央、国务院方针政策以及政府有关部门支持的结果，同时也离不开行业企业的实践，更是联合会领导班子和全体工作人员集体智慧的结晶。

　　我国的物流事业伴随着改革开放的不断深入而快速发展。1978 年，党的十一届三中全会前夕，由国家物资总局牵头的物资管理考察团，首次把"物流"概念介绍到国内。之后，经过了长期的理论研究、知识启蒙和实践探索。20 世纪 90 年代中期前后，由于市场开放和经济发展，经济界已发出转变经济发展方式的呼声，政府有关部门开始关注物流问题。2001 年经国务院批准，中国物资流通协会更名为中国物流与采购联合会。2003 年国务院领导同志在十届全国政协提交的《关于我国现代物流情况的调研报告》上对物流的发展和体制问题作出重要批示。2004 年国家发展和改革委员会等 9 部门联合发布《关于促进我国现代物流业发展的意见》。2005 年经国务院批准，由国家发展和改革委员会牵头，建立了"全国现代物流工作部际联席会议制度"。2006 年《国民经济和社会发展第十一个五年规划纲要》提出，"大力发展现代物流业"。2009 年国务院把物流业列入调整和振兴的十大产业之一，标志着物流业的产业地位在国家规划中得以确立。2014 年国务院发布《物流业发展中长期规划（2014—2020）》。如今，物流业在国民经济中的地位有显著提升，在社会上得到普遍重视。在这个过程当中，联合会在行业中发挥了重要的引领和推动作用。

联合会也是改革开放的产物，随着市场经济的发展，政府机构改革应运而生。10年中我们主要做了以下几件事情：一是在政府有关部门领导下，普及物流知识，宣传物流产业，协助政府制定发展规划和产业政策，促进了物流业产业地位的确立；二是积极反映企业诉求，主动协助政府决策，引导行业发展方向，发挥政府和企业之间的桥梁和纽带作用，确立了联合会在引领行业发展中的地位；三是逐步建立服务体系和核心业务，提高服务能力和业务水平，形成了包括采购经理指数（PMI）、A级企业评估、物流标准、论坛会展、系列报告、行业劳模、信用评级、教育培训、科技创新、课题研究和政策建议等品牌服务项目；四是不断推进联合会自身体制改革，建立规范自律机制，加强队伍建设，并注意发挥企业管理者、院校和研究机构专家学者的作用，采取内培外联、产学研结合方式，组建了基本适应协会工作需要的工作团队。

这些工作的进展，是联合会领导班子在改革开放精神指引下，带领全体工作人员学习实践，改革创新，艰苦创业，开拓奋进的结果。工作是大家做的，成绩应该归功于大家。我从国内贸易部领导岗位退下来，担任联合会会长职务，主要做了一些打基础、撑门面和选人用人等方面的事情。通过整理这些资料，回顾10年来走过的道路，我有以下深刻体会：

一是必须坚持改革创新。联合会成立后，全面改革运作机制，调整组织结构，进行人事制度改革，实行聘任制，积极推进专职人员的专业化、职业化和年轻化。强调联合会不是退休干部的过渡会，要把联合会工作当作事业来干。协会工作是服务性的工作，要发挥主观能动性，不是等工作做，而是去找工作做，"有为"才能得到重视，"有为才能有位"。增强职工的事业心，调动大家的积极性，培育核心业务，逐步创立了品牌服务项目，形成了基本的业务工作体系。

二是必须坚持服务宗旨。10年中，联合会始终坚持"为企业服务、为行业服务、为政府服务"的根本宗旨，致力于维护会员利益和合法权益，使联合会成为"会员之家"和行业的"主心骨"，引领和指导行业自律发展；成为政府的参谋和助手，充分发挥政府与企业的桥梁和纽带作用。我始终认为，服务是联合会的"立会之本"。只有兢兢业业、务实高效地服务，我们的工作才能得到政府承认、行业认可、企业认同。

三是必须加强联合协作。联合会是一个综合性、开放式的社会团体。联合会要讲联合，协会要讲协作。我们要依托政府有关部门，争取领导支持，推动各项政策措施的出台和落实。与兄弟协会和地方协会建立联系机制，在多个领域开展业务合作，发挥行业整体优势。与会员单位、新闻媒体、研究机构开展多种形式的联合与协作，形成发展合力。联合与协作，是联合会最重要的工作方法。

四是必须建设好领导班子和工作团队。10年中，我们不断推进内部人事制度改革，注重人才引进与培养，加强领导班子和工作团队建设，特别关注对协会专职领导的培养和选拔，并注意发挥兼职副会长及专家学者的作用。联合会事业发展的关键在人才。领导班子和工作团队建设是我们继往开来、持续发展的根本保证。

2010 年 11 月，我辞去会长职务，把接力棒交给了以何黎明同志为会长的联合会新一届领导班子。6 年过去了，回望来路，我们的联合会无论在业务的开展、会员单位的规模与结构，还是对内凝聚力、对外影响力以及领导班子和人才队伍的工作能力与水平，都有了新的提升，进入了一个新的发展阶段。实践证明，他们干得很好。我感到很高兴，也很欣慰。

事业要传承，人事有更替。借此机会，我衷心地感谢联合会会员单位、理事、常务理事和兼职副会长，感谢物流企业家和专家学者，感谢国务院各有关部门和地方政府对联合会工作的支持。特别要感谢联合会专职领导班子和全体工作人员，在我任职工作期间给予的支持和配合、理解和谅解。我相信，长江后浪推前浪，一代更比一代强。中国物流与采购联合会的明天将更加美好，中国物流人的"物流强国梦"一定能够实现。

陈江

二〇一六年十一月

2001 年 4 月 20 日中国物流与采购联合会在北京挂牌

# 企业调研

# 国外考察

# 目　录

# 抓住机遇  开拓创新
# 把联合会工作进一步引向深入

## （二〇〇一年十二月二日）

### 一、当前的形势

今年以来，在世界经济普遍下滑的情况下，我国继续采取积极的财政和稳健的货币政策，使国民经济保持较快增长的良好势头。前三季度，国内生产总值增长 7.6%，工业增加值增长 10.3%；全社会消费品零售总额增长 10.1%，生产资料销售增长 6.4%，剔除价格因素增长 9%，市场销售保持稳定。北京申奥的成功、APEC（亚洲太平洋经济合作组织）会议在上海的召开等，都表明我国经济正在快速发展，综合国力日益增强，国际地位不断上升。

国内良好的政治经济形势，为我国物流和采购分销服务业的发展创造了良好的外部环境。目前，我国物流和商品市场还未完全对外开放，但加入 WTO（世界贸易组织）后，根据协议，我国将分阶段（3～5 年内）放开外资进入我国批发、零售和物流业的各种限制。这意味着，在不久的将来，我国将允许外资企业自行设立分销网络、经营物流服务业务。对国内物流与分销服务业来讲，加入 WTO 有利于我国物流和分销服务业加快引进国外资金、技术和管理经验，也有利于促进我国物流产业结构（包括资本结构、服务产品结构和区域结构）的调整，更有利于我国物流业走向世界。但国外大型跨国物流企业的进入，将对我国物流产业形成很大冲击。国外公司借助强大的资金、技术优势和先进的管理经验以及遍布全球的网络优势，已拉开了全面进军我国市场的架势。素有世界航运旗舰之称的马士基公司已在我国建立了 9 家分公司、6 家办事处，不仅在上海开设了独资的配送中心，还准备未来两年内在我国再建 10 个配送中心。对此，我们必须有清醒的认识，有充分的准备。

面临着经济全球化、信息化以及我国加入 WTO 后必须面对的挑战，国内流通企业在许多方面都很不适应：一是观念上的不适应。传统的流通企业在走向市场经济过程中还缺少竞争意识以及市场需要、用户需要至上的经营观念。二是人才队伍的不适应。搞现代物流，需要大批具有信息、金融、管理、法律等知识的复合型的专业人才，而我们过去的营销队伍整体素质较低，人员知识结构很不完善，很难适应形势发展的需要。三是服务内容的不适应。现阶段，我们的流通企业服务功能还很单一，尤其是增值服务比重较低，很难适应市场经济发展和参与国际竞争的需要。四是物流现代化水平不适应。我国物流基础设施和装备条件的技术水平较低，物流作业效率不高；标准化程度低，各种物流功能、要素之间难以做到有效衔接和协调发展；信息技术应用水平较低，物流信息系统建设滞后。大部分企业只能简单地提供运输和仓储服务，在库存管理、流通加工、物流信息服务、物流成本控制等物流增值服务方面以及在物流方案设计和全程物流服务等更高层次的物流服务方面还没有全面展开。不少企业缺乏必要的服务规范和内部管理规程，经营管理粗放，服务质量较低。五是物流管理体制不适应。我国物流体系大多是在计划经济体制下建立的，物流资源在管理体制上是分散的，条块分割、多头管理，缺乏全社会统一的物流规划，物流布局及各环节的配置还不合理。种种的不适应，都是影响我国物流业尽快与国际物流与分销服务业同步发展的不利因素，如果我们仍然因循守旧、故步自封、无所作为，就会丧失发展的良机，就会在未来的市场竞争中被淘汰。

## 二、推动现代物流业发展是我们的历史重任

我们是全国性的物流社团组织，围绕推进现代物流，加快创新，加快发展，推进物流革命，是我们的历史责任。

我国现代物流起步较晚，但发展势头相当迅猛，已经形成了新一轮发展热潮，成为当前我国社会经济发展的新的增长点。在21世纪，现代物流的发展呈现出许多新的特点，因此，我们在发展现代物流时要妥善处理好以下几个方面的关系。

第一，传统物流与现代物流的关系。我们在发展现代物流时要从中国实际情况出发，要讲中国特色。传统物流企业基础条件普遍较差，发展现代物流的各种相关政策和配套法规还不健全，尤其是现代物流理念还没有深入人心，要按照市场经济成熟国家的模式发展现代物流，还不完全具备条件。因此，对传统物流我们强调要依据经济发展水平和市场化程度逐步加以调整、改造、完善和提高，但我们不能因此就不发展现代物流，关键是要将国外经验与我国国情及企业实际情况相结合，将物流理论与物流管理和企业实践相结合，既不能盲目照抄照搬，也不能消极等待，无所作为，要走有中国特色的发展现代物流的路子。

第二，国有物流企业与其他所有制物流企业的关系。现代物流是在市场经济和贸易自由化的背景下发展起来的。发展现代物流，应当按照市场经济规律办事，打破部门、地区和所有制限制。在市场经济中，无论是国有企业、民营企业，还是外资企业，

大家都是平等竞争、相互合作的关系。联合会是一个开放的社团组织，应当以现代物流为核心，海纳百川，兼容并蓄，团结所有愿意推进中国现代物流和采购分销事业进步的企业和团体，共同推动现代物流和采购分销事业的发展。

第三，生产物流、供应物流与销售物流的关系。物流的产业链条很长，几乎可以延伸到生产与流通的各个环节。我们无论是进行物流理论研究，还是从事物流活动，都应当把生产物流、供应物流和销售物流有机结合起来，而不是相互割裂开来。系统化是现代物流管理的重要模式，通过强调物流各环节的有机衔接，从而达到整个物流活动的整体最优化。

第四，中国物流与采购联合会与其他兄弟物流社团的关系。中国物流与采购联合会作为唯——家经国务院批准的、民政部注册的全国性物流社团，其工作内容已不仅仅限于国有物资流通系统。我们要打破部门和系统的概念，以推进我国现代物流产业发展为中心任务，紧密联系和依靠交通、运输、旅游、商业、邮电、信息、民航等各个行业主管部门和相关社团。

### 三、现代物流为国有物资流通业发展提供了一个方向

国有物资企业一直是联合会的基础和主体，配合政府部门引导物资企业进一步深化改革、加快发展、实现扭亏脱困，始终是联合会的一项重要工作。这几年，经过全行业的努力，国有物资企业改革和扭亏都取得了一定的成绩。到目前为止，原国有物资企业90%以上完成了改制，不少企业在改革中出现新的生机。但全系统还存在不少问题：一是企业体制还很落后，尽管进行了改制，但还没有实现体制创新；二是设备落后，服务功能单一，主营业务不明确，增值服务比重较低；三是大部分企业只有销售网点，没有形成现代营销网络；四是企业经营管理信息化水平较低；五是管理粗放，大部分企业尚未形成一整套促进业务创新的管理机制。物资企业经营困难，并不能说明流通和现代批发业不重要。在成熟的市场经济中，大型生产资料分销和物流业仍然是具有吸引力的行业，仍然具有较高的投资回报率。据对美国物流主流企业近三年资产回报率的统计分析，以运输为主的物流企业年平均资产回报率达8.3%，以仓储为主的达7.1%，以综合服务为主的高达14.8%，而我国大部分物资企业资产回报率还不到1%。这说明我国物资企业服务功能单一，资产利用效率太低。

事实上，很多物资企业拥有一定规模的土地、仓储设施、运输手段、物资加工和配送能力，具有开展现代化物流服务必不可少的物质条件，只要能够按照现代物流管理模式重新规划和整合，进一步深化改革，促进制度创新；调整发展战略，加快发展现代物流业务，形成新的核心竞争能力；重视利用信息和网络技术，加快物资企业经

营方式的转换；积极寻求国际合作机会，参与国际物流服务市场竞争；重视人力资源开发和培训工作，前景还是十分广阔的。

## 四、按"三个代表"重要思想的要求，以创新务实、开拓进取的精神，做好各项服务工作

作为政府机构改革的一种过渡性安排，联合会目前还承担政府部门委托的一部分工作，如受国家经贸委委托，代管 26 个全国性专业协会和 7 个事业单位，同时在行业统计、外事工作、基本建设、标准化和质量工作、行业展览会审核汇总、机电产品进口审查等方面承担政府部门的职能。但从性质上讲，联合会是一个民间性社团组织，主要靠为会员、企业和行业提供优良的中介服务赢得生存和发展机会。联合会的主要任务是，坚持以"三个代表"重要思想为指导，围绕党和国家经济工作中心，以现代物流为核心，以优良服务为宗旨，以加强联合为主线，以深化改革为动力，不断扩大影响，促进业务创新，为推进我国现代物流与采购分销事业的发展做出贡献。当前，联合会除搞好日常工作外，还要在以下几个方面做出不懈的努力。

第一，联合会要定好位。联合会的功能主要有两个：一是服务，为会员、企业和行业服务；二是行业管理，经政府部门授权、委托或共同参与实现行业管理职能。在明确联合会的地位和职能时，有三点需要把握：一是要强调联合会的"联合"二字。联合会是一个开放的社团组织，它面向我国物流和采购分销行业，联合了企业、政府和学术界，具有广泛的代表性。由于我国物流管理体制分散，从长远发展看，联合会要在物流行业整合方面发挥重要作用。二是联合会作为一个行业协会，要强调一个"协"字，多在协商、协助、协作、协调上下功夫。联合会行使行业管理职能不同于过去的行政管理，而是行业自律性管理，要做到"尽职不越位，参与不干预，引导不领导"。三是要强调"服务"二字。服务是联合会工作的宗旨，是联合会生存和发展的基础。联合会工作人员要牢固树立服务观念，树立自立、自治、自养的思想，面向企业，不等、不靠、不依赖政府，积极主动地开展工作。

第二，加大物流宣传力度，提高全社会物流意识。我国物流发展起步较晚，发展水平较低，与发达国家相比有不小的差距。这种差距不仅是资本、技术和能力上的差距，更重要的是观念上的差距。联合会一项重要的任务就是加强宣传引导、普及现代物流知识，使现代物流观念深入人心，逐步提高全社会现代物流意识。加强物流宣传的形式可以多种多样，包括举办讲座、物流知识培训班、实地调查、理论研讨等。要组织政府官员、企业界、理论界人士共同探讨物流发展问题，交流物流工作经验。对物流发展的一些热点问题，要组织有关专家进行专题研究，形成专题报告。要发挥公

共媒体在扩大宣传中的重要作用，利用广播、电视、报纸、期刊和互联网，广泛宣传现代物流。

第三，制定行业规范，发挥行业自律作用。加强行业自律是行业性社团的一项重要职能。随着政府职能从直接管理向间接管理、微观管理向宏观管理、部门管理向行业管理转变，政府部门越来越多的社会工作和行业管理的具体工作将交由社会团体承担，行业协会自律性管理方面将大有文章可做。在西方发达的市场经济国家，行业协会在行业自律方面往往承担许多社会必需但又不宜或难以由政府和企业直接承担的事务。以反倾销为例，国际上提起反倾销诉讼多是靠行业协会出面组织和支持的，政府很少直接参与。因为裁定是否构成行业倾销，有一个标准就是本行业 80%～90% 的企业受到损害。我国在加入 WTO 后，无论是反国外倾销，还是被国外反倾销，都需要有一个很强的行业协会出面。从目前对我国提起反倾销案件的产品分布看，主要集中在钢材及其制品、化工产品和机电产品等大宗生产资料上。因此，联合会要加强研究，把反倾销作为一项重要工作来抓，协助政府部门，为维护我国工商企业的合法权益做出我们应有的贡献。联合会在加强行业自律方面的工作很多，包括加强物流和采购分销行业标准化体系建设，加强行业法规和行规行约建设，建立行业信息体系和信息发布制度，健全商品市场交易规范，建立行业人才培训与考核体系及资格认证制度等。这些都需要我们在认真调研的基础上，借鉴国际惯例，逐步探索和解决。当然，我们在借鉴国外发达国家行业协会发展经验的同时，也要结合中国的国情，不能照抄照搬。尤其联合会在推进行业自律建设过程中，要积极与政府部门进行沟通和协调，争取政府部门的支持与指导。

第四，继续做好物资企业改革与发展指导工作。如何做好为物资流通企业服务的工作，我只强调一点，物资企业在做强做大优势主业的同时，要进一步深化改革、调整经营战略，大力发展现代物流，这是我们摆脱困境、加快发展的主要途径。关键是我们要行动起来，不能等待观望，坐失良机。广东、上海、浙江、安徽、天津等地一些物资企业及诚通集团在这方面都做过积极的探索，取得了宝贵的经验。如诚通集团明确将第三方物流作为集团发展的方向，提出在五年内建立中国前三位的物流公司的发展目标，并着手对集团组织结构和业务模式按照第三方物流的发展模式进行改造。今后我们还要继续总结这方面的经验，在全行业推广。要根据物资流通企业改革与发展的现实问题，发挥联合会沟通和协调的职能，开展有特色的服务。

第五，积极开展国际交流与合作。联合会作为国内唯一的全国性的物流行业协会，要加强与世界各国物流行业组织，如美国物流管理协会（Council of Logistics Management，CLM）、日本物流系统协会（Japan Institute of Logistics Systems，JILS）、英国皇家物流与运输学会（The Institute of Logistics and Transport，ILT）、澳大利亚物流协会

（Australia's Leading Logistics Association，ALLA）等国外同行之间的交流与合作，促进中国物流行业与国际物流行业的接轨与融合。有计划地组织国内物流与分销服务企业到国外考察学习，帮助企业开拓国际市场。向国外同行、大型跨国公司和第三方物流企业宣传介绍中国物流市场及与物流相关的宏观经济环境的发展情况，吸引他们在中国投资，促进中国物流产业的发展。在开展国际交流与合作中要重视研究市场经济原则和国际惯例，如非歧视三原则（即最惠国待遇、国民待遇和互惠待遇）、公平竞争三原则（反倾销、反补贴和取消数量限制）、透明开放原则等，注意合理利用WTO保障条款保护我国物流与分销行业和企业的合法权益。

第六，积极引导物流企业通过资产重组、兼并与合作，培育和发展一批现代物流领先企业。联合会要充分发挥沟通、协调和咨询的职能，争取各地各级政府部门的支持，引导物流企业通过资产重组、兼并与合作，建立物流战略联盟，尤其是要鼓励国有物流企业与民营物流企业之间的兼并与合作，在全国形成几个大型的具有较强综合服务能力和竞争能力的现代物流领先企业，结合大中城市物流改造和规划，建设几个具有示范意义的物流园区，加快我国物流产业的结构调整，增强物流企业参与国际物流市场竞争的能力。

第七，加强物流人才培训工作。我国物流产业要实现跨越式发展，尽快培育物流人才是当务之急。联合会要联合高等院校、研究机构，加强人才培训工作，尤其是要大力培养复合型现代物流人才。人才培训要采取正规教育和在职培训相结合、两条腿走路的方针。一方面，要继续呼吁国家教育主管部门在高等院校的学科设置中恢复"物流管理"专业，扩大招收物流本科和学位研究生，培养高中级物流人才。另一方面，要有计划、有步骤地对物流行业在职人员开展多层次、多方面的物流教育和培训，尤其要加强物流企业经理、物流部门经理、物流策划人员和物流信息系统开发人员的培训，以适应现代物流发展的需要。

（本文节选自作者在"中国物流与采购联合会二届二次理事会"上的讲话）

# 加快流通现代化进程
# 促进物资企业战略转型

## （二〇〇二年六月三十日）

这次专家论坛是理论与实践的结合，开得很成功。参加这次会议的企业都是联合会的会员，请专家为会员工作进行点评，是我们为会员服务的一次重要尝试。今后，联合会还要继续总结经验，针对会员的个性化需要探索种种行之有效的服务方式，更好地为会员服务。下面，我围绕物资企业战略转型问题谈几点认识，供大家参考。

### 一、加快流通现代化进程是促进物资企业战略转型的重要途径

20 世纪 80 年代以前，我国经济改革与发展的主要目标是加快经济市场化进程，逐步建立起市场经济体制。到 90 年代以后，随着经济市场化的不断深入，生产力的不断解放，卖方市场逐步向买方市场转变，经济结构调整成为我国经济改革与发展的主线。买方市场的格局形成后，流通的地位和作用开始发生根本性变化，流通现代化问题越来越受到各方面的关注。如何通过推进流通现代化，提高流通效率，促进产业结构和产品结构的调整，改善经济运行质量，是国民经济和流通产业进一步发展面临的重大任务。国内外的实践都证明，现代化的大生产，需要现代化的大流通，只有现代化的大流通，才能带动现代化的大生产，现代化流通对市场经济的促进作用越来越大。没有流通的现代化，就没有真正意义上的社会主义市场经济，国民经济的整体素质和运行效率也就不可能得以提高。按照流通现代化的要求，专业流通组织必须符合两个条件：一是在体制上要建立起适应市场经济要求的边界清晰的现代企业制度；二是具有较大的规模和较强的服务功能，建立起核心竞争能力。物资企业这几年经历了风风雨雨，普遍进行了改制和重组，建立了公司制，但机制并没有转变过来，并没有建立真正意义的现代企业制度。从发展看，物资企业经营方式也必须改革。随着生产资料买方市场的发展，过去靠一买一卖赚取价差的经营方式已很难发展下去，必须向以服务竞争为主的生产资料分销和现代物流转型。原物资部时，我们提出要搞物流配送，1994 年我们又给国务院打报告，要发展代理配送，现在我们又提出要发展连锁经营、

物流配送。尤其是在加入世界贸易组织的五年过渡期内，物资企业要想有一个大的发展，必须着力提高竞争能力，特别要提高流通效率和企业效益。只有这样，才能更广泛地参与国际合作与竞争。大力发展物流配送、连锁经营、电子商务等现代营销方式，加快流通现代化进程是实现物资企业战略转型的重要途径。

## 二、根据流通现代化的要求和物资企业具体条件选择企业发展模式

物资企业向现代物流转型有一个过程，并不是所有的物资企业都可以发展现代物流的。要根据流通现代化的要求和物资企业的具体条件选择企业发展模式。参加这次会议的5家重点企业都是传统物资企业，既有省市综合性物资集团，如广东、上海物资集团总公司、中国铁路物资总公司；也有以仓储为主的物资企业，如中国储运物资总公司；还有专业物资总公司，如浙江金属材料公司。尽管这5家企业类型不一样，但经营效果都不错，都有一个明确的企业发展战略，较好地解决了企业改制后发展模式选择问题。这5家企业在物资行业具有代表性，从它们的变化可以看出物资行业的希望。一种是贸易加物流，如广东、上海物资集团总公司是以生产资料贸易为主，通过扩大贸易支持物流的发展，物流的发展又反过来增强了贸易的竞争力；浙江金属材料公司在发展钢材代理制的基础上，以扩大钢材贸易规模和市场占有率为目标，探索发展电子商务。广东物资集团总公司去年150亿元的经营总额中，物资销售收入达到105亿元，占70%；上海物资集团总公司去年200亿元的经营总额中，物流配送收入只有11.6亿元，不到6%。这说明，物资销售仍是当前大多数物资企业的主营业务，物流配送业务比重还不高。另一种是向第三方物流转型，如中铁、中储物资总公司依托传统的运输仓储业务，通过整合资源向现代物流转型。不管采取哪种发展模式，物资企业发展现代物流，要有利于进一步增强服务功能，扩大主业经营，促进业务创新，形成核心竞争能力。因此，物资企业在转型过程中，要根据企业具体情况和自身优势，不能搞"一刀切"，能搞什么就搞什么。

## 三、现代物流为物资企业发展提供了一个重要方向

很多物资企业拥有一定规模的土地、仓储设施、运输手段、物资加工和配送能力，这些物流资源是开展现代化物流服务必不可少的物质条件。只要按照现代物流管理模式重新规划和整合，提高增值服务的比重，发展现代物流业的前景还是十分广阔的。但我们也必须清醒地认识到，我们还必须做出不懈的努力。

一是加快物资企业组织结构调整和整合，以适应现代物流发展的要求。现代物流

要求对供应链进行整合和一体化管理，单靠一家企业"包打天下"是不可能的，必须在供应链管理中根据上下游关系建立稳定的战略伙伴关系。从国外经验看，一些大型跨国物流企业为了争取更大的市场份额，有的通过业务合作建立战略联盟，有的通过企业合并尤其是大型跨国并购扩大企业规模。物流企业组织结构必须以满足顾客需要为中心进行调整和整合，物流运作模式日渐集中是世界物流企业发展的一种趋势。物资企业要向现代物流转型，也必须改变企业"散、小、乱、差"的组织结构现状，按照现代物流的运作模式进行重组和整合。如中国铁路物资总公司结合自身物流配送和铁路运输优势，在对优势物流资源进行系统整合的前提下，组建了中铁现代物流科技股份有限公司，通过资本运作，实现快速扩张，并建成覆盖全国的现代物流配送网络。广东物资集团总公司按照连锁经营模式对汽车经营进行重组，创建了全国规模最大的汽车连锁企业，使品牌经营、专卖店连锁成为主流销售模式，基本实现了与国际销售模式的接轨。在加入 WTO 参与全球经济竞争的形势下，物资企业只有加快和深化改革，才能变革图强，否则难免在市场竞争中遭到淘汰。

二是提高认识，统一规划，加快发展现代物流业务，形成新的核心竞争能力。发展现代物流，不仅可以促进物资企业业务整合，还能够形成新的增值服务。要提高认识，统一规划，突破传统的经营观念和模式，以市场需求为导向，以用户满意为目标，大力发展现代物流服务，以现代物流服务构筑企业核心竞争能力。上海物资集团总公司在深入调查和科学论证的基础上，统一认识，转变观念，提出集团现代物流"七位一体"的发展模式，并列入上海市现代物流"十五"规划。根据这个发展模式，他们坚持传统商贸与现代物流同步发展，把发展现代物流产业放到重要位置，做到同步规划，同步实施。广东物资集团总公司按照"总体规划、分步实施、注重效益"的原则，以发展现代物流推动集团物资流通主业改造升级，提升集团几大优势产品的供应链管理，建设现代化大型物流基地，从根本上提高集团核心竞争能力。但我们必须认识到，搞物流规划，要讲投资效益，要有盈利观念，不能一哄而起，搞泡沫物流，重复建设。有一个城市花了上亿元建了几万平方米的物流中心，结果有中心没有物流，亏损了，投资收不回来。这一点，必须引起我们的高度重视。

三是重视利用信息和网络技术，提高物流速度和效率，降低流通成本。随着市场经济的不断发展，客户对流通速度要求越来越严格，普遍要求快速周转，减少存货周期，保证货物的安全。尤其是信息技术的飞速发展，对流通理论和流通发展提出了新的要求，流通更加强调了时间和效率的重要性。发展现代物流的核心是提高物流速度和效率，以降低物流成本。利用互联网技术，从流通环节中挖掘竞争优势和开发利润源泉，将成为流通发展新的特点。海尔集团为了满足客户快速配货、及时送达的要求，将原来在同一地区设多个仓库变成一个仓库，并利用计算机与其总部联网，及时了解产品的市场需求及分销商的库存动态，以节约流通时间和费用，提高资产利用效率，实现规模效益。我们必须认识到，物资企业要加快经营方式转型，发展现代物流，必须重视信息和网络技术的应用。要在发展现代物流过程中，利用网络技术将物资企业散布在不同区域的服务网点联结起来，改变过去"有点无网、有网无流"的现状，形成物流服务平台，提高物流营运水平。一些物资企业也开展了物流服务业务，但服务功能比较单一，只是分段地提供简单的储存、运输、加工、配送业务。今后要努力利用信息技术开展一些更高层次的物流服务，参与供应链管理，向客户提供服务合同管理、业务转型管理及营销物流解决方案等。浙江金属材料公司发展电子商务，其目的也在于通过构建统一的信息共享平台，及时准确地掌握市场信息和库存动态，实现钢材资源和销售网点的有效整合，建立市场快速反应机制。可以说，未来的市场竞争从本质上讲就是时间的竞争，是服务的竞争。谁能够抢占市场的先机，谁能够提供高效率的物流服务，谁就会在市场竞争中胜出。

四是抓住机遇，加强与国外企业的合作，促进物资企业发展壮大。我国刚刚加入世界贸易组织，与全球经济融合的步伐将显著加快。由于我国在原材料和劳动力方面存在比较优势，而且具有世界潜力最大的市场，越来越多的跨国公司开始把目光投向我国，加大了向我国投资和产业转移的力度。可以预见，在不久的将来，中国将成为全球制造中心。世界跨国公司进入中国市场时，并不都想在中国建立自己的物流配送体系，而更倾向于按照现代物流的运作模式和理念，把相关业务交给第三方物流公司策划和实施。许多跨国公司由于看好中国物流市场的巨大潜力，需要寻求国内合作伙伴，也有一些跨国公司想利用国内物流渠道销售其产品。这给我国物资企业带来了巨大的发展机遇，但同时要求国内物资企业必须按照现代物流理念和运作模式进行调整和改造，并寻找机会，加强与国际跨国企业和物流公司的合作。北新物流与百安居（B&Q）合资，在深圳成立了一个建材超市，22000平方米，不是那种摊位式的、集贸市场式的，而是按照连锁经营的模式运作和管理的。许多物资企业在制定向现代物流转型的战略规划时，都花大价钱请了世界著名的管理咨询公司进行战略咨询，如诚通集团请了美国科尔尼管理咨询公司，中国铁路物资总公司请了IBM（国际商业机器公司）。不少物资企业开始为国际跨国公司提供物流服务，如中国铁路物资总公司所属的华通物流已经与美国沃尔玛、德国汉高等知名跨国公司建立了战略伙伴关系，为他们提供产品库存管理、分拨和配送服务。上海物资集团公司开始与德国、中国台湾合资建立物流有限公司。

五是重视人力资源开发和培训工作。物流是人才和技术密集型行业，信息、技术和知识，是构成现代物流企业核心竞争能力的关键因素。物流企业的经营和管理要求拥有一批具备熟悉服务对象的生产、经营和销售，熟悉物流服务组织、运输组织管理相关业务，熟悉市场营销和计算机网络技术以及物流信息开发维护等多方面的复合型专业人才。物流企业的竞争实质上是人才的竞争。因此，发展现代物流，必须重视人力资源的开发和培训工作。尤其要进一步深化企业内部机制改革，建立与业绩挂钩的激励机制，引入竞争机制，形成能上能下、能进能出的用人机制。

（本文节选自作者在"第四次中国物流专家论坛"上的讲话）

# 现代物流是流通企业改革与发展的方向

## （二〇〇二年九月十七日）

值此中铁现代物流科技股份有限公司成立之际，我谨代表中国物流与采购联合会表示热烈的祝贺，并以我个人的名义讲几点意见。

### 一、抓住机遇，加快发展现代物流

今年，是我国加入世贸组织的第一年，现代物流在我国获得了新的进展。江总书记在去年中央经济工作会议上指出，要"积极发展连锁经营、物流配送等现代流通方式"。朱镕基、李岚清、吴仪、吴邦国等同志也对发展现代物流作了重要指示。在今年"两会"期间，一些人大代表和政协委员就发展现代物流提交了提案。国家计委、国家经贸委和财政部等部门，正在研究制定促进现代物流发展的规划及相关政策。不少省市，特别是经济发达地区和中心城市的物流发展规划进入实施阶段，现代物流的观念被越来越多的地方、部门和企业的领导同志所认识。在企业层面，传统的生产、流通和仓储、运输企业已有不少开展了向现代物流提升改造、业务转型的实践；国家有关部门允许设立外商投资物流企业的试点工作，国外物流企业在我国落地扩张；各种类型的物流企业和企业物流的合作与竞争，有力地推动着物流市场的形成与发展。有关物流的教育与培训、研究与新闻都出现了新的局面，现代物流正在逐渐成为我国经济生活中一个新的"热点"。

现代物流的理念，自20世纪70年代末期由中国物资经济学会引入我国以来，经过20多年启蒙酝酿、探讨尝试，特别是最近几年的实际运作，到加入WTO这样一个全新的发展时期，可以说加快发展的时机已经成熟，我们面临着难得的发展机遇。中铁现代物流科技股份有限公司在这样一个大背景下应运而生，相信一定能够抓住机遇，与时俱进，在我国现代物流大发展的时期发挥应有的作用。

### 二、现代物流是流通现代化的重要内容

物流活动，古已有之。它包括运输、储存、装卸、搬运、包装、流通加工、配送、

信息处理等涉及物品位移的各个环节，贯穿于生产、流通、消费以至于资源回收利用的始终。现代物流从传统物流的基础上脱胎而来，它与传统物流最本质的区别就在于用系统论的观点来组织、管理物品流动的全过程，运用现代信息技术，对各个物流环节实施综合运作和系统集成，因此，能够极大地加快周转、降低物流成本。运输、仓储等各个物流环节都是现代物流发展必不可少的一部分，但其中某一部分独立运作，都不能叫作现代物流。

现代物流是社会经济发展和专业化分工的产物。从流通的角度来讲，流通是联结生产和消费的纽带与桥梁。社会产品只有通过流通，其价值才能得以实现，社会再生产也才能得以延续。而流通的实现，则离不开两大基本环节：一是商流，解决商品所有权的转移；二是物流，解决实物由供给方向需求方的转移。我们说，"现代化的大生产需要现代化的大流通；现代化的大流通离不开现代化的大物流；现代物流是流通现代化的重要内容"。这个观点已经被越来越多的人接受，并被实践所证明。

### 三、现代物流是物资流通企业改革与发展的方向

传统物资企业以从事生产资料流通业务为主，既包括商流，也包括物流。在经济体制转轨期间，传统物资企业遇到了十分严重的困难，既有客观原因，也有主观原因，但物流手段和方法不适应社会主义市场经济的要求，是一个重要原因。浙江、上海、广东、安徽等地物资流通企业和中国铁路物资总公司，之所以能够走出困境，其中一条十分重要的经验，就是运用现代物流理念进行业务重组，狠抓经营战略转移。我想，这是传统物资流通企业改革与发展的一个基本方向。

随着市场经济体制的建立和发展，原有的国有物资企业经营业务从总体上看有了很大萎缩，但物资流通行业依然发展很快。2001 年，全国生产资料销售完成 5.8 万亿元，占 GDP 比重接近 2/3，增长速度不仅快于 GDP 增长，也快于社会商品零售总额的增长。我们完全有理由这样说，生产资料流通行业仍然是一个十分重要，并具有发展潜力的行业，关键在于我们如何把握改革发展的大方向。

### 四、从实际出发，走自己的路子

当前，物资流通企业改革与发展的大方向基本明确，但战略转型可以有多种模式。例如，一是通过整合自身和社会资源，集中发展专业化、社会化的物流服务，特别是加工、配送等增值服务；二是利用原有的营销渠道和网络，把商流作为重点，涉及的物流业务交给第三方去做；三是运用现代物流理念，重组业务流程，走贸易加物流的

模式。当然，具体到某一企业，都应该从自身实际出发，选择恰当的模式。

从国外经验看，一些大型跨国企业为了争取更大的市场份额，有的通过业务合作建立战略联盟，有的通过企业并购扩大企业规模。物资企业要向现代物流转型，也必须改变企业"散、小、乱、差"的组织结构现状，按照现代物流的运作模式进行重组和整合。经过重组与整合，符合中国特色的供应链就有可能形成。在这样的链条当中，我们适合做"龙头"就做"龙头"，适合做"凤尾"就做"凤尾"。在"物流热"的大环境中保持清醒头脑，找到自己的定位，走自己的路子。

中铁现代物流科技股份有限公司的成立，是中国铁路物资总公司进军现代物流业的一项重要战略举措。我相信，中铁现代物流科技股份有限公司的成立，必将有效推进全路物流资源的整合，促进全国铁路现代物流配送网络的形成，全面提升为顾客服务的水平和市场竞争能力，为我国现代物流业的发展探索和积累经验。中国物流与采购联合会作为全国性行业社团组织，愿意为我们的会员单位和行业企业做好相关的服务工作。

（本文为作者在"中铁现代物流科技股份有限公司成立大会"上的讲话摘要）

# 21 世纪物流：建设有活力的
# 产业社会的原动力

## （二〇〇二年十二月二日）

应日本物流系统协会、新西兰物流与运输协会邀请，11 月 17 日至 12 月 2 日，我们考察了日本、新西兰物流业。在考察期间，我们与日本物流系统协会（JILS）、日本能率协会（JMA）、新西兰物流与运输协会（LTNZ）进行了业务交流，重点考察了日本丰田物流中心（Toyota L & F）、澳德巴克斯（Autobacs）、山九株式会社、日本烟草东京物流基地、株式会社良品计划、新西兰奥克兰港。在考察中我们深切地感受到，物流作为一种服务方式，已经渗透到社会经济生活的方方面面，它不仅决定了企业活动的效率，甚至决定了人们生活的方便性和舒适性。正如日本物流系统协会常务理事稻束原树先生所说的，在 21 世纪，物流将成为建设有活力的产业社会的原动力。

### 一、全体最适化：日本物流发展的本质特征

（1）日本物流发展迄今已有 30 多年的历史，日本对物流的认识也有一个不断深化的过程。不管物流的概念怎么发展，日本物流不断追求更高层次的、最适合的发展的轨迹是相当清晰的。按照发展重点不同，日本物流大致经历了三个发展阶段。第一个阶段是从 20 世纪 60 年代到 80 年代中期，物流发展的重点是企业内部物流的最适化。日本最初发展物流是从制造业开始的。丰田汽车制造公司是日本物流发展的先驱者之一，现在日本物流系统协会会长仍由丰田公司总裁张富士夫担任，足见丰田公司在日本物流发展中的地位和作用。丰田生产方式（Toyota Production System）以彻底杜绝浪费为目标，在连续改善的基础上，采用准时化与自动化的方式和方法，最大限度地追求制造产品的合理性。丰田公司认为，最理想的物流就是消灭运输，如果必须运输，则按准时化进行运输，即在必要的时候，运输必要数量的必要产品。准时制（Just in Time）现在成为日本物流的一个重要理念，但最初它是由丰田公司率先应用于汽车装配线作业中的，并采用看板管理的方式加强上下工序的联系，成为丰田生产方式的一个核心内容。丰田公司生产调查部部长中山清孝曾说："丰田生产方式的形成与发展过

程始终是物流系统的改善过程。"

第二个阶段是从 20 世纪 80 年代中期到 90 年代中期，日本物流发展的重点逐渐由单个企业的部分最适向全体最适发展。随着社会从工业经济社会向信息经济社会过渡，市场竞争出现了新的特点，竞争的重点逐渐由商品的价格竞争转向差异化竞争，由规模竞争转向速度竞争。同时，由于日元大幅度升值，迫使日本企业将国内工厂大量向海外转移。这些促进了日本制造业生产方式的变革，逐渐由大批量生产转向多品种小批量生产，并采取柔性生产方式，能够对产品的品种、规格、数量的市场变化做出迅速敏捷的反应。要适应市场竞争的变化和制造业生产方式的变革，仅靠单个企业提供物流往往是不够的，必须通过企业间的战略合作追求物流全体最适，以满足日益快速化和个性化的物流需求。

供应链管理（SCM）思想集中体现了物流全体最适化的需要。无印良品（MUJI）的经营方式就是供应链管理的一个成功的案例。无印良品原是西友百货旗下的一个品牌经营店，1989 年从西友百货中分离出来，目前已成长为拥有 274 家国内店铺、22 家海外店铺，年营业额达 1125 亿日元的大型专卖店，所有的店铺只经营无印良品一种品牌。无印良品经营的一个显著特点是：尽管不拥有自己的工厂，但所有经营的商品都是自主开发、自选材料、委托加工生产的。这种独特的、柔性的经营方式，成功地适应了多品种、小批量生产以及产品品种、规格、数量快速变化等信息经济时代下新的市场要求。无印良品 1980 年诞生时经营的品种只有 40 种（其中，家庭用品 9 种、食品 31 种），20 多年内迅猛发展到包括日用品、服装、家用电器、家具及装饰用品等领域在内的 5000 多个品种。

第三个阶段以 1997 年《综合物流施策大纲》和 2001 年《新综合物流施策大纲》为标志，日本物流已经开始在经济全球化、环境保护和改善国民生活等更高层次上追求全体最适化。主要发展目标包括：①为适应经济全球化需要，发展具有国际竞争力的高效发达的物流系统，强化国际物流据点的功能。②为解决地球温暖化、大气污染等各种社会问题，在物流领域要控制排放，促进运输方式转换（在 2010 年，铁路和海运在长途杂货运输中的分担率要超过 50%），建立以废弃物资再利用为目标的静脉循环型物流系统，加强对意外事故等安全问题的应对。③为适应国民老龄化、生活多样化和电子商务的发展，要放宽对物流业的管制，大力发展高附加值的物流服务，为消费者提供便利，在城市内既要考虑物流的畅通，也要使维护国民生活的物流与舒适的都市生活相协调。

（2）物流要追求全体最适化，标准化和信息化是基础和关键。为了提高物流作业效率，改善工作环境，日本尽可能采用托盘（Pallet）装卸货物。据 JILS 综合研究所调查，采用托盘装卸与人工装卸相比，在降低物流成本方面成效显著，货主企业可降低

55% ~74% 的成本，运输企业则可降低 59% ~96% 的成本。但由于日本物流是从单个企业或单个行业发展起来的，大多采用符合自己公司或行业的托盘规格，托盘标准化远远落后于欧美国家。1970 年，日本制定了 JIS（日本工业标准），目前，符合 JIS 规格的托盘运输量只占托盘运输总量的 66.1%。日本托盘费用较欧美高出 2~3 倍。日本《新综合物流施策大纲》提出，"要在平成十七年（2005 年），将能用托盘装载的货物中的托盘装载率提高到约 90%，标准托盘的比率达到与欧美相同的水平"。与物流标准化不同，日本物流信息化在世界却是领先的。日本有效地利用 IT（信息技术）技术，开发出有助于创造安全、畅通、舒适的道路交通环境的智能交通系统（ITS），许多企业已采用物流电子数据交换（EDI），导入供应链管理（SCM）思想，取得了良好的效果。可以说，信息化已经开始对企业的竞争力产生越来越巨大的影响。

（3）日本物流从制造业开始，一步步追求全体最适化发展，推动了日本物流技术不断进步，整体水平稳步提高。这一点，可以从日本物流成本的变化中得到体现。日本关于物流成本的公开调查是在 1965 年开始的，以后每十年进行一次，这就是所谓的"十年定点观测制度"。1975 年，日本主要制造业物流费用占营业额的平均比重高达10.2%，此后经过物流技术与运作模式的不断改善，缓慢下跌或横向调整，到了 2001年跌至调查开始以来最低点 7.07%。与美国相比较，1994 年以来，全部行业物流费用占营业额的平均比重，美国大体上呈上升趋势，日本则呈下降趋势。2001 年，日本全部行业的平均比重为 5.45%，主要制造业为 7.07%，均大大低于美国全部行业的平均比重 9.17% 的水平（见图 1）。

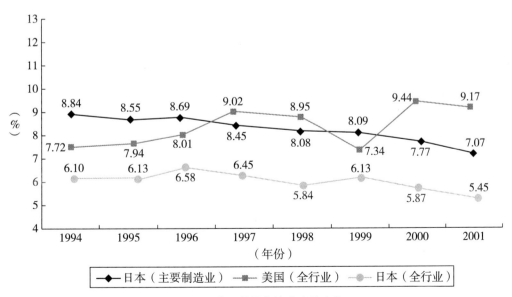

**图 1　日本、美国物流成本的变化**

## 二、物流的"心脏"：物流中心和物流基地的发展

（1）制造业物流发展的一个重要成果，就是在对仓储管理进行变革的基础上，形成了许多独立的社会化物流中心。丰田汽车制造公司在全日本有许多联合生产厂家，原来每个厂家生产的零部件都存放在各自管理的仓库中，按一定时间运送到丰田汽车的总成品安装车间所属的仓库。后来，公司把仓库从单个生产厂家中分离出来，成立专门的仓储中心，集中存放和管理零部件，直接供应总成品安装车间。这一变革意义十分重大，它促使日本出现了专门从事仓储管理的社会化物流中心。物流中心上游连接制造企业或进出口免税仓库，下游延伸到分散的各种店铺，日本物流协会常务理事稻束原树先生将它形象地比喻为"人的心脏"。从 20 世纪 70 年代开始，日本一些大型厂商，如日立、三洋、东芝、富士、松下等，纷纷设立了独立的物流中心。这些物流中心最初主要承担集团内部的物流业务，随着服务能力的不断提高，开始承担社会上的一些物流业务，逐渐向第三方物流（3PL）企业转型。如日立物流株式会社 2002 年的营业额约为 2000 亿日元，其中来自日立集团内部和来自社会上的订单各占四成，剩下的两成来自大楼和工场的搬迁作业。

（2）日本物流中心一般占地面积不大，但立体化和自动化程度较高。日本烟草东京物流基地每年处理 600 多亿支香烟，占地面积只有 27383 平方米，建筑面积只有 11373 平方米，进货、分选和配送均由计算机自动控制，平均每 0.01 秒挑选一条香烟，是日本烟草公司技术力量与计算机技术高度结合的产物。Autobacs 是一个立体化仓库，高达 30 米，拥有一整套自动化库存管理、高效率分拣传输设备和及时配达的物流系统，每天处理 250 个店铺近 10 万份物流配送服务订单。物流中心连老板加在一起不到 100 人，通常这样的物流系统在发达国家至少需要 400 人。Autobacs 一个重要的服务理念，就是尽可能地减少店铺工作量，让店铺更加专注地为顾客服务。因此，物流中心按照店铺的要求，将 90% 的商品包装拆开，以保证货物到店后能够迅速上货架。为了确保商品配送能够准确及时送达，日本物流中心都建立了一整套严格的规章制度，各环节的作业安排必须严格按规定时间完成，并且都有严格的作业记录。

（3）物流基地是具有一定规模和综合服务功能的物流集结点。物流基地的概念最早出现在日本。日本国土面积相当于美国的 1/25，山地还占了 70%，人口却占美国的 47%。由于城市人口密度较大，日本政府为缓解城市交通拥挤，减少大气污染物质的排放，在市区周边的环状道路附近和沿海地区，建立了大型物流基地。如日本政府统一规划、集资，在东京近郊的东南西北部分别建设葛西、和平岛、阪桥和足立 4 个现代化的物流基地。为使城市内的道路交通畅通无阻，日本一般对市内建物流设施有严

格的规定，必须在市内建筑物内建设货物处理设施，以商业地区为中心设置共同的货物处理设施和卡车停车区。物流基地一般是公路、铁路、航空、水运等两种或两种以上运输方式的结点，集中了大规模物流设施和装备，能够通过规模管理、统一协调和信息共享，实现效率和效益的最大化。充分考虑物流需求是日本物流基地建设的一个重要原则，如东京物流基地主要集中在沿海地区的千叶县，那里也是工业基地和进口保税区的集结地。

## 三、向物流领域渗透：运输企业变革的方向

（1）运输是物流的一个重要的功能环节。在日本，运输公司直接承揽的业务极少，主要为物流公司提供运输服务。一家物流公司的运输车队也通常由自有车辆和其他多家卡车运输公司的车辆共同组成，采用统一的标志。例如，日本 JR 铁路公司就很少自己承揽运输业务，而是为物流公司、邮政部门及快件公司提供运输服务。在物流总成本构成中，运输一般占有很高的比重。20 世纪 90 年代，日本运输费用占物流总成本的比重一直保持在 65% 左右，而美国一般不超过 60%（见表 1）。

表 1                  日本、美国物流成本构成比较

| 年度 | 日本（单位：兆日元） | | | | | | 美国（单位：100 亿美元） | | | | | |
|---|---|---|---|---|---|---|---|---|---|---|---|---|
| | 运输 | | 仓储 | | 管理 | | 运输 | | 仓储 | | 管理 | |
| 1991 | 30.8 | 63% | 15.9 | 32.5% | 2.2 | 4.5% | 35.5 | 55.9% | 25.6 | 40.4% | 2.4 | 3.8% |
| 1992 | 30.1 | 63.3% | 15.3 | 32.2% | 2.2 | 4.7% | 37.5 | 59.0% | 23.7 | 37.3% | 2.4 | 3.8% |
| 1993 | 30.4 | 65.1% | 14.2 | 30.4% | 2.1 | 4.5% | 39.6 | 60.0% | 23.9 | 36.3% | 2.5 | 3.8% |
| 1994 | 29.3 | 64.6% | 14.1 | 31.1% | 2.0 | 4.4% | 42.0 | 59.0% | 26.5 | 37.3% | 2.7 | 3.8% |
| 1995 | 31.7 | 66.9% | 13.6 | 28.7% | 2.1 | 4.5% | 41.1 | 53.2% | 30.2 | 39.1% | 3.0 | 3.9% |
| 1996 | 31.4 | 65.9% | 14.1 | 29.6% | 2.1 | 4.4% | 46.7 | 58.3% | 30.3 | 37.9% | 3.1 | 3.9% |
| 1997 | 31.3 | 65.0% | 14.7 | 30.5% | 2.1 | 4.6% | 50.3 | 59.1% | 31.5 | 37.1% | 3.3 | 3.9% |
| 1998 | 29.9 | 64.6% | 14.3 | 30.9% | 2.1 | 4.6% | 52.9 | 59.7% | 32.4 | 36.6% | 3.4 | 3.9% |
| 1999 | 29.3 | 65.3% | 13.6 | 30.3% | 2.0 | 4.5% | 55.4 | 60.2% | 33.2 | 36.1% | 3.5 | 3.8% |

（2）随着制造商和销售商逐渐实行多批次、小批量生产和订货，在交货时间上按日、甚至按小时提出要求，以尽可能地降低存货持有成本，物流配送更加强调快速准确送达，运输企业也加快了自身的业务调整和变革，通过延伸服务链条，逐渐向物流领域渗透，有的甚至转变为第三方物流企业。山九株式会社原来主要从事大件运输业务，后来通过

业务转型，逐渐转变为第三方物流企业。目前，山九株式会社国际物流、港口物流和内陆物流的营业额占整个营业额的比例已上升到52%，与西浓运输株式会社、邮政事业厅、信州名铁运输株式会社、博运社4家物流和运输企业建立了长期战略协作关系。

（3）随着经济全球化发展，港口在物流发展中的地位和作用越来越突出。日本自20世纪80年代以来商品进出口总额稳居世界前列，1998年日本商品进出口占世界总额6%，仅次于美国、德国，成为世界第三个最大的贸易强国，其对外经济贸易活动在很大程度上直接左右着世界贸易和资本市场的变化方向和趋势。但同亚洲其他国家相比，日本与港口相关的物流成本已不具有竞争优势，近年来国际港口的集装箱年吞吐量也一直增长缓慢。《新综合物流施策大纲》提出要从"硬件"和"软件"两个方面着手，强化港口的国际物流据点功能。发展目标是，力争在21世纪初，将进出口集装箱的陆上运输费用降低到1997年的70%；到2015年，将从货船入港到集装箱从堆场运出所需时间，从现在的3~4天缩减到2天。

（4）港口在新西兰运输业中占有十分重要的地位，全国共有大小港口16个，其中4个是集装箱港，每年进出口货物约75%都是通过海运出入的。奥克兰港是新西兰最大的国际货运港，每年承担了全国价值68%的进口和33%的出口。它还是全国最大的集装箱港口，每年承担了集装箱进口的55%和出口的45%。奥克兰港对奥克兰地区经济，尤其是对制造业的影响相当大，奥克兰是新西兰最大的生产和消费基地，其经济的32%和制造业原料的60%都是由奥克兰港提供的。奥克兰港的功能不仅是吞吐货物，它还通过利用先进的信息和网络技术，建立进口集装箱跟踪系统，为客户提供门对门物流增值服务。

## 四、行业协会在推进物流发展中起到重要作用

（1）在日本和新西兰，行业协会在推进物流发展中扮演着重要角色。值得重视的是，尽管物流涉及很多产业部门和功能环节，但日本和新西兰都注重根据物流发展的需要，加强物流行业社团的整合。日本物流系统协会是1992年由当时的日本物流管理协会和日本物资管理协会两家协会合并成立的，新西兰物流与运输协会是2001年由新西兰物流协会与新西兰运输协会合并成立的。

（2）日本《综合物流施策大纲》和《新综合物流施策大纲》尽管是由日本国土交通省和经济产业省提出，内阁会议审议通过的，但前期的行业调查和政策研究工作，则是由日本物流系统协会和日本能率协会承担的，大纲的具体贯彻和推进工作，也主要由行业协会组织。例如，为了推进环保型物流的发展，日本物流系统协会组织开展了"关于环保型物流系统标准化的调查"（Logistics Environmental Management System）。日本物流系统协会还根据物流发展的需要，在推进物流发展方面主要做了以下几个方

面工作：①推进物流信息化建设，进行了物流信息系统的总体设计和贸易模式的开发，通过互联网提供"物流年度统计数据库"等信息服务。②建立物流人才培训和教育体系，针对不同层次、不同专题，举行各类物流专题论坛、研讨会及物流技术管理师等资格认定讲座。③推进物流技术革新，举办各类物流展会。如 2002 年 10 月，在千叶县举办了规模较大的国际物流综合展 2002（Logis – Tech Tokyo 2002），来自国内及美国、英国、荷兰和中国等 11 个国家和地区的 321 家公司参加了展会。④加强国际交流与合作。2002 年派遣了"访欧物流调查团""访美物流调查团"，接待了相关国际物流机构，发行了英文版会刊 *Logistics System*。

（3）新西兰物流与运输协会是一个历史悠久的全球范围的行业组织，是 1922 年由皇家特许成立的，有来自 30 多个国家的 33000 位物流与运输的从业人员加入。新西兰物流与运输协会的主要功能包括：①代表物流与运输行业从业者提供一个权威的声音，供政府部门和相关组织参考，从而对行业施加影响。②提供物流、运输和供应链管理等方面的教育和培训机会以及不同等级的得到国际认可的专业资格认证。③组织国际学术交流与合作。④利用互联网发布行业相关信息，编辑协会季刊和月刊商业杂志。

## 五、几点认识和体会

（1）要根据国情选择物流发展模式。与日本等发达国家相比，我国国情有所不同。日本人力资源短缺，人力成本相当昂贵，每小时在 1000 日元（相当于 70 元人民币）左右。我国人力资源丰富，人力成本较低，这是我们的比较优势。我国物流发展还刚刚起步，需要借鉴发达国家先进的物流技术和管理经验，但国外经验必须与我国国情相结合，不能照抄照搬，要有所创新，走我们自己的路。我国在发展现代物流时，要注重发展劳动密集型物流服务业。在物流基地建设方面，我们应吸收日本成功的经验，但绝不能大拆大建。近几年，随着我国物流业发展不断升温，我国许多地方越来越重视物流基地的建设。据有关资料，我国目前已有近 50 个中心城市在规划建设物流基地或物流园区。但也要清醒地认识到，物流基地建设必须与当地物流市场需求相结合，切忌建起后无人进驻，有场无市。当前尤其要重视利用现有的物流资源进行改造和提升，不能都搞新的。一些地方不顾市场需求，动辄圈地，盲目投资、搞物流基地项目的做法，应当引起高度重视。

（2）既要重视社会物流的发展，更要重视制造业物流的发展。日本物流发展的经验表明，物流的社会化和现代化是从制造业物流的高度发展开始的。应当说，物流社会化，尤其是第三方物流的加速发展，是物流发展的一个重要方向，我们要积极推进。但从我国物流发展现状看，要充分利用和整合企业现有的物流资源，积极推动企业物流的发展，在此基础上逐步推进物流社会化、专业化发展。因此，企业物流与社会物流的共同发展，将是一个相当长的发展过程。我国目前经济增长主要依赖于制造业的增长，40%以上的国内生产总值、50%的财政收入、80%以上的出口及接近75%的外汇收入，均来自制造业。目前，制造业物流构成了我国物流的主要力量。但由于长期受计划时期"大而全、小而全"管理体制和经营思想的影响，我国制造业物流发展水平相当低，发展速度相当缓慢。这也是制约我国经济发展的一个重要因素。根据推进新型工业化的要求，大力改造和发展制造业物流，对于进一步提升我国制造业的市场竞争能力，具有重要意义。

（3）要对传统仓储企业进行整合和改造，使其向现代物流中心转型。与日本等发达国家相比，我国仓储管理相当落后，亟须加快变革和提升。我国仓库资源规模较大，仅流通领域的仓库面积就达3亿多平方米。但我国仓库普遍功能不强，大多只有商品储存功能，很少有物流配送功能，而且分散在各个企业中，仓储管理社会化程度不高。由于我国仓储管理落后，仓储设施资源利用率平均还不到40%，导致物流效率普遍低下。我国商业流通环节的库存平均周期为1.5个月，其中零售环节为2个月。美国、德国和日本制造业库存平均周期为5天；非制造业（含批发和零售业）库存平均周期是4天。在我国整个商品生产销售过程中，用于加工制造的时间仅为10%左右，而物流过程占用的时间几乎为90%。因此，我国要发展现代物流，必须对传统仓储企业进行整合和改造，使其向现代物流中心转型，以提高物流服务水平和资产利用效率。

（4）要把物流标准化和信息化当成推进物流现代化的一项基础工作来抓。国外物流的发展经验表明，在信息技术，尤其是网络技术迅猛发展的形势下，物流标准化和信息化是推进物流现代化的基础。我国物流标准化、信息化程度与世界发达国家相比差距很大。物流作业环节使用的设备以及包装、运输和装卸等流通环节，都缺少必要的行业标准和行业规范，导致物流效率普遍不高。我国目前托盘总数约为7000万个，但规格、标准不统一，难以与国际规格接轨，增加了企业出口成本，降低了企业国际竞争力。我国物流企业大多还没有物流信息系统，不同物流模式的信息系统设计落后，信息缺乏相互链接和共享。我国物流业要在更大范围、更广领域和更高层次上参与国际经济技术合作和竞争，必须从基础工作做起，大力推进物流标准化和信息化进程，尽快与国际物流接轨。推进物流标准化和信息化，尤其要注重从我国国情出发，向实用、低成本和有客户需求方向发展。目前，我国有关物流的标准涉及很多部门，各部门大多从自身利益出发，制定各自的物流标准，阻碍了全国统一物流标准体系的形成，亟须从体制调整入手，成立全国物流标准化委员会，切实从物流一体化发展的需要出发，推进物流标准化进程。

（5）要充分发挥物流行业协会在推进物流发展中的重要作用。由于体制的原因，目前我国与物流相关的行业协会很多，职能定位不明确，相互竞争激烈，开展活动雷同，不利于物流行业的正确引导、合理整合和一体化发展。应当借鉴国外的经验，进一步加强物流行业协会之间的职能调整和业务整合。物流行业协会在推进物流发展方面作用很多，从我国物流发展的现状看，当前最重要的一项工作，是加大物流人才的教育和培训工作。这几年，尽管我们在物流人才教育和培训方面做了大量基础性工作，包括开展多层次的物流学历教育、物流在职培训，还准备推出物流资格证书培训，但距离物流业对人才的需求还有不少距离。我国物流人才十分短缺，尤其是缺乏实用型物流人才，缺少物流管理师和物流技术工程师。因此，今后物流培训要结合我国物流发展的具体实践，注意引进、消化和吸收国外先进的物流培训方法和培训教材，着力培养物流实用型人才。

（本文为作者率中国物流与采购联合会考察团出访日本、新西兰的物流考察报告）

# 应加强物流人才的培养教育工作

## （二〇〇三年三月五日）

现代物流是现代化生产与流通的重要组成部分。在世纪之交的这几年，特别是我国加入世贸组织以来，现代物流得到了较快发展，引起了党中央、国务院领导同志和政府有关部门的重视。目前，已有20多个省市区和30多个经济中心城市制定了物流发展规划，制造业和流通业加紧进行物流改造，专业化物流企业积极开展社会化服务，物流基础设施，特别是信息化建设步伐加快，物流研究、物流教育开始起步。现代物流的加速发展，促进了物品流转速度不断加快，使得物流成本进一步降低，生产和消费的时空距离大大缩短，推动着企业生产管理方式、商品流通方式、人民生活方式和国民经济运行方式的改善和优化，物流业在全面建设小康社会中的支撑和带动作用愈加明显。

但是，我们也要清醒地看到，我国物流现代化的程度与世界发达国家相比还有不小的差距。国际上通常把物流成本占GDP的比重作为衡量物流效率和效益的重要指标，发达国家经过推行现代物流，这项指标已经控制在10%左右，我国目前约为20%。物流活动成本高、周转慢、效率低、服务差，成为影响我国企业和产品竞争力进一步提高的重要制约因素。造成这种状况的原因是多方面的，虽有物流理念、物流设施、物流管理和物流技术等方面的差距，但现代物流管理和技术人才的短缺更是制约我国物流进一步发展的关键。

物流管理纵贯运输、仓储、装卸、包装、加工、配送和信息处理等物流活动的各个环节，横跨生产和流通的各个部门，覆盖面强，关联性大，需要不同层次的各类人才，特别需要通晓物流活动各环节、各流程的复合型人才。据预测，未来5年，我国高端物流人才需求量将达3万人左右，中级管理人才需求量将达10万人左右。由于物流在我国是一门新兴的产业，也是一门新兴学科，目前只有9所院校经教育部批准开办了物流管理或物流工程本科专业，其他如研究生教育、职业技术教育、继续教育和岗位培训等的规模和质量，难以满足社会对物流人才的需求。随着我国物流市场开放，跨国公司对本土物流人才的争夺已经开始，物流人才短缺的矛盾将会更加突出。大力加强物流人才的培养教育，对于增加就业、加快现代物流发展、提高经济运行质量和效益、应对经济一体化挑战具有重大而紧迫的意义。为此，我们建议：

（1）恢复设置高等教育物流管理及物流工程专业，列入高等教育目录中"管理科学与工程"一级学科下的二级学科，或在工商管理下恢复"物流管理"专业，同时在管理科学与交通运输类下新增物流工程专业。

（2）在有条件的高校增设物流学硕士学位和博士学位教学点，培养高级物流管理人才。

（3）选择有条件的职业高中和中等专业学校开办物流专业，培养应用型、操作型人才。

（4）在政府部门的指导下，依托中国物流与采购联合会等行业协会，调动社会各方面力量，组织规范化的岗位培训、继续教育，特别是资质证书教育。

（5）设立全国物流教学指导委员会和全国物流教材编审委员会。

（6）加强同国际同行的交流与合作。

（本文是作者为十届政协一次会议提交的提案）

# 强化服务　与时俱进　为推动我国物流
# 与采购事业发展做出新的贡献

## （二〇〇三年三月二十八日）

各位代表：

中国物流与采购联合会第三次会员代表大会是一次重要会议。这次会议的议题是，认真贯彻党的十六大精神，总结联合会第二届理事会的工作，提出联合会第三届理事会主要工作的建议，选举产生新一届联合会领导成员。下面，我代表中国物流与采购联合会第二届理事会，向大会报告工作，请予审议。

### 一、第二届理事会工作回顾

第二届理事会分为"协会"和"联合会"两个阶段。2001年2月，第三次常务理事会通过了"将原中国物资流通协会更名为中国物流与采购联合会"的决议，报国家经贸委与民政部正式批复同意，并得到了国务院领导的批准。联合会更名以后，工作重点发生了很大变化，在原中国物资流通协会工作的基础上，大力拓展为物流与采购行业的服务。

第二届理事会期间，联合会进一步加强了为企业、行业和政府的服务，发挥了行业组织的桥梁和纽带作用。

会员规模不断扩大，行业影响力明显增强。联合会更名以后，打破了地区、行业和所有制的界限，进一步调整了会员结构。到目前为止，会员总数已超过700家，中远、中外运、中邮物流、一汽、宝钢、海尔、宝供、大田等不少国内外有影响的物流与采购企业加入联合会，有些单位还成为常务理事单位、副会长单位。各地纷纷建立了地方物流与采购社团组织。到目前为止，江苏、浙江、甘肃、河北、天津、黑龙江、辽宁、陕西、上海、湖南、河南、广西、云南、福建、青海、四川、新疆（建设兵团）等地及一些城市建立了物流与采购社团组织，并加强了与我们的联系。联合会进一步改进了为会员、为行业的服务，以"服务、创新、自强、奋进"作为联合会的精神，正稳步地向建设成跨部门、跨行业、跨所有制的全国物流行业组织的目标迈进。

及时向政府有关部门反映物流与采购及生产资料流通行业的情况和问题，反映会员、企业和行业的困难和呼声，提出政策建议。2002 年，我与马毅民、应文华同志联合提交的"关于加速发展我国现代物流业"的政协提案，荣获全国政协第九届优秀提案奖。提案转到国家经贸委后，国家经贸委相当重视，就办理情况专门给我回复了一个函件，有些建议也被有关部门采纳。今年，我和应文华同志就"商品流通的改革和发展""物流人才培养问题"提出了新的提案。在国家经贸委、国家质检总局筹建全国物流标准化委员会，国家计委和国家经贸委组织全国物流发展规划的调查研究，国家经贸委组织行业政策研究时，联合会都积极参与，提出了许多政策建议。2002 年，在国家经贸委、财政部的指导下，我们通过对物流行业和企业进行深入细致的调查，完成了我国物流财税政策研究课题，为政府部门提供了决策依据。进一步加强了信息上报工作，2002 年上报信息的数量和质量在经贸委直管协会中名列前茅，得到了国家经贸委的表彰。不少信息还被中办、国办采用，有的还得到了国务院领导批示。

受国家经贸委委托，较好地完成了 26 个全国性专业协会和 7 个事业单位的代管工作。联合会制定了《中国物流与采购联合会代管协会管理暂行规定》，国家经贸委正式批复同意。成立了联合会党委，规范了对代管协会领导班子的管理。组织召开了联合会第一次代管协会经验交流会。2001 年，中国拍卖协会、中国拆船协会被国家经贸委评为优秀协会；2002 年，联合会及中国农机协会、中国民爆协会（现为中国爆破行业协会）、中国拍卖协会被评为优秀协会。

第二届理事会期间，联合会重点开展了物流与采购行业的工作，取得了显著成效。

宣传物流理念，加强物流行业调查研究，提高全社会物流意识。我国在 20 世纪 80 年代初引进了物流这个概念，但物流的发展是从最近几年才开始的。我国对外开放和市场经济的不断发展，尤其是跨国公司的进入，带来了现代物流管理理念和服务模式。但国内对物流的概念普遍比较陌生。为了推动我国物流产业的发展，联合会从基础工作抓起，大力开展物流理论普及和行业调查研究工作，提高全社会物流意识。一是举办各种形式的物流专家论坛、研讨会和培训班。2000 年，原中国物资流通协会在北京举办了"2000 年现代物流与电子商务国际研讨会"，受到我国政府和联合国驻华机构的重视。国务委员吴仪发来贺信，联合国驻华机构协调代表莱特娜女士到会并讲话，国家经贸委、铁道部、交通部、国家民航总局、信息产业部、国内贸易局都有代表到会演讲。联合会成立后，推出了中国物流专家论坛，已连续开了 5 届，每届都有不同的主题，在我国物流界产生了较大影响。与中国船东协会、中国货代协会、中国铁路学会、中国港口协会等 7 家协会一起，举办了三届中国物流高峰会。2002 年，与国务院发展研究中心在上海联合主办了首届中国企业采购国际论坛，深受国内外采购界的广泛关注。在广东省南海市成功举办了首届中国物流学会年会和南海国际物流论坛，收集论文200多篇,其中70篇论文获奖。二是组织编写2001年度、2002年度《中国物流发展报告》(红皮书)和2002年度《中国物流年鉴》,这是一项开创性的工作,对于推动物流理论研究和经验交流具有重要意义。三是与美国美世(Mercer)管理顾问公司合作,组织了中国第三方物流市场调查。四是组织40多家新闻和网络媒体宣传我国物流与采购业的发展,组织了"中国首届物流与采购行业新闻大赛"和评选"2002年中国物流行业十件大事"活动。《中国物流与采购》杂志更名后,围绕我国物流与采购领域的热点难点问题,及时组织系列报道,刊物质量稳步提高,发行量明显增加。中国物流联盟网(中国物流与采购网)作为联合会的门户网站,在及时广泛发布物流与采购信息方面发挥着重要作用。

加强行业规范建设,促进物流行业健康有序发展。第一,参与物流国家标准的制修订工作。联合会组织专家学者起草了国家标准《物流术语》《数码仓库应用系统规范》《大宗商品电子交易规范》,经国家质量技术监督局批准正式实施。第二,树立样板企业。在专家评选的基础上,先后评选青岛海尔集团、广州宝供物流企业集团为"中国物流示范基地",深圳平湖物流园区、中国物资储运总公司、深圳中海物流公司、托普集团炎黄物流在线为"中国物流实验基地"。第三,鼓励物流科技进步。经科技部授权,设立中国物流与采购联合会科学技术奖,从去年开始组织推荐国家科技进步奖。第四,为推进物流信息化进程,组织开展了物流信息化优秀案例的征集、评选和推介活动,向社会推介了16个典型案例,受到广泛欢迎。

开展物流管理咨询服务,帮助中心城市和企业制定物流发展规划和提供物流咨询服务。成立北京中物联物流规划研究院,充分发挥专家优势,为中心城市制定物流规划、企业进行物流改造提供咨询服务。先后帮助郑州市、邯郸市、江阴市制定了物流规划。承担了吉林省现代物流基地可行性研究报告编写任务,为鲁北化工物流项目、秦皇岛北方物流中心工程、大连保税区物流园区、郴州卷烟厂立体仓库等项目提供了物流咨询服务。

启动物流与采购人才教育和培训工程。人才短缺是制约我国物流与采购业发展的一个关键因素。为启动物流人才教育和培训工程,我们先后在武汉和大连举办了两届高校物流教学研讨会。向教育部提出建议,恢复"物流管理""物流工程"专业,培养中高级物流人才。教育部同意在目录外设立物流专业,2002年已有近40所高校开设了物流管理、物流工程专业或者专业方向,国内许多重点大学如北京大学、清华大学、中国人民大学、复旦大学、浙江大学、吉林大学等都已开始进行物流、供应链等方面的研究或者人才培养工作,有近100所大学在相关专业中开设了物流与采购方面的课程。组织编写了几套物流教材,由清华大学出版社、中国物资出版社(现中国财富出版社)出版。为了提高人才培训的质量,我们积极与国外有关机构合作,引进国外先进的培训方法和培训教材。如与世贸组织下设的国际贸易中心（ITC）合作，引进"采购与供应链管理"证书项目，目前，教材翻译和第一批师资培训工作已经完成，有关工作正在稳步推进。在劳动和社会保障部的领导下，完成物流师国家职业标准的起草工作，即将向社会公布，有关教材正在编写中。作为物流人员在职培训的主要途径，这项工作即将在全国展开。根据各地政府、企业需要，参加由联合会或与其他单位联合组织的物流短期培训的已超过5000人。

扩大国际交流与合作，推动我国物流与采购业尽快与国际接轨。联合会更名后，为了与国际接轨，加强了与国外物流与采购行业的交流与合作。2001年，联合会成为国际采购与物资管理联盟理事单位，我与丁俊发同志分别担任亚太物流联盟主席、国际采购联盟理事。2002年，成功地在上海承办了国际采购与物资管理联盟第73届执委会和第29届理事会。进一步加强了与美国、日本、韩国、德国、澳大利亚等国家物流与采购行业组织的交流与合作。举办了两届中、日、韩物流技术交流会，日本和韩国企业界、学术界先后有近60名人士参加，为推动中外企业的贸易与合作起到促进作用。与新加坡使馆商务处合作，组织中新物流企业交流会，中方20多家物流企业与来访的新方15家企业代表共同交流有关物流项目，增进了相互了解，进行了友好合作。帮助上海物资集团金属公司与英国阿波罗金属公司合作开展有色金属供应链管理业务。为法国捷富克物流公司与有关省市物流企业合作、西班牙公司与青岛港务局合作以及德国、印度、秘鲁、韩国、荷兰等国企业与我国物资企业开展进出口贸易进行协商联络，牵线搭桥。积极组织出国团组，赴美国、欧洲、日本、澳大利亚、新西兰、南非等国及中国香港、台湾地区，访问和考察现代物流与采购业。从2000年开始，与国际著名的德国汉诺威展览公司合作，在上海成功举办三次国际物流设备和运输系统展览会，吸引了很多国内外著名的物流企业参展。目前，这个展会已成为亚洲最大的国际物流展会。

第二届理事会期间，联合会始终坚持为生产资料流通行业服务，促进了生产资料流通的改革与发展。

总结国有物资流通企业改革与发展经验。积极参加华北、华东、西南等地区片会，与各地物资流通企业一起探讨物资流通企业改革与发展问题。2000年，原中国物资流通协会在呼和浩特市组织召开了"国有物资流通企业改制改组经验交流会"。广东等27家物资企业代表在大会上发言，达到了交流经验、开阔思路、增强信心的目的。2001年，派出调查组对9个省市物资流通企业进行了调研，并写出调研报告，印发各会员单位互相学习借鉴。在调查研究的基础上，联合会二届二次理事（扩大）会提出了《关于国有物资流通企业改革与发展的若干意见》。

探索传统物资流通企业实现战略转型的新途径。我在二届三次常务理事会和二届二次理事（扩大）会上都特别指出，协会更名一个重要的目的，是为了推进生产资料流通方式的改革和创新。现代物流为生产资料流通业提供了一个发展方向。2002 年 5 月，在北京召开了第四次中国物流专家论坛，主题是探索传统物资流通企业发展现代物流的道路。上海物资集团、浙江金属材料公司、广东物资集团、中国铁路物资总公司、中国储运物资总公司分别介绍了他们发展现代物流、加快经营方式转型的典型经验。论坛采取企业典型案例介绍和专家点评相结合的方式，收到了很好的效果。

建立生产资料市场总裁联席会议制度。为了贯彻国务院关于整顿市场经济秩序的精神，探讨在市场经济条件下生产资料批发市场改造、提升和规范发展问题，联合会建立了生产资料市场总裁联席会议制度。2001 年、2002 年，召开了两次全国生产资料市场总裁联席会，确定 14 家生产资料批发市场为推进流通现代化重点联系市场。2001 年，配合国家整顿市场经济秩序，组织 25 家有影响的会员单位向全行业发起了"拒售假冒伪劣商品的倡议承诺"，为增强行业自律、树立生产资料流通企业新形象做了有益探索。

举办各类交易会、展览会。根据生产资料流通行业发展需要，与有关协会和地方政府合作，举办有色金属、电线电缆、钢材、建材、二手车、库存商品、边贸等交易会、展览会，对生产资料市场的培育与发展起到了一定的作用。

加强生产资料流通企业统计制度建设。定期对生产资料市场形势进行分析预测，通过多种形式，向社会发布相关信息。专门编辑了《生产资料市场形势与预测》，供领导参阅。恢复了生产资料流通企业统计制度，开展新汽车与二手车的信息统计工作，二手车统计报表已成为行业内最具权威的报表。

各位代表！

第二届理事会成立四年来，我们的工作取得了一定的成绩，对社团组织如何开展活动、如何发挥桥梁和纽带作用，进行了一些初步探索，也有一些认识和体会。第一，坚持服务至上的根本宗旨。联合会的根本宗旨就是服务，为会员、行业和政府服务。只有坚持服务至上的根本宗旨，才能真正起到桥梁和纽带作用。如何把会员、行业的呼声和要求及时向政府反映，如何组织会员和行业认真贯彻落实政府的政策和措施，这本身既是为会员和行业服务，也是为政府服务。秘书处各部室、各专业委员会以及物流信息中心、培训中心、会展中心、质量认证中心、物流规划研究院，要继续提升服务理念，强化服务功能，促进服务创新。

第二，坚持充分发挥社会力量推进物流发展。联合会是一个开放的社团组织，它面向我国物流与采购及生产资料流通行业，具有广泛的代表性。联合会无论是开展物流与采购理论研究，还是推进物流与采购事业的发展，都离不开各行业专家与企业家的支持、参与和指导。我们要充分发挥广泛联系专家、企业家的优势，拓展我们的服务空间，提高我们的服务水准。

第三，坚持争取政府部门的领导和指导。联合会开展工作，没有政府的支持是不行的。我过去强调过，联合会作为一个行业协会，要强调一个"协"字，多在协商、协助、协作、协调上下功夫。联合会的行业管理不同于过去的行政管理，而是行业自律性管理，要争取政府部门的领导和指导，做到"尽职不越位，参与不干预，引导不领导"。本届政府机构改革对我国物流与采购业的发展更有利，我们要继续加强与民政部、国家发展和改革委员会、商务部以及其他政府部门的联系，争取他们的领导和指导。

第四，坚持借鉴国外物流与采购社团组织的一些先进经验。2002 年 11 月我到日本和新西兰考察，感到行业协会在推进物流与采购发展中发挥了重要作用。日本《综合物流施策大纲》和《新综合物流施策大纲》是由内阁会议审议通过的，但前期的行业调查和政策研究工作，则是由日本物流系统协会和日本能率协会承担的，大纲的具体贯彻和推进工作，也主要由行业协会组织。联合会作为一个全国性物流与采购行业组织，要注意借鉴国外社团组织的先进经验，在开展行业调查的基础上，协助政府部门制定物流与采购行业发展战略和产业政策。

第五，坚持"自养、自立、自治"的方针。我国正处在转轨经济时期，行业组织对推动经济转轨及政府职能转变起到积极作用。在市场经济条件下，行业组织要发挥作用，必须摆脱依靠政府、依赖政府、成为政府附属物的角色，进一步深化改革、转变机制，真正起到政府和企业的桥梁和纽带作用。要坚持"自养、自立、自治"的方针，自立和自治的前提是自养，不能自养，就不可能达到自立和自治。关键是要处理好服务和创收的关系，搞好服务，创收就在其中了。

尽管我们在探索社团组织改革与发展方面取得了一定的成绩，也积累了一些经验，但同物流与采购行业及联合会自身发展要求相比，还存在不少差距。一是对市场经济条件下行业社团组织的社会功能和活动方式，还缺乏足够的认识，也缺乏实践经验，服务意识、服务水平还不够高。二是深入会员、企业和行业调查研究不够，在新形势下如何搞好为会员、企业和行业服务，如何起到行业引导作用方面，做得还不够。三是对外交流与合作还不够深入，特别是与大型跨国公司之间的联系还不够紧密。四是行业统计和信息体系建设进展缓慢，全社会物流与采购统计和信息体系还没有建立起来。五是物流与采购行业的标准化建设与发达国家相比落后很多。这些问题大多是发展中的问题，要引起我们高度重视，力争在新一届理事会工作中认真研究解决。

## 二、当前物流与采购业的发展形势

物流与采购行业作为一种服务业，其现代化的发展历程与整个经济发展密切相关。

改革开放 20 多年来，我国经济持续快速增长，GDP 年均增长 9.4%，2002 年增长 8%，经济总量首次超过 10 万亿元人民币，对全球经济增长的贡献仅次于美国，相当于全年全球 GDP 总增长的 17.5%，其中制造业的增长占了全球制造业增长的 29%。对外开放对促进经济增长的贡献显著。2002 年我国进出口均保持着 20% 以上的增长，进出口总额达到 6200 亿美元，利用外资第一次突破 500 亿美元，超过美国成为全球吸收外商直接投资最多的国家。国内需求增长速度很快。2002 年国内投资保持强劲的增长，投资总量第一次超过 4 万亿元人民币，增长 17%；社会商品零售总额达到 4 万多亿元人民币，生产资料销售总额 7 万亿元人民币，增长 10%。这样大规模的生产、大量的消费，没有发达的现代物流与采购体系是不行的。

国民经济的快速发展有力地带动了物流业的发展。2002 年，我国全社会货运量达 147 亿吨，比上年增长 5%；全社会货物周转量达 4.9 万亿吨公里，增长 3.8%。这几年，中央领导同志多次指示要大力发展物流配送等现代流通方式。江泽民同志指出："发展社会主义市场经济，搞好流通极为重要，是消费通过流通来决定生产，只有现代流通方式才能带动现代化的生产，大规模的流通方式才能带动大规模的生产。因此，要大力支持和推动连锁经营、集中配送等现代流通方式，推动经济发展，提高竞争力。"这就明确了发展现代物流，推动流通现代化，进而带动生产和整个国民经济现代化的发展战略，使各级政府在推动物流发展的工作中有更明确的认识、更科学的定位。2002 年，国家经贸委明确将物流配送与连锁经营、电子商务一起，作为大力推进流通现代化的三大重点，还第一次把流通项目包括物流技改项目列入国债贴息予以扶持。国家计委、外经贸部、海关、交通、铁道、邮政、民航等部门还制定了很多有利于推动我国物流业开放和发展的政策措施。各地政府对物流的发展相当重视，很多地方把物流产业作为经济发展的支柱产业或新的经济增长点，20 多个省市和 30 多个中心城市已经或正在开始制定物流发展规划，有些省市还因地制宜，开始建设物流中心或物流园区，并制定了配套的扶持政策。各类物流企业纷纷成立，各种物流研讨会、专家论坛和物流培训活动层出不穷，我国已经出现物流发展热潮，有人称现在是我国物流发展的春天。当前，我国物流企业发展呈现出许多新的特点。

国外大型物流企业纷纷进入我国物流市场。如马士基物流公司去年获得了在大连、南京、宁波、重庆和成都设立分支机构的营运执照，使其在中国的分支机构增加到 14 个分公司和两个代表处，是至今为止在中国最大的外资物流商。日本邮船（NYK）、Exel 公司、UPS 也加快了在中国设点布局的步伐。一些国外物流企业还与国内企业合作，参与我国物流市场的竞争。如 1999 年 7 月，大田集团就与世界上最大的航空快递运输公司——美国联邦快递公司（Federal Express）合作共同组建了大田联邦快递有限公司，这是联邦快递公司在世界上唯一的一家合作公司，在全国现有 144 个站点。

2002 年 11 月，德国物流巨头辛克（Schenker）公司出资 70%，与北京国际技术合作中心合资，在北京设立一家国际货运公司，这是我国第一批申请注册的外资控股的物流公司之一。美集物流公司（APLL）与我国联想控股有限公司合资建立志勤美集物流公司，进军 IT 物流服务领域。大众交通（集团）股份有限公司控股 51%，与日本住友商事株式会社、佐川急便株式会社合资成立了上海大众佐川急便物流有限公司。

国内物流企业加快整合的步伐。这几年，国内物流企业加快了业务和资源整合的步伐，以提高市场竞争能力。如中国诚通集团明确将第三方物流作为集团发展的方向，着手对集团组织结构和业务模式按照第三方物流的发展模式进行改造。中远集团通过对现有物流业务整合，重组成立了一家资产规模达 47 亿元的中国远洋物流公司，以远洋运输为纽带，依托遍布国内外的物流站点，把铁路、高速公路、航空运输联系起来，为全球企业提供低成本的物流服务。2002 年，中远物流公司开拓重点市场，确定了家电、汽车、项目和展品物流四大物流市场。目前，已经有一汽、神龙、海尔、科龙、小天鹅等企业通过中远物流将产品销往国内外。今年 1 月，国家邮政总局正式成立了中邮物流公司，这标志着中国邮政开始进军物流领域。

工商企业开始探索供应链管理的实践。现代物流发展的方向将从单纯追求降低物流成本发展到协调企业之间的供应链关系、创造供应链竞争优势上来。以家电业为例，从 2000 年起，中国家电业历经 10 多年的高速增长后，陷入经营困难的境地。生产厂商热衷于自建销售网络，流通费用居高不下。目前国内家电业流通成本占总成本的 40% 以上。去年，作为国家科技部科研项目“电子商务与现代物流”示范工程之一，三联集团正式推出了我国家电业第一个以三联集团物流为核心的电子化战略物流体系。来自国内外家电产业链上游的众多制造商，如海尔、联想、西门子、伊莱克斯等，以及下游的众多销售商，联合加入了这一体系。这种战略化电子物流体系将形成家电产业完整的供应链，不仅可以大幅降低企业的流通成本，还可以为消费者提供更加个性化的服务。海尔集团通过建立以订单信息流为中心的物流管理信息系统，提升了全球供应链管理效率。供货商由原来的 2336 家整合优化为 840 家，库存资金周转从 30 天降低到 12 天，呆滞物资降低 73.8%，库存面积减少 50%。宝供物流企业集团从 2000 年至今，利用先进的电子数据信息交换系统，先后完成了红牛、联合利华、飞利浦、TCL 等客户的物流系统整合优化，使客户分销中心数量、库存水平明显降低，服务质量也得到了很大改善，创造了巨大的整合价值。目前，宝供作为中国领先的全面物流解决方案的提供者，为客户提供从原材料供应到商品的仓储、运输、配送、流通加工、包装、交叉理货以及物流系统规划和信息系统规划等多种服务项目。

这几年，我国加快促进采购制度变革，采购逐渐与国际惯例接轨。在政府采购领域，随着《中华人民共和国政府采购法》的实施，政府采购这一“阳光下的交易”开始走向规范化和法制化。目前我国政府采购规模快速增长，从 1999 年约 130 亿元，发展到 2002 年突破 1000 亿元，连续几年成倍增长，每年政府采购资金节约率达到 11% 左右。在企业采购层面，企业日益注重利用网络技术，加快采购制度的变革。如春兰集团，作为国家相关政府机构和世界许多大公司指定的重点采购企业，建成了全球采购与供货网，不仅通过网络发布采购和招标项目信息，还向全球厂商开放供货体系。由于扩大了采购领域，采购成本大大降低，有的项目成本压缩了近 40%。从国际采购来看，随着我国经济与全球经济融合的步伐显著加快，跨国采购日益成为影响我国经济的一个重要因素。沃尔玛、联合利华公司、美国家得宝（The Home Depot）等大型跨国公司去年分别在深圳和上海建立了全球采购中心或采购办事处。上海市 2002 年专门成立了跨国采购促进中心和上海跨国采购服务有限公司，为跨国公司在上海建立全球采购分支机构提供支持和服务。我国企业还开始积极参与联合国采购，尽管我国企业在联合国采购中参与度非常低。在联合国的 5795 家采购商中，我国只有 79 家，供货总额不到联合国采购量的千分之一。随着我国企业对联合国采购业务的认识不断深化，加上联合国采购倾向于发展中国家，这种状况正在得到改善。当然，同世界发达国家相比，我国采购业发展还刚刚起步，无论是采购规模、采购范围还是采购发展水平，差距都相当大。

生产资料流通行业经过十年来的改革与发展，行业规模化、集约化程度在不断提高。有的企业不适应市场经济的要求，逐渐退出了市场，有的企业经过调整、改制和改组，企业竞争力不断增强，经营规模不断扩大。根据中国物流信息中心对销售额超过 5000 万元的 49 家物资流通企业的统计，去年销售总额为 1685.4 亿元，同比增长 13.7%，销售收入增长 14.6%，而主营业务利润增长 52.9%。浙江省物产集团公司、中国铁路物资公司、上海物资（集团）总公司、天津物资集团总公司和广东物资集团公司的销售额都超过了 100 亿元，浙江与上海都超过了 200 亿元，这在十年前是不可想象的。这几年，国有物资流通企业在扩大经营规模的同时，普遍重视深化改革，加快资源整合，促进经营方式的转换和创新，站稳了脚跟，得到了发展。很多企业在转型过程中，根据流通现代化的要求和生产资料流通企业的实际情况，有的继续搞生产资料贸易，有的搞贸易加物流，有的在整合资源的基础上发展第三方物流。不管采取哪种模式，发展都是第一要务，都要有利于扩大主业经营，促进业务创新，形成核心竞争能力，把企业做大做强。中国物流信息中心对去年的情况专门做了分析，已印发供大家参阅。

各位代表！

我国物流与采购业的发展尽管刚刚起步，但发展形势相当好。我们要抓住机遇，加快发展。我国物流与采购事业究竟应当向什么方向发展？这个问题需要我们积极探索，勇于实践，与时俱进，开拓创新。现代物流是流通现代化的重要内容，大力发展现代物流，是推进流通现代化的需要。在市场经济条件下，流通产业既联结消费，又引导生产，是国民经济的先导产业。流通产业的加速发展，对于调整产业结构、改善国民经济运行质量、扩大就业、提高国民经济综合实力和竞争能力，都具有重要意义。从我国物流发展战略重点看，当前尤其要重视以下几个问题。

**1. 学习国外先进经验，结合我国实际，选择物流发展模式，走自己的路**

我国物流发展还刚刚起步，需要借鉴发达国家先进的物流发展经验，但借鉴国外经验时必须与我国国情相结合，不能照抄照搬，要有所创新。与日本等发达国家相比，我国国情有所不同。如日本国土小，有实力，人力资源短缺，且人力成本相当昂贵，每小时在 1000 日元（约 70 元人民币）左右。日本物流是 20 世纪 60 年代学习美国发展起来的，但日本并没有完全照搬美国的物流模式。如在仓储管理变革方面，日本并没有像美国一样发展平库，而是选择发展自动化和立体化仓库，以降低人力成本，减少占地面积。我国人口众多，产业整合度低，地区发展又不平衡。因此，我们在发展现代物流时，要从国情出发，坚持需求引导、效益为本、循序渐进的原则，走自己的路。物流属劳动密集型服务业，在发展现代物流时，要考虑项目要求和具体条件，不一定都搞自动化，都搞立体仓库。

**2. 正确引导物流基地的建设**

市场需求是决定产业能否发展的一个根本因素。我国物流发展水平不高，一个重要原因就是市场需求要经过一个从不成熟到成熟的发展过程。我国要发展现代物流业，必须大力培育物流市场需求。物流供给能力的建设要与物流市场需求相适应，以资源整合为重点，不能脱离需求盲目发展。物流基地（物流园区或物流中心）是具有一定规模和综合服务功能的物流集结点，一般是公路、铁路、航空、水运等两种或两种以上运输方式的枢纽，并集中了大规模物流设施和装备，能够通过规模管理、统一协调和信息共享，实现效率和效益的最大化。国外建设物流基地一般要充分考虑当地物流供需条件。如日本物流中心上游连接制造企业或进出口免税仓库，下游延伸到分散的各种店铺，日本物流系统协会常务理事稻束原树先生将它形象地比喻为"人的心脏"。近几年，我国各地发展物流的积极性很高，有的做了物流规划，甚至圈了地，但一定要注意充分利用和整合现有的物流资源，不一定都要新建。我国仓库资源规模较大，仅流通领域的仓库面积就达到了 3 亿多平方米。但仓储管理落后，设备陈旧，资源利用率平均还不到 40%。要重视仓储物流资源的改造和提升，以提高物流服务水平和资产利用效率。物流基地建设必须与当地物流市场需求相结合，切忌建起后无人进驻，有"场"无"市"。一些地方不顾市场需求，动辄圈地，盲目投资、投入物流基地项目的做法，应当引起高度重视。

### 3. 重视企业物流的发展

第三方物流的发展是经济全球化、企业加强核心业务、社会分工细化的要求，是流通现代化的重要组成部分，是我们发展的方向和重点，要积极推进。但第三方物流在世界范围内的比重都比较低，目前企业物流仍然是物流业发展的主流形态。据有关资料显示，我国第三方物流企业市场占有的比例只有 2%，远远低于美国的 8% 和欧洲的 10%。国外发达国家的物流发展经验表明，物流的社会化和现代化是从制造业物流的高度发展开始的。如在日本，准时制（Just in Time）成为物流的一个重要理念，但它最初是被丰田公司作为一种生产库存制度，首先在制造业中得到有效使用的，是丰田生产方式的一个核心内容。丰田公司的一位管理负责人曾说："丰田生产方式的形成与发展过程始终是物流系统的改善过程。"从我国物流发展现状看，要积极推动企业物流的发展，与此同时要逐步推进物流社会化、专业化发展。因此，企业物流与社会物流的共同发展，将是一个相当长的发展过程。党的十六大提出，坚持以信息化带动工业化，以工业化促进信息化，走出一条科技含量高、经济效益好、资源消耗低、环境污染少、人力资源优势得到充分发挥的新型工业化路子。新型工业化发展战略离不开现代物流的支持。我国目前经济增长主要依赖于制造业的增长。我国 40% 以上的国内生产总值、50% 的财政收入、80% 以上的出口及接近 75% 的外汇收入，均来自制造业。目前制造业物流构成了我国物流的主要力量。但由于长期受计划时期"大而全、小而全"管理体制和经营思想的影响，我国制造业物流发展水平相当低，发展速度相当缓慢。这也是制约我国经济发展的一个重要因素。大力发挥制造业物流的作用，对于进一步提升我国制造业的市场竞争能力，推动我国现代物流的发展，都具有重要意义。

### 4. 着力提高我国物流企业的竞争力

我国物流企业规模普遍较小，服务水平较低。据有关资料显示，目前我国公路货物运输企业平均每家拥有的运输车辆只有 1.34 辆，其中只有 20% 是集装箱化的。我国物流业要积极参与全球物流市场竞争，必须尽快提高企业的经营规模和竞争能力。要加强联合，通过兼并、重组"物流航母"，形成几个国内大型的具有较强综合服务能力和竞争能力的现代物流领先企业。还要积极创造条件，主动与国外物流企业加强竞争与合作，承担跨国公司或国外物流企业供应链中某一段物流服务或成为其物流服务的能力供应商，逐步增强参与国际物流市场竞争的能力。可以搞中外合资，或者鼓励国外物流企业跨国并购国内物流企业，这将有利于调整和优化我国物流产业结构，促进我国物流企业迅速成长。

## 三、对今后工作的建议

新一届理事会的召开正值我国全面建设小康社会的关键时期，也是联合会调整转型和稳步发展的重要阶段，机遇与挑战并存，压力与动力同在。要抓住机遇、迎接挑战、与时俱进，必须以党的十六大精神为指导，做到发展要有新思路，改革要有新突破，开放要有新局面，各项工作要有新举措。我们要根据物流与采购行业发展形势和战略重点，厘清发展思路，制定具体措施，变压力为动力，把联合会的工作推向一个新的高度。新一届联合会的主要任务是，坚持以邓小平理论和"三个代表"重要思想为指导，全面贯彻党的十六大精神，以党和国家经济工作重点为中心，以为会员、行业和政府服务为根本宗旨，以推进流通现代化为主要任务，进一步深化改革，开拓创新，加快发展，努力把联合会建设成为一个服务功能较强、社会联系广泛、国内外知名度较高，能够更好地发挥政府和企业桥梁和纽带作用的全国性物流行业社团组织。要认真贯彻中央提出的"要大力发展物流配送，推进流通现代化"的方针，围绕联合会的主要任务，重点抓好以下几个方面的工作。

**1. 进一步强化为会员、为企业和为行业服务**

联合会能否得到社会承认，能否吸引企业加入，关键在于我们的会员队伍是否壮大，服务能力是否增强，社会影响力是否扩大。在发展会员时，不仅要扩大会员规模，更要注重提高会员的广泛代表性和社会影响力。要努力争取一批在物流与采购行业有实力、有影响的企业入会，不仅要吸收大型国有物流企业、制造企业和商贸企业，还要吸收国外大型跨国企业集团、采购中心、中外合资物流企业、民营物流企业入会。要定期开展会员需求调查，及时了解会员的要求，反映会员的呼声，帮助解决会员的困难与问题。要全心全意为会员和企业搞好服务，把联合会真正办成会员之家、企业之家。要充分发挥兼职副会长的社会影响和作用，定期召开副会长单位所在地区或行业领域的座谈会议，广泛听取意见和建议，更多地依靠他们开展联合会的活动，提升联合会的服务水平。要加强与地方物流与采购社团组织之间的联系与合作，建立新型的伙伴关系和合作机制。要在总结经验的基础上，在行业内将"中国物流示范基地""中国物流实验基地"的推荐和评审工作进一步引向深入。要在国家质检总局的具体指导和支持下，在会员企业和行业内积极开展质量认证工作，普及"以质取胜""质量兴企"的意识，帮助会员和企业获得国际合作和进入国际市场的通行证。要在科技部的具体指导下，组织行业评选"中国物流与采购联合会科学技术奖"和推荐"国家科技进步奖"，以提高行业科技管理水平。要充分发挥联合会广泛联系物流专家的优势，大力开展为地区、城市和企业的物流规划和咨询服务。

**2. 积极推进物流标准化和信息化进程**

国外物流的发展经验表明，物流标准化和信息化是推进物流现代化的基础。我国物流标准化、信息化程度与世界发达国家相比差距很大。物流作业环节使用的设备，以及包装、运输和装卸等流通环节，都缺少必要的行业标准和行业规范，导致物流效率普遍不高。我国目前托盘总数约为 7000 万个，但规格、标准不统一，难以与国际规格接轨，增加了企业出口成本，降低了企业国际竞争力。我国物流企业大多还没有物流信息系统，不同物流模式的信息系统设计落后，信息缺乏相互链接和共享。我国物流业要想在更大范围、更广领域和更高层次上参与国际合作和竞争，必须从基础工作做起，大力推进物流标准化和信息化进程，尽快与国际物流接轨。推进物流标准化和信息化，尤其要注重从我国国情出发，向实用、低成本和有客户需求的方向发展。目前，我国有关物流的标准涉及很多部门，各部门大多从自身利益出发，制定各自的物流标准，阻碍了全国统一物流标准体系的形成。要推动成立全国物流标准化委员会，逐步建立、完善物流标准化协调机制，切实从物流一体化发展的需要出发，推进物流标准化进程。信息化已开始对企业的竞争力产生越来越巨大的影响。要通过物流信息化优秀案例评选等活动，引导物流企业充分利用信息和网络技术，导入供应链管理思想，提高物流管理水平，积极推进物流信息化建设。要鼓励和帮助传统物流企业通过物流信息化建设，向现代物流企业转型。

### 3. 高度重视物流行业调查、信息统计工作

国外行业社团组织的发展经验表明，行业调查研究、信息统计工作都是社团组织的基本职能。联合会要真正成为全国物流行业的行业组织，必须高度重视物流行业调查研究和基础统计工作。要积极开展物流与采购行业的抽样调查，向社会发布有影响的调查报告。要通过行业调查，摸清行业发展动态，帮助企业反映实际问题和企业呼声。要争取政府部门支持，做好物流政策制定的有关行业调查工作，协助政府部门制定物流发展纲要。美国、欧洲和日本等国家和地区物流行业组织都注重建立物流统计体系，日本关于物流成本的公开调查是在 1965 年开始的，每十年进行一次，这就是所谓的"十年定点观测制度"。要借鉴国外先进经验，努力创造条件，探索建立我国物流与采购统计体系和统计制度。抓住重点，搞好物流规模、物流成本、仓储物流、采购经理指数（PMI）以及各种物流运输方式如海运、水运、铁路、公路、民航的研究和统计工作，逐渐形成一整套物流与采购指标体系，向全社会定期发布。要继续完善生产资料流通统计，建立以国有物资流通企业为基础的企业直报制度，并逐步扩展其他类型企业的采样点。要在加强行业调查研究和统计工作的基础上，进一步改进《中国物流发展报告》（红皮书）和《中国物流年鉴》的编写工作。

### 4. 积极开展行业内各种形式的交流合作服务

要在国家和地方有关政府部门的指导和协助下，继续搞好物资流通和物流行业各类展览展销会，重点搞好建材、农机、库存商品、农副产品等会展项目。在总结上海汉诺威国际物流设备和运输系统展览会成功经验的基础上，探索开展其他形式国际物流展，逐步扩大展会规模和影响力，积极吸收国际知名物流企业参展。坚持、丰富和

完善全国生产资料批发市场总裁联系制度，加强对重点联系批发市场的典型经验总结工作，引导批发市场向加工配送和现代物流中心转型，促进批发市场规范发展和业态提升。进一步提升中国物流专家论坛的组织工作，要根据物流发展的热点、难点和重点问题确定每次论坛的主题，进一步提高专家论坛的水平。

**5. 加快推进我国采购方式的变革和创新**

要逐步培育国内采购专家队伍，围绕我国采购制度改革与发展的热点和难点问题，加强理论和政策研究，为政府部门和企业提供咨询和建议。建立典型企业联系制度，及时总结我国企业采购管理的先进经验。要重视研究联合国采购、跨国采购的发展趋势，帮助我国企业抓住全球采购带来的机遇。继续办好中国企业采购国际论坛，不断扩大影响，逐步办成我国采购领域颇具权威的年度国际性品牌会议。协助办好2005年国际采购联盟世界采购大会。大力推进我国采购管理现代化和信息化进程，积极推广电子商务在采购管理中应用的典型案例，引导企业开展网上采购业务。要逐步建立采购信息库，为政府和企业提供快捷、有效的采购信息服务。继续加强与国际采购联盟及其他国家采购组织的交流与合作。

**6. 继续推动我国物流与采购人才教育与培训工作**

我国物流人才十分短缺，尤其缺乏实用型物流人才，缺少物流管理师和物流工程师。据预测，未来5年，我国高端物流人才需求量将达3万人左右，中级管理人才需求量将达10万人左右。物流教育与培训要注意结合我国物流发展的具体实践，引进、消化和吸收国外先进的物流培训方法和培训教材，着力培养物流实用型人才。要继续争取教育部的支持，恢复设置高等教育物流管理及物流工程专业，列入高等教育目录中"管理科学与工程"一级学科下的二级学科，或在工商管理下恢复物流管理专业，同时在管理科学与交通运输类下新增物流工程专业。在有条件的高校增设物流管理、物流工程或者供应链管理的硕士和博士研究生方向，培养高级物流管理人才。要选择有条件的职业高中和中等专业学校开办物流专业，培养应用型、操作型人才。在教育部支持下，争取设立全国物流教学指导委员会和全国物流教材编审委员会。要在政府部门的指导下，调动社会各方面力量，组织规范化的岗位培训、继续教育，特别是资质证书教育。要在全国范围内选择培训点，着力培养师资力量，继续推进与世界贸易中心达成的物流与采购高级人员培训计划。要在劳动和社会保障部的具体指导下，积极推进物流师的培训与认证工作。

**7. 不断加快国际交流与合作的步伐**

我国物流是一个发展中的行业，通过扩大国际交流与合作，促进其跨越式发展，具有十分重要的意义。要在总结经验的基础上，逐步加快国际交流与合作的步伐，提高国际交流与合作的水平。要结合联合会服务功能的提升，大力发展与国际性和各国物流与采购组织之间互惠互利的合作机制。要瞄准国外物流发展的前沿动向，重视物流技术和管理的国际情报收集和研究工作。要加强与国外跨国公司的联系，帮助他们了解中国物流市场，为其进入中国物流市场提供各种有效服务。

### 8. 加强物流理论和政策研究

我国物流发展与发达国家相比有不小的差距，这种差距不仅是资本、技术和能力上的差距，更重要的是观念上的差距。我国物流理论研究发展很快，取得了很大的成果，普及了知识，提高了对物流与采购的认识。但从总体上看是比较落后的，尤其是在物流基础理论、物流管理、物流技术、信息技术在物流信息管理中的应用以及物流政策研究等方面，做得远远不够。联合会集中了全国开展物流理论研究的各方面力量，包括大学、科研单位、物流企业和政府有关部门。联合会要充分发挥联系面广、跨部门、跨地区、跨行业的优势，有计划、有步骤，系统地开展物流理论和政策研究，为我国物流理论体系的建设和物流事业的发展做出贡献。要把每年一次的中国物流学会年会办成全国最具影响力的物流学术交流会。当前，尤其要在学习研究国外现代物流理论和实践经验基础上，系统地开展物流发展战略、物流标准化、物流技术、物流政策研究以及生产制造业、流通业内部物流整合的基本原则、实用模式、效益测算和案例分析的应用研究。采取"请进来、走出去"的办法，积极参与国际间物流学术研讨和研究项目的合作，促进我国物流学术界与国际物流学术界的相互了解和合作。有计划地邀请国际知名的物流专家、学者和物流企业家到中国考察和讲学，传播先进的物流观念和物流技术。

各位代表!

在会前，我们向名誉会长和部分老顾问汇报了工作和这次会议的开法，他们都表示同意、支持。我们的老前辈、老领导袁宝华同志讲："我们对物流的宣传还不够，要大力宣传，提高对物流重要性的认识；你们做了不少工作，要总结经验，推广典型，以点带面，这很重要。"名誉会长柳随年同志因病去世，他要求联合会把物流事业作为头等大事来抓，从一开始就要注意规范化、法制化。张皓若、陈邦柱同志也有很多指示，皓若同志等一会儿还要讲话。顾问们也向我们提出了许多建设性的意见。这些宝贵意见，对改进我们的工作十分重要。我们要在党的十六大精神的指导下，进一步转变观念，强化服务，抓住机遇、与时俱进，推进我国物流与采购事业快速健康发展。

（本文为作者在"中国物流与采购联合会第三次会员代表大会"上的工作报告）

# 入世元年的中国物流

## （二〇〇三年三月三十日）

2002年，是我国加入WTO（世界贸易组织）的第一年，也是中国物流取得重大进展的一年。中国物流与采购联合会作为全国性行业社团组织，我们和业内同人一起亲身参与了其中的工作，有责任、有义务对本行业年度发展情况做出全面、客观的总结评价；为政府、企业和国内外投资者提供决策参考；为行业发展轨迹留下忠实的记录和严谨的思考。因此，我们从自身职能定位出发，继去年推出《中国物流发展报告（2001）》之后，今年把这册《中国物流发展报告（2002）》（红皮书，以下简称《报告》）奉献给大家，以期和所有关心、支持和参与物流工作的同人一起回顾、总结与思考，给正在发展的中国物流事业以应有的推动。

中国物流发展的进程，与改革开放和现代化建设密不可分。"物流"概念自20世纪70年代末引进我国以来，经历了近20年的研讨酝酿、启蒙尝试，到90年代后半期，在我国改革开放和现代化建设的强有力推动下，伴随着信息技术的迅猛发展和跨国公司的大举进入，现代物流开始在经济生活中推广应用，并引起了社会各界的广泛关注。新世纪的第一年，以物流业发展进入"十五"规划，六部委出台首部关于加快物流发展的"若干意见"，首家全国性物流行业协会挂牌，国家标准《物流术语》颁布实施，第一个物流示范基地建立和各地大力推动物流规划与建设等重大事件为标志，2001年被称为中国物流发展的"起步年"。

2002年的中国物流在持续"升温"的基础上，呈现出新的发展态势：在对基本概念的"炒作"中，增加了理性的思考；在理论探索中，加大了实践操作的分量；政府、企业和行业社团组织都在寻找自己的角色定位，理论和实践层面都有实质性进展。不少专家指出，2002年，将成为从"务虚"到"务实"的"转折年"，将写入我国物流发展的史册。本《报告》正是循着这样的思路，力求对发生在2002年的重大物流事件进行归纳总结和梳理分析。全书分为三大部分：第一部分"2002年中国物流发展综述"，对2002年中国物流发展的环境、主要成绩和特点进行了介绍和评析，提出了本年度中国物流发展的主要问题与建议，并对2003年中国物流发展的趋势进行了展望。第二部分"2002年中国物流的新进展"，分别从"政府与物流""企业物流与物流企业""物流市场""物流基础设施建设和技术进步""城市与区域物流规划""采购与物流""加入 WTO 与物流""物流研究与科研""物流教育与培训"和"港台物流发展概况"10 个方面做了专题描述。第三部分"附录",收入了"2002 年中国物流发展大事记""2002 年行业物流发展概况""2002 年物流调查(考察)课题研究报告选登""2002 年物流信息化发展概况""2002 年电子商务发展概况"和"2002 年物流行业社团组织发展概况"等内容。"综述""专题"和"附录"三个部分分别自成体系,又前后呼应,共同构成本《报告》的基本框架。按年度编辑出版"中国物流发展报告",是一件非常有意义的事情,也是一项艰苦细致的工作。中国物流与采购联合会相关部门和中国物流信息中心的工作人员,清华大学、北方交通大学(现北京交通大学)、北京物资学院和国家计委(现国家发展和改革委)综合运输研究所的部分专家学者分别承担了编写工作,联合会研究室做了总撰,许多业界同人为本书积极提供思路和相关资料,中国物资出版社(现中国财富出版社)提供了许多方便,部分重点物流企业给予支持,促使这件工作能够如期完成。在这里,我代表中国物流与采购联合会向所有参与本书编写和关心、支持本书出版的朋友们表示衷心的感谢!

现代物流在我国还是一个新兴事物,物流产业也是一门新兴产业,要对其做出客观、准确、全面的描述和评价,确实不是一件容易的事情,再加上环境和条件所限,书中缺漏和错误之处一定不少,特别是相关的图表和数据还不够充实,对一些问题的看法也仅是一家之言。因此,恳请读者朋友提出宝贵意见,以便在明年编撰时进行改进。在本书编辑之际,十届人大一次会议和全国政协十届一次会议隆重举行,我们国家全面建设小康社会的宏伟蓝图掀开了新的一页;本书出版之时,欣逢中国物流与采购联合会会员代表大会胜利召开,来自业界的各路精英成为首批读者。在这春回大地、万象更新的季节,让我们一起迎接中国物流业发展的春天。

(本文为作者为《中国物流发展报告(2002)》撰写的前言)

# 要处理好现代物流发展中的
# 几个关系

## （二〇〇三年七月九日）

党的十六大提出，坚持以信息化带动工业化，以工业化促进信息化，走出一条科技含量高、经济效益好、资源消耗低、环境污染少、人力资源优势得到充分发挥的新型工业化路子。现代物流以现代信息技术为支撑，以整合集成各种物流资源为手段，以降低物流总成本为目标，以生产、流通和消费为服务对象，符合新型工业化发展战略的要求。大力推进现代物流快速健康发展，对于转变国民经济增长方式、提高经济整体运行质量和效益、走新型工业化道路、全面建设小康社会具有积极的促进作用。

随着改革开放的深入和经济的快速发展，再加上经济全球化和信息技术的推动，现代物流在我国蓬勃兴起，并对社会经济生活发挥着越来越大的作用，受到各方面广泛关注，总的形势是好的。但是，现代物流在我国仍然处于起步阶段，还存在一些问题，需要认真解决。从当前物流发展的情况看，要注意处理好以下几个方面的关系。

### 一、物流需求和供给的关系

任何产业的发展无不以需求为根本推动力，物流产业也不例外。现代物流能在长三角、珠三角和环渤海等地获得较快发展，能在家电、医药、汽车、零售等行业率先突破，最根本的原因是现实需求的推动。没有物流需求和必要的市场环境，就不可能有现代物流的加速发展。从当前我国物流市场的供需关系来看，既有市场化程度不高、需求相对不足的因素，也有物流供给能力不强、服务水平落后、难以满足多样化物流需求的问题。一些运输和仓储企业规模小、实力弱、服务差、功能单一，不少企业还停留在传统业务的水平上，很少能够提供一体化的全程服务。这几年，跨国公司大量进入我国，这些企业的物流服务仍由国外物流企业占据主导地位，其主要原因也是缺乏符合市场要求的供给能力。因此，加快我国物流业的发展，既要培育市场，也要促进资源的整合，提升服务水平和竞争能力，这是我国物流发展的当务之急。

## 二、物流手段与目的的关系

物流在国民经济中归根结底是一个成本的概念，发展现代物流的根本目的在于降低全社会物流成本，提高企业和产品的竞争力，满足用户的需要。无论制定物流规划、构建物流系统还是选择物流模式，都是推行现代物流的手段，都是为了实现总体目标所做的工作。国际上通常把物流总费用与 GDP（国内生产总值）的比率作为一个国家现代物流发展的重要指标。有专家测算，我国物流总费用与 GDP 的比率高于发达国家将近 10 个百分点。怎样缩短这个差距，需要有切实可行的手段，但不论采取什么手段，都不能脱离总的目标。那种认为发展现代物流就是建设物流园区，不顾市场需求，盲目追求"最先进"的物流系统，期盼"一步到位"的思路和做法，是不符合我国的实际情况和市场经济发展要求的。因此，我们建设物流系统，发展现代物流，一定要从降低全社会物流总成本这个根本目的出发，注意成本核算，讲究投入产出。

## 三、现代物流和传统物流的关系

发展现代物流是我们的方向，要积极推进。物流的出现是经济发展和社会分工的结果，物流的发展也不可能脱离经济发展的水平。我国地域辽阔，人口众多，生产力水平和物流能力差异很大，经济发展不平衡。再加上长期实行计划经济，受"大而全""小而全"的思想影响，物流资源整合需要时间。一方面，居于世界领先水平的物流设施开始出现；另一方面，人抬肩扛、独轮车、小四轮在一些地方仍然发挥作用。各行业对物流的需求也有很大的差别，一些行业的竞争已经集中到物流能力的竞争，而不少行业依然以传统物流为主。就流通方式而言，已经有大卖场、专卖店、便利店和网上购物等新型业态，而传统的农贸市场、农村集市、货郎担在许多地方仍然有一定市场，为其服务的物流形式也必然具有多样性。

我国经济还不发达，处于工业化的中期阶段，物流专业化和社会化的程度不可能很高，特别是一些经济欠发达地区的物流发展还受到经济发展程度的制约。传统物流和现代物流必然出现长期共存的局面，我国发展现代物流显然不能搞"一刀切"。经济发达地区和迫切需要现代物流的行业要先走一步，给相对滞后的地区和行业做出示范。欠发达地区和行业，要允许多种物流方式并存，鼓励创造适合本地区和本行业的物流模式，逐步推动传统物流向现代物流转化。

## 四、新建和改造提升原有物流资源的关系

近几年，我国各地发展物流的积极性很高，不少地方制定了物流规划，开始建设了一些物流设施。这说明，各地对现代物流的发展是很重视的。但也有的地方不顾市场需求，盲目投资，出现了重复建设的苗头。从国外的经验看，物流园区的建设一定要与当地物流市场的需求相适应，还要有利于各种物流资源和物流方式的整合和集成。我国正处于市场经济发展的初级阶段，要考虑我国国情，不能不顾条件盲目新建物流中心，应该在原有物流资源的改造提升利用方面多下功夫。我国仓库资源规模较大，仅流通领域的仓库面积就达 3 亿多平方米。但大部分仓储设施管理落后，设备陈旧，资源利用效率低。对现有仓储物流资源进行改造和提升，提高物流服务水平和资产利用效率，是一条投资少、见效快的路子。这样做符合我国新型工业化发展战略的要求。

## 五、物流企业和企业物流的关系

这几年，国内物流企业加快了业务和资源整合的步伐。如中国诚通集团明确将第三方物流作为发展方向，着手改造集团组织结构和业务模式；中远集团通过对现有物流业务的整合，重组成立了中国远洋物流公司，为全球企业提供低成本的物流服务；今年 1 月，中邮物流公司正式成立，开始进军物流领域。多种形式的专业物流公司快速发展，社会化的物流企业群体开始形成，代表了我国现代物流发展的基本方向。

但是，企业物流仍然是我国现阶段物流活动的主体，企业物流与社会物流的共同发展，将是一个相当长的过程。国外发达国家物流发展的经验表明，物流的社会化和现代化正是从制造业物流的高度发展开始的。如在日本，准时制（Just in Time）成为物流的一个重要理念，最初也是丰田公司将其作为一种生产库存制度，首先在制造业中得到有效使用的。国外许多专业化的物流企业，也是从企业物流逐步发展起来的。我国已有不少制造企业创造了适合自身需求的物流模式，并积极向社会物流拓展。如海尔集团通过建立以订单信息流为中心的物流管理信息系统，提升了全球供应链管理效率。供货商由原来的 2336 家整合优化为 840 家，库存资金周转从 30 天降低到 12 天，呆滞物资降低 73.8%，库存面减少 50%，其服务对象正在向社会扩展。企业物流如何转向社会物流，关键要看能不能提供明显优于企业物流的效率、效益和服务。要重视企业物流和物流企业相辅相成、相互转化的关系，在培育发展第三方物流服务的同时，鼓励有条件的企业物流增加服务功能，扩大服务领域，积极向社会物流拓展。

## 六、物流产业与经济发展的关系

物流产业作为新型服务业，是与整个经济发展密切相关的。经济发展中的其他产业既是物流产业的服务对象，也是需求基础。改革开放20多年来，我国GDP年均增长9.4%，2002年经济总量首次超过10万亿元人民币，社会商品零售总额达到4万多亿元，生产资料销售总额7万亿元人民币，进出口总额超过6000亿美元。大规模生产和大量进出口、大量消费，有力地带动了物流业的发展。2002年，我国全社会货运量达147亿吨，比上年增长5%；货物周转量达4.9万亿吨公里，比上年增长3.8%。

物流产业参与了物质资料的生产和商品价值的创造。在生产领域，从供应物流到生产物流，再到销售物流、回收物流，物流活动渗透到生产的每一个环节。在流通领域，物流是实现商品流通必不可少的重要手段，只有现代流通方式才能带动现代化的生产，大规模的流通方式才能带动大规模的生产。我们要充分认识物流产业对经济发展的这种支撑和带动作用，不断提高物流产业的服务能力和水平，为国民经济快速健康发展提供便捷、通畅和高效率的物流保障。

## 七、政府作用与企业运作的关系

在我国，物流产业总体上来说属于起步阶段，市场经济体制还有不完善的地方，发展现代物流必须要有政府的引导和扶持。这几年，从中央到地方都十分重视发展现代物流。中央领导同志多次指示要大力发展物流配送等现代流通方式。国家有关部门明确将物流配送与连锁经营、电子商务一起，作为大力推进流通现代化的三大重点之一，通过国债贴息等方式支持物流技改项目。20多个省市和30多个中心城市已经或正在制定物流发展规划和相关配套政策。所有这些，都对推动现代物流的发展具有积极意义。从今后物流发展的实际来看，仍然需要政府帮助营造宽松的发展环境和政策上的支持。但是，发展现代物流一定要坚持市场经济的改革方向，坚持以企业为市场运作的主体，绝不能走计划经济的老路。政府的作用主要在于制定物流发展战略、规划及产业政策，清除地区和行业壁垒，创造公开、公平、公正的市场环境。涉及一些协调性和自律性的行业事务，如行业标准与认证、行业统计、行业培训、行业自律等，可以发挥行业协会的作用。对于具体的经营活动，要放松管制，减少审批事项，放手让企业按照市场经济规律去运作，促进物流企业明确市场定位，通过市场竞争发展壮大。

## 八、国外经验和我国国情的关系

现代物流在发达国家产生并已趋于成熟，我们发展现代物流应该学习借鉴国外先进经验。特别是在加入 WTO 前后，跨国大型物流企业纷纷进入我国，如马士基物流公司、日本邮船（NYK）公司等。一些国外物流企业还与国内企业合作，参与我国物流市场的竞争。1999 年 7 月，大田集团就与世界上最大的航空快递运输公司——美国联邦快递公司（Federal Express）合作，共同组建了大田联邦快递有限公司。2002 年 11 月，德国物流巨头辛克（Schenker）公司与北京国际技术合作中心合资，在北京设立一家国际货运公司。美集物流公司（APLL）与我国联想控股有限公司合资建立志勤美集物流公司，进军 IT（信息技术）物流服务领域。大众交通（集团）股份有限公司与日本住友商事株式会社、佐川急便株式会社合资成立了上海大众佐川急便物流有限公司。

国外物流企业给我们带来了先进的物流理念、管理和技术，对我国发展现代物流具有很强的借鉴和推动作用。我们需要借鉴发达国家先进的物流发展经验，但必须将国外经验与我国国情相结合，不能照抄照搬，要选择适宜的物流发展模式，走自己的路。日本物流是 20 世纪 60 年代学习美国发展起来的，但日本并没有完全照搬美国的物流模式。如在仓储管理变革方面，日本并没有像美国一样发展平库，而是针对本国国土面积小、人力资源成本高的特点，发展自动化和立体化仓库，以降低人力成本，减少占地面积，就连沃尔玛这样的企业在我国建立配送中心时也没有追求自动化的概念，而是充分利用了我国人力成本低的优势。我国人口众多，产业整合度低，地区发展又不平衡。在发展现代物流时，要根据项目要求和具体条件，不一定都搞自动化，都搞立体仓库。我们还要积极创造条件，主动与国外物流企业加强竞争与合作，承担跨国公司或国外物流企业供应链中某一段物流服务或成为其物流服务能力的供应商，逐步增强参与国际物流市场竞争的能力。可以搞中外合资，或者鼓励国外物流企业跨国并购国内物流企业，这将有利于调整和优化我国物流产业结构，促进我国物流企业迅速成长。

（本文原载于 2003 年 7 月 9 日《经济日报》）

# 深化改革　加快发展　做大做强

## （二〇〇三年七月十日）

六年来中储发生了很大的变化。中储这几年风风雨雨，坎坎坷坷，有了今天的变化，来之不易。取得这样的成绩，首先得益于中储总公司有一个强有力的领导班子。洪水坤同志主持储运工作以后，在企业改革与发展方面做了大量工作。最主要的是搞好稳定，然后图发展；没有稳定，就不会有今天的发展。原物资部一些拥有一二十亿自有资金的大公司都破产了，中储公司能够完整地保留下来，取得大的发展，非常难能可贵，这是今后发展的基础。今天的局面来之不易，大家要十分珍惜。

诚通集团已经把现代物流确定为发展方向，主业是物流和金属分销，我完全赞成。前些天马正武同志来你们这里调研，你们要按照集团的整体规划搞好中储的工作。中储占诚通集团半壁江山，是诚通集团发展现代物流的基础。一个仓储，一个运输，搞物流都不能少。中储1100多万平方米的仓库，分布在全国各处，这是搞好现代物流的重要资源。现在的仓储设施和过去大不一样了，发生了质的变化，已经不是原来储运的概念了。证监会对中储股份募股资金的使用评价很高，说明你们是按照资金使用方向去做的。你们通过再造7.5万平方米较高水平的仓储设施，按社会平均价格就是7.5亿元，这也说明只有中储这样有很大土地存量的企业，才可以用较低的成本，建设现代化的物流中心，体现了国有老仓储企业的改造价值。

我最近在《经济日报》上发表了一篇文章，讲了物流的几个重要关系。第一个就是供需关系。现在不少人认为物流需求不足，我的看法是不仅有需求问题，更重要的是我们的供给水平太落后，很难满足企业越来越高的物流需求，真正意义上的第三方物流企业没有几家。生产企业如果真的把所有的物流业务外包，物流企业能很好地承担起来吗？我看大多数物流公司是承担不了的。当前一定要培育物流市场，但更要提高物流企业的服务能力。国外企业到中国来，大多数用的是国外的物流公司，我们的物流公司承担的业务很少。

发展现代物流还必须处理好传统物流和现代物流的关系。发展现代物流是我们的方向，必须积极推进，但有一个过程。中储现在存在着传统与现代并存的问题，这种并存可能有一段相当长的时间，这与我国整个经济发展水平和发展阶段是相适应的。

我国现在处于工业化的中期阶段，经济发展的现代化程度还不高，因而需要传统与现代并存，传统不断向现代过渡。传统不向现代过渡不行，但都搞成现代的也不实际。在现有的经济和市场条件下，传统的服务方式赢利能力还很强。这里要特别处理好新建物流企业与改造老的物流企业的关系。最近水坤同志写了篇文章，我们的观点是一致的，就是要在改造现有物流资源上下功夫，促进传统物流向现代物流转化。对中储的发展我谈几点意见。

**1. 加快业务与资源的整合速度**

业务和资源整合要有统筹规划，要利用信息与网络技术把点联起来，这样就不是单个点而是网。现代物流是现代流通的核心，流通是商流、物流、信息流的统一，没有信息流，就没有现代物流。商流的过程可以通过其他方式替代，完成物权转移的实物流通永远是必要的。现在中储还没有实现物流运作的信息化管理，如果今后实现了，一定会比现在发挥更大的作用。加强业务整合是方向，要有计划地进行改造和提升。南仓这个60万平方米的仓库，有交易市场、加工配送中心，也要很好地规划一下。

中储改造提升的速度要加快。如果不尽快完成改造提升的任务，将面临被别人整合的局面。现在有些生产企业搞物流的胃口很大，整合了不少物流资源。沃尔玛年销售额达到2000多亿美元，形成了供应链。我们现在是向供应链方向努力，供应链上的企业与企业之间是战略伙伴关系，是利益共享、信息共享的关系。我国现阶段物流是每个环节在单独运作，还没有达到物流多功能一体化运作。物流发展的水平与经济发展有着密切的关系。物流发展水平，不可能超越社会经济发展的程度。一下子都搞立体仓库、自动化也不实际。发达国家有些仓库设施很一般，但信息化管理程度非常高，所以物流一体化离不开信息化，信息化是物流集成运作的先决条件。我们搞物流现代化，要从现实情况出发，加快改造、整合和提升。

真正搞第三方物流也不是很容易的，目前符合条件的还不多。一个是宝供，一个是大田。中储有比这些民营企业强得多的资源条件，关键是我们的经营理念、经营思想要变。物流是竞争性行业，国有企业在竞争性行业里就算起不了主体作用，也要起主导作用，否则就没有存在的意义。国有企业要起主导作用必须做大做强，提高核心竞争力。要利用现在的机会整合自己的资源，兼并重组别人。如果有能力重组别人，这个时候成本是最低的。不加速整合，别人就会来整合你。现在经济全球化趋势发展很快，世界五百强企业不少已经进入中国。国外企业进入对我们的压力很大，大家要认清形势。

**2. 大力开发大客户**

物流企业作为服务企业，大客户是非常重要的。大客户是主要的收入来源，是构成核心竞争力的重要因素。你们前30名的大客户已占整个收入的37%，要与大客户建立长期稳定的战略伙伴关系，这很重要。要以大客户为重点，以现货市场、仓储、金属加工为依托，商流与物流相结合，搞贸易、加工、配送一条龙服务，形成价值链，效益就会显示出来。

### 3. 发挥中储物流和金属分销的优势

经销和仓储是互为依存的关系，经销可以为仓储带来资源，仓储又可以为经销提供储存和配送服务。我们看到日本的物流公司的业务已经延伸到零售业，与许多生产企业建立了战略伙伴关系，利用自己的优势为生产企业销售产品，有的甚至贴上自己的商标，获得很好的效益。现在很多物流企业都是首先拿到市场订单，向生产企业订货，并进行销售，流通的先导作用将来会越来越明显。组织生产，不一定有工厂。贸易全球化，企业可以到世界各地去订货，订货以后打上品牌进行销售。中储有全国网络，物流和金属分销是我们的优势，要大力发展。中储股份天津的现货市场年交易额达到 30 多亿元，做得不错，但还有发展潜力。上海一家民营企业一年销售钢材就有 50 万吨。要多方面想些办法，增加市场的功能，扩大市场辐射范围，目标可以定在发展成华北最大的钢材现货交易市场。

### 4. 建立完善激励机制

对经营者的激励需要很好地研究，这是个大的问题。分配机制要讲效益优先、兼顾公平。效益优先就是承认差距，谁贡献大谁多得。兼顾公平就是相对合理，不能差距太大。用人机制也很重要，国有企业往往用好一个人，整个企业就活了；用错一个人，整个企业就垮了。改革关系到每个员工的切身利益。机制好，用好人，企业才能发展，企业发展了，收入才能上去，这个道理要和员工讲清楚。

### 5. 企业文化要和政治思想工作结合起来

我们搞企业文化不是说不需要政治思想工作了。单靠物质刺激，到一定程度的时候也不起作用。人是有事业心的，要为社会做贡献。国外也有思想教育，讲行为科学，讲满足不同层次的需要，讲荣誉，讲对社会负责。企业中党的工作很重要，我们党的优势就是政治思想工作。政治思想工作是最大的行为科学，党的工作要紧紧围绕"三个代表"重要思想开展工作。要充分体现党在企业中的核心作用，提高员工的思想素质，创造一个有利于生产经营的企业文化氛围，使广大员工能够在企业中发挥出最大价值。现在我们要强调法治和德治相结合，制度、品德、诚信相结合。

水坤同志要我到天津招商公司来看看，今天看了后很高兴，你们搞得不错，这几年你们没少受苦。六年前的天津招商是个"老大难"单位，处在非常不利的环境下，债务又那么多。能发展到今天，你们辛苦了！

这几年你们为改造企业采取的措施是对的，很好地处理了天津招商遗留的问题。用一个仓库还了银行 4800 万元的债务，人员安置得也很好，而且把以前的事情全办妥了，又有了新的发展。用1000万元资产撬动了8000万元的资产，建起了现代化的物流中心。当时广东中山投入的钱争取回来5万平方米的一块地，也是很不容易，将来会有发展的可能，地也可以升值。企业整改任务完成得很好。下一步你们是要考虑企业如何发展的问题。

我看到你们的精神面貌非常好，比六七年前企业债务缠身的时候要好。那时候难呀，一大堆问题处理无望，不知道明天是什么样子。你们在这几年的煎熬中得到了锻炼。搞企业什么最难？是处理人事关系。企业改革中一方面是资产的运作，更重要的一方面是处理人事关系。要妥善安置几百个职工，有很大难度。现在你们通过一系列的运作，摆脱了困境，终于可以大踏步地向前发展了，企业显现出一片积极向上的氛围。信心有了，员工精神面貌也好了。可以说，你们在企业改革的过程中，充分体现了"三个代表"的思想，真正代表了广大职工的根本利益，没有简单地为安置而安置，更考虑到在企业改革的过程中树立党的形象。

这种现代化的仓库，我在中储系统是第一次看到。去年我和洪水坤同志参观了日本的立体仓库，现在我们也有了。中储现在既有现代化的物流设施，也存在传统仓库和运行方式，处于从传统仓储向现代物流转变的过程中。天津招商这几年遇到的问题，走过的路，就是我国国有企业在改革开放中遇到的问题和经历的过程。这个过程中有的企业垮下去了，有的坚持着挺过来了。能挺过来的都是好样的。

你们要利用好天津招商这块牌子。地处保税区里，地理位置很好，外商会很感兴趣，可以与国外接轨，延伸出更多功能。我国加入世贸组织，国际贸易会有很大发展，物流量很大。你们要抓住机会，发展起来。

天津招商要以现代化的物流设施为中储、为集团多做一些事情。中储是诚通集团搞现代物流的基础。搞现代物流，现代化的设施要有，网络也要有，要通过一个个现代化的点体现网络的价值。

上次到中储天津公司是1998年，几年不来了，这次来看到，你们也买了楼了，生产经营也走上了正轨，发生了翻天覆地的变化。过去部直属的一些大公司没有留下来，好多都是下面公司的债务追到总公司，最后只好破产。你们能坚持下来就是胜利。

你们仓库面积还有55万平方米，这块资产就是你们今后发展的基础，而且这块土地企业自己有处置权，以后可以拿出一块变现，或者合资、合作，获得进一步发展的资金，可以用地生财。

天津物资集团今年上半年销售额达到160个亿，他们每个副总都有项目，责任到人。关键是抓住银行，银企合作，生产企业从原材料供应到产品的销售，物资集团全包了。生产企业没有资金，集团和银行谈，银行出资金。银行、物产集团、生产企业三家全都有好处，而且合作是长期的，真正形成了战略伙伴的关系。物资集团现在做贸易这一块，今后还要做物流。这样就形成"链"了。他们做钢材，做化工产品，做项目，不是一般的贸易。同是地处天津，同是老物资企业，要学习他们的经验。资产守着不行，要考虑发展，资产不但不能流失，还要增值。今年天津物产集团已经完成了近160亿元的销售额，到年底突破200亿元不成问题。两三年就要达到500亿元，十年1000亿元。我知道中储有质押业务，把银行拉进来，中储做组合的工作，这项业务很有前景。

国有企业要搞好，经营理念、用人、分配是关键。物产集团一个业务人员最高拿到200万元，这是机制改变了以后带来的效益。天津有限公司作为股份上市时剥离出来的老公司，整改工作完成后要继续创业，要不断地谋求发展。要多为职工着想，不断创造就业的机会。不少事实证明，国有企业把用人、机制问题解决了照样搞得好。天津有限公司有自己的特点，你们现有的资产就是今后发展的资本，你们可以用地生财。

中储天津公司的工作做好了，又能促进股份公司发展。要换方式，换思想，转变经营方式。现在有主辅分离政策，这是改革的大趋势，应该很好地利用。主辅分离是一次机会，使企业能够进一步放下包袱，轻装前进。

中储天津公司在改革中为总公司承担了责任，做出了贡献。改革是必要的，物资系统原来传统的流通方式必须要改。1994年以后，我国生产资料流通的形势发生了巨大变化，经过这几年，现在你们能完完整整地存在，这本身就是一个胜利。我相信，留下来的这些企业一定会发展的。对此我充满信心。

今天到这里，看到面貌一新的景象，我感到很高兴。不是守摊的，没有一蹶不振，没有发牢骚，说明越是干事，越能出成绩。你们把企业搞好了，老同志也高兴，也会感谢你们。

（本文为作者在中国物资储运总公司天津公司和天津招商公司考察调研时的谈话要点）

# 社会化整合　现代化改造　跨越式发展

## （二〇〇三年九月十三日）

近年来，现代物流引起了社会各方面的广泛关注。今年，全国政协组织了现代物流专题组，其目的就是调查了解各地在发展现代物流中出现的情况和问题，以便向政府有关部门提出政策建议，推动现代物流持续、快速、健康发展。7月，专题组在长三角和珠三角地区进行了调研，昨天来到武汉，是调研工作的第二站。我们的会议也利用这个时间在这里召开，以便使大家的意见和建议能够通过政协这个渠道反映给政府管理和决策部门。

在这次会议上，将有各地同志分别介绍物流规划和园区发展情况，几位业内专家要做专题讲座，会议代表还将参加由全国政协现代物流专题组召集的座谈会，内容很丰富，是一次很好的交流学习机会。

前一段时间，我在《经济日报》发表了《要处理好现代物流发展中的几个关系》一文。其中提出的八个关系，有许多同志表示愿意深入探讨。下面，我结合上述观点和调研当中的一些感受讲五个问题：一是关于当前我国现代物流发展的形势；二是关于我国现代物流的跨越式发展问题；三是关于物流资源的社会化整合和现代化改造；四是关于我国现代物流发展最紧迫的几项基础工作；五是关于政府在推动我国现代物流发展中的作用。

### 一、关于当前我国现代物流发展的形势

谈到我国现代物流发展的形势，当前有一些不同的看法。一种看法是，物流发展过快、过多、过滥，出现了"过热"的现象，在珠三角我们就听到了"物流、物流，遍地流"的说法；另一种看法是，这几年物流发展的形势很好，各地出现了加快发展物流的"热潮"，而不能轻易下"过热"的结论。本人倾向于后一种看法。这是因为：

第一，从现代物流在我国发展的历史来看，当前物流发展并没有"过热"。物流概念自20世纪70年代末期引入我国，之后二十多年，由于体制和经济发展的原因，一直推广不起来。直到90年代后半期，现代物流才逐渐受到重视，而真正起步有所发展也

就进入新世纪的这两三年。而这两三年我们在物流方面所做的事情，更多的还是研讨、培训、规划等前期准备工作，真正投入物流建设中的资金并不是很多，很多物流项目也没有全面铺开。对于仍然处于起步阶段的现代物流下"过热"的结论，显然是没有道理的。

第二，我们也承认在加快发展现代物流的过程中，出现了一些值得注意的倾向和苗头，但这些问题是可以在发展中加以解决的。比如，不注重实践操作，热衷于概念的炒作；不结合当地实际和现有条件，盲目提出在全国甚至世界物流格局中争第一、"当老大"的目标；不注意现有基础设施的提升改造，盲目新上项目，出现了一定程度的重复建设苗头；不在资源和业务的整合上下功夫，而是盲目跟风"翻牌"，等等。这些倾向和问题，都是在快速发展中必然出现的，也需要在发展中加以解决，但不能因此得出"过热"的结论。

第三，轻言"过热"，对现代物流发展有害无益。一个行业、企业的健康发展，来自对形势的准确把握和判断。如果我们认同物流发展"过热"的观点，必然采取限制或"刹车"的措施，给刚刚兴起的"物流热潮"浇上"冷水"，不仅对当前，就是对长远发展也会产生很大的负面影响。因此，我认为，当前我国现代物流发展的形势是好的，我们要用发展的眼光，从总体上看待"物流热潮"，对现代物流应该继续采取扶持发展的积极措施。

## 二、关于我国现代物流的跨越式发展问题

我们知道，现代物流在发达国家是随着工业化的成熟而走向成熟的，这也就最近几十年的事情。而我国目前处于工业化的中期阶段，现代物流刚刚起步。我们要不要走发达国家现代物流发展的老路，能不能实现跨越式发展？既是认识问题，也是实践问题。

第一，我国已经具备了现代物流加速发展的基础和条件。改革开放20多年来，我国GDP年均增长9.4%，2002年经济总量首次超过10万亿元人民币，社会商品零售总额达到4万多亿元人民币，生产资料销售总额7万亿元人民币，进出口总额超过6000亿美元。经济总量的迅速增加，促使物流量快速增长。2002年，我国全社会货运量达147亿吨，比上年增长5%；货物周转量达4.9万亿吨公里，增长3.8%。这几年，国家实行积极的财政政策，物流基础设施建设得到较快发展，到2002年底，全国公路通车里程达到175.8万公里，铁路营业总里程7.15万公里，民航、水运、管道运输设施、包装、装卸、仓储设备和信息技术都有了很大进步，为我国现代物流跨越式发展奠定了基础。

第二，在一些经济发达地区，已经出现了物流业跨越式发展的势头。这次在两个三角洲调研，发现这样几个方面的现代物流发展很快：一是开发区、保税区物流。因为贴近跨国公司、生产企业，需求量大，经营状况好，形成了良性循环。二是交通枢纽城市。如上海浦东、宁波北仑和深圳盐田等，依托港口，开展多式联运，大进大出，现代物流初具规模。三是城市功能性配送。如无锡的瓜果蔬菜配送、上海的连锁超市配送等，出现了各具特色的物流服务模式。四是企业物流。许多企业通过改造自身业务流程和物流系统，不仅为本企业服务，而且因地制宜开发对外物流服务，迈开了物流社会化的步子。这四类物流形式，都是以强大的物流需求为依托，以符合当地物流需求特点的物流模式来满足日益增长的物流需求，物流供给能力和服务水平都有了比较大的提高，为我国现代物流跨越式发展做了有益的探索。

第三，加入 WTO，经济一体化的形势，要求我国现代物流必须实现跨越式发展。我国加入 WTO 快两年了，两年来，我们在党中央、国务院领导下，认真履行承诺，积极应对挑战，对外开放出现了新的局面。外贸进出口增长迅猛，引进外资名列全球第一，世界 500 强企业中已有 400 多家进入我国，许多大型跨国公司都把其生产基地和采购中心向我国转移。这样的好形势，对我国现代物流的发展既是机遇，也是挑战。美国科尔尼管理顾问公司在对中国的投资环境调查分析后认为，落后的物流服务，是影响外国企业在中国投资的最主要障碍之一。根据我国的入世承诺，与物流相关的分销领域、交通运输领域、货运代理领域、仓储服务领域、快递服务领域，都将在入世 3 ~ 4 年内全部开放。对于物流行业来说，实际上已经进入加入 WTO 后的过渡期，中国的现代物流业加快发展的任务非常繁重而又十分紧迫，实现跨越式发展时不我待，我们一定要有强烈的责任感和使命感。

## 三、关于物流资源的社会化整合和现代化改造

党的十六大提出，坚持以信息化带动工业化，以工业化促进信息化，走出一条科技含量高、经济效益好、资源消耗低、环境污染少、人力资源优势得到充分发挥的新型工业化路子。现代物流以现代信息技术为支撑，以整合集成各种物流资源为手段，以降低物流总成本为目标，以生产、流通和消费为服务对象，符合新型工业化发展战略的要求。

第一，对物流资源进行社会化整合是由我国国情决定的。我们讲现代物流的跨越式发展，并不是要铺多少新的摊子，上多少新的项目，而是要在物流资源的社会化整合方面多做文章。经过五十多年建设，特别是二十多年发展，我国积累了大量的物流设施资源。据统计，仅流通领域的仓库面积就达三亿多平方米，如果加上生产领域、

交通部门、军队后勤和社会各方面投资建设的仓库，这是一个非常惊人的数字。但是，由于长期计划经济的影响，物流资源分属不同的地区、部门和行业，互相之间壁垒森严，不能综合利用。这就出现了一方面分散的物流资源普遍"吃不饱"，另一方面符合社会需求的物流供应能力严重不足的问题。这也是导致企业自办物流，市场发育不够，物流效率低下的重要原因。邮政系统就是一个典型的例子，虽然他们有比较雄厚的物流资源和网点优势，但过去垄断经营、封闭运作，资源利用效率和整体经济效益都不高，现在开展社会化物流服务，无须太多投入，也不用另建网点，已经取得相当大的成效。物流资源和服务的社会化，不仅符合现代物流发展的基本方向，也体现了我国的基本国情。

第二，对传统物流资源进行现代化改造，符合新兴工业化发展战略的要求。近几年，我国各地发展物流的积极性很高，不少地方搞了物流规划，开始建设了一些物流设施。这说明，各地对现代物流的发展是很重视的。但也有的地方不顾市场需求，不注意现有资源的社会化整合和现代化改造，热衷于盲目投资上新项目，出现了竞相攀比、重复建设的苗头。

物流基础设施一般占地面积大，资金投入多，建设周期长，投资回报慢，对于新上项目一定要慎之又慎。我国现存大量物流资源，一般地处交通枢纽、货物集散地，原来就有相对固定的客户渠道和服务对象，只不过设施老旧，信息化水平低，不符合现代物流发展的需要。从我们这次调研的情况看，依托原有设施，根据客户需求改造的项目，一般渠道没有断，服务有所提升，取得了比较好的效益。而那些大规模"圈地"，大量投入在建或已建成的项目，由于需求不足，并没有达到预期的效果。事实证明，按照现代物流的运作理念，根据新的需要对现有设施进行投资改造，提升技术和服务水平，是一条投资少、见效快的路子，不一定处处都要新建。

第三，物流资源的社会化整合和现代化改造要从实际出发。我国现代物流的发展，需要借鉴发达国家的先进经验和管理技术，但国外经验必须与我国国情相结合，不能照抄照搬，不能亦步亦趋，而应该走自己的路。从国外的经验看，物流园区的建设一定要与当地物流市场的需求相适应，还要有利于各种物流资源和物流方式的整合和集成。我国正处于市场经济发展的初级阶段，发展现代物流不能"搞运动"，不能乱提"口号"，园区建设也不是越大越好，越多越好。一个地方物流发展规划的制定、物流基础设施的建设与改造、物流服务模式的选择、物流发展目标的确定，都要与当地经济发展水平相适应，这是一条不以我们的意志为转移的客观规律。

## 四、关于我国现代物流发展最紧迫的几项基础工作

要实现我国物流的跨越式发展，许多工作都需要抓紧进行。下面，我给大家介绍

一下中国物流与采购联合会在政府有关部门和广大物流企业支持下，正在进行的基础统计、基础标准、基础培训和基础理论研究四项基础工作的进展情况。

第一，基础统计。作为一个正在发展中的新兴产业，现在谁都说不清楚什么是物流企业，全国有多少家物流企业，更没有物流行业的基本统计。这样，一个行业没有清晰的"边界"，一个企业无法准确考核，制定政策没有明确的对象，推动发展也就无从谈起。所以，我们下决心建立基本的行业统计体系。这方面，上海、天津等地已经做了不少开拓性工作，还需要政府有关部门的大力支持。

第二，基础标准。国家标准化管理委员会已经批准设立"全国物流标准化技术委员会"，秘书处就挂靠在联合会。目前，我们正在进行委员会的组建落实工作。同时，希望业内企业也能够参与到国家标准和行业标准的制定工作中来。

第三，基础培训。在国家劳动和社会保障部的领导下，我们已经起草制定了《物流师职业标准》，相关的培训认证即将开始。另外，我们与有关院校、国外机构合作培训项目正在有序进行。同时，也希望同社会上其他培训机构进行合作，共同做好物流行业人才培训工作。

第四，基础理论研究。这方面，我们尽管做了一些工作，但还是比较薄弱的环节。我们愿意同业内理论和实际工作者共同做好这项工作。特别是在有关物流理念、物流企业、物流成本、物流统计、物流规划等最基本的方面寻求突破。

以上几项都是事关行业发展的基础性工作，联合会作为行业社团组织愿意做出自己的贡献，同时，希望继续得到各级政府部门、各地行业企业的大力支持。

## 五、关于政府在推动我国现代物流发展中的作用

物流产业参与了物质资料的生产和商品价值的创造。在生产领域，从供应物流到生产物流，再到销售物流、回收物流，物流活动渗透到生产的每一个环节；在流通领域，物流是实现商品流通必不可少的重要手段，只有现代流通方式才能带动现代化的生产，大规模的流通方式才能带动大规模的生产。从这个意义来讲，现代物流是公共性的复合产业，应该是政府扶持的重点。在我国，物流产业总体上来说属于起步阶段，市场经济体制还有不完善的地方，发展现代物流更需要政府的引导和扶持。

我们讲政府在发展现代物流中的作用，一定要坚持市场经济的改革方向，坚持以企业为市场运作的主体，绝不能走计划经济的老路。政府的作用主要在于制定物流发展战略、规划及产业政策，清除地区和行业壁垒，创造公开、公平、公正的市场环境，帮助企业解决经营运作中出现的共性问题。在这些方面，政府应该发挥主导作用，是其他社会力量无法代替的。现在的问题是，政府分为若干部门，许多部门与物流有关，

大家分别从各自角度提出推动物流发展的政策措施，缺乏统一的协调机制，这样不利于现代物流的协调发展。现在，有一些省市由分管的行政首长牵头，吸收与物流有关的部门参加，组建了联席会议或领导小组，统一协调现代物流发展中的重大问题，取得了比较好的效果。这种做法，各地可以学习借鉴。在中央政府层面，通过这次调研，大家也取得共识，我们也要积极推动建立综合协调机制。

随着现代物流的深入发展，各地重组和新建了物流行业协会，行业协会越来越得到政府的支持和企业认可。对于涉及全行业发展的"公益性"基础建设，如基础统计体系、基础标准化、基础人才培训、基础理论研究和公共信息平台建设，政府应该立项投资，支持行业协会去办。行业协会也应该坚持"自立、自主、自养"的原则，坚持"为企业服务、为行业服务、为政府服务"的根本宗旨，为行业企业多办实事，搞好服务。中国物流与采购联合会从2001年4月建立以来，在政府有关部门和行业企业大力支持下，为行业发展做了一些事情，但有的没有做好，有的还很不够。因此，也希望大家借此机会对联合会的工作提出意见和建议。

（本文节选自作者在"首届全国城市物流园区交流研讨会"上的讲话）

# 物流发展形势与物流园区
# 规划建设问题

## （二〇〇三年十月十五日）

### 一、从长江三角洲、珠江三角洲看当前的物流发展形势

我国自20世纪70年代末引入了物流的概念以来，物流业发展很快。现在是各级领导讲物流，研讨会上谈物流。已有20多个省市、30多个中心城市制定了物流发展规划，各地物流园区、物流中心建设也搞得红红火火。中国出现了"物流热"，也有人说是物流发展的春天到来了。对于当前我国物流发展的态势有人说"过热"了。大家都知道，物流的出现和发展是个经济现象，是经济发展的需要，是社会分工的结果，是市场经济发展的必然，不能简单地说热不热。由于过去长期受重生产、轻流通思想的影响，物流显得"太冷"了，因此需要一定的热度。当前存在的"物流热"是正常的，是发展的"热潮"，而不是"过热"。事实上，我国物流发展满足不了经济发展的需要，应加快发展步伐。当然，要注意不要搞形式主义，不要盲目跟风，不要炒作，不要抢帽子，不要树旗子，要从实际出发，脚踏实地为我国物流事业的发展做点实事。我国当前的物流发展形势，用一句话来概括，就是发展形势很好，发展潜力巨大，发展速度很快，但仍处于起步阶段，整体发展水平较低。

最近，我到浙江、上海、江苏和广东进行了调研，考察了长江三角洲、珠江三角洲物流的发展，对我国物流发展的总体形势有了更进一步的认识。长三角、珠三角是我国乃至东南亚地区经济发展最具活力的地区，也是我国物流发展最为迅速的地区。这两个地区物流的发展基本代表了我国物流发展现状和发展趋势。今年上半年，这两个地区GDP总值超过全国总量的30%，出口占全国的比重达到64.4%，利用外资占全国的比重达到65%。物流在推动经济发展中起到至关重要的作用，包括传统运输、仓储、货运代理、商贸和邮政等与物流相关产业的增长速度普遍超过了GDP的增长。

第一，口岸物流发展很快。长三角、珠三角是我国对外开放最早、与全球经济接轨最快的地区，"两头在外、大进大出"的外向型经济发展迅速。从总量上看，珠三角出口总量大于长三角，但发展速度不及长三角，上半年长三角出口增长47.6%，高出

珠三角 21.4 个百分点。在上海辐射作用增强以及国际资本向长三角转移机遇的带动下，上半年长三角到位外资 123.7 亿美元，占全国的 40.8%，增速高达 60.7%。其中，台商对大陆投资金额为 13.6 亿美元，江苏省就占了 7.2 亿美元，超过 50%。苏州市 85% 以上的进出口总额都是由外资企业实现的。大部分外资企业是从事电子信息产品制造的高科技企业，大多按订单生产，生产周期很短，要求实行"零库存"。这对物流服务的效率和通关速度都提出了更高的要求。整个外向型经济成为港口吞吐量增长的主要动力，以进出口国际集装箱运输为主体的口岸物流发展迅猛。集装箱吞吐量香港稳居全球第一，上海、深圳超过高雄，分别跃升为全球第四位和第五位。

第二，制造企业开始积极引进现代物流管理思想，对企业物流系统进行改造和整合。这两个地区产业基础雄厚，制造业相当发达。珠三角以劳动密集型的轻型加工工业为基础，电子、医药、建材等行业产值均居全国之首，彩电产量约占全国产量的 1/2，家用电冰箱约占 1/3。长三角工业门类齐全，轻重工业都比较发达，化纤、纺织、机械、电子、钢铁、有色、冶金等工业在全国占有相当重要地位，钢产量占全国产量的 1/2，钢材产量占 1/4，化纤产量占 1/2，汽车产量占 1/5，拥有宝钢、大众汽车、跃进汽车、熊猫电子、扬子石化、金山石化、镇海炼化等一批优势企业。越来越多的制造企业意识到，要提高核心竞争力，必须把物流业务从核心业务中分离出来，实行业务外包或与物流企业建立长期合作伙伴关系。江苏小天鹅、春兰集团都成功地实现了主辅业务分离，有效地降低了物流成本，提高了核心竞争力。江苏小天鹅与中远、广东科龙电器联合组建了安泰达物流公司，把物流业务外包出去，物流成本下降了 20% 以上。浙江阳光集团、杭钢集团、吉利汽车、杭州卷烟厂等企业开始引入供应链管理理念，通过采用立体仓库、企业资源管理系统等先进技术和物流装备，使企业内部物流管理得到整合优化。

第三，专业化的物流企业发展迅速。外资物流企业如马士基、APL（美国总统轮船）、联邦快递等都较早地进入我国。马士基在中国已经有 14 家分公司，联邦快递已经在中国各地部署了 140 多个营业点。嘉里物流是香港最大的一家仓储物流企业，从 2001 年开始，在北京、天津、上海、宁波、厦门、深圳设立分支机构，去年国内营业额超过 4500 万港元。国有的物流企业经过成功转型，形成了一批有实力的现代物流企业，像招商局物流集团、中海物流、广东邮政物流发展都很快。招商局物流集团业务已经涵盖仓储、运输、配送、信息系统、货代、报关、增值服务、供应链管理等物流全过程，配送货物包括食品、饮料、家电、化工等多种快速消费品及耐用消费品，在全国 600 多个城市建立了配送网络。第三方物流产业整体起步较早，在全国第三方物流产业较为发达的地区，出现了像宝供、炎黄在线物流这样崭露头角的民营第三方物流企业。宝供开始为全球 500 强中 40 多家大型跨国集团和一批国内大型制造企业提供物流一体化服务，每年营业额以平均40%的速度增长。

第四，区域物流一体化发展的趋势逐渐加强。从国际经验看，城市经济带的形成，对于推动区域物流一体化发展起到了重要作用。长三角是目前国际公认的世界第六大都市圈，从1997年开始，区域内15个城市定期举办城市经济协调会，积极组织区域商贸、旅游、环保、信息、资产重组等专题合作，生产要素流动更趋合理，整体优势得到充分发挥。在物流规划和发展方面，各城市强调地区之间协调发展，形成了以上海为龙头，以苏浙为两翼，积极推进长江三角洲地区物流一体化的发展格局。珠江三角洲较早提出了建立粤港澳一体化大珠三角经济圈的构想，并形成了粤港政府联席会议制度和粤澳高层会晤制度，三地按照优势互补、协调发展的原则，在基础设施、物流服务等方面加强协调与合作，共同打造三位一体的国际性物流中心。最近，粤、港、澳三方正计划兴建连接三地的跨海大桥——港珠澳大桥，珠三角西部将进入以香港为中心的3小时生活圈。这将使香港物流服务全面覆盖珠三角地区，为香港海运、空运分别带来30%和35%的额外货源，整个大珠三角地区将逐渐成为全国乃至世界的"物流中心"。我们从长江、珠江三角洲看到了中国物流发展的大好形势，看到了中国物流发展的前景和希望。

当然，我国物流发展仍处于起步阶段，整体发展水平较低。这主要体现在以下五个方面。一是物流企业规模较小，服务水平较低，大多只能提供简单的运输和仓储服务，很少按照供应链管理思想提供一体化的物流服务。二是物流专业化、社会化程度不高，物流效率普遍较低。很多企业习惯搞"大而全""小而全"的以自我服务为主的物流活动模式，很大程度上造成了社会资源的闲置和低效配置，一些制造企业还缺乏利用现代物流理念优化企业物流管理的意识，企业物流效率不高。浙江省是我国经济相对发达的省份，但工业企业流动资金周转速度平均一年只有2次，社会存货占GDP的比重高达8.2%，而发达国家一般不超过1%，其他发展中国家不超过5%。三是物流信息化程度不高。除了POS（销售终端）和条码技术外，其他信息技术在物流领域的应用程度普遍较低。相当多的工商企业物流管理和活动还处于电话联系、手工操作、人工装卸等较低层次的运作阶段。四是物流设施、装备和物流活动不仅技术含量低，而且大多也没有统一的标准，物流现代化、标准化程度较低。五是物流人才短缺，尤其是缺乏物流实用型人才，缺乏物流工程和物流管理人才。

## 二、关于物流园区规划和建设问题

这几年，各地政府相当重视现代物流的发展，很多地方把物流产业作为经济发展的支柱产业或新的经济增长点，20多个省市和30多个中心城市已经或正在开始制定物流发展规划。许多省市物流发展规划提出了建设物流园区的设想，还制定了配套的扶持政策。如浙江省在现代物流发展纲要中提出了合理规划建设物流园区的原则性意见，具体园区建设规划由各地市根据当地情况制定；宁波市规划的物流园区包括北仑物流主园区、明州物流园区、镇海物流园区等"一主六副"七个物流园区；无锡市规划建设"二园区一中心"，并制定了配套的政策措施；深圳市六大物流园区建设政府也给了相应的优惠政策，还制定了重点物流项目和重点物流企业认定办法，以推进物流产业化进程。

应当说，各地政府对现代物流理念的理解和认识还是比较深刻的，制定的物流发展规划也是切合当地实际的，为全国性物流发展规划的制定积累了经验。国外物流发展都有一个发展战略规划。如日本分别在 1997 年和 2001 年制定了《综合物流施策大纲》和《新综合物流施策大纲》，对物流发展方向和发展对策都提出了具体要求。我国物流发展还缺乏一个总体发展战略规划，以致出现了一些各自为政、盲目发展、重复建设和资源浪费现象。很多地方都希望尽快制定全国物流发展规划，并出台加快物流发展的产业政策。今年全国政协经济委员会组织现代物流专题组，第一阶段调查了浙江、上海、江苏、广东，接着还要调查湖北、河南、山东及北京、天津，调查的主题就是物流管理体制和物流政策问题。我国目前物流管理体制很分散，有的地方是计委抓，有的地方是经贸委抓，还有一些地方是交通部门抓，全国物流管理工作主要由发改委和商务部抓。由于管理体制分散，缺乏统筹规划和整体协调，许多关系到全国物流行业发展的一些重要的基础工作，如物流规划、物流产业政策、物流标准化建设、物流统计工作都没有抓起来。我去年搞了一个政协提案，第一条建议就是要成立全国性物流产业发展协调机构，由一个综合部门牵头，交通、铁道、民航、邮政、信息产业等相关部门参与，其主要职责是制定统一的全国物流发展规划，配套的物流产业政策，以及全国统一的物流标准体系。只有把管理体制理顺，加强政府部门间的协调，才能推进我国现代物流的一体化发展。

在物流园区规划与建设方面，要与当地物流市场需求相结合，切忌出现建起后无人进驻、有场无市的情况。市场需求是决定产业能否发展壮大的一个根本因素。我国物流发展水平不高的一个重要原因，就是物流市场需求要经过一个从不成熟到逐步成熟的发展过程。物流供给能力的建设要与物流市场需求相适应，以资源整合为重点，不能脱离需求盲目发展。只有充分考虑到当地物流需求，才能吸引国内外有影响的物流企业进驻。国外物流园区建设都会充分考虑当地物流供需条件，如日本物流据点上游连接制造企业或进出口免税仓库，下游延伸到分散的各种店铺，日本物流系统协会常务理事稻束原树先生将它形象地比喻为"人的心脏"。

物流园区建设还要注意充分利用和整合现有的物流资源，不一定都搞新建的。我国仓库资源规模较大，仅流通领域的仓库面积就达 3 亿多平方米。但仓储管理落后，设备陈旧，资源利用率平均还不到 40%。要重视仓储物流资源的改造和提升，以提高物流服务水平和资产利用效率。当然，整合和利用现有的物流资源，还存在不少体制障碍，需要按照社会主义市场经济发展的要求，通过进一步深化改革，打破各种限制和壁垒，促进物流资源的合理配置。要按照经济合理、环境合理、功能突出、适度超前的原则规划建设物流园区，实现物流在货运枢纽的合理组织和高效集散，形成高效、快捷的物流配送、转运体系。要总体规划、有序推进、分步展开，防止物流园区建设中的重复布点、重复建设和一哄而上的现象。要根据实际情况，按照政府规划先行、基础设施配套、企业为投资主体的原则，积极探索政府型、企业型及政企合作型的多种物流园区开发模式。

（本文为作者参加全国政协经济委员会物流工作调研组时撰写的调研报告要点）

# 发挥桥梁和纽带作用
# 推动全球物流发展

## （二〇〇三年十二月一日）

应韩国物流协会和马来西亚采购与物资管理协会邀请，2003 年 10 月 11—23 日，我率团赴韩国参加了亚太物流联盟第四次大会，并对韩国、马来西亚进行物流考察。在韩国，代表团访问了韩国物流协会、考察了韩进集团、世邦集团和釜山梁山内陆集装箱中转站等；在马来西亚，访问了马来西亚采购与物资管理协会、考察了伯灵顿（BAX）全球公司、叶水福（YCH）物流集团和槟城自由贸易区等。

亚太物流联盟第四次大会按章程规定，对联盟的主席国进行换届选举，会议选出一个主席国和三个副主席国，联盟主席国为韩国，副主席国为中国、日本、马来西亚。大会还决定 2005 年第五次亚太物流联盟大会在日本东京召开。

## 一、亚太物流联盟大力推动全球物流管理的发展

2003 年 10 月 14—17 日，亚太物流联盟第四次大会在韩国汉城召开，我作为亚太物流联盟主席主持了会议。大会的各国代表互相介绍了本国物流业的发展情况，以及本机构在推动物流发展的过程中所发挥的作用。我介绍了中国经济和物流业发展的广阔前景，通报了中国物流与采购联合会两年来不断增进服务观念，强化服务功能，为推动中国物流事业所做的大量工作，表示中国愿意继续加强与亚太地区物流界的交流与合作，共同分享中国乃至亚太地区经济发展的新机遇，为推进亚太地区物流的发展做出贡献。大会还就日本物流协会提出的"21 世纪经济全球化与物流全球化"和澳大利亚物流协会提出的"亚太物流联盟加强教育培训交流"等议题进行了深入探讨。

大会肯定了亚太物流联盟为增强亚太地区物流领域的交流、合作与发展所发挥的积极作用，联盟今后还将全方位、多层次地吸引更多的新会员加盟，努力发挥区域优势，积极参与经济全球化和物流全球化的进程。大会希望通过各国共同努力，不断进行物流管理和技术创新，提高物流效率，降低物流成本，进一步加强信息及技术的交流与合作，加快物流领域人力资源的开发，保护生态环境，建立新的全优化物流系统，

形成一个有效的全球物流网络，推动全球经济的发展。

## 二、韩国计划在 21 世纪成为现代物流强国

韩国的陆、海、空交通运输均较发达。近年来，随着经济的发展，交通运输量的迅速增长，韩国已建成铁路网和高速公路网，并拥有 28 个贸易港、22 个沿岸港和 4 个国际机场。韩国政府非常重视物流业的发展，制订了"20 年物流业发展计划"，确保韩国在 21 世纪成为现代物流强国。韩国工商能源部将在 2002—2006 年，制定出发展物流业的特殊政策，从而降低物流成本，提升企业竞争力。韩国希望在东北亚地区发挥物流中心的作用，进而成为世界空港和海港中心，并决定重点扶持和发展仁川新机场、釜山新港和光阳港。

韩进集团成立于 1945 年，提供海、陆、空的各种运输业务。运输部分占营运额的70% 以上，并不断扩展其全球业务，以物流为主业向多元化发展。韩进集团主要通过旗下的三大子公司韩进陆路运输公司、韩进海运公司和大韩航空公司，形成了海、陆、空多式联运的规模效应，并为客户提供全方位的物流服务。韩进海运已制定了战略目标，要在 2010 年前后成为世界上第 5 大物流集团，届时年营业额可达到 130 亿美元（1999 年为 36 亿美元）。除了目前在全球拥有的 9 个主要集装箱码头外，韩进海运还准备在具有战略意义的国家和地区再建造 19 个集装箱码头和 24 个物流中心。

世邦集团有 30 多年的经营历史，主要业务集中在进出口集装箱货运、超大型设备的海运和陆运、仓储配送等领域，为客户提供高质量的物流一体化服务。集团每年处理 70 多万个标准箱，拥有 6 个大型集装箱货场、4 个港口铁路集装箱转运站以及伦敦金属交易市场指定仓库等 10 多个立体仓库。集团利用现代通信和信息技术，依托互联网和 EDI（电子数据交换）系统，提供国际化的物流专业网络服务。

## 三、马来西亚吸引全球制造企业，物流业呈快速、跨越式发展

马来西亚政府大力鼓励和吸引外商投资，尤其是对制造业的投资。为鼓励本国和外国公司投资于制造业，马来西亚还制定了奖励措施，如投资于制造业的公司可享有的最主要的奖励为新兴工业地位、投资税负抵减和再投资抵减等。由于这些优惠政策，国际跨国制造企业纷纷在马来西亚建厂，同时为制造企业提供第三方物流服务的物流企业也建立了自己的立体仓库、集装箱货运站和配送中心，促进了马来西亚现代物流业的快速、跨越式发展。因此，马来西亚的工业区、自由贸易区实际已成为工业物流园区或物流中心。

美国伯灵顿（BAX）全球公司——世界 500 强中的第三方物流企业以及新加坡叶水福（YCH）物流集团，他们为了提高其在全球供应链中的服务能力，都制定了全程供应链管理的各项服务，如增值服务、资源共享、特殊化行业服务以及在全球范围内增设供应链应具备的各种物流设施。在马来西亚，他们分别为摩托罗拉和戴尔等跨国企业提供全球物流管理服务，主要包括库存采购、JIT（准时制）生产支持和执行、高速货物运转、多渠道和门到门配送、产品组装、修正和修理、零部件储存、拣选和包装、当天速递、质量控制、维修环节的管理，以及进出口制单，报关、信息和订单电子数据交换等完备的服务体系。另外还提供供应链的其他增值服务，包括逆向物流、配置管理、后期装配/贴标签/装箱、零售点直送、在途配载、JIT 集结、VMI（对于供应商管理的库存）管理等。

## 四、几点启示

### 1. 经济全球化，促进物流的全球化管理

经济全球化和知识经济时代的到来，带来了全球化的竞争，同时也带来了全球化的资源空间。在高科技迅速发展、市场竞争日趋激烈、顾客需求不断变化的今天，一切都要求企业能够快速响应客户的需求，而要达到这一目的，仅靠一个企业所拥有的资源是远远不够的。任何一个企业都不可能在所有的业务上成为世界上最杰出的企业，只有相互合作，才能共同增强竞争实力，利用全球资源空间，建构全球供应链，实行"一体化管理"模式，成为新经济下新的发展战略。

越来越多的企业在全球范围内扩大运营，以求得生存和发展，物流系统由国内作业逐渐演变为全球化作业。全球跨国企业在全球范围内配置和利用资源，通过采购、制造、分销等方面的规模经济效应，降低成本，实现竞争优势和增值效益。跨国企业经营的全球化对其供应链管理提出了更高的要求，尤其是对运输、仓储、装卸、流通加工、包装、配送、信息和报关等各个环节进行高效的协调管理和控制，从而不断降低物流成本。经济全球化打破了一国国内自给自足的生产模式，形成了各国经济相互依赖的格局，企业的经营视角已不再局限于某个地区，而转向全球贸易，无论从原材料与零部件的采购、产品的分销、仓库的选址都不得不考虑物流一体化问题。

中国 2003 年 GDP 将达到 11 万亿元人民币，进出口总额将达到 8000 亿美元，占 GDP 一半以上，中国的经济已融入全球经济，今年利用外资仍可达到 500 多亿美元。目前《财富》500 强公司中已有近 400 家在中国投资，世界上最主要的电脑、电子产品、电信设备、石油化工等制造商，已将其生产网络扩展至中国。中国将会成为世界的制造业中心、采购中心和现代物流中心。经济的全球化带来了物流的全球化，带动

了全球物流管理的发展。

### 2. 加快中国现代物流发展，适应经济的全球化

近几年，中国物流业发展很快，但仍处于起步阶段，物流发展水平较低，与中国经济发展和经济的全球化发展是不适应的。现代物流、供应链管理是 21 世纪企业竞争和发展的关键。而中国物流企业具有全球竞争能力的不多，主要存在"散、小、乱、差"的问题。有些中国大型企业在国际上竞争力不强，与中国物流落后也有很大关系。由于中国物流企业不能满足国外跨国公司在物流方面的需求，多数外资制造业的物流业务都是由外国第三方物流公司来做。因此，中国物流企业必须加快发展，尽快由传统物流向现代物流转型；加快企业的兼并重组，把企业做大、做强；加快对社会物流资源的整合；进一步引进外资和先进物流管理，从而推动中国物流业的发展，不断适应中国经济的快速发展和经济的全球化。

### 3. 发挥协会桥梁和纽带作用，推动全球物流管理的发展

韩国物流协会为促进韩国物流业在政策和标准化等方面的制定及实施，每年除了进行各种调查和研究外，还定期举办四次物流政策专题研讨会。马来西亚采购与物资管理协会也是大力推动马来西亚现代物流业的发展，尤其在物流与采购人才的培训和学历教育方面，定期向中央和地方政府汇报工作。两国的协会利用各种机会，走访与物流和采购相关的企业，了解企业需求，积极反映企业的意见，从而达到交流经验、探讨问题、提出对策和共同发展的目的。

中国物流与采购联合会要借鉴国外的一些经验来加强自身的工作。要大力宣传普及物流知识，加强理论研究；抓好物流统计工作；推进物流标准化建设；搞好物流人才培训；推广物流先进经验，推动物流科技进步；及时向政府反映企业呼声，提出政策建议等。

此次亚太物流联盟第四次大会的代表一致认为，为了适应物流全球化发展的趋势，各国需要进一步加强信息、教育、培训、会展以及人员交流等方面的合作，会后将就此次各国提出的具体建议、方案、项目和要求，通过多种渠道和方式进行磋商、协调和落实。

（本文为作者率中国物流与采购联合会考察团赴韩国、马来西亚的物流考察报告）

# 关于生产资料流通行业的改革与发展

## （二〇〇三年十二月四日）

### 一、关于生产资料市场形势

生产资料市场形势和经济发展形势密切相关。改革开放以来，在经济体制改革逐步深化，经济持续快速增长的推动下，我国生产资料市场进入稳定上升期，形成了需求促进市场，市场拉动经济的好形势。据中国物流信息中心的统计，我国全社会生产资料销售总额按照现行价格计算，1985 年为 4480 亿元，1990 年翻了一番，达到 9851 亿元；1993 年再翻一番，达到 2.2 万亿元；1998 年又接近翻番，达 4.27 万亿元；2002 年 7.1 万亿元。如果照这个口径计算，全社会生产资料销售总额在 18 年间差不多翻了 4 番。即使剔除价格因素，生产资料销售总额也超过了同期经济增长的速度。

今年以来的经济形势，总体来看遇到的困难比预想的大，取得的成绩比预计得要好。国民生产总值有望达到 8.5% 的增长速度，总量超过 11 万亿元，生产资料销售增速又创新高。一是市场需求强劲，销售增速加快。2003 年 1—10 月，全社会生产资料销售总额完成 7.1 万亿元，按可比价格计算增长 19.5%，增幅比去年同期提高 6.2 个百分点，全年预计超过 8.5 万亿元。二是国内资源产销两旺。2003 年 1—10 月，钢材产量 1.9 亿吨，同比增长 20.5%，预计全年产量可达 2.1 亿吨；汽车产量 363 万辆，预计全年产销量将达到 430 万辆。三是主要品种进口量攀升。1—10 月，重要生产资料进口增长 24.9%。其中，钢材进口 3105 万吨、同比增长 51%，铁矿石和原油的进口增长幅度分别为 31.7% 和 30.3%，有些原材料进口量已达到或超过国内产量的一半。四是生产资料价格普遍上涨。从重点监测的 200 种生产资料价格来看，约 80% 的品种价格都有不同程度的回升。2003 年 1—10 月，价格水平累计同比上升 7.5%，其中油品、钢铁和部分化工原料涨幅较大。从目前走势看，全年生产资料价格总水平有可能比上年上升 6% 左右。

生产资料市场形势显著回升，是我国经济进入新一轮增长周期的重要标志。拉动市场较快增长的重要因素有以下几个方面。一是生产的拉动。2003 年 1—10 月，全国工业增加值同比增长 16.7%，增幅比上年提高 4.4 个百分点，其中重工业同比增长 18.5%，从而促进了基础原材料消费需求的上升。二是投资的拉动。2003 年 1—10 月，投资同比增长 30.2%，高于上年 6 个百分点，而且投资主体多元化步伐加快，一些重大基础设施建设对基础性原材料和重大装备的需求大量增加。三是消费的拉动。随着人民生活水平提高，消费结构发生重大变化，居民消费由"衣食温饱"向"住行小康"转变，住房、汽车和电子通信产品等成为消费"新亮点"。四是进出口和外资的拉动。2003 年 1—10 月，我国外贸进出口总值 6823.3 亿美元，同比增长 36.4%，全年预计达到 8000 亿美元。到 10 月末，我国实际利用外资 435.6 亿美元，期末国家外汇储备 4009.92 亿美元，都达到新的高度。五是积极财政政策的拉动。从 1998 年以来，我国实施积极的财政政策，先后利用国债资金 8000 亿元，建设规模超过 3 万亿元，成为扩大生产资料市场需求的重要因素。

明年，是实现"十五"计划的关键一年，按照"稳定政策、适度调整、深化改革、扩大开放、把握全局、解决矛盾，统筹兼顾、协调发展"的思路，国家将继续坚持扩大内需的方针，实施积极的财政政策和稳健的货币政策，适时适度调整政策的力度和重点，进一步扩大对外开放的步伐，保持经济平稳增长。生产资料市场从总体上来说还会处于上升期，销售总额增长幅度会继续高于 GDP 的增长，重要生产资料国内资源和进口量将持续增加，生产资料价格水平将在高位呈稳中有升的态势。生产资料市场持续向好的形势，为生产资料流通企业提供了发展的机遇。当然，我们也要正视存在的困难和问题，例如，价格变化过快，对国外资源依赖程度加大，下游产品成本承受能力限制等。国家有关部门对此十分重视，我们也要认真研究，积极应对。

## 二、关于生产资料流通企业改革与发展的情况和经验

传统国有物资流通企业是随着计划经济体制的建立而发展起来的，曾经是生产资料流通的主渠道。经过 20 多年改革开放，无论经济体制、经济增长方式，还是流通渠道和流通方式都发生了翻天覆地的变化。特别是 1993 年以来的 10 年，是我国社会主义市场经济体制基本确立的 10 年，也是传统物资流通企业脱胎换骨、分化重组、转轨变型的 10 年。经过 10 年改革，原来自成体系的全国物资流通行政管理体系，已经不复存在，以市场为主导的流通体制基本确立。地县一级原来的国有物资经营管理单位基本上转轨变型，大多数县级及以下单位已经改制为民营企业或退出原来的行业。省区市一级经过深化改革，并购重组，有一部分走上新的发展道路；一部分正在重组整合；还有一部分企业仍处于生存探索当中。从总体上来看，原来的经营管理体系已经打破，多种所有制流通企业迅速发展起来，以市场配置资源的模式基本建立，我国生产资料

流通领域出现了新的局面。

但是，流通渠道和经营方式的变革，并没有改变生产资料流通行业快速发展的总趋势。10 年前，物资系统企业实现销售收入 6752 亿元，占全社会生产资料销售总额 2.2 万亿元的 29%。在 20 世纪 90 年代中期，系统企业占全社会生产资料销售总额的比重下降为 10% 左右。现在，虽然没有准确统计，估计系统物资企业的销售收入占全社会销售的比重顶多也就在 3% ~ 5%。10 年来，原有国有物资企业市场占有率逐步下滑，而各种类型的生产资料市场和工业生产企业的直销蓬勃发展，多种所有制流通企业的经营规模迅速做大。虽然没有详细的统计资料，但年销售钢材上百万吨、销售汽车上千辆的民营生产资料流通企业都已出现，发展势头很猛。在流通主体和渠道发生重大变化的同时，代理制、配送制、连锁经营、电子商务等新的营销方式得到较快推广，生产资料流通的规模、速度、效益、效率、服务和质量都提高到新的水平。

在生产资料流通行业翻天覆地的变化之中，一批原来的物资流通企业通过深化改革，转轨变型，走出了新的路子，规模越做越大，竞争力越来越强。据统计，纳入 2002 年重点统计的 33 家企业，销售收入同比增长 24%，比同期全国生产资料市场销售总额增长 13.8% 高出 11.2 个百分点；2003 年 1—10 月，47 家重点生产资料流通企业销售收入同比增长 35.4%，高出同期全国生产资料市场销售总额增长幅度 13.9 个百分点。47 家重点企业中有 28 家赢利 9.7 亿元。全年预计销售收入，浙江 330 亿元、上海 260 亿元、天津 230 亿元、广东 200 亿元、安徽 100 多亿元，20 多家省区市和计划单列市物资企业可望达到 10 亿元以上。对这些企业的经验进行总结和推广，可以起到一定的借鉴和示范作用。在这次会上，我们就请部分企业介绍了他们的经验，总结起来，有以下共同点。

（1）坚持市场经济的改革方向，深化企业改革，抓好体制创新、企业转型。浙江物产集团从抓机构转体和成员企业改制入手，历经 10 年改革，完成了行政机关向经济实体的体制转型，成员企业由原来单一的投资主体，普遍进行了多元持股的公司制改造，建立了以资产为纽带的母子公司管理体制，经营业绩稳居全国同行业前列。从 2002 年起连续进入中国企业 500 强行列，2003 年名列第 58 位；连续 8 年进入全国外贸 500 强行列，2003 年实现进出口总额预计超过 10 亿美元。今年以来，浙江物产集团继续保持了强劲发展势头，主要经济指标再创历史最高水平。中国华星集团由原国内贸易部组建，经过几年来的整改重组、招商改制，已由资不抵债转变为具有发展潜力的大型企业集团。目前，所属成员企业基本上完成了改制任务，全体职工实行了劳动用工市场化和岗位聘任制。集团确定了"一切以投资回报为出发点，努力创建新体制、新业务和新文化"的发展思路。三年多来，引进民营资本和海外资本 12 亿元。所属华星汽贸建立品牌汽车专卖店 63 家，年销售规模达 50 亿元。在 2001 年和 2002 年财政部考评中，华星集团被评为优良企业，并被列入国家统计局发布的 500 强企业集团名单。安徽省物资局 1995 年退出政府序列，成建制转为经济实体。由于没有从根本上解决体制问题，集团经营陷入困境，到 1998 年明亏加潜亏超过 1 个亿。从 1999 年开始，徽商集团有限公司按照现代企业制度的要求深化企业改革，实现了由不规范的国有独资公司到多元投资企业的转变，对资不抵债、亏损严重的企业进行清理重组，在能够正常经营的企业中全面推行资产经营责任制，到 2001 年，集团公司净资产累计增值 74.5%，职工年人均收入增长 35%。2002 年同 1998 年相比，销售收入增长 2.62 倍，盈亏相抵增加赢利 6630 万元。通过改革走出困境的例子还有许多，他们的经验表明，坚持市场经济体制的改革方向，建立符合社会主义市场经济要求的现代企业制度和经营机制，是国有物资流通企业的根本出路。

（2）明确市场定位，调整经营结构，集中培育核心竞争力。天津市物资集团在充分市场调研的基础上，狠抓企业结构、资产结构和经营结构调整，充分运用优势企业和良性资产，整合社会资源，联合生产企业和金融部门，培育核心业务。2001 年，公司名列全国企业 500 强第 119 位，2002 年上升到第 111 位。广东物资集团坚持做大做强主营业务，连续 7 年保持较高的增长速度。今年 1—10 月，实现自营销售收入 118 亿元，汽车、钢材、机电、煤炭、石油、有色、建材等主营品种普遍大幅度增长。上海物资集团总公司在深化改革的基础上，狠抓骨干企业和重点品种。2002 年 21 家骨干企业经营总额同比增长 32.1%，占集团经营总额的 87.3%，旧车、拍卖、汽车、煤炭、铜、铝锭等品种和业务在当地市场保持了领先地位和较高的市场占有率。

（3）大力推行现代流通方式。中国诚通集团是原内贸部直属企业，1999 年进行剥离重组，在较短时间内实现了扭亏为盈，进入中央管理企业序列。集团现有总资产 98 亿元，年货物吞吐量 3500 万吨，现货交易额 700 多亿元。近年来，诚通集团利用自身优势，积极向现代物流业务转型。他们对原有物流资源进行整合改造，扩展服务功能，发展具有高附加值的社会化物流服务，收入结构由单一的仓储向仓储、运输、配送、货代、分销、加工、仓单质押、提供一体化解决方案等现代物流模式转换。诚通集团的发展目标是，力争在 3~5 年内成为具有国际竞争力的现代物流企业集团。徽商集团把改造提升传统流通产业和发展现代物流作为重点工作来抓，经过两年整合，明确了发展现代物流、对外贸易和汽车销售三大支柱业务，今年上半年又开办了钢材电子交易市场。目前已实行连锁经营的项目有：徽商股份公司钢材、商之都百货、徽商化轻农资、国生电器公司家电以及徽商食品公司"放心肉"等。其中"农家福"农业生产资料连锁经营项目，已建成 3 个中心店，130 多家连锁加盟店。天津物资集团按照贸易加物流的模式，努力推进经营方式创新，配送企业已达 255 户。按照现代营销方式，应用电子技术，建立管理信息系统。他们吸收供应链管理理论，联合金融部门，与生产企业建立战略联盟，向上下游企业延伸业务链条，不断开拓出企业做大做强的新路子。

（4）重视企业文化建设和领导班子建设。浙江物产集团为什么在这 10 年改革发展中始终站在全国同行业的前列，关键在于他们有一个坚强团结的领导班子，有一个好的董事长、好的总经理。他们坚持改革，建立现代企业制度；抓住主业，培育核心竞争力；重大决策集体决定，没有发生大的失误，班子每位成员都维护领导集体的团结。因此，浙江物产能够连续 10 年保持平稳发展，始终走在全国同行业的前列。广东省物资集团认真实践"三个代表"重要思想，坚持"两手抓"，促进了精神文明建设和经营管理双丰收，集团名列全国 500 强企业第 81 位，广东省 50 强企业第 19 位。集团品牌知名度和社会影响力不断提高，为进一步做大做强，加快发展，创造了一个有利的社会环境。浙江物产、广东物资和其他单位的经验再一次表明，有一个好的领导班子和一支职工队伍，有健康向上的企业文化，是企业稳定发展的根本保证。

10 年前，我们就讲过"有为才有位"。这些企业的成功实践，奠定了他们在市场经济体制下行业领先的地位。各地情况有所不同，都有一些成功的经验和做法，我们要结合自身实际，创造性地学习借鉴。

### 三、关于生产资料流通企业贯彻三中全会精神

当前，全党全国，各行各业都在认真学习贯彻十六届三中全会和中央经济工作会议精神，各地都有安排部署。中央经济工作会议在分析当前国际形势时指出，世界多极化、经济全球化仍是当今国际格局演变的两个主要趋势。世界经济逐步回升和结构调整加快，对我国经济发展总体上是有利的。同时国际环境的变化也使我国面临一些新的挑战。我们必须深刻理解党的十六大关于本世纪头 20 年是我国发展的重要战略机遇期的科学论断，切实增强紧迫感，牢牢抓住机遇期，努力加快自身的发展。下面，我结合国有生产资料流通企业的实际，谈谈贯彻三中全会精神的一些想法。

（1）坚持完善社会主义市场经济体制的改革方向，抓好国有生产资料流通企业的战略性调整。十六届三中全会《中共中央关于完善社会主义市场经济体制若干问题的决定》指出："完善国有资本有进有退、合理流动的机制，进一步推动国有资本更多地投向关系国家安全和国民经济命脉的重要行业和关键领域，增强国有经济的控制力。其他行业和领域的国有企业，通过资产重组和结构调整，在市场公平竞争中优胜劣汰。"

显然，生产资料流通行业属于竞争性行业，而不属于重要行业和关键领域，生产资料流通企业不一定必须由国有资本控股，通过资产重组和结构调整，提高市场竞争

力是这些企业改革的主要任务。对竞争性行业国有资本的战略性调整，不应该是"一刀切"，也不是简单的"一卖了之"，而是按照中央确定的"有进有退""有所为有所不为"的方针和市场竞争的原则，实施"进"或"退"。"有为才有位"，如果"有为"，那么在行业中有优势，有竞争力，就能做大做强，在市场竞争中才能生存和发展，你才能"进"；否则，"无为"，就不适应市场需要，没有竞争力，就只能"退"。"退"不能使国有资产流失，不能逃废债务，要安排好职工出路，做到退而有序。当前，各地都在政府机构改革中建立国有资产监督管理机构，筹划对国有资本的战略性改组，我们要在地方政府领导之下，结合自身实际情况，选择适宜的重组方式。

（2）大力推进股份制改革，建立现代企业制度。"进一步增强公有制经济的活力，大力发展国有资本、集体资本和非公有资本等参股的混合所有制经济，实现投资主体多元化，使股份制成为公有制的主要实现形式。"这是党的十六届三中全会的重大理论创新，也是生产资料流通企业的改革方向。

这几年，国有生产资料流通企业的改革虽然取得了很大成绩，但也存在产权不清、权责不明、一股独大、法人治理结构不健全等问题，包括一些已经获得稳定发展的企业，也不同程度地存在这些问题。因此，我们要把发展混合所有制经济，实现投资主体多元化，进而建立归属清晰、权责明确、保护严格、流转顺畅的现代产权制度作为生产资料流通企业体制改革的目标。要按照党的十六届三中全会的基本精神，根据市场经济的需要，结合本企业的实际来选择具体的改革模式。从这次会上几家企业介绍的情况来看，主要有这么几种做法：一是以浙江和广东为代表的，以国有资本为主，进行公司制改造的模式。用广东物资集团的说法就是"一人坐轿，两人抬轿"的改革思路，即以我为主（国有资本坐轿），引进投资者和合作经营者。二是以安徽为代表的股份制改造模式。从产权入手，分步骤改造国有独资公司，将直属企业改制为多元投资主体的股份有限公司或有限责任公司。去年，按照安徽省省政府决定，原省商务厅12家直属企业已与徽商集团合并重组。三是以上海物资集团为代表的改革重组模式。在市政府统一领导下，整体进入新组建的"百联集团"。

生产资料流通企业改革发展的实践表明，原来的经营管理体制已经走到尽头，体制创新是改革发展的关键所在。凡是发展型企业都是进行体制创新的企业，不解决体制问题在市场经济体制下就没有出路。我们一定要根据十六届三中全会精神，抓紧股份制改革，建立现代企业制度。

（3）根据自身优势，明确市场定位，培育企业核心竞争力。随着市场经济体制的完善和我国加入WTO的影响，生产资料流通领域的竞争进入新的阶段。买方市场已成为商品供求关系的基本表现形式，企业没有资源优势可言；民营流通企业的超常规发展，已经占有相当的市场份额；我国履行WTO的承诺，到2005年将取消分销服务的所有限制；对东盟地区率先实行零关税政策，与港澳地区的贸易便利化安排，给生产资料市场加入新的竞争因素。这种竞争的压力，迫使我们必须明确市场定位，采用现代流通方式，尽快培育企业的核心竞争力。

近年来，我们提出发展现代物流，但并不是说所有的传统物资企业都去搞现代物流。要根据市场需求和自身的优势条件选择适宜的发展模式。目前物资企业转型主要有三种情况：一是转向纯贸易企业，集中力量把贸易做大做强；二是转向第三方物流企业，提供专业化的物流服务；三是贸易加物流，通过扩大贸易支持物流的发展，物流的发展又反过来提高贸易的竞争力。物资企业发展现代物流，不管采取哪种形式，都要有利于进一步增强服务功能，扩大主业经营，促进业务创新，形成核心竞争能力。因此，物资企业在转型过程中，不能搞"一刀切"，要根据企业具体情况和自身优势，选择适宜的发展模式。

很多物资企业拥有一定规模的土地、仓储设施、运输手段、物资加工和配送能力，这些物流资源是开展现代化物流服务必不可少的物质条件，发展现代物流首先要盘活利用好这些资源。从物资企业发展看，资源整合有两种形式：一种是以我为主，着力于内部整合或整合外部资源；另一种是被具有竞争优势的外部企业整合，承担其供应链中某一段物流服务或成为其物流服务的能力供应商。企业的竞争，发展到一定阶段，就是供应链与供应链的竞争。我们必须加入到供应链当中去，游离于供应链之外的企业，是没有出路的。

（4）改造提升生产资料批发市场。据国家统计局最新统计，截至 2002 年年底，企业批发交易市场有 89043 个（其中生产资料市场 6545 个，消费品市场 82498 个），年成交额 34772 亿元人民币（其中生产资料交易额 8796.3 亿元人民币，消费品交易额 25975.7 亿元人民币）。虽然这些批发交易市场大多是批零兼营，但仍然是目前中国许多商品特别是农副产品与部分日用工业品的重要批发渠道。

贯彻十六届三中全会提出的"建设统一开放竞争有序的现代市场体系"的要求，必须对传统批发市场进行改造、提升。要按照推进流通现代化的要求，通过资产重组、结构调整等措施，改造、提升这些传统的批发市场，充分发挥他们原有的规模、网络、设施、人才等优势，实现产业组织形式和企业营销模式创新，不少企业在这方面已经进行了多方面的探索和实践。有的利用场地优势，发展加工配送；有的利用批发优势，发展连锁店、专卖店、超市等新型业态；有的发展电子商务、开展网上批发交易；有的以市场为龙头，引进供应链管理模式，延伸上下游产业链条。总之，现有的生产资料批发市场急需提升改造，改造后的批发市场在新的流通格局中可以大有作为。

最后，我再讲一讲加强行业联系的问题。过去，无论物资部时期、内贸部时期，还是内贸局时期，我们这个行业都有比较正常的联系渠道和方式，有定期的会议，原来的物资流通协会也做了大量的工作。自 2001 年以来，内贸局撤销、物资流通协会更名，各地包括省区市一级的行业管理机构和协会也发生了很大变化，原来的渠道和方式已经不能够完全适应当前形势发展的要求。但是，不少地方的同志仍然认为，在新的形势下，这种行业联系还是很有必要的。这两年，华东、华北、西南等地仍然坚持了年度片会制度。我认为，不论体制和机构发生什么样的变化，总需要进行信息的沟通、经验的交流和日常的联系。所以，希望大家对这方面的工作继续给予关心和支持，比如，落实专人做好物流信息中心的统计信息工作，支持《中国物流与采购》杂志社的工作，与联合会各相关部门加强联系，以便及时了解情况，传递信息。联合会从"为企业服务、为行业服务和为政府服务"的根本宗旨出发，很愿意积极做好这些工作。

（本文为作者在"全国省区市物资企业座谈会"上的讲话要点）

# 求真务实　促进我国现代
# 物流快速健康发展

## （二〇〇三年十二月二十七日）

这次中国物流专家论坛内容比较丰富，既有政府部门的同志介绍物流发展政策问题，也有一些专家总结 2003 年物流发展情况，还有重点企业交流物流发展经验，这说明我们的论坛越办越务实，越来越贴近物流企业的实际。物流的发展引起各方面重视，今年全国政协经济委员会现代物流专题组，从 7 月中旬开始，分两个阶段，分别调查了我国长江三角洲、珠江三角洲、环渤海地区及中部地区物流的发展。中国物流与采购联合会参加了调查。下面我结合这次调查谈谈对当前我国现代物流发展形势的一些看法。

## 一、当前我国现代物流发展形势

近几年，随着我国经济持续高速发展和对外开放不断扩大，现代物流发展很快，成为推动我国经济发展的一个重要因素。由于技术的不断进步和管理的日益改善，制造成本降低的空间不大，交易成本较高，降低物流成本成为"第三利润源"。据测算，我国物流总费用与 GDP 的比率高达 20%，发达国家一般只有 10% 左右。物流成本降低 1~2 个百分点，将产生 1000 亿~2000 亿元的社会经济效益。从提高流通效率看，发展现代物流存在着巨大潜力。2001 年，我国国有及限额以上非国有工业企业流动资金周转率平均每年为 1.6 次，限额以上批发和零售商业企业平均为 2.8 次，而日本企业平均高达 15 次以上，一些跨国连锁企业如沃尔玛、麦德龙、家乐福等公司更是高达 20~30 次。浙江省是我国经济相对发达的省份，但社会存货占 GDP 的比重高达 8.2%，而发达国家一般不超过 1%，发展中国家不超过 5%。我国当前的物流发展形势，用一句话来概括，就是发展潜力巨大，发展速度很快，但仍处于起步阶段，整体发展水平较低。主要表现在以下几个方面。

第一，各级政府重视物流的发展，把物流作为经济发展的支柱产业或新的经济增长点。浙江、江苏、广东、山东、上海、北京、天津、武汉等省市普遍加强了现代物流发展的组织、协调和指导工作，一些省市领导都亲自抓物流工作，还建立了现代物流发展领导小组，制定了物流发展纲要或规划以及配套的扶持政策。

第二，一些制造企业和流通企业开始积极引进现代物流理念，对企业物流资源进行整合，对企业内部物流流程进行改造。青岛海尔集团从1999年开始，将采购、仓储和配送职能统一整合，成立海尔物流推进本部，实行一体化供应链管理，每年降低采购成本5%，仓库面积减少88%，库存资金减少63%，覆盖全国的配送时间不超过4天。江苏小天鹅实施主辅分离，与中远、广东科龙电器联合组建了安泰达物流公司把物流业务外包出去，物流成本下降了20%以上。中国邮政2003年成立中邮物流有限公司，发挥邮政网络和信息技术优势，积极拓展以"一多（多批次）、二高（高附加值、高时效）、三小（体积小、重量小、批量小）"为特征的"精益物流"市场。目前，中邮物流与雅芳、戴尔、联想等多家企业结成合作伙伴。山东三联商社以发展家电连锁经营为核心，与家电产业链上游的22家家电生产企业，如海尔、联想、西门子、伊莱克斯等以及下游的120多家销售商和多家金融企业，建立了家电电子商务联盟。

第三，第三方物流企业得到了较快发展。一批有实力的国有物流企业经过转型，向现代物流企业发展，如中远物流、中外运物流、诚通中储、招商局物流集团、中海物流发展都很快。一些民营第三方物流企业如广州宝供、天津大田、上海炎黄在线等崭露头角。外资物流企业如马士基、联邦快递等较早进入我国，这对国内物流企业既是挑战，也是机遇。

第四，区域物流一体化发展的趋势逐渐加强。长三角是世界第六大都市圈，在物流规划和发展方面，各城市强调地区之间协调发展，形成了以上海为龙头，以苏浙为两翼，积极推进长江三角洲地区物流一体化的发展格局。广东与香港、澳门三地按照优势互补、协调发展的原则，在物流服务方面加强协调与合作，共同打造珠江三角洲三位一体的国际性物流中心。

第五，港口物流发展迅猛。我国目前有15个保税区，GDP年均增长高达39.9%，发展国际物流成为保税区最重要、最核心的功能，许多保税区都提出建设区域性国际物流中心的发展目标。外向型经济发展是港口吞吐量增长的主要动力，以进出口国际集装箱运输为主体的口岸物流发展迅猛。集装箱吞吐量香港稳居全球第一，上海超过高雄，跃升全球第三位。长三角、珠三角、环渤海及中原部分省的物流发展情况基本代表我国物流发展趋势和形势。

尽管我国物流发展较快，但仍处于起步阶段，整体发展水平较低。一是现代物流观念还比较薄弱。一些工商企业没有完全摆脱计划经济的影响，习惯"大而全""小而全"，没有按照现代物流理念，对企业内部物流进行整合和重组，或者实行业务外包。二是物流企业"散、小、乱、差"。我国目前具有全球竞争能力的物流企业不多，大多数物流企业只能提供简单的运输和仓储服务，很难满足一体化物流服务的需要。有的地方企业仅有一个仓库、几部车就自称为物流企业。真正的现代物流企业没有几家。三是物流信息化、标准化程度不高。据北京市调查，商业企业应用计算机系统的比例不到一半，服务业和运输业的比例更低，分别只有24.3%和18.3%。除了POS和条形码技术外，其他信息技术在物流领域的应用程度普遍较低。物流标准大多不统一，我国集装箱运输在整个货运量中的比例只有20%，而世界平均水平高达65%；我国目前托盘总数约为7000万个，但规格、标准都不统一。

## 二、适应经济发展需要加快现代物流发展

国外物流的高度发展是与工业化发展过程相一致的。我国正处在工业化发展的中期，又处在信息化快速发展阶段，只要借鉴国外先进的物流发展经验，抓住全球化和信息化带来的巨大机遇，将现代物流理念与我国国情相结合，我国物流业是完全可以获得"后发优势"和跨越式发展的。大力推进现代物流快速健康发展，对于转变国民经济增长方式，提高经济整体运行质量和效益，走新型工业化道路，全面建设小康社会具有积极的促进作用。

第一，加快发展现代物流是经济持续快速发展的需要。改革开放以来，我国经济一直保持快速增长，GDP平均增长速度达到了9.3%，今年尽管有"非典"的影响，GDP仍有望增长8.5%，突破11万亿元，成为世界第六大经济体，中国经济将进入一个新的快速增长周期。由于消费结构发生了变化，传统重化工业加快发展，特别是钢铁超过2亿吨，汽车将达到430万辆。如此大的经济规模，如此高的增长速度，没有高效率的物流体系作为支撑，是不可能实现的。经济持续快速发展，对物流的需求越来越大，是带动物流快速发展的重要因素。据中国物流信息中心统计，今年前三季度，全国社会物流总值21.7万亿元，同比增长26.9%（按现价计算），估计全年将增长25%左右。

第二，加快发展现代物流是经济全球化发展的需要。经济全球化加快了国际分工和各国产业结构的调整、升级，使得企业在全球范围内配置资源成为可能，大大提高了物流效率，带动了全球物流管理的发展。在经济全球化的浪潮中，世界制造业中心正在向亚洲和中国转移，这不仅为我国经济竞争力的整体提升，也为我国物流的发展提供了一次难得的契机。目前世界500强公司中已有近400家在我国投资，世界上最主要的电脑、电子产品、电信设备、石油化工等制造商，都已将其生产网络扩展至中国。今年1—11月，我国进口增长了39.1%，出口只增长了32.9%，其中65%的出口是中外合资或者外国独资企业生产的。我国进出口总额达到8400亿美元，占GDP一半以上，利用外资将达到500亿美元，实际全部利用外资近5000亿美元。中国经济已融入

全球经济，中国将逐渐成为世界的制造业中心、采购中心和现代物流中心。

第三，加快发展现代物流是流通现代化发展的需要。随着市场经济的发展，流通的作用越来越重要。发展现代流通业，不仅关系到中国流通业本身发展和竞争力提高，而且关系到中国经济整体发展的重大问题。流通的现代化离不开物流的现代化，现代物流是流通现代化的核心。我国消费品零售总额今年可达到 4.5 万亿元，生产资料销售总额将达到 8.5 万亿元，进出口贸易总额达到 8400 亿美元。如此大的市场规模，没有现代物流的发展是不可想象的。在日益发展的市场竞争形势下，越来越多的企业认识到，了解和满足顾客需求是企业生存和发展的先决条件，必须建立一种以客户为导向、以服务为核心的竞争观念。物流是实现这种竞争策略的重要途径，物流是通过降低成本和增强服务获得竞争优势。所谓供应链管理，就是把生产过程从原材料和零部件采购、运输加工、分销直到最终把产品送到客户手中，作为一个完整链条，通过运用现代信息技术进行计划、控制、协调，实现整个供应链的系统优化和各个环节的高效运转，达到成本最低、服务最好的目标。

第四，加快发展现代物流是现代信息技术发展的必然结果。20 世纪 90 年代以来，现代信息技术的发展和广泛应用，推动了企业管理革命和商业革命，直接带来了对各种物流功能和要素进行整合的物流革命。现代信息技术使得物流活动从分散走向一体化，从企业内部流程再造转向供应链管理，促进了第三方物流企业的发展。供应链物流管理的核心是实现信息化、网络化，通过信息化实现物流的快捷高效配送和整个生产过程的整合，大大降低交易成本。事实上，企业竞争不在企业与企业之间，而在供应链与供应链之间。

## 三、我国发展现代物流要解决的几个问题

当前，我国物流得到社会各方面的重视，出现了物流发展热潮，这对于推动我国物流的发展，起到了积极作用。但要引起我们重视的是，不要做表面文章，要做点实事。在今年经济工作会上，温家宝总理指出，"力戒形式主义、官僚主义"，"要进一步采取切实措施，严格控制名目繁多、意义不大、铺张浪费办节、庆典和论坛等活动"。我们要按照总理的指示，为行业、企业做点实事、好事，不要搞大轰大鸣，要脚踏实地地解决一些物流发展中的实际问题。从加快发展我国现代物流的要求看，当前要抓好以下几件事。

第一，要积极推进传统物流向现代物流转型。在经济全球化的形势下，我国物流产业要实现快速发展，必须利用现代物流理念和物流技术，加快传统物流向现代物流转型。当然，传统物流向现代物流转变需要一个过程。

第二，要鼓励整合、改造和提升现有物流资源。要打破物流资源的部门分割和地区封锁，鼓励物流企业跨部门、跨地区整合现有物流资源。利用国有工业企业实行主辅分离改革的机会，对现有物流资源进行兼并和重组，加快物流资源整合、改造和提升的步伐，推进物流社会化进程。

第三，要认真落实各地物流规划、物流园区和物流中心的建设。目前，许多省市物流发展规划提出了建设物流园区或物流中心的设想。关键是要认真落实各地物流规划、物流园区和物流中心的建设。要总体规划、有序推进、分步展开，防止物流园区建设中的重复布点、重复建设和一哄而上的现象。

第四，要加快物流信息化建设。加强物流信息技术应用的示范和引导工作，建立重点企业物流信息技术应用和推广示范工程，探索上下游企业之间建立物流信息共享机制的途径和手段，提高信息技术在物流领域中的应用水平。

第五，要把物流企业做大做强，提高服务能力和竞争能力。经济全球化带来物流全球化管理。要满足全球化或区域化的物流服务，企业规模必须扩大，形成规模效益。我国物流企业必须加快转型和发展，进一步做大做强，提高服务水平和竞争能力，不断适应我国经济快速发展和经济全球化的需要。

现代物流的发展，需要有一个良好的外部环境，做好一些重要的基础性工作。当前需要重点解决以下问题。

第一，要尽快解决物流管理体制分散问题。这次全国政协经济委员会组织现代物流专题调查，提出要建立全国物流发展部门协调会议机制，由综合部门牵头，其他相关部门共同参与，研究我国物流发展中的重大问题，制定相应的政策措施，加快我国物流的发展。

第二，要抓紧制定全国物流发展规划。发达国家都很重视物流发展规划。要从我国国情出发，借鉴国外经验，尽快制定出我国现代物流发展纲要。重大物流公共基础设施项目，必须加强统筹规划，防止盲目建设，重复建设，避免资源浪费。

第三，要加快物流标准化建设。要从我国国情出发，借鉴国外经验，采取引进消化、先易后难、分步实施的办法，加快推进托盘、集装箱、各种物流装卸设施、条形码等通用性较强的物流装备和技术标准化建设以及物流服务规范标准的建设，形成一整套既适合我国物流发展需要，又与国际惯例接轨的全国物流标准化体系。

第四，要进一步改善我国物流发展的政策环境。例如，在税收政策方面，要统一营业税税率，解决重复纳税、发票抵扣以及合并纳税问题；在投融资政策方面，要加大物流基础设施投入力度，给予财政贴息扶持，企业自建物流基础设施，银行应给予融资支持；在物流用地价格政策方面，要统一按工业用地计价，以规范物流用地价格。

第五，要加强和规范物流人才教育与培训工作。要采取物流学历教育与在职培训相结合的办法，尽快培养现代物流人才。物流教育与培训要注意结合我国物流发展的具体实践，引进、消化和吸收国外先进的物流培训方法和培训教材，着力培养物流实用型人才。要进一步规范物流培训和认证工作，在政府部门的指导下，调动社会各方面力量，组织规范化的岗位培训、继续教育，特别是资质证书教育。

第六，要充分发挥行业协会的作用。政府要进一步改革，转变职能，不要越位，也不要缺位。政府主要提供公共产品和服务，自律性的行业管理工作要交给协会去做。行业协会也要改革，改变部门办协会、机关办协会的做法，不当二政府，牢固树立为政府、行业、企业和会员服务观念。行业协会要积极参与全国物流发展规划、重大物流政策的调查和制定工作，在推广物流行业标准、物流人才教育和培训、物流技术交流、物流从业人员资格认证和物流咨询服务等方面发挥积极作用。

（本文为作者在"第七次中国物流专家论坛"上的总结讲话）

# 抓好资源整合  发展现代物流

## （二〇〇四年五月三十日）

党的十六届三中全会从全局和战略的高度提出，"坚持以人为本，树立全面、协调、可持续的发展观，促进经济社会和人的全面发展"。深刻理解和认真贯彻科学发展观，对于促进现代物流发展具有重要意义。当前，我们要根据现代物流发展的规律，结合我国国情，大力抓好物流功能、企业物流、区域物流、基础设施、物流信息、人力资源和管理体制等方面的整合，用科学的发展观指导现代物流的发展。

### 一、抓好物流功能整合，发展专业化的物流服务

现代物流理念的本质，就在于以系统的观念进行物流功能整合，即将运输、仓储、包装、装卸搬运、流通加工、配送和物流信息等功能环节集成整合，一体化运作，从而有效降低物流成本，提高流通的效率和效益，增强企业和产品的竞争力。

传统物流的功能环节是分散在生产和流通各个领域单独运行的。20 世纪 80 年代以来，美、日、欧等发达国家和地区开始了一场对各种物流功能、要素进行整合的"物流革命"。首先，是企业内部物流资源整合和一体化，形成了以企业为核心的物流系统；其次，物流资源整合和一体化扩展到企业之间相互联系、分工协作的整个产业链条，形成了供应链管理的核心业务；最终，在此基础上，出现了为工商企业和消费者提供专业化服务的现代物流企业，即第三方物流企业。随着经济全球化和信息技术的发展，物流活动范围空前扩大，供应链管理和物流功能整合进入新的发展阶段。

近年来，我国物流企业通过整合，逐步向第三方物流转型和发展。一是利用现有物流资源，集成和延伸原有服务功能。如诚通中储依托原有的仓储业务，不断开发经销、质押监管、加工、配送、信息等服务项目。2003 年在配送增长 29%、仓储增长 20% 的情况下，所属 20 家企业开展仓单质押业务，授信额度突破 20 亿元。二是通过系统开发和运用，增强服务功能和效率。如宝供在 2003 年年初，引进全球领先的仓库管理系统，开始在苏州物流中心投入运行，实现与原有工作流程的无缝集成，提高了库存控制能力以及物流设施的使用效率。三是通过资本重组，促进企业转型。如在香港

上市的中远太平洋 2003 年向母公司收购中远物流 49% 的股权，兴建区域分拨中心、开发物流信息系统和完善销售网络，实现从"全球承运人"到"全球物流经营人"转变的目标。四是专业物流系统间的战略合作。如铁道部和国家邮政局 2003 年 9 月签署战略合作框架协议，以整合铁路的运输优势和邮政的网络优势，形成核心竞争力。五是中外物流企业加强合作，运用本土网络优势，引进国外现代物流管理和运作经验。

当前，我国专业化的物流服务虽然有了很大发展，但仍然不能满足社会化物流的需求，主要是现有的物流企业大部分规模偏小、功能单一、服务水平和能力不高。我国物流企业虽然号称有几十万家，但真正能够按照第三方物流的运作要求提供一体化服务的物流企业并不多。物流企业不是数量多少的问题，而是整合不够、功能不强、服务质量和效率不高的问题。如何把分散的物流企业和资源，加以整合、改造和提升，增强服务功能，形成具有国际竞争力的第三方物流企业和企业群体，是我国现代物流发展的重要任务。随着我国履行加入世界贸易组织的承诺，物流市场将逐步放开，我国物流企业面对更加激烈的竞争环境，必须加快资源整合步伐，大力发展专业化的物流服务。

## 二、抓好企业物流整合，培育社会化物流的需求基础

企业物流仍然是我国现阶段物流活动的主体。我们在积极发展第三方物流的同时，要充分发挥企业物流的作用。国外发达国家物流发展的经验表明，物流的社会化和现代化正是从制造业物流的高度发展开始的。如在日本，准时制成为物流的一个重要理念，最初也是丰田公司作为一种生产库存制度，首先在制造业中得到有效应用的。国外许多专业化的物流企业，也是从企业物流中逐步发展起来的。从我国物流发展的现状看，企业物流和物流企业的相互融合、转化和共同发展，将是一个相当长的过程。

近年来，随着经济快速发展和增长方式转变，各类企业加快了物流需求整合的步伐。一是物流外包。国外大型跨国企业，包括通用汽车、戴尔、摩托罗拉、麦当劳、雅芳等，还有国内部分有影响的工商企业，如联想、国美电器、长虹电子、石家庄制药、青岛啤酒等，都把自身物流需求的全部或部分外包给第三方物流企业。二是企业流程再造。如海尔集团通过建立以订单为中心的物流管理信息系统，创造了适合自身需求的物流模式，并积极向社会物流拓展。三是合作联盟。如北京物美与和黄天百的物流合作、三联家电与家电产业上下游企业的合作以及众多中小型流通企业采取的采购联盟、共同配送等。多种形式的企业物流整合，有利于向供应链管理的方向发展，培育企业的核心竞争力，成为推动现代物流发展的重要因素。

当前，我国经济发展已经跨上新的重要台阶，年国内生产总值超过 11 万亿元，人

均突破 1000 美元。在现代物流发展的推动下，物流总费用与 GDP 的比率呈逐年下降趋势。但是，我国物流运作集约化、社会化程度低，经营分散、粗放，不仅与发达国家有较大差距，也不能同我国市场经济发展的需要相适应。相当多的生产和流通企业，还没有完全摆脱计划经济的束缚，仍然习惯于"大而全""小而全"的运作模式。许多企业拥有自己的车队和仓库，独立设置经营网点和人员，自成体系，自我服务。这是造成物流成本高、效率低、服务差的主要原因，也是现代物流发展的主要障碍。为适应全球化竞争的需要，企业物流面临新的选择，要提倡制造企业、商贸企业引入现代物流理念，抓好企业内部流程改造和资源整合，提高自身物流管理水平；鼓励企业间的物流合作，逐步建立供应链管理的合作伙伴关系；支持企业剥离、分立或外包物流功能，形成核心竞争力。如何在改善供给能力、提高服务水平的同时，培育社会化物流的需求基础，也是我国现代物流发展的根本性问题。

### 三、抓好区域物流整合，促进区域经济协调发展

温家宝总理在十届人大二次会议的《政府工作报告》中指出：促进区域协调发展，是我国现代化建设中的一个重大战略问题。要坚持推进西部大开发，振兴东北地区等老工业基地，促进中部地区崛起，鼓励东部地区加快发展，形成东中西互动、优势互补、相互促进、共同发展的新格局。

我国现代物流的发展，首先是从经济发达地区开始的，特别是珠三角、长三角和环渤海地区，走在全国的前列，区域物流合作的趋势逐步加强。2003 年，中央政府分别与香港和澳门签署《内地与香港关于建立更紧密经贸关系的安排》《内地与澳门关于建立更紧密经贸关系的安排》。港澳货运企业申请并获准参与内地运输市场经营，港澳"零关税"货物进入内地市场，许多粤港澳物流合作项目启动。2004 年 6 月，内地 9 个省区和港澳特区正式签署了《"泛珠三角"区域合作框架协议》，必将推进这一区域物流合作的"一体化"进程。2003 年 8 月，苏浙沪三地物流主管部门齐聚杭州，共同探讨构建"长三角物流圈"有关事宜。会议决定，建立长三角物流合作联系制度，突破行政区划的禁锢，积极推动区域物流的合作与发展。环渤海地区紧邻日韩东北亚经济圈，背靠东北和华北腹地，正在成为日资和韩资企业登陆中国的首选地。积极融入东北亚经济圈，在东北亚物流中发挥更大作用，是环渤海物流发展的明显趋势。

同区域经济发展相类似，我国物流发展的区域差异也十分明显。广大中西部地区，特别是经济不发达地区，物流运作水平还比较落后。不少地方缺乏必要的现代物流基础设施，缺乏专业化的物流企业，更缺乏物流技术和人才。因为物流条件的限制，资源优势不能转化为经济优势，特别是农副土特产品运销不畅，这是农民增产不增收的

一个重要原因。这几年区域物流发展的不平衡，还表现在有些地方不顾区域经济和物流需求的实际，竞相提出"区域物流中心"的设想。区域内"多中心"势必导致重复建设，影响区域物流的协调发展。

党和国家关于统筹区域协调发展的战略思想，为现代物流发展提供了新的机遇。发展现代物流应成为西部开发、东北振兴和中部崛起的一个重要内容。要从区域经济和物流需求的实际出发，明确区域物流分工与定位。要运用现代物流理念、管理和技术，改造现有物流资源。要高度重视"三农"物流，推进农产品加工、销售和农业生产资料流通的现代化进程。要沟通城镇与乡村、东部与中西部、发达地区与欠发达地区的物流通道，建立起高效、通畅、便捷的物流服务体系。只有区域物流协调发展，才有可能带动区域经济的协调发展。

## 四、抓好基础设施整合，走内涵发展的路子

近年来，我国的物流基础设施建设发展很快，为现代物流运作提供了基本条件。但也出现了互相攀比，盲目建设的倾向，特别是物流园区建设急需统筹规划、协调发展。有的地方在物流规划尤其是物流园区建设中缺乏明确的目标定位，缺乏明确的需求基础和客户群体，也没有可行的商业模式和投资回报机制，一味地贪大求全，蕴含着较大的投资风险。从一些地方的经验来看，凡是那些定位明确、贴近需求，按照市场经济规律发展起来的物流园区，运作情况都比较好；而那些定位不清、盲目上马的园区，有一部分已陷入"进退两难"的境地。物流基础设施，特别是物流园区大多是投入高、占地多、回收期长的项目，而且涉及城建、交通、生态、环保等一系列问题，一定要慎重行事。

我国现代物流虽然起步较晚，但物流基础设施已有一定的基础。据了解，仅商贸领域的仓储面积就达3亿多平方米，利用率平均还不到40%。大量物流基础设施，分散在各个地区和部门，整合的任务非常艰巨。要重视现有物流资源的利用、整合、改造和提升，不一定都搞新的。我国土地资源严重不足，国家正在实行最严格的耕地保护政策。盲目建设物流园区，不符合我国国情和物流发展的内在规律。当前，迫切需要打破条块分割、地区封锁，对物流基础设施建设进行统筹规划，促进现有资源的充分利用。政府要在加强宏观调控的同时，出台整合利用现有资源的优惠政策，引导现代物流走内涵式发展的路子。

## 五、抓好物流信息整合，用信息化带动物流现代化

信息化是现代化的灵魂，现代物流的整合同样离不开信息化的手段。现代信息技

术使分散在不同经济部门、不同企业之间的物流信息实现交流和共享,从而达到对各种物流要素和功能进行有效协调、管理和一体化运作的目的。近年来,现代信息技术在我国物流资源整合中发挥着越来越大的作用。例如,上海、深圳等地的电子通关平台,不仅整合了报关信息,还整合了税收、银行支付、运输等环节的信息,加快了通关速度,降低了物流成本。厦门市公共物流信息平台汇接了海港、空港和电子商务中心三个EDI(电子数据交换)系统,可以为用户提供多功能、低成本的公共信息服务。现代信息技术的推广应用,促进了物流资源整合与技术创新。但从总体上来看,信息技术在我国物流领域的应用程度普遍较低,物流信息功能不够完善,能够利用信息技术优化配置资源的企业还不多,信息化带动商业模式创新和制度创新的作用还没有得到很好的体现。特别是公共信息平台建设滞后,物流信息分散,资源不能有效整合,从而形成了大大小小的"信息孤岛"。

我们要抓住全球化和信息化带来的机遇,充分利用现代信息技术,不断提高物流企业的信息化水平,推动企业内部流程改造,积极探索物流一体化管理,大力推进公共信息平台建设,建立健全电子商务认证体系、网上支付系统和物流配送管理系统,促进信息资源共享。物流信息化应纳入国家信息化发展的总体规划,统筹考虑、协调发展,要从体制上打破条块分割和地区封锁,从信息资源整合入手,抓好物流资源的整合,走以信息化带动工业化、工业化促进信息化的发展道路。

## 六、抓好人力资源整合,造就现代物流发展的人才队伍

物流人才是制约我国物流发展的关键因素之一。2002年,上海将物流人才列为12类紧缺人才之一;2003年,北京将物流专业列为10类紧缺专业之一。为解决物流人才的急需问题,物流培训和教育得到空前发展。2003年,中国物流与采购联合会协助劳动和社会保障部制定了物流师国家职业资格标准,并根据此项标准组织专家编写了教材,从2004年起进行相关的培训和认证。此外,也有一些机构和组织引进了国外比较权威、规范的物流人才资质培训项目,但培训机构名类繁多,又缺乏规范管理,加上竞争过度,导致培训质量参差不齐,有关部门制定的培训标准失去了应有的权威性。

在高等院校的学历教育方面,2003年,有47所大学招收物流管理或物流工程专业的本科生,至少有70所重点大学招收相关方向的博士或硕士研究生,70多所学校在相关专业的教学计划中增加有关物流的课程,更多的高校通过网络开展远程学历教育,还有一些省市鼓励和支持有条件的学校设置物流管理专业。但物流学历教育普遍缺乏理论指导,学科建设滞后;师资数量不足,且质量亟待提高;大多数学校把高级物流经理作为主要的培养目标,院校毕业生与市场需要还有一定距离。

现代物流是跨行业、跨部门的复合性产业，所需人才也是多类型、多层次的。根据美国的一项统计，高级物流经理中只有14%的人接受过物流专业的学历教育，其余的都是来自其他各领域的各类人才。因此，也应该用整合的思路和方法，来解决物流人才队伍的建设问题。一是整顿物流人才培训市场，按照国家职业资格标准，规范培训认证工作；二是加强物流专业学科体系和师资队伍建设，保证教学质量；三是提倡企业和院校合作，建立教学实践基地或者物流实验室，加强应用型人才的培养；四是适应企业和社会需要，建立起多层次的职业教育体系，使物流人才结构与市场需要相对接；五是采取"请进来"和"走出去"的方式，加强人才培养方面的国际交流与合作；六是直接引进国外专业人才。

## 七、抓好管理体制整合，营造协调发展的制度环境

随着经济全球化趋势增强，全球生产、全球采购促进了现代物流的发展，也对物流的管理体制和制度环境提出了新的要求。根据现代物流发展的需要和我国国情，当前，迫切需要建立市场配置资源、政府营造环境、行业协调自律的运行管理机制和相应的法律法规体系。

首先，要培育有效竞争的市场机制。重点是打破条块分割和地区封锁，让各种物流要素在市场机制作用下充分竞争，自由流动。其次，要建立统一、高效、权威的部门协调机制。政府的作用主要在于制定物流发展战略、规划及产业政策，清除地区和行业壁垒，创造并维护公开、公平、公正的市场环境，履行社会管理和公共服务职能，并提高监管水平。应由国家经济综合管理部门牵头，与物流相关的部门参加，建立统一的全国物流发展部门协调机制，形成政府各有关部门共同推进物流发展的合力。最后，要充分发挥行业协会的作用。各级政府要通过行业社团组织加强行业管理和服务，凡物流发展的重点地区都应建立相应的行业社团组织，政府部门要支持行业组织开展工作。行业组织要牢固树立为政府、为行业、为企业服务的观念，成为沟通政府与企业的桥梁和纽带。要在物流行业标准制修订、物流人才教育和培训、物流技术交流与推广、物流信息收集与服务、物流统计体系建立、物流规划咨询服务、物流业对外交流与合作等方面发挥积极作用。

要完善物流法律法规体系，营造有利于现代物流发展的外部环境。我国目前涉及物流管理的法律、法规大多是在计划经济体制下形成的，有不少是部门性、行业性、地方性的规章，越来越难以适应现代物流一体化发展的要求，也不符合我国加入世界贸易组织、物流国际化发展的需要。要在全面清理现有物流法律法规的基础上，制定有利于现代物流发展的法律、法规，推动我国物流发展尽快走上规范化、制度化、法

制化的轨道。

搞好以上各方面的整合，是当前我国现代物流发展的重要方向。整合的根本目的在于，按照现代物流理念，充分利用现有资源，做强做大专业物流企业，形成符合经济社会发展需要的现代物流服务体系，从总体上降低物流成本，提高物流服务的质量和效率，增强我国企业和产品的国际竞争力。这是现代物流发展的一篇大文章，需要业内人士和有关部门不懈努力。

（本文为《经济日报》约稿）

# 真抓实干　促进东北现代物流发展

## （二〇〇四年六月二十六日）

在党中央、国务院提出要实施振兴东北老工业基地发展战略之际，黑龙江省召开"东北老工业基地振兴与现代物流发展论坛"，非常及时，也很有意义。我代表中国物流与采购联合会对会议的召开表示衷心的祝贺。下面，我先就全国物流形势和东北老工业基地振兴与现代物流的发展问题，讲一点想法。

### 一、关于当前的物流形势

我国物流是随着经济的发展而发展的。改革开放 20 多年来，我国经济以平均 9.4% 的速度快速增长。去年我国经济增长率达到 9.1%，经济总量达到 1.4 万亿美元，人均 GDP 首次突破了 1000 美元，标志着中国经济已经进入一个新的发展阶段。今年第一季度，我国经济增长 9.8%，工业增长 17.7%，固定资产投资增长 43%，社会消费品总额增长 10.7%，生产资料销售额增长 23.8%，进出口贸易总额增长 38.2%。投资增长过快，建设规模过大，有的行业出现了过热现象，中央和国务院采取了宏观调控措施，国民经济继续保持较快的增长。1—5 月工业平均增长 18.1%，固定资产增长 34.8%，社会消费品零售总额增长 12.5%，生产资料销售额增长 23.4%，进出口增长 37.1%。据专家们预测，今年 GDP 将超过 8%，固定资产投资总额将超过 5 万亿元人民币，进出口总额将达到 1 万亿美元，消费品零售总额将达到 5 万亿元人民币，生产资料销售总额将达到 10 万亿元人民币。经济快速发展和市场规模不断扩大，带动了社会物流的巨大需求，推动了中国物流产业持续快速的发展。第一季度物流总值增长 31.7%。

对外开放不断扩大，也是我国现代物流发展的一个重要因素。去年中国进出口总额达到 8000 亿美元，今年将达到 1 万亿美元，中国与美国、日本和欧盟贸易总额均超过千亿美元。我国外贸依存度已经达到 60% 以上。我国正逐渐融入全球经济体中，经济增长的动态，将直接影响到世界经济发展的走向。世界经济从 2003 年下半年开始强劲复苏，今年世界经济预计增长 4% 左右，中国与美国成为带动世界经济增长的主要动力。在经济全球化的浪潮中，世界制造业中心正在向亚洲和中国转移，这不为我国经济竞争力的整体提升、物流的发展提供了一次难得的契机。目前世界 500 强公司中已有近 400 家在我国投资，80% 以上是制造业。世界上最主要的电脑、电子产品、电信设备、石油化工等制造商，已将其生产网络扩展至中国，也带来了一批物流企业。我国逐渐成为世界的制造业中心、采购中心和现代物流中心。

我国引进物流概念，开展物流理论研究，是从 20 世纪 70 年代末才开始的。尤其是近几年，我国出现了各种形式的物流专家论坛、研讨会、展览会，这不仅为我国物流界进一步转变观念起了很重要的作用，也为我国物流的发展提供了很好的理论基础和舆论准备。目前，我国物流发展已进入了一个新阶段，也就是从提高认识的"务虚"阶段，向重实际运作的"务实"阶段转变。从总体上看，我国物流发展形势是很好的。

第一，各级政府重视现代物流的发展，开始制定规划，提出了发展政策。国务院有关部门对物流的发展是重视的，有关部门将出台指导现代物流发展的意见。2003 年全国政协经济委员会现代物流专题组对全国物流发展进行了调查，联合会也参加了，还给国务院写了专题报告。温家宝总理，黄菊、曾培炎副总理都在调查报告上做了重要批示。今年，发改委根据国务院领导的批示研究落实意见，最近国务院批准由发改委牵头联合九个部委出台促进我国现代物流发展的文件，还要求由发改委牵头有关部门参加，建立全国推进现代物流发展协调机制。浙江、江苏、广东、山东、上海、北京、天津等省市把物流作为经济发展的支柱产业和新的经济增长点，加强了现代物流发展的组织、协调和指导工作，制定了物流发展规划以及配套的扶持政策，特别是长江三角洲、珠江三角洲和环渤海地区区域物流发展更快。

第二，企业逐渐重视现代物流，也出现了一批具有发展潜力的第三方物流企业。一些制造企业和流通企业积极引进现代物流理念，对企业物流资源进行整合，对企业内部物流流程进行改造。青岛海尔集团从 1999 年开始，将采购、仓储和配送职能统一整合，成立海尔物流推进本部，实行一体化供应链管理，每年降低采购成本 5%，仓库面积减少 88%，库存资金减少 63%。江苏小天鹅实施主辅分离，与中远、广东科龙电器联合组建了安泰达物流公司，把物流业务外包出去，物流成本下降了 20% 以上。中国邮政 2003 年成立中邮物流有限公司，发挥邮政网络和信息技术优势，积极拓展现代物流市场。山东三联商社以发展家电连锁经营为核心，与家电产业链上游的 22 家家电生产企业以及下游的 120 多家销售商和多家金融企业，建立了家电电子商务联盟。一批有实力的国有物流企业经过转型，向现代物流企业发展，如中远物流、中外运物流、诚通中储、招商局物流集团、中海物流发展都很快。一些民营第三方物流企业，如宝供、大田、炎黄在线等崭露头角。

第三，区域物流一体化发展的趋势逐渐加强。区域经济一体化发展是世界经济发展的潮流。前不久内地 9 省区加上香港和澳门特区正式签署了"9 + 2"泛珠江三角洲区域合作框架协议，其中物流区域合作是一个重要内容。这标志着占全国区域面积 1/5、人口和经济总量 1/3 的我国最大的区域经济带正在形成，将对我国经济发展，乃至对东南亚地区经济的发展，产生重大影响。区域经济一体化发展，削弱了贸易与投资的壁垒，提高了物流效率，促进了区域物流一体化发展，有利于形成统一和高效的市场体系。长三角在物流规划和发展方面，各城市强调地区之间协调发展，形成了以上海为龙头、江浙为两翼，积极推进长江三角洲地区物流一体化的发展格局。

第四，国际物流发展迅猛。外向型经济发展是港口物流发展的主要动力，以进出口国际集装箱运输为主体的口岸物流发展迅猛。集装箱吞吐量香港稳居全球第一，上海、深圳超过高雄和釜山，跃升至全球第三、第四位。我国目前有 15 个保税区，GDP 年均增长高达 39.9%，在保税区登记注册的外商高达 1.3 万多家，仅上海外高桥保税区就有世界 500 强中 70 多家企业进入。发展国际物流成为保税区最重要、最核心的功能，许多保税区都提出建设区域性国际物流中心的发展目标。如外高桥保税区经国务院批准，建设了占地面积 1.03 平方公里的物流园区，最近通过上海海关预验收，将正式封关运作，这是我国首个国际自由贸易区试点。荷兰世天威鹿特丹总公司、商船三井物流株式会社等成为第一批签约入驻上海外高桥保税物流园区的企业。

我国物流发展很快，形势很好。但我们必须清醒地认识到，我国现代物流发展仍处于起步阶段，地区发展不平衡，整体发展水平较低，真正的第三方物流企业很少，具有国际竞争能力的物流企业就更少。今年经济高速发展，煤电油运严重短缺，就反映了我国运输和物流能力短缺，物流管理落后，物流产业发展严重滞后。加快物流的发展是国民经济持续、快速、协调、健康发展的需要。当前，国务院对经济加强了宏观调控，控制投资过快的增长，同时严格控制乱占耕地。国务院在控制固定资产投资中提出控制物流园区占地问题，我们应该认真贯彻执行。物流园区和开发区、工业园区是不同的。从国际经验看，物流园区是各类物流中心、配送中心在空间上相对集中的物流基础设施，是现代物流运作不可缺少的功能环节。建设物流园区，既有利于各种物流功能和要素集约整合，实行一体化运作，又有利于物流企业实现规模经营，提高物流效率，达到少占土地的目的。物流园区或物流中心建设不一定都搞新的，要充分利用现有的资源，但有个别物流园区建设缺乏统一规划，不考虑市场需求，搞盲目重复建设，甚至个别的是借建物流园区之名，行搞房地产之实，这是要坚决清理的。

## 二、振兴东北老工业基地必须发展现代物流

东北老工业基地在我国工业化初期，为建设独立、完整的国民经济体系，推动我

国工业化的进程，为增强国防实力和综合国力，做出了历史性的贡献。目前，东北老工业基地在国民经济中仍占有十分重要的地位，是我国重化工业和国防工业的重要基地，也是重要的农副产品生产基地。党中央、国务院对解决东北老工业基地问题高度重视，党的十六大提出了振兴东北老工业基地的重大战略决策，是党中央、国务院推进我国现代化建设的重大战略布局。振兴东北老工业基地这一战略与西部大开发战略，是东西互动的两个"轮子"，这两个地区情况有所不同，但都是全国经济战略的重大问题。"振兴东北"战略能否成功，是中国经济实现可持续增长的关键所在，东北地区将成为继珠江三角洲、长江三角洲和京津唐地区之后的又一经济增长区域。

振兴东北老工业基地要有新思路，必须走新型工业化发展道路。现代物流以现代信息技术为支撑，以整合集成各种物流资源为手段，以降低物流总成本为目标，以生产、流通和消费为服务对象，符合新型工业化发展战略的要求。振兴东北老工业基地必须发展现代物流。第一，发展现代物流可以提高东北地区经济市场化、专业化和社会化程度。东北地区与我国东部沿海地区的一个重要差距，就是经济市场化、专业化和社会化程度较低，国有企业，尤其是国有工业企业比重过大，经济发展活力不足。黑龙江省工业的比重高达57.1%，第三产业只占31.3%。由于缺少大规模、现代化的流通组织和流通网络，东北正面临着低层次的商品过剩、产品滞销、生产能力闲置等问题。国有经济比重高，占70%以上。很多企业习惯搞"大而全""小而全"，自设仓库和运输车队，社会资源闲置严重，缺乏利用现代物流理念优化企业物流管理的意识。物流现代化是流通现代化的核心环节，发展现代物流，可以推动流通业发展，加快流通现代化进程，进一步提升经济市场化程度，促进地区市场繁荣和经济发展。发展现代物流，还可以促进生产企业把物流业务从核心业务中分离出来，实行业务外包或与物流企业建立长期合作伙伴关系，以提高企业核心竞争力，加快经济专业化和社会化进程。第二，发展现代物流有利于降低物流成本，提高企业竞争力。东北地区物流成本大大高于珠江三角洲、长江三角洲和环渤海地区，特别是钢铁、机械、石油、化工等重化学工业企业，运输和装卸搬运成本都较高。据黑龙江省有关部门调查，全省车辆空载率高达40%，2002年工业流动资金占用达1700亿元左右，年周转率仅为1.5次。发展现代物流，可以通过改善企业物流流程管理来降低物流成本，提高物流效率，提升企业市场竞争力。第三，发展现代物流可以促进产业改造提升，走新型工业化道路。东北地区企业设备和技术老化严重，高新技术产业占工业增加值的比重平均不到6%，比全国平均水平低2.2个百分点，难以发挥对传统产业的改造提升作用。现代信息技术的迅猛发展，推动了传统物流向现代物流的变革，使物流各种功能、要素实现有效协调、全面管理和一体化整合。大力发展现代物流业，可以促进东北地区企业广泛应用现代信息技术，加快传统产业技术进步和改造提升，走新型工业化发展道路。

第四，发展现代物流，可以促进东北地区扩大对外开放。东北地区对外开放水平不高，2002年进出口总额只占全国的4.8%，外商直接投资额只占全国的7.6%。经济全球化和信息时代的到来，加快了国际分工和各国产业结构的调整、升级，使得企业在全球范围内配置资源成为可能，大大提高了物流效率，带动了全球物流管理的发展。随着东北老工业基地振兴和对外开放扩大，外资会大量进入东北市场，进出口贸易也将迅猛增长，形成巨大的国际物流服务需求。这既给物流企业带来发展机遇，也推动了东北地区外向型经济的发展。

东北地区交通运输发达，具有发展现代物流的重要条件。到2002年年底东北三省铁路营运里程总计接近1.3万公里，公路里程总计达15万公里，民用载货汽车达76.4万辆，社会货运量达16.6亿吨。黑龙江省铁路里程7700多公里，公路里程5万多公里，内河航道5千多公里。只要按照现代物流理念，对物流资源进行整合、改造和提升，东北地区发展现代物流还是大有作为的。从东北地区具体情况看，当前发展现代物流应注意以下几个方面的问题。

第一，要进一步解放思想，按照现代物流理念，加快企业物流流程改造，发展第三方物流。东北老工业基地与东部沿海地区发展的差距，主要是观念上的差距。振兴老工业基地在很大程度上取决于思想观念的转变、体制和机制的创新。要缩短与东部地区在物流发展方面的差距，也必须从起步阶段，就按照现代物流理念，打破条块分割的格局，改变"大而全""小而全"的观念，统筹发展现代物流业，加快企业物流流程改造，发展第三方物流。切记不能用新概念包装老思想，走老路子，还是搞传统物流那一套。龙运物流是黑龙江省内最大的物流企业之一，仓储面积近1万平方米，企业网站联系哈尔滨、齐齐哈尔、牡丹江、佳木斯、大庆这五大城市，发展很快，但与外省的联系还主要通过电话，大部分物流作业是靠人工完成的，离现代物流企业还有差距。

第二，要制定科学合理的物流发展规划。从搞得好的地区的经验来看，发展现代物流都是规划先行。物流基础设施，特别是物流园区建设项目，大多投入高、占地多、回收期长，而且涉及城建、交通、生态、环保等一系列问题，应该统筹规划。如广东省提出到2005年，建立层次分明、结构合理的物流园区和配送中心网络，深圳市规划建立功能不同的六大物流园区。东北地区要从当地实际情况出发，坚持科学发展观，制定出东北地区物流发展规划。黑龙江省正在规划建设占地150万平方米，总投资12亿元的龙运物流园区，目标是发展成东北亚国际物流分拨中心。哈尔滨市在制定老工业基地调整改造总体规划时，就把建设物流基础设施作为规划的一个重要内容，提出将加强规划和建设物流基础设施，整合现有物流资源，构建以公用物流信息平台为纽带的多点分布、多体组合式城市物流服务网络。同时，加快哈东物流作业基地、哈西交通运输市场、开发区仓储基地、动力区制造业物流区、松北物流园等现代化大型综合物流园区建设，依托区位优势，通过广泛吸引和积极接纳外资投入物流业等途径，将哈尔滨建成面向全省、辐射全国及俄罗斯的区域性物流中心。

第三，要加强物流资源整合，加快现代物流发展。现代物流理念的本质在于功能整合。现代物流不同于传统物流，不是简单的仓储和运输，而是利用现代信息技术，整合集成各种物流资源，实行一体化运作的新型物流方式。2003 年，哈尔滨市交通局对以交通运输为主体的物流企业以及哈西、滨江等 8 个货运场，按照现代物流业发展的要求进行了全面的整合和提升，进一步推动物流企业与工商企业的整合，使企业从传统的运输、仓储服务，向现代物流服务发展。物流资源整合要注意利用现有资源，不一定都搞新的，如山东九九集团投资 500 万元兴建的大庆物流中心，就是在市第二制米厂两万平方米闲置厂房的基础上改造建成的。

第四，要积极推进东北区域物流的发展。区域经济一体化发展，有赖于现代物流的发展，也必将极大地推动现代物流的发展。东北老工业基地位于环渤海经济圈，与朝鲜、俄罗斯、韩国、日本、蒙古等国家接壤或毗邻。黑龙江省是一个资源大省，2003 年原煤产量 6653 万吨，原油 4840 万吨，木材 589 万立方米，粮食 2512 万吨，很多资源需要调往外省或出口，物流需求量很大。黑龙江与俄罗斯有 3045 公里边境线，有 25 个国家一类开放口岸和黑河、绥芬河、东宁 3 个互市贸易区，黑龙江对俄贸易拥有地缘优势，已经与上海、浙江、福建等联合，打通哈尔滨、牡丹江、绥芬河、俄罗斯这一物流大通道，共同开拓俄罗斯市场。去年黑龙江对俄贸易总额达到 29.6 亿元，占全省对外贸易总额的 55.5%，占全国的 18.8%。黑龙江从俄罗斯进口木材要占全国的 1/4。以中、韩、日为核心的"东北亚经济圈"正在加快形成。东北地区要加强与东北亚经济圈的合作，尤其是加强物流的合作。要充分利用大连港地处渤海、黄海的交汇处，靠近太平洋主航道，具有建设枢纽港的地理条件，带动东北地区物流业的发展。

第五，要加快发展制造业物流。国外发达国家物流发展的经验表明，物流的社会化和现代化正是从制造业物流的高度发展开始的。如在日本，准时制（Just in Time）成为物流的一个重要理念，最初也是丰田公司作为一种生产库存制度，首先在制造业中得到有效使用的。我国青岛海尔集团发展现代物流，就是先从改善企业内部物流流程管理开始，逐渐发展社会化物流的。东北老工业基地是我国重要的制造业基地，特别是装备制造业基地，三大动力、汽车、钢铁、造船、飞机、重型机械具有产业积聚优势。黑龙江省最近提出要努力将黑龙江省建成国家重要的装备工业、石化工业、能源工业、绿色特色食品和医药工业五大基地。要对东北老工业基地制造业进行改造，就必须重视对制造业物流流程进行改造和提升，鼓励制造企业利用现代物流理念和方法，改善企业内部物流流程管理，逐步将企业内部物流业务外包，集中精力发展核心业务，提高企业核心竞争力，走物流专业化、社会化和现代化的发展道路。

第六，要加强农产品物流体系建设。东北地区是我国主要的商品粮基地，东北三省商品粮供应量占中国1/3。经过多年的建设和发展，东北地区具备了建设粮食物流体系的基础和优势。黑龙江垦区是我国重要的商品粮生产基地、农畜产品加工基地和外贸出口基地，年货物运输量在4000万吨以上。尤其是近年来以完达山乳业、北大荒米业、九三油脂为代表的一批国家级产业化龙头企业的迅速崛起，迫切需要一个快捷、高效的现代物流体系做支撑，把出自北大荒的优质绿色产品送往千家万户。黑龙江省农垦总局最近投资2000万元，建立以哈尔滨为中枢、辐射全国的北大荒物流中心，提高了粮食物流效率，使物流速度比过去提高了20%。东北地区粮食商品量外销及出口额占总量的51%，每年有不低于2000万吨的粮食运出东北。要根据现代物流的发展规律和粮食流通发展趋势，构建一个现代粮食物流体系，以现有粮食流通设施为基础，建立网络和信息平台，用现代物流的理念，整合各类粮食物流资源，促进粮食物流发展。

（本文为作者在"东北老工业基地振兴与现代物流发展论坛"上的讲话节选）

# 改善中国经济运行质量
# 推进全球供应链发展

## （二〇〇四年七月十五日）

女士们、先生们：

"全球采购战略与供应链竞争国际大会"今天在上海召开，我代表中国物流与采购联合会，对会议的召开表示热烈的祝贺。

这次会议是我们与联合国贸发会、WTO 国际贸易中心共同主办的，对格林斯潘先生的到来以及他们在这次会议筹备过程中给予的大力支持，我表示衷心的感谢。对出席会议的商务部副部长张志刚同志、国家发改委副秘书长兼经济运行局局长马力强同志、上海市政府副秘书长徐建国同志以及来参加今天会议的有关方面领导和国内外专家，表示热烈的欢迎。

进入 21 世纪以来，经济全球化进程明显加快，跨国公司在全球范围内配置资源是一种发展潮流，这直接推动了全球采购与供应链管理的发展。供应链覆盖了从原材料供应、产品制造、分销、零售直至消费的整个过程。供应链管理注重的是企业的核心竞争力，强调根据企业的自身特点，专门从事某一领域、某一专门业务，在某一点形成自己的核心竞争力，这就要求企业将非核心业务外包给专业的供应商，以便降低成本、提高质量并缩短交货时间。如今，企业最终产品成本的很大部分都与供应链环节密切相关。国外的经验表明，一个有效果和有效率的供应链是企业创造竞争优势的重要来源，对于企业的发展是至关重要的。通用、福特、戴姆勒—克莱斯勒等世界著名的汽车商，都建立了全球汽车专用采购网络市场，通过互联网在全球范围内实现了每年 2500 亿美元的零部件采购。在全球经济条件下，企业与企业之间的竞争，将主要体现为供应链与供应链之间的竞争。作为供应链中的一个关键环节，采购越来越被企业关注和重视，采购管理已经成为企业的核心竞争力的要素之一。一些成功的跨国企业，比如今天到会的利丰集团和百事可乐公司等，很早就实施了全球化的采购战略。

改革开放 20 多年来，中国经济一直保持快速增长，年平均增长速度高达 9.4%。去年中国经济增长率达到 9.2%，经济总量达到 1.4 万亿美元，人均 GDP 首次突破了 1000 美元，标志着中国经济已经进入一个新的发展阶段。对外开放不断扩大，去年中国进出口总额达到 8000 亿美元，今年将达到 1 万亿美元，中国与美国、日本和欧盟贸易总额均超过千亿美元。中国外贸依存度已经达到 60% 以上。中国正逐渐融入全球经济体中，经济增长的动态将直接影响到世界经济发展的走向。世界经济从去年下半年开始强劲复苏，中国成为世界经济增长的重要动力。在经济全球化的浪潮中，世界制造业中心正在向亚洲和中国转移。目前世界 500 强公司中已有近 400 家在我国投资，80% 以上是制造业。世界上最主要的电脑、电子产品、电信设备、石油化工等制造商，已将其生产网络扩展至中国，很多企业将中国作为重要的采购基地。我国逐渐成为世界的制造业中心、采购中心和现代物流中心。

中国采购市场发展潜力很大，发展速度很快。据统计，2003 年全国政府采购规模达到 1659.4 亿元，比 2002 年增加 650 亿元，增长了 64.4%。但中国企业参与国际采购市场还很不够。在巨大的联合国采购市场中，联合国在发展中国家的采购额超 1/3，但直接从中国这个世界上最大的发展中国家的采购额不到 1%，这与中国作为大国的地位以及中国快速发展的经济形势很不相符。

中国物流与采购联合会是中国物流与采购行业的综合性社团组织。中国物流与采购联合会除了要做好物流工作外，还有一项重要任务，就是推动我国采购制度变革和采购事业的发展。在发达的市场经济国家，供应链管理思想比较成熟，供应链实践的能力也比较强。但供应链管理思想进入中国的时间并不长，中国企业在供应链实践方面的经验就更少。我们愿意与国外采购与供应链管理相关的机构开展广泛的交流与合作，我们与国际采购联盟、联合国贸发会、WTO 国际贸易中心以及一些发达国家的采购机构有过良好的合作关系。我们要认真学习国外先进经验，结合中国的国情，树立科学的发展观，利用供应链管理思想，改进中国企业流程，进一步改善中国经济运行质量，推进全球供应链的发展。

祝大会圆满成功！谢谢大家！

（本文为作者在"全球采购战略与供应链竞争国际大会"上的致辞）

# 建立有中国特色的现代物流理论体系

## （二〇〇四年十月十五日）

第三届中国物流学术年会暨中国物流学会一届二次理事会今天正式召开，这是我国物流学术界例行的盛会，对于交流和传播现代物流理念，总结一年来我国物流学术研究成果，进一步推动物流理论研究、学科建设和实际应用，都具有重要意义。我谨代表中国物流学会、中国物流与采购联合会，对第三届物流学术年会暨中国物流学会一届二次理事会的召开表示衷心的祝贺！

我国引进物流概念、系统地开展物流理论的研究，是从20世纪70年代末才开始的。中国物流学会的前身中国物资流通学会、中国物资经济研究会和中国物流研究会，在推进我国物流理论研究方面，曾经发挥过重要作用。近几年，伴随着我国物流市场的快速发展，我国的物流理论研究在广度与深度上都发生了根本的变化。学术界和理论界积极参与现代物流管理理论和物流技术的研究和探讨，各种层次的研讨会、专家论坛，每年都要搞很多次，这对普及物流知识和提高全社会物流意识，促进物流理论创新和物流新技术、新管理和新理念的应用和推广，推动我国现代物流的发展，都具有积极意义。但是，我国物流理论研究从总体上看还是滞后于市场的发展，不能满足实际的需求，需要进一步提高，很多研究主要停留在简单引进国外的东西，甚至炒概念上，结合实际不够，特别是对物流管理、物流技术的应用研究，还需要做很大的努力。我国物流尽管发展很快，但由于起点低，与发达国家相比还有不小的差距。这种差距不仅是资本、技术和能力上的差距，更重要的是物流理论、物流理念和物流人才上的差距。全社会关注物流也仅仅是这几年的事，很多人还没有真正理解物流的概念。在大多数企业里，物流还只是运输与仓储的代名词，对现代物流的系统观念、综合物流观念、市场服务观念、供应链管理思想的认识还比较粗浅。

理论研究必须与具体实践结合，如果理论研究脱离实际，就没有生命力，就失去了研究的意义。中国物流学会一直弘扬求真务实的研究风气，坚持从我国物流发展的实际出发，加强物流理论研究，致力于将国外经验与我国国情及企业实际情况相结合，将物流理论与物流管理和企业实践相结合，建立一套有中国特色的现代物流理论体系。自2002年开始，中国物流学术年会每年举办一次，到今年已经是第三届。每届学术年会都要征集学术论文，进行评选，结集出版，论文无论是数量还是质量，都是一届好过一届，为推动我国物流理论研究与创新发挥了积极作用。与往届相比，这届学术年会评选出了很多将理论研究与实际结合的优秀论文，有的侧重于物流政策研究，有的侧重于物流管理研究，也有侧重于物流技术研究，都提出了一些富有创造性的见解，相信对于推动我国现代物流实践的发展会起到积极作用。

物流是一种新的学科，它是建立在经济学、运筹学、管理学、工程学和系统论等基础上的一种交叉学科。在现代生产条件下，现代物流是以满足客户需要为目的，对物流各功能环节进行一体化运作的一种新型服务方式。它既倡导专业化分工，鼓励业务外包，又倡导多功能多流程整合，鼓励用系统论方法进行规划和优化。因此，在学术理论与研究方法上涉及面较宽，很需要建立自己的学科体系与方法论。中国物流学会作为全国综合性物流社团组织，推进现代物流理论研究是我们的重要任务和历史责任。学会要坚持科学发展观，进一步解放思想，与时俱进，发挥学会学术性、群众性和跨地区、跨部门、跨行业的特点和优势，紧密依靠会员，联合全国物流专家、学者和有关单位，有计划、有步骤系统地开展物流理论研究，为我国物流理论体系的建设和物流产业的发展做出贡献。

当然，我国物流发展起步较晚，需要引进国外先进的物流理论，借鉴国外成熟的物流经验和运作模式，以缩短我国物流产业现代化的发展过程。学会在20世纪80年代初就开始重视与国外物流学术团体和行业组织之间的学术交流和合作，为吸收、引进和消化国外先进的物流理念和物流经验，做出了重大贡献。事实上，物流从概念形成到实践发展，只有100年左右的历史，现代物流的发展只是近20多年来的事情，供应链管理理论的形成也只是近十年的事情。只要将先进的物流理念与我国国情相结合，探索具有中国特色的物流发展模式，我国物流业是完全可以获得"后发优势"和跨越式发展的。


（本文为作者在"第三届中国物流学术年会暨中国物流学会一届二次理事会"上的致辞）

# 2004 年我国物流业发展回顾与展望

## （二〇〇四年十二月二十四日）

今天，我们大家聚集一堂，回顾总结一年来我国物流发展情况，预测新一年走势，共商我国物流产业的发展大计，并举行有关物流新闻、物流科技、宝供物流奖的颁奖仪式，还将对今年评选出来的物流基地授牌。我代表中国物流与采购联合会向获奖的单位和个人表示热烈的祝贺！

以上几位专家围绕论坛主题，做了精彩演讲。论坛虽然只有一天，但内容比较丰富。下面，我讲几点想法。

### 一、关于 2004 年我国物流发展形势的基本估价

2004 年，是我国物流继续深入、务实、快速发展的一年，也是近几年来发展最快、最好的一年。有这样几个突出特点。

第一，物流发展的速度加快。2004 年，我国经济实现了平稳较快发展，与物流相关的经济指标都有较大幅度增长。GDP 增幅将超过 9%，进出口总额突破 1 万亿美元，生产资料销售总额和社会商品零售总额分别达到 11 万亿元和 5 万亿元以上，1—11 月城镇固定资产投资增长 28.9%。在经济快速发展的推动下，全社会物流总额预计可达 38 万亿元，增幅在 30% 左右；社会物流增加值增长 8.4% 左右；物流用固定资产投资增长 20% 以上。物流企业和企业物流都有较大发展，为物流产业提供配套服务的基础设施建设、物流技术与装备、物流信息与咨询、物流地产等相关的产业和企业也取得了比较快的增长。据有关方面反映，仅托盘和中小型叉车的增幅，就达 30% 和 60% 以上，这说明物流产业对相关产业的带动作用更加明显了。区域物流发展迅速，长三角、珠三角、环渤海区域物流一体化进程很快，带动和促进了我国物流的发展。

第二，物流企业成长加速。物流企业是物流市场的主体，也是物流产业发展的基础。各类物流企业快速成长，物流企业群体逐步形成，是今年甚至这几年物流发展的显著特点。一是原有的国有物流企业正在进行重组改制和业务转型，向现代物流发展，如中邮物流、中远物流、中外运物流、诚通中储物流、中海物流、中铁物流及原铁道

部所属的几大物流公司等。这些企业运用原有的优势，重新明确市场定位，寻求新的合作伙伴，积极拓展市场，业务发展很快。二是出现了营业收入超亿元甚至超 10 亿元的民营物流企业。我国民营物流企业最早的成立于 20 世纪 90 年代初期，虽然只有短短十几年时间，但他们艰苦奋斗、顽强拼搏，取得超常发展，如宝供、大田、南方物流、宅急送、华宇、远成等。三是外资和中外合资物流企业"抢滩"中国物流市场，加快了发展的步伐。世界知名的跨国物流企业基本上都进入了中国市场，并获得较快发展，如丹麦马士基、美国总统轮船、荷兰天地、美国联邦快递、德国邮政、日本日通、英国英运等，近年来，特别是 2004 年，都在中国有大的动作。最近，美国 UPS 联合包裹运送服务公司出资 1 亿美元收购合资企业合作业务的控制权，就是一个明显例证。中国国有企业、民营企业和外资、中外合资企业共同构成了我国各具特色的物流企业群体。他们发挥各自优势，相互融通，互为补充，形成竞争之势，共同促进我国物流产业的发展。

第三，物流市场竞争加剧。这包括中外物流企业之间，多种所有制物流企业之间的竞争；物流企业和生产、流通企业之间的竞争；多种运营方式和服务模式的竞争，等等。全方位竞争的结果是市场集中度提高和细分化深入。以上讲的国有、民营和外资三大板块的物流企业都出现了市场反应灵敏、规模扩张较快的"领头企业"。据初步掌握的情况，多数"领头企业"2004 年的增幅都在 30% 以上。这些"领头企业"的周围积聚了一大批与之配套的中小型功能性企业。市场竞争的加剧导致专业分工加快，需求的专业化带来市场的细分化。出现了诸如汽车物流、医药物流、烟草物流、粮食物流、冷链物流、家电物流、书刊物流等更加专业的物流企业。各类物流企业根据功能定位，培育自己的核心竞争力，逐步向产品线与产品线，供应链与供应链竞争的方向发展。

第四，物流基础工作加强。在政府部门大力支持、企业积极参与和行业协会具体组织下，困扰物流业发展的一些基础性工作，在 2004 年有了突破性进展。例如，联合会参与国家"十一五"规划的制定，提供行业发展政策建议；物流标准体系框架的建立；物流社会统计制度的制定；物流服务纳入"十一五"科技中长期规划和物流师培训超过 1 万人，等等，为物流产业健康发展奠定了基础，初步探索了行业协会为政府、行业、企业、会员服务发挥的桥梁纽带作用，探索了政府、企业和行业协会协作解决行业问题的思路和办法。

第五，政府重视和支持的力度加大。继 2001 年原国家经贸委等六部门出台有关推动物流业发展的意见以后，今年国家发改委等九部委出台了《关于促进我国现代物流业发展的意见》，反映了国务院有关部门对物流产业发展的高度重视和推进物流发展的务实态度。2004 年，国家各有关部门和地方政府对物流发展的推动力度是很大的。

2004 年，中国物流的发展取得了很大的成绩，最重要的是对物流理念的认识深化了，物流在经济中的作用加强了，中国物流取得了实质性的进展。当然，2004 年我国物流发展虽然很快，但仍然处于初级阶段，依然停留在粗放式经营的层面，质量和效益还不很理想。我国全社会物流总费用与 GDP 的比率，自 1998 年降到 21.4% 以来，连续 7 年上下徘徊，近 3 年还是略有上升的态势。除了经济结构的原因外，这同国际油价上涨、运输成本上升有直接的关系。尽管如此，我们依然对我国物流产业的发展要有清醒的认识。体制的制约、设施的不足、企业规模不够、效益和效率不高、服务较差、地区和行业发展不平衡等问题依然存在。"散、小、乱、差"的问题解决要有一个过程，企业和资源整合还需要时间，中国发展现代物流任重而道远。

## 二、关于 2005 年物流发展形势和我们的对策

2005 年是全面实现"十五"计划目标、衔接"十一五"发展的重要一年，中央经济工作会议对明年经济发展提出了新的要求。展望 2005 年中国物流业的发展，有这样几个"更加"值得关注。一是根据加入世界贸易组织的承诺，2004 年 12 月 11 日以后，涉及物流的大部分领域已经全面放开，中国物流业将会"更加开放"；二是随着全面放开，中国物流市场的竞争将会"更加激烈"，各类物流企业面临着重组整合的局面；三是经过这几年的努力，一些涉及物流产业发展的基础工作都已铺开，2005 年将会"更加务实"地开展起来；四是中国物流发展的环境将"更加宽松"。

中央经济工作会议进一步强调科学发展观，加强和改善宏观调控，大力推进结构调整，促进经济增长方式转变。发展现代物流是国民经济全面、健康、快速、持续发展的需要。温家宝总理在中央经济工作会议上的讲话中指出："积极发展现代物流、旅游、中介服务和社区服务等第三产业。"马凯同志在发改委会议上强调："加快发展服务业，优先发展现代金融、现代物流、信息服务等新兴服务业。"明年春天，国家发改委等部委将要召开全国物流工作会议，具体落实九部委文件精神。我们要按照党中央、国务院的统一部署，结合物流行业的实际，认真落实科学发展观，脚踏实地，务实创新，推动我国物流在新一年的新发展。

明年，有这样几项涉及行业发展的重要工作。

第一，要认真贯彻落实九部委文件精神。《关于促进我国现代物流业发展的意见》是继 2001 年原国家经贸委等六部委出台有关推动物流业发展的《关于加快我国现代物流发展的若干意见》以来，又一个十分重要的文件，为中国现代物流业加快发展提供了新的机遇。从上到下对物流发展的支持是前所未有的，我们要把贯彻落实九部委文件作为全行业工作的重点。一方面，政府有关部门应该制定相应的实施细则，推动政

策的落实；另一方面，企业也要积极贯彻落实。中国物流与采购联合会愿意在这方面为企业和政府多做工作，搞好服务，更好地发挥桥梁和纽带作用。

第二，要加快物流诚信体系建设。物流是服务性产业，是最需要诚信体系的行业，但目前诚信方面的问题还相当多。应该把诚信体系建设作为行业自律的一项重要内容。首先要形成物流的服务标准，并成为物流标准体系的核心。要大力宣传"诚信物流"，积极推进行业信用制度建设。要促进开展信用交易，完善信用交易的相关政策。物流与采购联合会要把这项工作看作是为会员服务的重要环节，从服务的角度加强自律，推动行业诚信体系建设。

第三，要鼓励整合、改造和提升现有物流资源。我们要根据现代物流发展的规律，结合我国国情，大力抓好物流功能、企业物流、区域物流、基础设施、物流信息、人力资源和管理体制等方面的整合，用科学的发展观指导现代物流的发展。要打破物流资源的部门分割和地区封锁，鼓励物流企业跨部门、跨地区整合现有物流资源。尽可能多地利用现有的仓储、运输条件和业务网络进行改组、改造和提升。

物流园区具有基础性、公共性和服务性的特点，与一般的开发区、工业园区是不同的，它是现代物流运作不可缺少的功能环节。建设物流园区，既有利于各种物流功能和要素的集成整合，实行一体化运作，提高物流服务的专业化水平，又有利于物流企业实现规模经营，提高物流效率，避免重复建设，达到少占土地的目的。近几年，各地重视物流发展，规划和新建了一批物流园区（基地、中心），这是好事，但也出现了盲目跟风，重复建设，多占土地的问题，要根据中央宏观调控的要求进行清理。在投资物流基础设施的时候，还是要深入调研，认真地进行可行性研究，慎重决策，要充分考虑市场需求和投资回报的问题。不是投资越大越好，也不是设备越先进、自动化程度越高越好。要结合实际情况，要实用，要有实际效果。

第四，要做大做强物流企业。近年来，我国物流企业虽然有了很大发展，但"规模小、实力弱、服务差"的问题依然存在。必须要把物流企业做大做强，提高服务水平和竞争能力，才能适应经济全球化带来的挑战。随着世界经济结构调整，一些产业向中国等亚洲国家转移，加快了由制造业向服务业延伸的趋势。2002 年跨国公司转移服务业约 4 万亿美元，占整个跨国公司向外转移的 60%。世界知名跨国物流企业抢滩中国的情况，很能说明这个问题。我国物流企业的规模，与跨国公司还有相当大的差距。做大做强物流企业，是企业竞争的需要，是行业发展的需要，也是参与国际竞争的需要。当前，我国外贸的依存度已经高达 60%，中国正在成为世界制造中心。但我们在物流业，在整个服务业方面的竞争力还比较弱。只有做大做强物流企业，才能由"中国制造"向"中国物流"延伸。无论是国有企业，还是民营企业，有条件的都要做大做强，造几条"大船"。关键是要明确市场定位，在专业领域创新管理和服务，形成规模效益和核心竞争力，尽快提高我国物流的供给能力和服务水平。

　　第五，要密切关注国际物流的发展趋势，注意对供应链管理战略性的研究。当前，国外物流管理和技术发展很快，新的技术不断涌现。我们要积极务实地推进物流信息化和现代化，充分重视无线射频（RFID）等新技术的推广和应用。随着物流领域的对外开放，外资物流企业加快在我国发展的步伐。外企在资金、管理、技术、研发及品种结构上具有比较优势。我们要密切关注和善于学习国外企业的经验和技术，发挥自身优势，尽快提高物流能力和服务水平，缩短与外资企业的差距，发展自己，壮大自己。21世纪头20年，是我国经济和社会发展的重要战略机遇期，也是物流发展的机遇期，我们要紧紧抓住和用好重要战略机遇期，牢牢掌握加快我国物流发展的主动权，现在是机不可失，时不再来，我们要增强责任感和紧迫感，加快物流的发展。

（本文节选自作者在"第九次中国物流专家论坛"上的演讲）

# 对广西发展现代物流的
# 思考与建议

## （二〇〇五年一月七日）

中国—东盟博览会秘书处：

首先，感谢曹伯纯书记、陆兵主席、刘奇葆副书记和李金早副主席以及广西各界的盛情邀请和热情接待，感谢中国—东盟博览会秘书处所做的工作。现就本人了解的情况，结合我国物流发展的趋势，提出关于广西物流发展"四个转变"的建议，即区位优势向物流优势转变，传统物流向现代物流转变，分散管理向统筹协调转变，物流优势向经济优势转变。

第一，确立物流业发展战略，促进广西区位优势向物流优势转变。

广西位于连接我国西南、华南、中南以及东盟大市场的枢纽位置，处在东盟和"泛珠三角"两个大市场的结合部，是我国西部及西南地区唯一具有出海口岸的省份，也是唯一与东盟国家海陆相连的省区。东盟—中国自由贸易区的设立和首届博览会的成功举办，"泛珠三角"区域合作的加强，东部产业的梯度转移，西部开发，中部崛起，都为广西物流提供了用武之地。如何把区位优势转化为物流优势，把区域合作的契机变作物流业加快发展的机遇，是广西物流发展首先应该考虑的问题。

区位优势并不能等同于物流优势。如果没有良好的物流环境，区位优势只能是"过境通道"。要依托和围绕区位优势发展现代物流，加强物流体系和环境建设，增强广西物流的吸引力。应把广西物流定位于我国西南地区重要的区域物流中心和面向东南亚的区域国际物流中心，把物流业作为支柱性产业之一加快发展。除了加快通道建设以外，更要注重节点建设，发挥枢纽作用。要大力发展仓储、加工、分拨、配送、包装、转运等一体化物流服务，形成区域内速度最快、服务最好、成本最低的物流服务体系。

第二，扶持发展专业物流企业，促进传统物流向现代物流转变。

现代物流是经济、社会和技术发展到一定阶段的产物。其核心是突出系统整合的理念，对分散的运输、储存、装卸、搬运、包装、流通加工、配送、信息处理等基本功能，运用信息技术和供应链管理技术，进行资源整合和一体化运作，以达到降低成本、提高效率、优化服务的目的。

从广西物流企业的现状来看，"规模小、组织散、服务差"的问题还比较严重，与区域物流中心的目标不相一致。由于专业物流供给不足，许多企业还停留在传统物流的阶段，习惯于"大而全""小而全"的运作方式，物流需求难以聚集，是物流产业发展急需解决的问题。

物流企业是物流市场的主体，也是物流产业发展的基础，广西应该大力扶持发展现代物流企业。要放宽市场准入，鼓励国际专业物流企业和国内外资本独立投资或与广西企业合资、合作建立现代化的第三方物流企业。要制定相关行业政策，促进传统交通运输、仓储、货代、流通企业向现代物流服务转型。要鼓励生产、流通企业实行流程改造，分立、剥离、外包物流功能，突出核心竞争力。无论是国有企业，还是民营企业，有条件的都要做大做强，形成规模效益和核心竞争力，形成与区域物流中心地位相匹配的物流企业群体，提高广西物流的供给能力和服务水平。

第三，建立统一协调机制，促进分散管理向统筹协调转变。

现代物流是横跨众多产业部门的复合性产业，强调协调发展、一体化运作，必须打破部门分割、地区封锁的束缚。在国家经济管理层面，已经由国家发改委牵头，13个政府有关部门和相关行业协会参加，成立了"全国现代物流发展部际联席会议"，统筹协调全国物流发展的重大问题。国内许多省区也建立了类似的机构或机制，有力地推动了物流发展。

就广西情况来看，也应该注意建立和发挥协调机制的作用。自治区综合经济管理部门应作为牵头部门，吸收本地相关部门和中央驻桂有关单位和行业协会参与，负责物流发展规划及相关政策的制定，统筹考虑重大物流基础设施建设项目，同时负责物流实际运作中区内各行业间和相邻省份间的政策与关系协调，为物流发展创造良好环境。行业协会负责在物流企业与政府部门间建立起畅通的联系渠道，代表企业参与相关政策的制定、调整，负责物流企业与工商企业以及物流企业之间的业务与关系协调，并承担物流理念与技术的推广、普及和职业培训等。

物流基础设施建设也需要统筹考虑，协调发展。要加强与周边国家、省区之间的交通联系，构建公路、铁路、水运、民航密切配合的综合交通运输体系。要按照国家公路、港口和铁路建设规划，加快建设大西南出海通道和通往东南亚的陆路通道。统筹发挥防城、钦州、北海三市港口优势，形成各具特色、互为补充的组合港口群。要充分发挥港口大宗货物运输、集装箱分装服务等功能，建设沿海港口物流园区。要处理好分散与集中相结合的关系，依托三港现有设施功能，形成统一的铁路枢纽，统一调配铁路运力在三港间的分配与调节，与公路及航空运输场站建设相互补充，共同构建重要的区域性综合物流运作基地。

第四，以经济发展为基础，促进物流优势向经济优势转变。

现代物流的发展程度与经济发展的需要密切相关。我国自 20 世纪 70 年代末期引进物流概念，也曾大力研究推广，只有到了 90 年代后期才引起广泛关注，进入新世纪的这几年才有了实质性推动，根本原因是社会经济体制、结构和发展水平的需要。现代物流发展到今天，仍然是服务性产业，其规模、结构和质量归根结底取决于产业需求。全国的物流发展要同国家总体经济发展战略相匹配，地方的物流发展也要同当地经济发展的需要相衔接。物流发展规划可以根据经济发展的需要适度超前，但绝不能离开经济发展的需要。

广西物流的发展，同样应该建立在经济发展的基础之上。要从当地制糖、汽车、铝业、医药、林浆纸和锰等传统产业需要出发，引进现代物流理念，改造业务流程，逐步推行供应链管理，提高企业和产品的竞争力；要逐步完善农业生产资料和农产品，以及人民生活必需品的物流服务体系；要搞好过区、过境物资的储存、加工、配送等增值服务。要从现实物流需求出发，通过整合、提升、改造，营造物流服务的体系和环境，形成得天独厚的物流优势。在此基础上，吸引东部资本、国际资本的投入，推动结构调整和产业升级，从而把物流优势转化为广西经济发展的综合优势。

在经济全球化和区域一体化加快发展的浪潮中，广西正面临着我国加入世贸组织、实施西部大开发战略和与东盟建立自由贸易区三大历史机遇。特别是根据温家宝总理在中国—东盟第七次首脑会议上的建议，从 2004 年起，在广西南宁每年举办一次中国—东盟博览会，为广西进一步加强与东盟各国的合作提供了新的机遇和平台。特殊的区位优势和时代机遇，要求广西物流立足广西、服务西部、服务全国，面向东盟、面向国际。

当前，广西上下正紧紧抓住机遇，加快富民兴桂新跨越步伐，为实现全面建设小康社会目标而努力奋斗。广西需要加快物流发展，形成对全区经济发展起重要带动作用的主导产业和有比较优势的支柱产业。

以上意见，仅供参考。

（本文为作者应时任广西壮族自治区曹伯纯书记、陆兵主席邀请，为中国—东盟博览会秘书处写的建议）

# 向宝华同志学习致敬

## （二〇〇五年一月十三日）

今天，我们大家欢聚一堂，共同庆祝宝华同志九十华诞，祝宝华同志健康长寿！

宝华同志是我的老领导、老前辈，也可以说是我的恩师。他对新中国的建立、经济建设和改革开放做出了重大贡献，是我国经济战线、工交战线、物资战线、冶金战线、教育战线有影响、有威望的领导人，为中国的经济建设建立了卓越的功勋。

我大学毕业以后分配在冶金部门工作，1964 年调到国家计委，那时我就知道宝华同志。1970 年以后，我在宝华同志直接领导和关怀下工作。30 多年来，在工作上向宝华同志无数次汇报、请示，遇到困难甚至个人的问题向宝华同志请教时，他总是不厌其烦，给了我很多教诲、关怀、爱护和帮助，使我终生难忘。

宝华同志九十华诞，我们要向他学习。宝华同志忠于党，忠于党的事业，几十年如一日，辛辛苦苦、勤勤恳恳、兢兢业业。几十年来，他无论在经济计划工作、经济运行工作、物资管理工作上，还是改革开放以后的经济体制改革、企业改革与管理和企业思想政治工作等方面，都做了许多开创性的工作。他具有与时俱进、开拓创新的精神。早在 20 世纪 70 年代末期，宝华同志就创建了中国企业管理协会，这是我国第一个经济类协会。还有包装协会、质量协会，交通运输协会和食品协会，也是在他的领导下建立的。中国物流与采购联合会的成立也得到了他的支持，他担任了联合会名誉会长。

宝华同志对工作一丝不苟，严谨的作风；不计较个人得失，清正廉洁的品德；严于律己、宽以待人的品格；细心、耐心、循循善诱的工作方法，都值得我们好好学习。他几十年处于领导岗位，精通业务，是经济方面的专家，他超群的领导才能和领导艺术，是一种人格的力量，使我们都愿意亲近他、尊敬他、爱戴他。宝华同志有着慈祥、关爱、使人信任的长者风范。他是领导者的楷模，我们学习的榜样。

宝华同志在九十华诞之际写了一首诗，前后两句是："人生九十古来稀，今生百岁亦可期。""喜见神州正崛起，再披彩霞做征衣。"九十岁的老人壮心不已，可敬、可佩，对我们是很大的激励。我们向宝华同志学习，祝愿宝华同志福如东海，寿比南山！

（本文为作者在袁宝华同志九十华诞时的即席祝词）

# 抓住大事　多办实事　搞好服务

（二〇〇五年一月二十五日）

方才，何黎明同志代表联合会对 2004 年的工作进行了总结，提出了 2005 年基本工作思路。讲得很全面，很好。我完全赞同，希望大家认真贯彻落实。

2004 年，联合会的改革与发展取得了重大进展。改革不断深入，各项业务工作都有很大的拓展，服务的质量和工作的水平提高很快，内部凝聚力在增强，对外影响力不断扩大，被民政部授予"全国先进民间组织"的光荣称号。各部室、各专业委员会很好地完成了各自工作任务。这是全体同志努力的结果，我向大家表示衷心的感谢！当然，我们也要清醒地看到问题与不足，通过这样的总结，把 2005 年的工作做得更好。下面，我讲几点意见。

## 一、行业协会必须深化改革

我国经济类的行业协会，最早成立于 20 世纪 70 年代末 80 年代初，中国企业管理协会是第一家。发展到现在，全国社团组织已经有 20 多万家，仅国资委管理的"中字头"经济类社团就有 300 多家。

行业协会是市场经济的产物。随着市场经济体制的建立，政府机构改革、职能转变和政企分开，协会的地位越来越重要，作用也逐渐凸显出来。物流是一个复合性的产业，横跨许多部门和行业，联合会的工作范围与其他产业协会有所不同。这几年我们的工作内容和服务对象发生了很大的变化，原有的物资流通企业占会员单位的比重越来越低，有不少已经失去联系。随着物流产业的发展，物流领域行业协会之间也出现了竞争的局面。不仅有原来物流领域的专业协会，也有各个行业协会设立的物流专业委员会；不仅有"中字头"协会参与物流工作，也有各个地方不断成立的物流类协会；全国工商联等也在搞物流分会，还有在境外注册的协会回到境内活动。所以行业协会的竞争，特别是物流行业协会的竞争越来越激烈。我们要认清这样一个形势，不加快改革就没有出路。

如何深化改革，最重要的是对外搞好服务，对内转换机制。服务是联合会的宗旨。

· 109 ·

我们还是要进一步转变观念，搞好服务、为政府服务、为企业服务、为行业服务、为会员服务，联合会就是"会员之家"。在2003年换届的时候，我们调整了会员单位结构和领导层结构，请企业家的代表进入联合会领导层，在内部机制方面也进行了改革。主要是在用人机制和分配机制方面，有了一定突破。但是经过两年运行，感觉还是不够，还需要进一步深化完善。

由于历史的原因，联合会接收了部分机构改革政府分流人员。有许多同志比较快地转变观念、适应形势，但也有一些同志不注意学习，不适应工作，甚至有个别人连一个简单的通知也写不好，下去这样是不行的。这几年我们招聘了一些年轻的同志，其中不乏名牌大学的本科生、研究生。他们一般工作能力强，积极性高，还服从领导，我们的老同志应该感受到这种竞争的压力。总之，联合会必须深化改革，逐步完善，不改革，就没有地位，就不会发展。

## 二、抓住大事、多办实事、搞好服务

联合会的工作千头万绪，我们要善于抓住大事，带动全局工作。要搞好基础性工作，多办实事。要继续做好物流统计、标准化、质量认证和人才培训教育等基础性工作。"两个基地"的评选工作有很大的促进作用、带头作用。我去过的一些企业，他们都把联合会颁发的牌子挂在大门上，说明企业对联合会还是很重视的。科技奖、宝供奖都很重要，但评审要规范，颁奖要隆重。要让获奖者感到光荣，让资助的企业达到效果。一定要把杂志社的事情办好，要积极传达政府的声音、联合会的声音，反映企业的意见和要求，努力提高刊物质量。只有质量高了，才能有发行量的扩大和广告收入的增加。我们的网站办得不错，要继续努力办好。"年鉴"和"报告"的工作也很重要，属于哪个部门负责的，一定要办好。

关于各类研讨会，关键还是要提高质量，树立品牌。现在，政府、协会、企业、研究机构都在搞研讨会，企业不胜其烦。现有的研讨会需要整合，统筹安排，不一定每个部门都搞，要突出搞好品牌会议。如企业家年会、专家论坛、学术年会、海峡两岸等。企业参加一个会议要投入一定的资金和时间成本，我们的会议要对他们负责，让企业感觉钱花得值。不要随便向企业要钱，随意拉赞助。要注意维护联合会整体的形象，不要看重本部门眼前的几个"小钱"。服务好了，创收也就在其中了。要全力办好2005年的世界采购大会，这是联合会的一件大事，不单单是采购委一家的事，各个部门要全力配合。第一要把会议办好，第二才是经费方面的问题。按照国际惯例，要引进商业化运作，但一定要规范，要注意社会效益。

### 三、加强思想政治工作，增强联合会的凝聚力

加强思想政治工作，增强联合会的凝聚力，创造一种朝气蓬勃，积极工作，团结和谐的工作氛围。一个国家、一个民族、一个单位，都要有一种精神。联合会的精神，就是"服务、创新、自强、奋进"。服务是宗旨、创新是动力、自强是基础、奋进是出路。要把政治思想教育和联合会的文化建设结合起来。随着市场经济的发展和社会转型，人们的价值观发生了很大的变化。在市场经济条件下，不讲钱是不行的。但要讲思想政治工作，更要讲事业心，这是不矛盾的。只有把工作当作自己的事业来干，才能干好工作，也才能创造到更多的收益。否则，不注意学习，不努力工作，上班串门聊天，空发议论，总在挑别人的毛病，不讲奉献，只求索取，不论什么样的单位，都不会喜欢这样的人。

各部门之间，也要讲究团结协作。由于分工的不同，我们把相关部门分为创收自养部门和管理部门，各个部门之间的关系是你中有我、我中有你。创收自养部门的工作很辛苦，非常不容易，但办公室、财务部、人事部等部门整天默默无闻，为大家服务，也是联合会工作的组成部分。大家要互相理解、谅解，管理部门要千方百计为创收自养部门搞好服务，创收自养部门要为会员单位和企业服好务，形成一种良性互动、和谐发展的工作氛围。

联合会是首批开展保持共产党员先进性教育的单位，这也是加强思想政治工作、促进业务工作发展的一个契机。各级党组织和全体党员同志一定要十分重视这次活动。特别是党员领导干部要带头学习，带头践行"三个代表"重要思想。

思想政治工作的方法也需要创新。要从实际出发，采取多种方式。比如，我们在2004年搞了"红色之旅"，既学习了老一辈革命家的创业精神，又陶冶了情操，有利于创造和谐的工作环境，大家反映很好。前一段，给东南亚海啸地区捐款，不论钱多钱少，都表达了我们的爱心。思想政治工作要同联合会业务工作和文化建设结合起来，要讲究实实在在的效果，这个效果要体现在业务工作的拓展上，体现在职工政治素养和业务水平的提高上。希望大家朝这个方向努力，把新一年的工作做得更好。

（本文为作者在"中国物流与采购联合会2004年工作总结会"上的讲话要点）

# 当前行业协会改革发展中
# 亟待解决的几个问题

## （二〇〇五年三月二日）

改革开放以来，我国社会团体，特别是经济类行业协会发展很快，据国家民政部统计，目前我国有社会团体 14.2 万多个，其中经济类行业协会 4 万多个。这些行业协会已成为联系政府和企业的桥梁与纽带，成为推进经济发展、社会进步不可或缺的重要力量，对全面建设小康社会、推动社会主义物质文明、政治文明、精神文明协调发展发挥了积极作用。但是，行业协会在改革发展中也遇到了一些深层次的矛盾和问题，亟须引起有关部门的重视、研究和解决。这些问题总结如下。

### 一、行业协会的地位、职能缺乏法律依据

我国工商领域的行业协会，绝大部分是伴随着改革开放而诞生、建立和发展起来的，在某种程度上说，是市场经济的产物。与行业协会发展不相适应的是，目前我国尚没有一部规范社会团体建设与管理方面的专门法律，使得社团工作包括行业协会的法制化建设严重滞后于实际发展的需要。国务院 1998 年颁布的《社会团体管理登记条例》，只是一部侧重于社团登记管理的程序性条例，并非规范行业协会活动和改革发展的依据，对社会团体包括行业协会的地位和职能等都没有明确规范和界定，加之《社会团体管理登记条例》并未考虑到工商领域的行业协会其活动是以经济为主的特性，管理上与其他领域的社团未加区别，难以做到分类管理和指导，同时也使得行业协会容易出现机构重复设置、行政色彩浓厚、竞争不规范和管理混乱等问题，使广大行业协会的合法权益难以得到保护，客观阻碍了行业协会的发展。因此，建议国家有关部门尽快研究、制订并颁布《中华人民共和国社会团体法》。如果该法一时难以出台，建议加紧制定《中华人民共和国行业协会管理条例》，由国务院颁布施行，使行业协会有法可依，对其管理纳入法制化轨道。

## 二、政府职能转变不到位，制约行业协会的发展

从我国行业协会的构成看，主要分为两类：一类是自下而上由企业自发组建的，这类协会一般以单一产品企业和地方企业为主进行组建；另一类是随着政府机构的改革应运而生的、带"中国"字头的行业协会，这类协会的特点是自上而下组建，带有一定的政府管理色彩（承担政府委托的部分职能）。但不管是哪类行业协会，其工作的开展对政府部门都有一定的依赖性，尤其是带有"中国"字头、综合性、管理型的行业协会，对政府部门的依赖性更强。这说明政府部门的职能转变还不到位，行业协会在经济活动中的作用发挥和活动空间，在很大程度上取决于政府职能转变的程度。有的政府部门既要抓政策研究制定、宏观管理和调控，又要抓大量本应交给行业协会去做的基础性工作，并没有真正实现当初政府机构改革的目的。正如朱镕基总理 2002 年 7 月在国家机关党的十三次全会上讲到的："中央国家机关要抓三个转变，一是转变政府职能，二是转变工作作风，三是转变工作方式，如果这三个转变不进行，政府机构改革成果将付之东流。如果人减少了，庙撤了，职能不变，人员随时就会膨胀起来。改革逼迫我们尽快培育和发展行业协会，使行业协会的作用真正得到发挥，并承担起政府转移出去的一些职能。这实际上是政府机构改革后对行业协会的培育和发展的一个新的迫切要求。"从目前政府职能转变程度看，还远远没有达到这个要求。从培育和发展行业协会的角度看，当前政府部门的职能也应进一步改革，把除政策制定、行业立法和宏观管理、宏观调控之外的，诸如信息统计、人员培训、技术标准制订、市场准入资质认证等，微观层面的基础性工作，放手交给行业协会去做。

此外，目前行业协会双重管理的问题，也是政府职能转变的一个重要内容。从行业协会承担的社会功能看，目前政府对行业协会的双重管理制约了其功能的发挥。行业协会作为社会中介组织，不应设业务主管部门，更不应由政府部门来管理，这样很难避免"官办"色彩，也很难体现行业协会工作的独立性。行业协会，特别是为综合型或者复合型产业服务的行业协会以及根据社会分工的越来越细化而组建的内部机构（如专业委员会），也不应该再报政府部门审批，要给他们创造良好的发展空间，支持和鼓励行业协会的发展，使行业协会真正承担起除政府组织、企业组织之外的第三方民间组织所应承担的社会功能。

## 三、行业协会普遍实力弱小，发展乏力

发达国家的行业协会由于发育比较成熟，已经成为很有影响和实力的组织。美国

有160万个非营利机构，其财产总额达到2万亿美元，年收入达到1万亿美元。而目前我国行业协会总体上处于发展的初级阶段，经济实力弱小和活动经费不足是普遍面临的紧迫问题，与其承担的社会功能和所发挥的重要作用有着较大的差距。为此，提出两条建议：一条是建议国家税务部门尽快对行业协会的经费收入和纳税状况进行一次深入调研，并以此为依据对目前行业协会有偿服务收入的税收政策进行调整，减免其有偿服务收入的征税比率；另一条是鉴于行业协会受政府部门委托开展工作，但经费缺乏保障，很多业务经费不得不由行业协会支付，建议建立行业协会为政府服务的有偿机制，设立财政专项资金，列入国家预算，以使政府部门委托行业协会的工作及相关财政支出的逐步程序化、规范化得到保障。

## 四、"一地多会""一业多会"现象严重，亟待清理整顿

造成这种现象的主要原因有两个：一个原因是，随着我国经济的进一步开放，国（境）外的协会纷纷在我国大陆设立办事处或分会，特别是许多在港、澳、台地区登记的协会或公司名称中也冠以"中国"字头，并在内地开展活动，有的甚至邀请很有身份的领导人出面参加各种会议，扩大影响。实际上这类协会大多只有几个人，有的图章就装在衣服口袋里，随用随盖，很不规范，其所从事的活动也主要以营利为目的。更为严重的是，这类协会与内地同类中国字头的行业协会形成了业务交叉。另一个原因是，近年来全国工商联系统成立了一大批具有经济性质的行业分会，诸如美容美发、纺织等行业分会，也与行业协会在机构设立上出现重叠，在业务上形成交叉。由于上述原因，已经造成许多地方出现了"一地多会""一业多会"的混乱状况。这种现象不仅不利于行业协会的健康有序发展，也在一定程度上使企业感到无所适从，意见很大。鉴于这种状况，建议有关部门对行业协会进行一次集中的清理整顿，原则上全国性的、带"中国"字头的行业协会只保留一家，对同产品、同业务对象的行业协会视其规范程度予以清理，对造成恶劣社会影响的要及时取缔。

（本文为作者在全国政协十届三次会议经济组讨论时的发言提纲）

# 北京物流应服务于首都总体发展战略

## （二〇〇五年四月八日）

刚才，王国丰同志做了一个很好的报告，对协会成立一年多来的主要工作进行了总结，提出了今后工作的思路与重点。在全国同类行业组织中，北京协会的工作是比较好的。相信北京物流协会在推动物流发展中，将会发挥更大作用。

世纪之交的这几年，特别是加入世贸组织三年多来，我国现代物流工作发展很快，形势很好。现代物流的发展，促进了经济发展和增长方式转变。据中国物流信息中心统计测算，2004 年，全国社会物流总额达 38.4 万亿元，同比增长 29.9%；社会物流总费用与 GDP 的比率为 21.3%，比上年同期的 21.4% 降低 0.1 个百分点，比 1991 年下降 2.7 个百分点；物流业实现增加值 8459 亿元，同比增长 8.4%，当年物流业增加值占 GDP 的 6%，占第三产业增加值的 19.5%，表明物流业正在成为第三产业中的骨干产业和国民经济的重要组成部分。

经过几年发展，我国物流市场已形成了由多种所有制、多种经营规模和多种服务模式共同构成的物流企业群体。国有企业、民营企业和中外合资企业发挥各自优势，在竞争中相互融通，互为补充，促进了经营和服务创新。出现了诸如汽车物流、烟草物流、医药物流、家电物流等专业物流服务企业和区港联动、仓单质押、精益物流、物流地产、连锁货代等新的物流服务模式。

继 2001 年原国家经贸委等六部委发布《关于加快我国现代物流发展的若干意见》以来，2004 年 8 月，国家发改委等九部委根据温家宝、黄菊、曾培炎等国务院领导同志批示精神，经国务院同意出台《关于促进我国现代物流业发展的意见》（以下简称《意见》），提出了促进物流业发展的政策措施。由国家发改委牵头，商务部等 13 个政府部门和有关行业协会组成的"全国现代物流工作部际联席会议"开始工作，有关部门正在为落实《意见》起草相应的"实施细则"。全国现代物流发展规划开始制定，并将纳入国家"十一五"重点专项规划。"全国现代物流工作部际联席会议"将在下半年召开，是我国首次"现代物流工作会议"。同时，各级地方政府制定物流规划和政策，推动了各地和区域物流的较快发展。

在回顾总结 2004 年中国物流发展的时候，也要看到这样一个基本的事实：中国物流粗放式经营的基本特点还没有从根本上改变。企业物流的传统运作方式与物流企业的供给能力不足同时存在，供需矛盾还很突出；物流基础设施建设滞后，特别是运输资源的"硬缺口"制约依然存在；物流信息化、标准化、集约化、现代化水平不高，服务方式和水平还不能满足经济和社会发展的需要；行业、地区和品种之间发展不平衡，体制的障碍、诚信的缺失和政策不到位等问题尚未解决，物流发展的环境还需要进一步改善。

北京物流协会成立时间虽然不长，但在市政府、市商务局及有关部门的支持下，在全体会员单位的参与配合下，积极发展会员，深入调查研究，推进京港合作，为企业、行业和政府做了许多实事，得到了各方面的认可。但针对如何面向企业、面向市场，深化改革；如何坚持为政府、为企业、为行业搞好服务；如何加强自身建设，走自立、自强、自养的路子，还有许多工作要做。

北京作为环渤海地区的经济中心城市，作为全国的首都，作为国际化的大都市，作为下届夏季奥运会的举办城市，如何推进现代物流的发展，我借此机会提出以下三个问题，与同志们一起思考。

第一，北京现代物流如何与首都总体发展战略相匹配，与城市总体规划相衔接？前不久公布的《北京城市总体规划（2004—2020年）》将北京城市发展目标确定为"国家首都、世界城市、文化名城和宜居城市"，提出了"两轴—两带—多中心"的城市空间新格局。这些都涉及物流的配套问题，北京的物流发展要服从于、服务于首都总体发展战略和城市总体规划，北京的物流发展也要纳入发展战略和总体规划。

第二，北京现代物流在环渤海经济圈的优势在哪里？在区域物流发展中如何定位？长三角、珠三角和环渤海地区是我国经济发展最活跃的地区，相对于两个"三角区"，环渤海地区重要经济中心城市的分工与定位还需要进一步明确。北京作为区域内的经济中心城市与环渤海区域特别是京、津、冀北地区的经济联系十分紧密，北京现代物流的发展必须同京津冀区域的协调发展相结合，要把北京物流放在区域经济的全局来统筹考虑，明确定位。

第三，如何提升、改造、整合现有物流资源，构建适应经济社会发展需要的综合物流服务体系？经过几年的实践，特别是2003年"非典"时期的考验，我们深刻认识到，对于北京这样一个特大城市来说，物流系统与交通系统、通信系统、水电煤气供应系统一样，是城市的命脉系统，必须构建能够适应平常和非常时期需要的综合物流服务体系。经过新中国成立50多年、改革开放20多年的建设，北京的物流基础设施资源已有一定基础，但由于体制的原因，分散在中央、地方各级和各个行业、部门，整体效益还有待发挥，提升、改造、整合现有物流资源，构建综合物流服务体系的任务还很繁重，是一项复杂的系统工程。这项工作做好了，将为首都可持续发展和构建和谐社会提供强有力的物流保障。

北京现代物流经过近年来的大力推进，已经有了很大发展，具备了加快发展的条件。相信经过各方面努力，北京物流一定能够走向全国同行业的前列，为北京经济社会发展和区域以至于全国物流发展做出新的更大的贡献！

展望 2005 年，我国经济社会发展和对外开放进入新的阶段，中国物流面临着新的机遇和挑战。发展的环境将更加宽松，物流市场将更加开放，各类企业的竞争将更加激烈，物流的服务质量、效率和效益将更加受到关注，政府推动、企业运作、行业自律的模式将更加成熟，中国物流仍然会持续、快速、健康发展，对经济社会发展的贡献将会越来越大。中国如何从"物流大国"变为"物流强国"，需要几代人的艰苦努力，我们要有历史的责任感和使命感。中国物流与采购联合会也在积极为政府、企业和行业努力做好服务工作，与相关的国际组织保持经常性联系。第 14 届国际采购与供应链管理联盟世界大会将于今年 9 月在北京召开，这也是我国物流与采购行业的一件大事，希望大家能够积极参加。

（本文为作者在"北京物流协会一届二次理事会"上的讲话）

# 用科学发展观统领现代物流工作

## （二〇〇五年四月十二日）

首先，我代表中国物流与采购联合会，对云南现代物流发展与合作研讨会的召开表示热烈的祝贺。下面，我讲几点意见。

### 一、贯彻科学发展观，加快发展现代物流

现代物流是社会、经济和技术发展到一定阶段的产物。其核心是运用系统整合的理念，对运输、储存、装卸、搬运、包装、流通加工、配送、信息处理等基本功能，运用信息技术进行整合和一体化运作，以达到降低成本、提高效率、优化服务的目的。现代物流是融合运输业、仓储业、货代业、批发零售业、对外贸易业和信息业等新兴的复合型服务产业，是国民经济的重要组成部分，是 21 世纪新的经济增长点。

发展现代物流，符合科学发展观的要求。有利于加快商品流通和资金周转，降低社会流通成本，提高国民经济运行的质量和效益；有利于充分利用国内外两种资源和两个市场，提高企业和产品的国际竞争力；有利于推动信息技术在生产、流通及运输领域的应用，促进产业结构调整和技术升级；有利于提高运输效率，降低能源消耗，减少环境污染；有利于促进城乡和地区间商品流通，满足人民群众对多样化、高质量的物流服务需求；有利于处理突发性事件，保障经济稳定和社会安全。

当前，我国正处于工业化发展的中期阶段和重化工业发展时期，生产、流通和消费结构的变化以及城市化步伐加快，对物流的规模与质量提出了新的、更高的要求。经济和社会协调发展，全面建设小康社会，都涉及构建符合城乡人民生产、生活和消费需要的现代物流服务体系。外向型经济的发展，对我国物流环境来说是新的挑战。如何运用现代物流管理和技术，以最少的物流资源完成尽可能多的物流量，提高物流服务的质量、效率和效益；如何建立应急物流系统，积极应对国际、国内和自然方面的不确定因素，这些都是现代物流发展需要考虑的问题。

我们要用科学的发展观看待现代物流，用科学的发展观统领现代物流工作。现代物流业在发达国家有近百年的历史，已经趋于成熟，我国经济发达地区这几年发展很

快。我们可以结合本地经济和社会发展需要，采用先进的物流理念、管理和技术，走新型工业化道路，实现现代物流的跨越式发展。

## 二、我国现代物流已进入新的发展阶段

世纪之交的这几年，特别是加入世界贸易组织三年多来，我国现代物流工作发展很快，形势很好，已经进入新的发展阶段。主要体现在以下几个方面。

第一，各级政府大力推动，现代物流发展的政策环境有了较大改善。

继2001年原国家经贸委等六部委发布《关于加快我国现代物流发展的若干意见》以来，2004年8月，国家发改委等九部委根据温家宝、黄菊、曾培炎等国务院领导同志批示精神，经国务院同意出台《关于促进我国现代物流业发展的意见》（以下简称《意见》），提出了促进物流业发展的政策措施。由国家发展和改革委牵头，商务部等13个政府部门和有关行业协会组成的"全国现代物流工作部际联席会议"开始工作，有关部门正在为落实《意见》起草相应的"实施细则"。全国现代物流发展规划开始制定，并将纳入国家"十一五"重点专项规划。我国首次"现代物流工作会议"将要在今年下半年召开。

与此同时，各级地方政府制定物流规划和政策，推动了各地和区域物流的较快发展。据不完全统计，全国已有20多个省市和50多个中心城市制定了当地的物流发展规划，20多个省市和许多中心城市分别建立了物流行业社团组织，不少地方形成了综合性的物流工作协调机制。从分区域的形势来看，长三角经济区、珠三角经济区和环渤海经济区，成为现代物流发展最为活跃的地区。东北地区、中西部地区，也在积极推动这方面的工作。有些地方把物流产业确定为经济发展的支柱性产业，作为经济发展、转变经济增长方式的重要措施。通过几年来的探索，各地政府提高了对发展现代物流的认识，明确了政府部门在推动物流发展中的地位和作用，积累了不少经验。

第二，物流企业群体逐步形成，物流服务市场出现了繁荣活跃的局面。

经过几年发展，我国物流市场已形成由多种所有制、多种经营规模和多种服务模式共同构成的，各具特色的物流企业群体。一是原有的国有物流企业通过重组改制和业务转型，向现代物流发展。如中远物流、中邮物流、中外运物流、诚通中储物流、中海物流及原铁道部所属的几大物流公司等。二是出现了营业收入超亿元甚至十亿元的民营物流企业。如宝供、大田、宅急送、华宇、远成、南方物流等。他们虽然成立只有短短十来年时间，但艰苦奋斗、顽强拼搏，已取得超常发展。三是世界知名的跨国物流企业纷纷"抢滩"中国市场，并获得较快发展。如丹麦马士基、美国联邦快递、总统轮船、荷兰天地、德国邮政、日本日通、英国英运等。

国有企业、民营企业和中外合资企业发挥各自优势，在竞争中相互融通，互为补充，促进了经营和服务创新。许多物流企业根据市场需求和自身优势，进行市场细分，功能定位，培育核心竞争力。一些功能较强的"领头企业"整合中小型、专业化物流服务提供商，在专业领域整合资源，提供增值服务，逐步向上下游延伸。更加专业化的物流服务提供商，诸如汽车物流、烟草物流、医药物流、家电物流等体现出明显的竞争优势。出现了区港联动、仓单质押、精益物流、物流地产、连锁货代等新的物流服务模式。据调查，2004年大型物流企业主营业务收入和利润总额等指标的年均增长幅度一般在30%以上。

第三，生产和流通企业引进现代物流理念，推进了资源整合，提高了企业和产品的竞争力。

一些大型工业企业开始重视现代物流管理和技术的应用，以订单为中心改造现有业务流程，在生产组织、原材料采购及产品销售、配送和运输、仓储等方面实行一体化运作。制造企业与物流企业发挥各自优势，达成战略合作，共同提升双方主业优势，一些大企业都有大的动作。比如，中远物流先后与海尔、长虹、中核集团、TCL等结成战略合作关系，中海集团与宝钢集团，中邮物流公司与雅芳公司也分别结成战略合作关系。不少行业企业，如新华制药、广东美的、江苏春兰、上海烟草集团、雅戈尔集团等积极采用供应链管理技术，提高了企业竞争力。

商贸流通企业加快改制重组，发展连锁经营、统一配送和电子商务。据商务部公布的2004年全国前30名商业连锁零售企业的经营状况统计结果，2003年排名第30位的连锁零售企业销售额为26.1亿元，而2004年已经达到45.8亿元。仅仅一年时间，进入前30名的"门槛"就提高了近20亿元。从近几年的统计来看，排在前30名的企业大部分经营稳定，成为国内连锁经营的龙头企业。重视物流管理，加快物流发展，成为这些企业稳定发展最重要的基本条件。

第四，物流基础设施和技术装备不断改善。

2004年，国内物流相关行业固定资产投资额同比增长24.3%，是2000年以来增幅最高的一年。到2004年年底，全国铁路营业里程达7.4万公里，公路通车总里程185.6万公里（其中高速公路3.42万公里），沿海港口万吨级深水泊位超过600个，内河航道里程12万多公里。一批铁路、公路站场和货运枢纽、海运和内河港口、机场、运输线路和作业设施有了较大改善。以发展现代物流为核心的物流园区（基地）、物流中心、配送中心等大批涌现。我国在共用通信网的规模、技术层次、服务水平方面发生了质的飞跃，特别是互联网的应用普及为物流信息化提供了必不可少的技术条件。立体仓库、托盘、货架、集装箱、机动工业车辆、自动拣选设备等物流技术装备得到较快发展，我国物流技术装备水平有了较大提高。

第五，口岸物流发展迅速，枢纽港成为区域物流发展的"引擎"。

随着经济持续高速增长和外贸的发展，世界级大港在我国迅速崛起，港口成为物流功能的聚集区。2004 年，上海港货物吞吐量完成 3.79 亿吨，成为世界第二大货运港口；集装箱吞吐量完成 1455.4 万标准箱，位居世界第三。深圳港集装箱吞吐量1365.54 万标准箱，位居国内港口第二、世界港口第四。青岛港通过良好的服务吸引众多船公司和货主企业，仅 2004 年就增开 25 条航线。天津港在实现集约化经营的过程中，不断拓展港口在加工、物流、交易等方面的功能。大连港初步构建了覆盖东北地区主要城市的内陆海铁联运体系，2004 年集装箱海铁联运 18 万标准箱，再度蝉联全国海铁联运第一大港地位。沿海港口特别是大型枢纽港对区域经济的带动作用越来越重要，已成为推动区域物流和经济发展的"引擎"。2004 年，全国港口完成货物吞吐量40 亿吨，比上年增长 21.3%。集装箱吞吐量 6150 万标准箱，比上年净增 1300 万标准箱，增长 26%。

第六，信息化引领现代物流的发展。

信息化是现代物流必不可少的技术条件，信息化的水平是物流现代化的重要标志。近年来，我国物流信息化加速发展。一是物流企业信息化向供应链管理的方向发展。供应链管理信息系统的应用已经从 IT、家电和零售领域进入到重化工产业。二是建立针对行业特点的信息平台，通过网络、信息的整合，促进了商业模式的创新。三是区域与物流节点的信息平台建设提上日程，以机场、港口、车站、物流园区为主的物流节点信息平台建设发展很快。四是公共服务和政府监管方面开始成为电子政务的重点，对于物流信息平台的建设发挥了重要促进作用。

第七，物流标准化、统计信息、物流科技、人才培养等基础工作取得突破，为加快物流发展提供了条件。

一是物流标准化工作全面启动。在国家质检总局和全国标准化委员会协调下，相继成立了跨部门、跨行业的全国物流标准化技术委员会和全国物流信息管理标准化技术委员会。两个委员会制定了《我国物流标准发展规划》，提出了急需制修订的 300 多项物流标准，形成了《物流标准体系表》。部分国家标准和行业标准的制修订工作已经开始，《物流企业分类与评估指标》即将作为国家标准开始实施。

二是物流统计工作已形成制度。国家发改委和国家统计局联合制定了建立社会物流统计制度的试行办法，委托中国物流与采购联合会组织实施，相关数据已开始对外发布。

三是物流科技引起重视。国家首次把"物流服务"列入"全国中长期科技发展规划"，近年来有关部门已经对部分物流科技项目给予了各方面的支持。

四是物流教育培训发展很快。我国开设物流专业的大学由 4 年前的 9 所增加到现在的 108 所，包括中专、大专、本科、研究生教育在内的物流专业教育体系正在形成，学科体系建设稳步推进。按照《物流师职业资格国家标准》，仅全国物流标准化技术委员会和中国物流与采购联合会共同组织的培训认证，就有 1 万人获得物流师和助理物流师资格，并将开始高级物流师培训认证工作。一些行业协会和院校还引进了国际物流与采购方面的资格认证，组织国内学员到国外培训进修，物流人才的培养正在积极推进。

由于各方面的大力推动，我国物流有了很大的发展。据中国物流信息中心统计测算，2004 年，全国社会物流总额达 38.4 万亿元，同比增长 29.9%；社会物流总费用与 GDP 的比率为 21.3%，比上年同期 21.4% 降低 0.1 个百分点，比 1991 年下降 2.7 个百分点；国内物流业实现增加值 8459 亿元，同比增长 8.4%，当年物流业增加值占 GDP 的 6%，占第三产业增加值的 19.5%。

近年来，我国物流的发展取得了很大的成绩，最重要的是对物流理念的认识深化了，物流在经济社会发展中的作用加强了，中国物流取得了实质性的进展。但仍然处于初级阶段，依然停留在粗放式经营的层面，质量和效益还不是很理想。我国全社会物流总费用与 GDP 的比率，自 1998 年降到 21.4% 以来，连续 7 年上下徘徊，2004 年还是 21.3% 的水平。除了经济结构的原因外，同国际油价上涨、运输成本上升有直接的关系。尽管如此，对我国物流产业的发展要有清醒的认识。体制的制约、设施的落后、企业规模不够、效益和效率不高、服务较差、地区和行业发展不平衡等问题依然存在。"小、散、乱、差"的问题解决要有一个过程，企业和资源整合还需要时间，中国发展现代物流任重道远。

## 三、对云南发展现代物流业的几点思考

近年来，云南省委、省政府重视物流发展，政府有关部门大力推动，企业的积极性越来越高，现代物流业得到了较快发展。根据产业发展需要，云南冶金、花卉、制药、精细化工、橡胶等行业物流配送体系建设已有一定基础。烟草企业物流系统（如红河物流）和昆船公司的自动化物流系统（如海尔物流系统设备等）已经走在国内同行业前列，接近或达到世界先进水平。相信未来几年，云南物流业将会迎来加快发展的新阶段。我对云南省的情况了解不多，根据全国总的情况，也有一些思考。

第一，物流以经济发展为基础，经济发展以物流为支撑。

现代物流的发展与经济发展密切相关。我国自 20 世纪 70 年代末期引进物流概念，也曾经大力研究推广，到了 90 年代后期才引起了广泛关注，进入 21 世纪的这几年才有了实质性进展，其根本原因是经济发展的推动。现代物流发展到今天，仍然是服务性

产业，其规模、结构和质量归根到底取决于产业需求。全国的物流发展要同国家总体经济发展战略相适应，地方的物流发展也要同当地经济发展的需要相匹配。只有经济发展了，才有商品流通的扩大，才有物流需求的增加；只有现实的物流需求，才是现代物流发展最根本的推动力。

云南物流的发展，同样应该建立在经济发展的基础之上。要从当地冶金、烟草、生物制药和花卉等特色产业的物流需求出发，引进现代物流理念，改造业务流程，逐步推行供应链管理，提高企业和产品的竞争力。要逐步完善农业生产资料和农产品物流服务体系，满足农业产业化和农村城镇化带来的物流需求。要适应东部产业梯度转移、西部开发开放、中部崛起等区域经济发展引起的物流格局调整，扩大对周边国家的经济贸易，搞好过区、过境物资的储存、加工、配送等增值服务。要发挥已有的技术优势，支持物流装备业开拓国际市场。总之，物流的发展要依托经济，服务经济，以经济的发展为基础。

第二，抓好资源整合，加快向现代物流转型。

现代物流理念的本质，就在于以系统的观念进行物流功能整合。比如，对现有物流企业进行整合，逐步向第三方物流转型和发展；抓好企业物流整合，培育社会化物流的需求基础；抓好基础设施整合，走内涵发展的路子等。可以说，现代物流就是整合的产物，没有整合就没有现代物流。近年来，我国的物流基础设施发展很快，为现代物流运作提供了基本条件。但大量物流基础设施，分散在各个地区和部门，整合的任务非常艰巨。当前，迫切需要打破条块分割、地区封锁，对物流基础设施建设进行统筹规划，促进现有资源的充分利用。

云南也同全国其他地方的情况相类似。因此，要从现实物流需求出发，通过整合、提升、改造，逐步形成适应经济发展需要的物流服务体系。要鼓励国内外物流企业独立投资或与本地企业合资、合作建立现代化的第三方物流企业。要促进传统交通运输、仓储、货代、流通企业向现代物流企业转型。要鼓励生产、流通企业实行流程改造，剥离、外包物流功能，突出核心竞争力。在物流基础设施建设中，也要处理好改造与新建的关系，提高现有设施的利用率。抓好对现有资源的整合，是一条投资少、见效快，符合科学发展观的路子。

第三，明确区域定位，以合作促共赢。

当前，各地都在积极发展现代物流，都提出建设区域物流中心的构想。在大西南这一块，特别是东盟—中国自由贸易区提出以后，如何明确区域定位，实现合作共赢，值得认真研究。

一是要看到各自优势。就云南和广西来讲，广西不但拥有进入东盟的陆路通道，还有沿海港口；而云南虽然没有海上通道，却有面向东盟国家的航空网络，在开拓缅甸、老挝等中南半岛国家市场方面有更加方便的条件。在产业结构和物流需求方面，两省区也有明显的差异。因此，我们要认清区域定位，充分发挥各自优势。

二是加强联合、取长补短，才是根本出路。"10＋1"东盟—中国自由贸易区中的"1"指的是整个中国，而不是某个省区。云南和广西只有加强联合，才能合作共赢。两省区应该合理分工协作，特别是在物流基础设施建设方面要加强沟通协调，尽量减少重复建设，降低中国—东盟间物流成本，形成整体物流优势。

三是有为才有位。区位优势是客观存在，"软环境"可以努力营造。哪里服务最好、速度最快、成本最低，哪里的需求就会旺盛，物流就会发展。因此，我们云南的同行应该扬长避短，加强物流体系和环境建设，增强云南物流的吸引力。只要明确定位与思路，按照现代物流的理念开拓进取，站在云南、面向全国、走向世界，云南物流一定会大有作为。

第四，建立统筹机制，以协调促发展。

现代物流是横跨众多产业部门的复合型产业，强调协调发展、一体化运作，必须打破部门分割、地区封锁的束缚。在国家经济管理层面，统筹协调全国物流发展的协调机制已经形成。国内许多省区也建立了类似的机构或机制，有力地推动了物流发展。就云南情况来看，也应该建立和发挥协调机制的作用。要由分管的省领导挂帅，综合经济管理部门作为牵头单位，吸引相关部门和行业协会参与，负责物流发展规划及相关政策的制定，统筹考虑重大物流基础设施建设项目，组织物流实际运作中省内各行业间和相邻省份间的政策与关系协调。逐步形成政府推动、企业运作、行业自律的长效机制，共同为物流发展创造良好环境。

同志们！云南具有发展物流业的区位优势、基础条件和需求动力，面临东盟—中国自由贸易区建设、"泛珠三角"区域合作和西部大开发等历史机遇。只要我们抓住机遇，发挥优势，按照科学发展观的要求和现代物流理念，结合社会经济发展的需要，加快物流发展，就一定能够实现预定的目标。中国物流与采购联合会作为行业社团组织，也愿意为云南物流发展做好力所能及的服务工作。今年9月，世界采购与供应链管理联盟将在我国北京召开第14次大会，我们也欢迎云南的同志积极参加。

（本文为作者在"云南现代物流发展与合作研讨会"上的演讲）

# 发展现代物流产业　促进两岸经济合作

## （二〇〇五年九月一日）

很高兴能够参加山东省人民政府主办的"海峡两岸产业互动高级论坛"，有机会同两岸产业界共同探讨两岸"交流沟通，优势互补，共同发展"的问题。下面，我就祖国大陆物流发展的形势与两岸物流合作，讲几点想法。

### 一、祖国大陆现代物流进入加速发展的新阶段

自 20 世纪 70 年代末物流概念引进以来，现代物流随着改革开放的深入在祖国大陆起步发展。世纪之交的这几年，特别是加入世贸组织三年多来，大陆现代物流业进入加速发展的新阶段。

第一，社会物流总额快速增长，社会物流总费用趋于平稳，物流业增加值稳步上升。

据中国物流信息中心统计测算，2004 年，我国社会物流总额（不含港澳台地区、下同）达 38.4 万亿元，同比增长 29.9%，是近 10 年来增长最快的一年。今年上半年，社会物流总额达 22.5 万亿元，同比增长 25.4%。社会物流总费用与 GDP 的比率 2004 年为 21.3%，今年上半年继续保持了去年全年的水平。2004 年，国内物流业实现增加值 8459 亿元，同比增长 8.4%，占整个服务业增加值的 19.5%。今年上半年，物流业增加值为 4396 亿元，同比增长 12.2%，占服务业全部增加值的 20.9%。表明现代物流方式加速发展，经济发展对物流的依存度进一步提高，物流业已成为第三产业中的骨干产业和国民经济的重要组成部分。

第二，物流企业快速成长，物流经营和服务创新出现新的局面。

经过几年发展，大陆物流市场上形成了由多种所有制、多种经营规模和多种服务模式共同构成的，各具特色的物流企业群体。一是原有的国有物流企业正在进行重组改制和业务转型，向现代物流发展。如中远物流、中邮物流、中海物流、中外运物流、诚通中储、中铁物流及民航总局所属的几大物流公司等。二是出现了营业收入超亿元甚至十亿元的民营物流企业。他们白手起家、顽强拼搏，取得超常发展。如宝供、传

化、大田、南方物流、宅急送、华宇、远成、锦程物流等。三是外资和中外合资物流企业"抢滩"大陆物流市场，加快了发展的步伐。世界知名的跨国物流企业基本上都进入中国市场，如丹麦马士基、美国总统轮船、荷兰天地、美国联邦快递、联合包裹、德国邮政、日本日通、英国英运等。此外，港台许多物流企业进入大陆，谋求发展。如香港嘉里、利丰集团，台湾大荣、长荣等。以上各种类型的企业发挥各自优势，在竞争中相互融通，互为补充，促进了经营和服务创新，出现了区港联动、精益物流、仓单质押、物流地产、合作联盟等新的模式。

第三，生产和流通企业引进现代物流理念，探索建立供应链合作关系。

为适应市场竞争的需要，一些大型工业企业开始重视现代物流技术的应用，以订单为中心改造现有业务流程，在生产组织、原材料采购及产品销售、配送和运输、仓储等方面实行一体化运作。制造企业"大而全""小而全"的运作模式开始打破，非核心竞争力的业务外包形成趋势。商贸流通企业加快改制重组，发展连锁经营、统一配送和电子商务。过去几年，大陆连锁百强企业的销售增长均在40%～50%。制造业、商贸业的业务整合、经营方式转变，促进了经济结构调整、产业升级，推进了新型工业化的发展。

第四，物流基础设施和物流技术装备取得长足进展，物流技术条件得到较大改善。

到2004年，大陆铁路营业里程达7.4万公里，公路通车总里程达187万公里（其中高速公路里程3.43万公里），沿海港口万吨级深水泊位944个，内河航道里程12.33万多公里。一批铁路、公路站场和货运枢纽、海运和内河港口、机场，运输线路和作业设施有了较大改善。以现代物流理念建设的各类物流园区、物流中心、配送中心相继投用。立体仓库、集装箱、专用车辆、自动拣选设备和单元化物流技术等得到较快发展，我国物流技术装备水平有了较大提高。

第五，物流信息化步伐加快，推动了物流的现代化进程。

各级政府已把物流信息化作为一项基础建设纳入规划，并加大了物流信息化的投入。一是物流公共信息平台建设有了新的进展。商务部与海关、银行的电子政务平台合作，正在把与内外贸业务有关的企业安全证书逐步过渡到电子口岸统一身份认证系统，建立"一卡通"和一体化服务体系。二是企业信息系统加快升级整合和改造，供应链管理信息系统开始出现。国内各行业的领袖企业，如新华制药、广东美的、江苏春兰、上海烟草集团、雅戈尔集团等纷纷实施了供应链管理应用，钢铁、汽车等行业的供应链管理应用也出现了一大批成功案例。三是电子政务的发展对于物流信息的促进作用日益显现。

第六，物流行业基础性工作取得突破性进展。

一是物流标准化工作全面启动。在国务院有关部门大力支持下，国家标准化管理委员会相继批准成立了跨部门、跨行业的全国物流标准化技术委员会和全国物流信息管理标准化技术委员会。在国家标准委的领导下，两个委员会组织我国物流界的专家学者和企业制定了《物流标准体系表》，提出了急需制修订的302项物流标准，描绘了"十一五"期间我国物流标准化工作的"路线图"。目前，《物流企业分类与评估指标》已作为国家标准开始实施，首批26家A级物流企业已通过评审。

二是物流统计工作已形成制度。国家发展和改革委员会和国家统计局联合制定了建立社会物流统计制度的试行办法，委托中国物流与采购联合会组织实施，并于今年4月起首次联合发布，填补了我国在这方面的空白。

三是物流科技引起重视。国家首次把"物流服务"列入"全国中长期科技发展规划"，有关部门对部分物流科技项目给予支持。"中国物流与采购联合会科学技术奖"经科技部批准，已进行了两届评审。宝供物流企业集团每两年出资100万元创立的"宝供物流奖"，从2004年起纳入"光华科技基金会中国物流发展专项基金"，首次评奖和颁奖工作已经完成。

四是物流教育培训发展很快。在教育部重视与支持下，我国开设物流专业的本科院校已从2001年的1所发展到160所，在校生超过1.5万人；开设物流管理专业的职业院校已经突破400所，在校生达10万人左右；中专、高职高专、本科到硕士研究生、博士研究生的物流学历教育体系已经形成。国家有关部门2003年制定了《物流师国家职业标准》，到2005年上半年，中国物流与采购联合会组织近2万人参加了物流师职业资格培训，其中1.2万人取得了资格证书。一些行业协会和院校还引进国际物流与采购方面的资格认证，组织国内学员到国外培训进修。物流人才严重短缺的局面有所缓解。

五是物流理论研究成果显著。由政府、社团和科研教学单位组建的专业物流研究机构不断发展，逐步形成一支专兼职的物流理论研究队伍。在基础理论和应用研究等方面已取得一些研究成果，有的已投入实践运用。

第七，各级政府重视和支持物流业发展，物流业发展的环境得到改善。

以上物流工作的进展，是同国务院各有关部门、各地各级政府重视支持分不开的。2003年12月，温家宝、黄菊、曾培炎等国务院领导同志，对全国政协《现代物流专题调研报告》做出重要批示。2004年8月，国家发改委等9部委根据批示精神，经国务院批准出台《关于促进我国现代物流业发展的意见》。由国家发改委牵头，商务部等13个政府部门和相关行业协会组成的"全国现代物流工作部际联席会议"开始工作，推动物流发展的综合协调机制在中央政府层面已经形成。近年来，特别是九部委文件发布以后，各部门加大了对物流工作的支持力度。国家有关部门将于本月下旬在青岛召开"全国物流工作会议"。

与此同时，各级地方政府建立协调机制，制定物流规划和政策，务实推进物流发展。据不完全统计，全国已有20多个省市和50多个中心城市制定了当地的物流发展规划，不少地方形成了综合性的物流工作协调机制。从目前各地出台的支持物流业发展的政策来看，主要包括：工商行政管理政策、规划和土地管理政策、财政税收政策、投融资政策、快速通关政策、改善交通管理政策、重点物流企业扶持政策、技术标准政策等方面。从分区域的形势来看，长三角经济区、珠三角经济区和环渤海经济区，成为现代物流发展最为活跃的地区。随着西部开发、振兴东北、中部崛起战略的实施，东北和中西部一些省区和城市，也加快了现代物流发展的步伐。

同志们、朋友们！

近年来，祖国大陆物流的发展取得了很大的成绩，最重要的是对物流理念的认识深化了，物流在经济社会发展中的作用加强了，中国物流取得了实质性的进展。但物流的发展仍然处于初级阶段，依然停留在粗放式经营的层面，质量和效益还不很理想。国际上通常把物流总费用与GDP的比率，作为衡量物流效率和效益的重要指标。发达国家经过推行现代物流，这项指标已经控制在10%左右。大陆全社会物流总费用与GDP的比率为21.3%，远远高于发达国家的水平。因此，对我们物流产业的发展要有清醒的认识。体制的制约、设施的落后、企业规模不够、效益和效率不高、服务较差、地区和行业发展不平衡等问题依然存在。"散、小、乱、差"的问题解决要有一个过程，企业和资源整合还需要时间，中国发展现代物流任重道远。

## 二、两岸物流合作的光明前景

目前两岸经济合作不断发展。从春节包机直航到台湾农产品便利通行，从连战的"寻根之旅"到宋楚瑜的"大陆之行"，两岸的交流与合作正在不断深入。发展两岸物流合作，符合两岸人民根本利益，具有十分光明的前景。

第一，两岸物流合作具有坚实的基础。

一是大陆庞大的市场为两岸物流合作提供了广阔舞台。改革开放以来，大陆经济持续快速增长。2004年，国内生产总值13.65万亿元，社会消费品零售总额和生产资料销售总额分别达到5.4万亿元和11.4万亿元，全社会固定资产投资7万亿元，进出口总额超过1.15万亿美元。经济的发展使内地物流市场孕育着巨大的商机，两岸企业拥有大量的合作机遇。二是大陆的成本优势使合作更具吸引力。与中国台湾相比，大陆在物流基础设施建设成本、人工成本、物流服务运营成本与服务价格等方面具备一定优势，两岸之间的合作可以更快地收回投资、获取效益。三是两岸经贸往来的扩大展现了物流合作的巨大商机。据统计，2004年两岸贸易总额达783亿美元。许多台资企业扩大大陆投资，把生产基地、研发基地向大陆转移，两岸物流量迅速上升，为两岸物流合作提供了机会。四是相同的文化背景为合作奠定了基础。两岸同祖同源，具有相同的文化背景和经营理念。这是合作双方熟悉、了解目标市场的文化、政策等背景，确定有效的战略、采取合适的策略，进行周密、科学的市场营销和业务运营的重要基础。

第二，两岸物流合作将双方受益，互利共赢。

由于我国幅员辽阔、产业结构复杂、经济发展不平衡，导致物流需求非常复杂。因此，物流业的发展仅仅依靠某个地区或某个企业为驱动是远远不够的，只有通过不同区域物流企业之间的合作，相互取长补短、互利互助才能实现中国物流业的可持续发展。因此，通过两岸互动，构建大中国区域物流合作机制是促进中国物流业发展的重要方面。随着中国加入 WTO，世界制造业向亚洲和中国大陆转移，大陆经济体制改革、关税下调、服务业市场逐步开放等经营环境的改善，在吸引更多的台商进入祖国大陆市场的同时，将使两岸贸易结构和生产布局产生变化。台湾地区会因祖国大陆原材料、半成品的输入而降低生产成本，两岸间大量上升的商流必然形成影响两岸物流产业发展的外部环境，促使两岸物流产业迅速融入全球性物流产业跨国化、大型化和互联网经济化的潮流。发展两岸物流合作，既是为了两岸共同应对经济全球化的挑战，也是为了通过两岸物流业的合作增进两岸往来，促进"三通"的实现。通过两岸的合作，台湾可以扩大内需市场，增加经济规模，大陆可以吸收台湾的管理及行销经验，让这方面的专业能力进一步提高。另外，两岸的物流合作可以进一步降低所有的生产、仓储、运输、信息传送及人力等成本，使两岸提高整体的物流绩效，让两岸经济更具竞争力。

第三，两岸物流合作应在多层次、多渠道、多领域展开。

可以通过行业协会、企业多层次合作，使各方在政策、法规、制度、市场信息等方面相互借鉴、交流，创造良好的经营环境。通过研讨会、服务项目等多种渠道进行合作，加深双方相互了解，为深层次合作奠定基础。通过资产、业务等不同形式，建立合资或联盟关系，使合作具体化、长效化。从合作领域来看，首先，在物流市场开发方面，大陆与台湾的物流企业要扬长避短、加强合作，特别是要着眼于跨地区业务合作，以降低经营风险、有效开拓市场；其次，在国际化市场运作方面，台湾物流企业可以发挥熟悉国际化运作的经验优势，加强与内地企业的合作，使各方在国际化市场运营中受益；再次，在物流基础资源方面，两岸企业可以科学、合理地利用港口等物流基础资源，同时台湾企业可以利用内地开放政策，投资内地物流基础设施建设；最后，在物流技术方面，近几年内地物流企业对 IT、条码技术、RFID 等技术进行了积极尝试和应用，但是在应用水平方面还有很大的提升空间，因此，物流技术的推广应用也是两岸物流合作的重要领域。此外，在物流标准化、统计信息、人才培养、理论研究等方面，两岸物流合作的领域相当广泛。我们要充分认识两岸经贸发展的趋势及物流合作的意义，针对两岸物流业的发展现状、特点和两岸物流业合作的互补性，把两岸物流业的合作推向新的阶段。

第四，抓住机遇，加强鲁台经贸与物流合作。

首先，山东省有着巨大的发展空间和市场潜力。山东省处于华东和华北交界处，毗邻日韩、交通便利、经济门类齐全，市场辐射区域达 40 万平方公里、近 3 亿人口，市场容量和潜力巨大。山东既是人口大省、文化大省，又是经济大省，地区生产总值多年来保持两位数增长。从发展趋势看，山东省面临新的发展机遇。一是根据国际产业转移的特点，打造山东半岛制造业基地；二是根据国家中部崛起和加快西部发展的战略，山东将会形成现代物流的龙头地位；三是"环渤海经济圈"加强合作的机遇。近年来，山东省政府为推动山东经济社会发展，优化投资环境，采取了一系列政策措施，山东的投资环境正在成为新的优势。

其次，山东省发展现代物流具有较好的基础条件。近年来，在经济持续快速增长的推动下，山东省物流业得到较快发展。每年的货运量达 11 亿吨，物流企业的市场份额高达 250 亿元。目前，山东省有物流企业 3000 余家，建成和在建的大型物流园区（中心）有 67 个，丹麦马士基、韩国韩进、新加坡胜狮等境外物流企业已经落户山东省。物流基础设施条件逐步改善。山东省公路密度大、质量好，三纵三横一环高等级公路网基本形成，高速公路通车里程超过 3000 公里；拥有 12 个对外开放的一级口岸，已建成万吨级以上深水泊位 73 个，青岛港已成为国际性的亿吨大港；铁路运输网络比较完善，京沪铁路、胶济铁路等贯通南北东西，营运里程达到 3087 公里；信息基础设施规模、技术等水平居国内前列。现代物流发展已经起步，传统运输、仓储、货代企业和专业市场开始引入现代物流理念并加快转型提升，工商企业开始注重通过优化内部物流管理来提高竞争能力，出现了全国知名的如物流企业和企业物流，如海尔物流、青啤物流、海王药业、潍柴动力等。

再次，山东省和台湾地区的经贸合作互补性很强，前景广阔。山东省政府历来重视鲁台经济技术交流与合作。近年来，鲁台经贸合作规模不断扩大，项目质量不断提高，山东正在成为台商投资新的集聚地。山东的大企业与台湾有实力的大企业开始搞联手合作进展很快。加工贸易的发展，为鲁台物流合作提供了基础。山东是台商投资、发展物流业的好地方，潍坊是台商到大陆发展的好地方。

近几年来，为推动两岸物流合作与发展，中国物流与采购联合会也做了一些力所能及的工作。我会接待了台湾物流协会及企业代表来访，派团访问了台湾地区的物流企业和行业协会。我们已经连续四年与港澳台物流行业协会联合举办"海峡两岸及港澳物流合作与发展大会"，影响越来越大。不久前在香港举办的大会上，海峡两岸暨香港、澳门物流行业协会签署了《合作备忘录》，达成了旨在建立海峡两岸暨香港、澳门长期、稳定、互动的物流合作机制的意向，同意共同推进在物流学术研究、企业经贸往来、物流管理和技术、物流教育培训等方面的合作。

同志们、朋友们！

祖国大陆物流发展进入新的阶段，海峡两岸经贸往来、物流合作的前景广阔。我们要加强交流与合作，促进两岸经济的共同发展。

（本文为作者在"海峡两岸产业互动高级论坛"上的演讲）

# 抓住现代流通业发展机遇
# 做大做强生产资料流通企业

## （二○○五年十月二十六日）

我国社会经济发展已经进入到转变经济增长方式，加快发展现代服务业，特别是加快发展现代流通业的新阶段。这也是我国经济发展的大趋势、大背景。面对这样一个形势，我们生产资料流通企业如何抓住机遇，迎接挑战？今天我和大家一起来探讨这个问题。

### 一、国民经济和生产资料市场平稳快速发展为加快现代流通业发展奠定了良好基础

改革开放 30 年来，我国国民经济持续快速发展，GDP 平均增长 9.7%，近几年平均增长 10% 以上。今年前三季度实现 GDP 10.7 万亿元，同比增长 11.5%。固定资产投资和工业生产均保持了快速增长。1—8 月，城镇固定资产投资增长 26.7%，工业生产增长 18.4%。在国民经济快速发展的推动下，我国生产资料市场保持了稳步快速发展的良好势头，"十五"规划以来平均增长 15.6%。据中国物流信息中心统计，今年前 8 个月，全社会实现生产资料销售总额 13.9 万亿元，按可比价格计算增长 19.7%。预计全年生产资料销售总额将突破 20 万亿元，增长 19% 以上。钢铁、汽车、能源、水泥市场发展也很好。今年 1—9 月，我国钢材产量达到 4.17 亿吨，比去年同期增长 24%；国内钢材消费 3.7 亿吨，同比增长约 18.3%。出口钢材 4952 万吨，增长 73.3%；进口钢材 1298 万吨。钢铁是国家宏观调控的重点，预计全年钢材产量将突破 5 亿吨，出口量将突破 5500 万吨。汽车 1—9 月，汽车产量 676.5 万辆，增长 23.6%，汽车消费量突破 600 万辆，增长 24%，出口汽车 41 万辆，增长 59.9%。煤炭产量达到 18.2 亿吨，增长 11%，消费量达到 18.2 亿吨，增长 14%；水泥产量达到 9.8 亿吨，消费量达到 9.9 亿吨。总的来看，生产资料市场保持了发展速度较快，市场供需平衡，价格走势较稳，企业效益较好的发展势头。

从发展的趋势看，今后若干年，我国生产资料市场仍将处在快速发展的阶段，这

是由我国的现实经济发展阶段决定的。随着我国工业化、城镇化、市场化、国际化的进程明显加快，消费结构的升级变化，无疑会推动生产资料市场进一步发展。可以说今后相当长一段时间，是我国生产资料流通业发展历史上较好的时期。我们要顺应经济的全球化，流通现代化发展趋势，抓住生产资料市场平稳快速发展的机遇，促进生产资料流通方式转变，加快发展生产资料现代流通业，做强做大生产资料流通企业。

### 二、市场的发展变化，促使我们必须加快发展现代流通业，做大做强流通企业

近几年来，生产资料市场在平稳快速发展的同时，也出现了一些新的特点和变化趋势。总的趋势是对国民经济的作用和影响越来越大，对发展现代流通业的要求越来越强烈，对做强做大流通企业的要求也越来越迫切。

一是生产资料市场流通开始进入规模扩张和流通方式转型交织发展的阶段。一方面，从我国工业化、城市化、市场化、国际化以及消费结构提升进程来把握，生产资料市场规模扩张期还将持续。商务部发表的我国内贸"十一五"规划中提出，到2010年我国生产资料销售总额要达到25万亿元。我看要远远突破这个水平，而且在今后更长的时间内还会继续发展。这是一个大的发展机遇，生产资料流通企业要抓住机遇，扩大经营规模，做大做强企业。另一方面，发展现代流通业，转变流通方式已经成为必然趋势，而且也越来越现实地摆在我们面前。如果我们流通企业不转变流通方式，那么生产企业和外资企业就会迅速抢滩占领生产资料市场。我们不要总抱着过去的传统观念，把流通领域当作自己的一亩三分地。其实，在市场经济条件下，没有哪个企业还能垄断市场。特别是我国加入WTO以后，外资企业抢滩我国生产资料市场和物流市场的竞争越来越激烈。国内的生产企业也正在利用物流配送、电子商务等现代流通方式迅速向流通领域扩张，现在近40%的市场份额已经是生产企业占有了，而且还是继续扩大的趋势。对于流通企业来说这是一个巨大的挑战。流通企业如果再不转变流通方式，必然会落伍。这方面走得慢了、发展慢了就会落伍。

二是市场出现"买方市场"与"卖方市场"并存的变化趋势。目前，生产资料市场供求格局在总量供大于求的同时，部分资源性产品呈现出供给偏紧的趋势。如石油、天然气、铁矿石、部分化工原料等资源约束矛盾较为明显。前两年，钢材市场产能过剩，市场供过于求，现在，钢材市场由于出口增长加快，供大于求的状况也得到很大缓解。在这样一个趋势下，市场的主动权在供方，在生产企业。这就要求流通企业必须发展现代流通方式，做大做强才有话语权。

三是对外依存度不断提高，内外贸一体化的趋势增强。初步测算，我国生产资料

进口贸易额占全部生产资料销售总额的比重，已经由"八五"时期的1/5，上升到"十五"初期的1/4，2003年和2004年又分别攀升到27.4%和28.5%。现在已经接近30%。2006年我国原油进口已经占产量的79%，铁矿石进口占55.5%。一些生产资料出口也发展很快。如钢材目前的出口量已经占国内产量的12.5%，成为钢材净出口国。现在许多企业都在考虑做进出口业务，有的企业已经初具规模。但我们要占领国际市场，就要有经营国际市场的本领。仅有进出口经营权是远远不够的。没有与国际接轨的现代流通方式和经营体系，你的生意做不大，也挣不了钱。浙江金属、天津物产集团在这方面是成功的例子。

四是工业领域产业集中度发展加快，流通领域产业集中度发展相对缓慢。生产领域如钢铁行业通过联合、重组，产业集中度不断提高。宝钢、武钢、首钢和唐钢、鞍钢和本钢等都在加快重组，重组后产量都在两三千万吨。我国前十家钢铁企业总产量占全国总产量的35%左右，按照国家钢铁产业政策的要求，到2010年前十家钢铁公司钢铁总产量应达到全国总产量的50%，2020年将达到70%。可以预计钢铁业在未来几年将会加快提高产业集中度进程，其他生产行业的产业集中度也在明显提高。生产资料流通企业通过兼并、重组、改造，也在逐渐形成一批具有一定实力的大型流通企业。经营规模超过100亿元的生产资料流通企业已经有十多家，包括中国五矿集团、中国中钢集团、中国铁路物资总公司、浙江物产集团、天津物产集团、广东物产集团、上海百联生产资料事业部、安徽徽商集团等。民营企业中也不乏经营规模100亿元以上的大型企业，但市场集中化程度仍然低。目前，全国流通企业约21万家，经营规模普遍偏小，流通企业"散、小、乱、差"现象还相当严重。这种状况下，不可能建立稳定的工商关系。但现代流通方式的一个基本要求就是实现生产与流通最有效的无缝连接。流通企业无法实现，生产企业只好自己建立营销渠道，向流通领域延伸，扩大自销规模。可以说，发展现代流通业，推动流通企业做强做大已经刻不容缓。

五是外资企业抢滩生产资料市场和物流市场的步伐加快。2005年开始，外资商业企业申报数明显增加，据商务部提供的数据，共批准设立1027家，是1992年至2004年12年间国家批准外资商业企业数的3倍。在1027个企业中，除187家是零售外，其余全部为批发业。外资进入的批发领域，主要是汽车、钢材、家电、成品油等。外资企业进入中国市场的一个最大冲击就是他们具有现代流通管理方式的优势。他们利用对流通的控制，取得竞争优势，以控制企业的经营活动，控制市场，获取高额利润。我们希望互惠互利的合作，但不希望外商来控制中国的市场，控制中国的流通业。这就要求我们的流通企业，无论是国有企业还是民营企业要加快发展，做强做大。

## 三、加快发展现代流通业，促进服务业成为国民经济中的主导产业

"十一五"时期，我国正处于调整经济结构，转变经济增长方式的关键时期。转变经济增长方式必须调整经济结构，大力发展服务业，特别是现代流通业。

现代服务业的发展水平是衡量现代现代社会经济发展水平的重要标志。世界的国内生产总值50%是来自服务业，发达国家达到70%以上，而我国2006年才39.5%，低于世界平均水平。

发展现代服务业，特别是要发展生产性的服务业，生产资料流通，现代物流都属于生产性服务业，发达国家如美国，服务业占GDP的70%，其中生产性服务业占服务业的70%，而我国流通业占服务业的比重不到20%。加快发展现代服务业，特别是流通业是调整经济结构迫切的任务。

市场经济发展到今天，流通的重要性已经被大家所认识，也是被实践证明了的。有发达国家的经验，也有我国在计划经济时期重生产轻流通阻碍经济发展的教训。对于这个问题我们有了认识，但并没有完全解决它。经济专家们说，现在商品交易成本太高了，这正是说明发展流通的重要性。一个产品在生产过程中所占的时间是5%～10%，而90%的时间都在流通中、物流中。大家都知道微笑曲线。现代制造业价值链两端的附加值和盈利高，而中段的生产加工过程附加值和盈利低。在整个价值链中制造业价值只占1/4，而3/4是在流通和研发中，因此降低流通中的成本就成了提高经济效益、提高产品竞争力的最重要的手段，也就是我们所说的"第三利润源泉"。

有人说要降低成本，就要减少流通环节，要生产企业直销。甚至有人主张计划经济时期的产、供、销一体化。现代经济的特点就是现代化、社会化、专业化。社会化、专业化分工日趋明确和细化，提高了整个社会的效率。国民经济向服务业和流通业转化加快，因此服务业和现代流通业的社会化和专业分工是大势所趋。而我国的流通发展仍然落后，发达国家流通中资金周转10～15次/年，而我国才只有2.5次/年。因此必须加快流通现代化步伐，以适应经济发展需要，适应国际竞争需要。

大家知道，我国零售商品流通体制改革在前，生产资料流通体制改革在后。20世纪90年代后，物资企业才真正下海。但经过近20年的改革，已发生了重大变化，改变了过去国有流通企业一统天下的局面。有统计资料显示，在生产资料销售总额中，国有企业销售占15%，股份制企业和有限责任公司占39.2%，民营企业占34.5%，外资占7.5%，其他占了18%。从流通企业环节销售占60.1%，而生产企业自营占39.9%，流通企业仍然是主渠道。生产资料流通出现批发市场，连锁超市和专卖店等业态，加快向现代流通转化。由于生产资料流通受计划经济影响大，国有企业转型需要过一道

道坎，民营企业发展需要一个发展过程，所以目前还存在"散、小、乱、差"的问题，不能适应经济发展的需要，不能满足生产企业的要求。转变经济增长方式，发展现代流通业也是生产企业和流通企业互相融合的过程。目前，生产企业也正在向流通领域延伸。现在流通领域中除了专业流通企业外，还有生产企业和流通企业合作的企业，以及生产企业所属的流通企业共同承担流通任务。这也是现代经济社会化、专业化的必然结果。在市场经济条件下，谁也不能垄断哪一个行业，因此生产企业的直销，自销都可以。过去计划经济时期，生产企业的直销也占一定比例，就是发达国家生产企业也有直销。对一些重大工程和基础设施建设，对一些批量较大的专用材料生产企业采取直销，这样做主要取决于效率和效益。而一个几千万吨的钢铁厂，面对千家万户的客户和千差万别的品种规格的需求，不可能都直销。生产企业生产的商品是为了卖的，不管你用什么形式送到最终用户手里，都离不开流通（物流），少不了流通环节。现代化的大生产必须有现代化大流通来支撑，产业链必须有供应链来支撑。过去计划经济的产供销的老路是走不通的。不管你愿意不愿意，这是现代经济发展的大势所趋。当务之急是要提升改造商贸流通业，创新流通方式，提升流通业态来适应经济发展的需要。要大力发展面向生产的服务业，促进现代制造业与服务业有机融合，互动发展。鼓励生产制造企业改造生产流程，推进业务外包，加强核心竞争力。最近召开的全国服务业工作会议提出，要把加快服务业摆在更加重要的位置，尽快使服务业成为国民经济的主导产业。

## 四、发展现代流通业关键要加快转变流通方式

发展现代流通业需要做的工作有很多，也是一项长期的任务。当前要抓住发展生产资料现代流通业的关键环节和重点问题，以提高流通效率、拓展流通功能、创新流通方式、提升流通业态为基本要求，加快发展现代流通方式。

在我国消费品零售业态相对比较完善成熟，比如百货店、连锁超市、便利店、大卖场等。但生产资料流通业态还在发展中，还在向现代流通转型中，有的还是一买一卖的传统交易方式，服务链短，流通附加值很低，根本不能满足现代流通业发展的要求。发展现代流通方式，提升流通业态势在必行。要积极发展物流配送、连锁经营、电子商务和代理制等现代流通方式。

要进一步完善生产资料代理制。生产资料流通企业实际是批发企业。有的专家讲"现代市场经济就是现代批发商配置资源的经济"，要培育大的批发商、大代理商、大经销商。早在20世纪90年代，我们就开始在钢铁、汽车等流通领域推行代理制。代理制发展的不太理想，一直没有推行起来。客观地说，当时推行代理制的条件还不太成

熟。市场经济发展不够完善，市场波动起伏较大，市场条块分割，没有形成统一的大市场，信用体系的不完善，"大而全""小而全"的观念还有影响，这些问题限制了代理制推行。但随着我国市场经济不断完善，现代经济的发展，特别是流通的现代化，代理制的发展是趋势。从国外分销业发展情况看，代理制已经成为普遍应用的方式。发展代理制有利于稳定工商关系，有利于建立生产商和经销商的战略联盟，有利于稳定市场，有利于运用供应链管理。代理制是发展物流配送、连锁经营和电子商务等现代流通方式的基础。我们应该重视这个问题。

要进一步发展物流配送。现代流通是商流、物流和信息流的统一。但从现代流通发展的历程来看，不同时期的现代流通发展，其侧重点也有所不同。在市场经济的初期阶段，人们所关注的是如何能把商品交换出去，实现商品的价值。在这一时期，商流是整个流通的核心。然而商品最终是要实现其使用价值的。当商品交换的机制形成，商品的价值得到实现以后，如何把商品从生产方能够低成本、高效率地送达到最终消费者就成为人们追求的新的目标，这时现代物流就应运而生，成为现代流通发展的核心。从我国商品流通的发展历程看，在 20 世纪八九十年代，计划经济向市场经济转轨时期，实现了产品经济向商品经济转轨，计划分配向市场交换转轨，解决了流通中的商流问题。在这个基础上，21 世纪以来，发展现代物流就备受关注，成为我国现代流通发展的核心。尤其专业物流发展很快，钢铁、汽车、医药，商贸物流等，用现代物流特别是供应链管理改进运作模式，提高效率，降低成本，强化核心竞争力。近几年来，我国物流的发展形势很好，亦很快。"十五"时期，社会物流总费用与 GDP 的比率由 2000 年 19.4% 下降到 2007 年上半年的 18.3%，物流增加值占整个服务业增加值的 17.1%，已成为现代服务业支柱之一。但我国物流发展与先进国家比还有很大差距，要充分认识我国现代物流业发展还处于初级阶段。我国社会物流总费用与 GDP 的比率仍高出发达国家 1 倍左右，具有很大的发展潜力。

要进一步发展电子商务。电子商务持续快速发展，已成为决定企业竞争力的重要因素，也正在影响着未来的流通发展模式。据统计 2006 年世界电子商务交易额达到12.8 万亿美元，占全球商品销售的 18%。美国 90% 以上的企业使用了互联网、60% 的小企业、80% 的中型企业、90% 以上的大型企业已经借助互联网广泛地开展商务活动。据日本经济产业省的数据，2003—2004 年度日本企业间电子商务交易额达 7453 亿美元，比上年增长 67.2%，其中 90% 为企业间大宗交易；电子商务的广泛应用，降低了商务活动和企业管理的成本，促进了资金、技术、产品、服务和人员在全球范围内的流动，推动了经济全球化的发展。近几年来，电子商务在我国生产资料流通领域开始进入务实发展阶段。比如浙江金属上海大宗商品电子交易网就搞的很不错。但电子商务作为现代流通方式，在我国生产资料流通领域应用还不够广泛，还处于起步阶段。

生产资料流通领域发展电子商务要加快步伐。要通过发展电子商务，提高流通效率，扩大经营领域和范围，提高经营水平，延伸流通服务链，提高流通企业整体竞争实力，加快现代流通业发展进程。

要进一步加快批发市场的改造和提升。批发市场改造提升的问题我已经多次提出过，今天我还要特别强调。据统计，目前生产资料批发市场大约 7000 个，其中销售额亿元以上的有 920 多家，销售额 1 万亿元左右。它们是计划经济向市场过渡期产生的一种形式，起了资源配置的作用，要给予充分肯定。但也存在一些问题。随着市场经济体制不断完善，批发市场存在的问题也就更加明显了，已不适应发展的需要了，所以要整顿、改造、提升，而不是否定、取消。事实证明有好多批发市场已升级了，是当地经济不可缺少的组成部分。许多企业和批发市场形成了新的经营方式，把贸易、加工和物流结合起来，效率高、成本低、效益好、服务好。这是一种创新。当然，加快批发市场的改造和提升，要尽快制订具体规划和措施，实行分类指导。要从实际出发，要根据批发市场的不同情况加快发展。例如，一部分与人民生活相关的市场应向连锁超市发展，如建材装饰市场；一部分建在城市边缘的市场应向城市物流配送中心发展，如部分钢材和建材市场；一部分建在铁路与公路、机场与公路枢纽的市场应向物流中心发展，变交通枢纽为物流枢纽。

## 五、做大做强生产资料流通企业是发展现代流通业的关键

几年前，我谈生产资料流通企业，更多的是谈改革，考虑企业的生存问题。两年前，我在广州会议上主要谈生产资料流通企业的发展问题。今天，我要着重谈生产资料流通企业做大做强的问题。这一方面说明生产资料流通企业在进步、在发展，另一方面也是发展现代流通业的需要。发展现代流通业必须要有一批有竞争实力的大型流通企业作为基础。目前，通过企业联合重组，做大做强，提高产业集中度，已经成为世界潮流。金融、航空、汽车、钢铁等许多领域都在加快联合重组，做大做强的步伐。世界两大钢铁公司米塔尔和阿赛洛公司合并后产量达亿吨，占世界年钢产量达 10% 的份额。这对钢铁界是一个振动。我国生产领域联合重组的步伐也在加快。我上面讲到的钢铁企业的重组情况，就是很好的实证。但我国流通企业目前"散、小、乱、差"的状况很难适应现代流通业发展的要求。要做大做强生产资料流通企业，培育一批大型流通企业集团，才能适应我国现代流通业发展的要求，重庆港务集团就是好的例子。这不仅是发展的需要，更是国际竞争的需要。我们生产资料流通行业总不能请一个国外企业在行业中起带头和主导作用吧？有一个外资企业与宝钢、鞍钢、武钢合作，在上海、重庆、武汉、广州、长春、福州、无锡、青岛等地建立了加工配送中心，构筑

了一个钢材物流配送体系，对我们是机遇，不也是挑战吗？一个发达国家的总统曾经说过：谁控制了流通，谁就控制了这个国家的经济。我们对这个问题是否需要深思一下呢？不管怎么说，我们必须奋发图强，做强做大，在市场上才有位置，在国际上才有竞争力。

同志们！加快发展现代流通业是我国经济发展的大趋势，对于我们流通行业和流通企业既是机遇，也是挑战。机遇难得失不再来，挑战不请自来。希望大家抓住这个历史发展机遇，积极创造条件，开拓创新，共同推动我国现代流通业向前发展。

（本文节选自作者在"全国生产资料流通企业工作会议"上的讲话）

# 制定规划　培育主体
# 夯实基础　营造环境

## （二○○五年十一月二十四日）

首先，我代表中国物流与采购联合会向大会的召开表示热烈的祝贺，向各位代表并通过你们向山西物流界的同志们表示亲切的慰问！下面，我讲几点意见。

### 一、关于全国物流发展的形势

近年来，我国现代物流发展很快，形势很好，由起步阶段开始迈向理性、务实、快速发展的新阶段。主要有以下标志。

第一，党中央、国务院高度重视，各级政府支持物流业发展。党的十六届五中全会通过的《中共中央关于制定国民经济和社会发展第十一个五年规划的建议》明确提出："大力发展金融、保险、物流、信息和法律服务等现代服务业。"据了解，正在制定的"十一五"规划纲要将加大发展物流业的内容，国家有关部门正在着手制定全国现代物流业发展"十一五"专项规划。2003 年 12 月，温家宝、黄菊、曾培炎等国务院领导同志，对全国政协《现代物流专题调研报告》做出重要批示。2004 年 8 月，国家发展和改革委员会等 9 部门根据批示精神，经国务院批准出台《关于促进我国现代物流业发展的意见》。2005 年 5 月，由国家发改委牵头，商务部等 13 个政府部门和相关行业协会组成的"全国现代物流工作部际联席会议"开始工作。2005 年 9 月，"全国现代物流工作会议"在青岛召开。目前，各有关部门和地方政府正在按照会议精神，制定规划、落实政策，采取有效措施，支持物流业发展。可以说，我国物流业发展的体制和政策环境已经有了很大改善，物流产业已成为国民经济的重要组成部分。

第二，社会物流总额快速增长，社会物流总费用趋于平稳，物流业增加值稳步上升。据中国物流信息中心统计测算，2004 年，我国社会物流总额达 38.4 万亿元，同比增长 29.9%，是近 10 年来增长最快的一年；今年 1—9 月，全国社会物流总额为 35.6 万亿元，同比增长 25.1%。社会物流总费用与 GDP 的比率 2004 年为 21.3%；今年 1—9 月为 20.9%，回落 0.4 个百分点。2004 年，国内物流业实现增加值 8459 亿元，同比增长 8.4%，占整个服务业增加值的 19.5%；今年 1—9 月，物流业增加值为 6878 亿元，同比增长 14.3%，占服务业全部增加值的 21.3%。表明现代物流方式加速发展，经济发展对物流的依存度进一步提高，物流业已成为第三产业中的骨干产业，国民经济持续快速发展新的增长点。

第三，物流企业快速成长，企业群体逐步成型。经过几年发展，我国物流市场上形成了由多种所有制、多种经营规模和多种服务模式共同构成的，各具特色的物流企业群体。一是原有的国有物流企业正在进行重组改制和业务转型，向现代物流发展，如中远物流、中邮物流、中海物流、中外运物流、诚通中储、中铁物流及民航总局所属的几大物流公司等。二是出现了营业收入超亿元甚至 10 亿元的民营物流企业，他们白手起家、顽强拼搏，取得超常发展。如宝供、传化、大田、南方物流、宅急送、华宇、远成、锦程物流等。三是外资和中外合资物流企业"抢滩"我国物流市场。世界知名的跨国物流企业，如丹麦马士基、美国总统轮船、荷兰天地、美国联邦快递、联合包裹、德国邮政、日本日通、英国英运等基本上都进入中国市场。同时，港台地区许多物流企业进入内地，谋求发展，如香港嘉里、利丰集团，台湾大荣、长荣等。就在前几天，联合会通过统计调查，发布了中国物流企业 50 强排序，进入 50 强物流企业的最低"门槛"是主营业务收入达 2 亿元；前 10 强的企业主营业务收入基本达到 30 亿元。本次调查的 202 家物流企业 2004 年物流业务额同比增长了 36.4%。

第四，生产和流通企业引进现代物流理念，探索建立供应链合作关系。一些大型工业企业开始重视现代物流技术的应用，以订单为中心改造现有业务流程，在生产组织、原材料采购及产品销售、配送和运输、仓储等方面实行一体化运作。制造企业"大而全""小而全"的运作模式开始打破，非核心竞争力业务外包形成趋势。商贸流通企业加快改制重组，发展连锁经营、统一配送和电子商务。过去几年，我国连锁百强企业的销售增长均在 40%~50%。制造业、商贸业的业务整合、经营方式转变，促进了经济结构调整、产业升级，推进了新型工业化的发展。

第五，物流基础设施和物流技术装备取得长足进展，物流技术条件得到较大改善。到 2004 年，我国铁路营业里程达 7.4 万公里，公路通车总里程达 187 万公里（其中高速公路里程 3.43 万公里），沿海港口万吨级深水泊位 944 个，内河航道里程 12.33 万多公里。一批铁路、公路站场和货运枢纽、海运和内河港口、机场，运输线路和作业设施有了较大改善。以现代物流理念建设的各类物流园区、物流中心、配送中心相继投用。立体仓库、集装箱、专用车辆、自动拣选设备和单元化物流技术等得到较快发展，我国物流技术装备水平有了较大提高。

第六，物流信息化步伐加快，推动了物流的现代化进程。各级政府已把物流信息化作为一项基础建设纳入规划，并加大了物流信息化的投入。一是物流公共信息平台建设有了新的进展。二是企业信息系统加快升级整合和改造，供应链管理信息系统开始出现。国内各行业的领袖企业，如新华制药、广东美的、江苏春兰、上海烟草集团、雅戈尔集团等纷纷实施了供应链管理应用，钢铁、汽车等行业的供应链管理应用也出现了一大批成功案例。三是电子政务的发展对于物流信息的促进作用日益显现。

第七，物流行业基础性工作取得突破性进展。一是物流标准化工作全面启动。在国务院有关部门大力支持下，国家标准化管理委员会相继批准成立全国物流标准化技术委员会和全国物流信息管理标准化技术委员会，标准化技术委员会秘书处设在联合会。在国家标准委的领导下，两个委员会组织我国物流界的专家学者和企业制定了《物流标准体系表》，提出了急需制修订的 302 项物流标准，描绘了"十一五"期间我国物流标准化工作的"路线图"。目前，《物流企业分类与评估指标》已作为国家标准开始实施，首批 26 家 A 级物流企业已通过评审。二是物流统计工作已形成制度。国家发展和改革委员会和国家统计局联合制定了建立社会物流统计制度的试行办法，委托中国物流与采购联合会组织实施，并于今年 4 月起首次联合发布了我国物流经济运行的相关数据；根据物流企业统计调查结果产生的"中国物流企业 50 强排序"也于前不久发布。三是物流科技引起重视。国家首次把"物流服务"列入"全国中长期科技发展规划"，有关部门对部分物流科技项目给予支持。"中国物流与采购联合会科学技术奖"经科技部批准，已进行了两届评审。宝供物流企业集团每两年出资 100 万元创立的"宝供物流奖"，从 2004 年起纳入"光华科技基金会中国物流发展专项基金"，首次评奖和颁奖工作已经完成。四是物流教育培训发展很快。在教育部重视与支持下，我国开设物流专业的本科院校已从 2001 年的 1 所发展到 160 所，在校生超过 1.5 万人；开设物流管理专业的职业院校已经突破 400 所，在校生达 10 万人左右；中专、高职高专、本科到硕士研究生、博士研究生的物流学历教育体系已经形成。国家有关部门 2003 年制定了《物流师国家职业标准》，到 2005 年上半年，中国物流与采购联合会组织近 2 万人参加了物流师职业资格培训，其中 1.2 万人取得了资格证书。五是物流理论研究成果显著。由政府、社团和科研教学单位组建的专业物流研究机构不断发展，逐步形成一支专兼职的物流理论研究队伍。在基础理论和应用研究等方面已取得一些研究成果，有的已投入实践运用。前几天在广州举行的"第四次中国物流学术年会"收到论文 500 多篇，105 篇获得奖励。有 30 多个单位参加了由中国物流学会组织的"全国物流研究机构协作网"。

第八，部分地区和专业现代物流取得很大发展，现代物流的作用越来越突出。从分区域的形势来看，长三角经济区、珠三角经济区和环渤海经济区，成为现代物流发展最为活跃的地区。随着西部开发、振兴东北、中部崛起战略的实施，东北和中西部一些省区和城市，也加快了现代物流发展的步伐。从相关专业的情况看，这几年发展比较快的有，连锁零售物流，汽车整车物流，钢材加工配送，快递物流服务，粮食散装物流，家电、电子、医药、图书和快速消费品物流等。现代物流的发展，促进了相关产业的发展和企业竞争力的提高。

同志们！近年来，我国物流的发展取得了很大的成绩，最重要的是对物流理念的认识深化了，物流在社会经济发展中的作用增强了，中国物流发展取得了实质性的进步。但我国物流的发展仍然处于初级阶段，依然停留在粗放式经营的层面，质量和效益还不很理想。因此，对我国物流产业的发展要有清醒的认识。体制的制约、设施的落后、企业规模不够、效益和效率不高、服务较差、地区和行业发展不平衡等问题依然存在。"小、散、乱、差"的问题解决要有一个过程，企业和资源整合还需要时间，中国发展现代物流任重道远。

同志们！现代物流是经济、社会和技术发展到一定阶段的产物。其核心是突出系统整合、优化的理念，对分散的运输、储存、装卸、搬运、包装、流通加工、配送、信息处理等基本功能，运用信息技术和供应链管理手段实施一体化运作，以达到降低成本、提高效率、优化服务的目的。"十一五"时期，中国物流将会继续保持快速发展的势头。第一，经济总量的持续增长，为现代物流的发展提供了强劲的需求基础。第二，经济增长方式转变和结构调整，需要现代物流的发展来支撑。第三，激烈的国际化竞争，需要我国物流加快发展，尽快提高经济、企业和产品的竞争力。第四，贯彻科学发展观，建设资源节约型、环境友好型社会，给现代物流发展提出了新的要求。第五，党中央、国务院和各级政府的重视与支持，为现代物流发展创造了良好环境。机遇稍纵即逝，挑战不请自来。我们要认清形势，把握机遇，扎实工作，加快发展。

## 二、关于中国物流与采购联合会的工作

中国物流与采购联合会是2001年经国务院批准成立的。联合会的成立，是改革的需要，是市场经济发展的结果。联合会成立以来，重点抓了改革、服务和队伍建设三件事。目前，联合会直接会员单位已超过1000个。今天，我重点介绍联合会是如何坚持和深化服务宗旨的。

几年来，我们坚持"为企业服务、为行业服务、为政府服务"的根本宗旨，紧紧围绕行业改革发展的需要，通过建立和完善服务体系，不断增强服务功能，突出抓好行业基础工作，推动和促进了中国物流与采购事业的发展。

第一，明确服务方向，建立品牌服务体系。包括为政府服务的体系，为行业服务的体系和为企业服务的体系。

为政府服务主要是通过深入调查研究，反映行业企业的意见和要求，努力发挥桥梁和纽带作用。积极参与政府大型会议筹备工作和规划、政策的制定，完成委托交办

事项，为政府决策建言献策，当好参谋助手。

为全行业综合服务的体系，主要是针对行业共性需求，创立"品牌服务"项目。几年来，共创立了20多个"品牌服务"项目。例如，"中国物流专家论坛"已举办10届，"中国物流示范基地"和"中国物流实验基地"的评审命名工作，与德国汉诺威展览公司合作的"亚洲国际物流技术与运输系统展览会"，物流师培训认证，社会物流统计体系，采购经理指数，中国物流与采购科学技术奖，光华物流发展基金，宝供物流奖，物流企业分类评估，《中国物流年鉴》《中国物流发展年度报告》《中国物流学术前沿报告》，"中国物流学术年会""海峡两岸物流合作发展大会""高校物流教学研讨会""企业采购国际论坛"等。这些"品牌服务"项目的拓展和完善，构成了联合会工作的服务体系和工作"抓手"，极大地提升了联合会的服务能力和水平。

针对部分企业和企业群体的个性化服务体系。一是成立和准备成立的专业委员会。例如，采购与供应链管理、物流技术与装备、托盘、粮食、医药、易货交易等专业委员会，从专业角度延伸服务。二是举办了汽车物流年会，成立了汽车物流分会，坚持进行"二手车行业年会"，二手车行业统计已成为国内独家资料。三是积极开展物流规划与咨询服务。四是每年召开全国物资流通企业座谈会，分析形势，研究对策。中国物流信息中心对生产资料市场的分析预测，引起了国家有关部门和国务院领导重视。

第二，抓好服务重点，突出行业基础工作。我国的物流行业，是新兴的行业，基础工作相对薄弱。几年来，我们结合行业发展的实际，在政府有关部门大力支持和广大企业积极参与下，狠抓行业基础工作。前面讲到的物流标准化工作，物流统计工作，物流科技工作，物流教育培训工作和物流信息基础工作等，都是在联合会组织、参与、推动下开展起来的。这些基础工作的开展并取得明显成效，对于明确物流产业地位和联合会加强物流行业管理起了很大作用。

第三，探索服务创新，形成服务工作网络。一是协会工作网络。定期召开"各地物流行业协会秘书长会议"，联合会发起建立了"全国物流行业协会联系制度"。二是物流园区协作网络。连续3次每年召开全国物流园区（基地、中心）交流研讨会。在此基础上，发起组建了"全国物流园区（基地、中心）协作联盟"，目前已有40多个园区作为发起单位参加。三是物流新闻工作网络。联合会主管、主办的媒体将有5个。并与多家报刊分别联合开办了"物流"专版，同几十家行业媒体有协作关系。四是物流研究机构网络。每年举办"中国物流学术年会"，检验物流研究成果，评选优秀论文。在刚刚结束的第四次年会上，发起成立了有30多个单位参加的"全国物流研究机构协作网"。五是国际交流网络。联合会是"亚太物流联盟"和"国际采购联盟"中国代表，并积极参加相关活动。几年来，联合会国际交流与合作进一步扩大。2005年9月，我会承办了国际采购联盟首次在中国举办的"第14届国际采购与供应管理联盟世界大会"，取得圆满成功。通过以上网络，巩固了联合会服务基础，提升了联合会专业服务能力。而且多网互动，资源共享，增强了联合会的吸引力和凝聚力。

几年来的实践，也使我们对物流行业协会工作的基本规律有所认识。第一，行业协会的根本宗旨是服务，为政府服务，为行业服务，为企业服务。只有实实在在搞好各项服务工作，行业协会才能有吸引力、凝聚力和生命力。第二，行业协会是改革的产物，必须坚持和深化改革。要明确协会在市场经济中的定位，做到政会分开，要走自立、自主、自强、自养的路子。第三，行业协会工作的基本方法是协商、协调、协作。协会是行业自律性组织，大家的事要靠大家办，不能强迫命令，不能强求一律。第四，联合会的发展在于联合。物流联合会必须打开门户，广泛联合。要联合各类物流企业和企业物流，还要联合物流企业的上下游；要联合政府部门、相关协会，也要联合科研、教学、新闻单位。只有广泛联合，拓宽服务领域，才能找到新的发展天地。第五，联合会的工作需要人才。要有一批懂业务、会管理、熟悉协会工作规律，把协会工作作为一项事业来做的专门人才。协会的人才需要引进，更需要培养，要努力营造能够吸引人才、留住人才、发挥人才作用的良好氛围。第六，协会工作离不开政府的支持。一方面，政府有关部门要转变职能，放权放手；另一方面，协会也要搞好服务，争取领导和指导。有为才有位。

同志们！在市场经济体制下，如何发挥行业协会的作用，是一个值得认真研究和深入探讨的重要问题。从发达国家的实践来看，行业协会具有不可替代的地位和作用，不仅代表了企业和行业的利益，还参与政府产业政策的制定和咨询。可以说，一个国家包括行业协会在内的社会中介组织发展的水平，在一定程度上表明了这个国家社会自我管理能力的成熟度。我国还处于市场经济的初级阶段，缺乏办好行业协会的经验，要向国外学习借鉴，但不能照搬国外做法。要从中国社会主义市场经济的实际出发，探索具有中国特色的行业协会工作模式。

随着政府机构改革和职能转变，企业成为市场运作的主体，行业协会服务、协调、自律、监督的作用将日趋强化。我们要安心搞好协会工作，有所开拓，有所创新，有所前进，在市场导向、政府推动、企业运作、行业自律的物流发展格局中找准位置，做好工作，走出一条我们自己的路。

## 三、对山西物流工作的一些想法

山西省地处中部，是我国重要的能源重化工基地，为全国经济发展做出了重要贡献。近年来，山西省物流业在经济发展的推动下有了比较快的发展。有关部门和企业对物流的认识逐步提高，物流基础设施建设特别是高速公路建设走在全国前列，各类物流企业不断发展壮大，适应当地经济发展需要的专业物流中心、配送中心发展起来，物流行业协会开始运作，在信息传递、专业培训、行业自律和自身建设等方面有所进步。山西承东启西，战略地位重要，经济发展较快，结构调整的任务繁重，具有物流业加快发展的基本条件。我相信，山西省的现代物流业在"十一五"期间，一定会有一个大的发展。

当前，全国各地都在贯彻落实党的十六届五中全会精神，物流行业都在贯彻全国现代物流工作会议的精神。下面，我就山西物流工作提出一些想法。

一要制定一个规划。即物流业发展专项规划。当前，国家有关部门正在制定《全国现代物流业发展规划》，并纳入"十一五"重点专项规划。全国物流工作会后，各地也在制定当地的物流规划。山西物流业要发展，制定规划很重要。规划要按照十六届五中全会的精神，体现科学发展观，符合经济发展的总体要求，纳入本地的"十一五"重点专项规划。规划时要统筹考虑，综合平衡，特别要注意优先整合利用、改造提升现有物流资源，充分发挥现有设施的综合效能。

二要培育一个主体。即专业物流服务企业。物流企业是物流市场运作的主体，是物流产业发展的基础。近年来，我国物流企业虽然有了很大发展，但规模小、实力弱、服务差的问题依然存在，还不能够满足市场的需要。培育物流企业，也是山西物流产业发展的重要任务。要逐步取消对物流企业经营范围的限制，促进现有运输、仓储、货代、批发、零售企业的服务延伸和功能整合，加快传统国有或国有控股物流企业向现代物流企业的转变；鼓励运输、仓储、配送、货运代理、多式联运企业通过参股、兼并、联合、合资等多种形式进行资产重组，扩大经营规模。要鼓励大型企业做大做强，扶持发展中小企业，积极支持民营企业，逐步培育一批立足山西，面向全国，并具有一定国际竞争力的专业物流企业。

三要构建一个体系。即物流服务体系。近年来，我国经济运行中出现的煤电油运紧张状况表明，现有的物流体系和能力已经成为经济持续高速增长的"瓶颈"。要完成新一个五年规划提出的发展目标，物流体系不完善，物流能力不强的矛盾将更加突出。建设和完善物流体系，尽快提高我国物流能力和水平，应该成为"十一五"时期的重点任务。山西物流体系的构建，要适应本省经济发展和结构调整的需要，特别要注意研究煤炭、钢铁、化工等大宗生产资料的物流问题；注意研究城市物流配送和农产品物流问题，使我们的物流体系能够适应东中西互动、城乡和区域协调发展的需要；要建设整合物流运作载体，使物流基础设施和技术装备满足城市和区域物流发展的需要；要贯彻"绿色物流"的理念，建设资源节约型、环境友好型物流体系。

四要夯实一个基础。即物流行业基础工作。物流行业的逐步形成，依赖于行业基础工作的开展；行业的进一步发展，离不开夯实基础工作。主要是物流标准化工作、物流统计核算工作、物流教育和培训工作以及物流科技和理论研究工作等。实践证明，政府放手支持，企业积极参与，行业协会具体组织，是做好行业基础工作的有效途径。山西省有关部门和行业协会也应该按照这样的思路和方法，来完善物流行业基础工作。

五要营造一个环境。即有利于物流发展的体制和政策环境。行业垄断、地区封锁、部门分割、地方保护等现象，是物流企业经营运作中遇到的突出问题。解决这些问题，需要一个过程。在目前体制下，建立跨部门、跨行业的综合协调机制，是切实解决物流发展中问题的好方法，是推进现代物流发展的组织和体制保证。现在，全国大部分省市区已经建立了这样的协调机制，并开始发挥应有作用，尚未建立的也在抓紧建立。当前，各地都在认真落实国家发展和改革委员会等9部门提出的《关于促进我国现代物流业发展的意见》，并根据本地实际情况，出台实施细则，逐步形成支持现代物流发展的产业政策体系。山西省也应该结合自身实际，努力营造有利于物流发展的体制和政策环境。

同志们！物流业是一个新兴的产业，一个服务型产业，也是复合性产业，涉及方方面面。物流与采购联合会，既不是原来物资的协会，也不是交通的协会，而是全社会的行业协会。联合会要破除门户之见，拓宽服务范围，深化内部改革，加强自身建设，努力搞好为政府、行业和企业的服务工作。政府有关部门和各有关方面，都要支持联合会的工作，联合会会员单位更要积极参与，发挥作用，共同促进山西现代物流业的发展，为山西省的经济建设作出积极的贡献。

（本文为作者在"山西省物流与采购联合会第一次会员代表大会"上的讲话）

# 总结物流实践经验　深化物流理论研究

## （二〇〇五年十二月八日）

近年来，特别是加入世贸组织以后，我国现代物流由起步阶段开始迈向理性、务实、快速发展的新阶段。物流实践经验和理论研究成果大量涌现，以记录和传播这些经验、成果为载体的《中国物流学术前沿报告（2005—2006）》与大家见面了。

《中国物流学术前沿报告（2005—2006）》源于"中国物流学术年会"。"年会"由中国物流学会、中国物流与采购联合会创办，自 2002 年以来已成功举办三届，成为检阅、交流、推广物流研究成果的重要平台，对我国物流理论与实践的发展起着一定的推动作用，正向国内最高物流学术会议的目标迈进。在各有关方面大力支持下，论文征集工作连年迈上新的台阶。仅从参评论文数量看，由开始的 100 多篇、200 多篇、300 多篇，到今年四次年会达 500 多篇，这既反映出年会越来越强的吸引力，也是我国物流理论与实践蓬勃发展的一个标志。我们以前按年度出版的《论文集》，从今年起改为正式出版物——《中国物流学术前沿报告（2005—2006）》，交由中国物资出版社（现中国财富出版社）出版，也是为了适应我国物流形势发展的需要，满足业内人士学习、交流、研究、探讨的要求。

《中国物流学术前沿报告（2005—2006）》（以下简称《报告》）扎根于我国物流发展的实践，反映了物流理论的最新研究成果。《报告》首篇，我们选录了国家发展和改革委员会副主任、全国现代物流工作部际联席会议召集人欧新黔同志于 2005 年 9 月 22 日在首次全国现代物流工作会议上的工作报告。题目是《认真落实科学发展观，努力推进我国现代物流业持续快速健康发展》，以帮助大家了解我国物流发展的现状和有关方针政策。本书选录的 60 多篇文章，都是从"第四次中国物流学术年会"500 多篇参评论文中精选出来的。论文作者既有业内知名的专家、教授、研究人员，也有在政府有关部门或企业从事物流领导和管理工作的同志，还有初出茅庐的硕士生、博士生。文章题材涉及物流产业、网络、能力、成本、体制和政策，区域物流、城市物流、港口物流、物流园区，生产资料物流、制造业物流、商贸业物流、农产品物流、军事物流，物流服务市场和第三方物流，绿色物流，物流信息化与标准化，物流研究与教育，以及采购与供应链管理等诸多方面。这些文章的共同特点是理论联系实际，体现了创新性和实用性，具有相当参考价值。

　　《报告》是我们奉献给物流领域的又一朵小花。从 2001 年开始，中国物流与采购联合会按年度编辑出版《中国物流发展报告（2005—2006）》（蓝皮书），对我国物流发展情况进行回顾、总结、分析和展望。从今年起，我们推出《中国物流学术前沿报告（2005—2006）》（红皮书），以记录和传播物流实践经验和理论研究成果为目的。"红皮书"和"蓝皮书"为姊妹篇，各有侧重，互为补充，一个在上半年出版，一个在下半年出版，以帮助大家对中国物流进行全方位、多角度、深层次的了解、研究和思考。

　　《报告》是业内各方面人士关心支持的产物。特别是政府有关部门、物流相关协会、企业的领导和物流科研、教学、新闻等单位和个人积极组织和提供论文，来自院校、研究机构和媒体的专家利用休息时间参与评审工作，许多业界同仁献计献策，中国物资出版社（现中国财富出版社）为本书的出版发行做了许多工作，大田——联邦快递有限公司给予了大力支持，促使本书在"第四次中国物流学术年会"召开之际如期出版。在这里，我代表中国物流学会、中国物流与采购联合会，向提交论文的单位和个人，向参与编辑出版的同志们，向所有关心中国现代物流发展的朋友们表示衷心的感谢！

　　编辑出版《报告》，对于我们来说还是第一次。尽管已经做出相当努力，征求了许多行家的意见，得到了诸多方面的支持，但由于认识水平和组织能力的欠缺，加之客观条件的限制，还留下了不少遗憾。恳请读到本书的同志们批评指正，以便在下年编辑中加以改进。作为全国性行业社团组织，我们有义务，也愿意为政府、企业、物流科研教学新闻单位、境内外投资者以及社会各界提供高质量的"中国物流学术前沿报告"。为此，很希望继续得到大家的支持与帮助。

（本文是作者为《中国物流学术前沿报告（2005—2006）》撰写的前言）

# 联合会的工作要创新发展

## （二〇〇六年一月十七日）

方才，何黎明同志全面总结了联合会过去一年的工作，提出了 2006 年工作的基本思路和对职工的几点要求。丁俊发同志就业务工作讲了四句话。他们讲得都很好，我完全赞同。过去的一年，联合会的工作有新的进展和突破，取得了很大的成绩，这是我们全体同志辛勤努力的结果。

在去年总结工作的时候，我提出一个建设和谐的生活环境和工作环境的问题。这个问题很重要。下面，我结合他们两位所讲的业务工作，讲几点意见。

### 一、发展是联合会第一要务

我们可以回忆一下，联合会于 2001 年成立以来，经过了 5 年的发展，才有了今天这样一个局面。可以说没有发展，就没有联合会的今天。过去的 5 年是唱响物流的五年，通过物流知识的普及、物流理念的传播、物流实践的推动，形成了新一轮的"物流热"。领导讲物流，专家研究物流，企业在干物流。所以我们说，现在，我国物流发展进入一个理性、务实、快速发展的新阶段。

去年，全国现代物流部际联席会议建立并开始工作，全国现代物流工作会议召开，这是物流作为一个行业首次召开全国性的工作会议，说明领导的重视和政府的支持。现在，从事物流的行业协会还有不少，我们是新成立的协会，要取得政府的支持，必须靠自身的工作，靠发展。这几年，我们在政府的支持下，开展的一些行业基础性工作，如标准、统计、培训等，得到了政府的承认和企业的认可。"有为才有位"，不发展，就没人重视你，支持你。联合会的发展要靠大家，同志们很辛苦，许多部室的主任经常加班加点，我们大家共同打造了这样一个平台。有了这样的平台，我们才能为政府服务，为行业服务，为企业服务。只有发展了，我们才能站住脚，才有希望。

### 二、联合会的工作要创新

创新是发展的关键，没有创新就没有发展，联合会本身就是改革创新的产物。

2001 年，联合会重组更名的时候，就有一些同志有顾虑。试想，如果我们当时不敢创新，仍然固守老一套，怎么可能有今天的局面。我们与其他一些协会相比，他们基本上还保留在原来部门时期的关系，还是原来的行业、原来的企业，而我们现在 1500 多家会员单位中，原来的"老物资"已经没有多少了，新会员占了大多数，这就是创新的结果。

今年，我们对先进集体的表彰，就着重鼓励创新。老的做法，基本上"轮流坐庄"，人人有份，典型的"平均主义"。今年，我们打破"平均主义"，评选影响大、贡献大的大事，就是要鼓励突破和创新，这是一个方向。走老路，用老办法，老一套是不行的。国家提倡创新，要从每一个单位做起。我们的研讨会、各种活动都要创新，要同调查研究结合起来，这是长远之计。要抓住行业发展的重大问题，深入调查研究，向国务院和政府有关部门反映，解决行业中的实际问题，来推动物流的发展。

### 三、要坚持服务这个宗旨

这是我们联合会办好办坏、能否生存发展的关键，是我们的生命线。联合会不是"二政府"，手里没有什么权力，只能靠服务。我们要急企业所急，想企业所想，反映企业的意见和要求，要能够真正代表企业的利益。要进行"双向服务"，把企业的意见反映给政府，把政府的政策传达给企业，起好桥梁和纽带作用。只有把服务搞好了，企业才能给我们支持，给我们赞助。不讲服务，只知道收费，靠熟人、面子，一次两次还行，长此下去，企业就不会买你的账。服务要高质量，要增强服务功能，提高服务水平，改进工作作风，不能用行政那一套，不能盛气凌人。我过去讲过，服务搞好了，创收也就在其中了。国家发展和改革委员会、商务部、交通部、海关总署、质检总局、工商总局、教育部、科技部，等等，所有与物流有关的政府部门，都是我们的服务对象，我们都要搞好服务。我们的户口在国资委，登记在民政部，这都是我们的顶头领导，要多请示、多汇报。

### 四、要提高素质

加强队伍建设，提高人的素质很重要。现在，物流形势发展很快很好，联合会在社会上的影响越来越大，对我们的要求越来越高。我们站在一个"风口浪尖"上，有的人打着我们的旗号，假冒联合会的名义开展活动，我们的职工必须提高素质。现代物流是一个新的行业，新的学科，我们许多人都是"半路出家"，物流基础知识欠缺，微观运作情况又不了解，必须学习业务知识。我们在联合会工作，都讲不清物流是什么，怎样接触客户，人家怎么会相信你？去年联合会给职工统一发教材，统一考试，学习效果不错。今后，还要组织好职工的学习。

当然，素质不只是知识，品德很重要，也就是我们党所要求的德才兼备。"修身、齐家、治国、平天下"的思想，修身是第一位的，修以立身，诚以立世。我在安徽看到一副徽商的对联，其上联是"德为上，孝为先，修身为本"，就是这个道理。北宋的大政治家、史学家司马光讲："才者，德之资也；德者，才之帅也。"也就是说，才是德的基础，德是才的灵魂，二者是密切联系，德是第一位的，讲明了修养和知识的关系。我们党用人是德才兼备，德智体全面发展，"四有"新人。当然，还要讲理想和信念，这是人生的航标和灯塔。现在，我们要警惕素质的流失，不要把好的丢了，只认钱。

年轻的同志到联合会来，要有事业心。我们要靠事业留人，感情留人，和谐的工作环境留人。联合会工作的同志，只有岗位分工不同，没有高低贵贱之分，在政治上都是平等的。我们要创造和谐的工作环境。领导与领导之间，领导与被领导之间，同志与同志之间，部门与部门之间，联合会与外部门之间，都要搞好关系。领导同志要识大体、顾大局，要有主意、会用干部。不论过去担任什么职务，都要平等待人，谦虚谨慎。同志们之间，要互相关心，互相支持，共同进步，友谊和理解比什么都重要。部门与部门之间要加强合作与协商，人家做得好，不要嫉妒，要虚心学习，创造一种和谐的工作环境。我们走到一起不容易，是一种缘分，我们要珍惜在一起共事的这段情谊。

我们开始只有五六十人，现在一百多人，联合会事业发展了，条件改善了，职工素质提高了，联合会的工作大有前途。这两年，我们增加了新鲜血液，要把联合会的工作当作事业干，联合会的明天，是属于年轻的同志们。

我们虽然取得了很大的成绩，但是，不能满足，更不能骄傲，还有许多工作需要做，真正的工作才刚刚开始，很多问题需要我们去解决。如何把物流发展得更好，如何把联合会办得更好，大家要心往一处想，劲往一处使。我也借今天总结会这个机会，向大家拜个早年。

（本文为作者在"2005年联合会工作总结大会"上的讲话要点）

# 构建联合会和谐的生活和工作环境

## （二〇〇六年一月十八日）

党的十六届四中全会把"提高构建社会主义和谐社会的能力"作为执政党的执政能力之一。构建社会主义和谐社会是我党全面建设小康社会、开创中国特色社会主义事业新局面提出的一项重要任务。

我们的老祖宗造字时，寓意深远。"和谐"两个字，"和"字，左边一个禾，右边一个口，就是人人有饭吃；"谐"字，左边一个言，右边一个皆，就是人人都可以讲话，知无不言、言无不尽，言者无罪，闻者足戒。有饭吃就要解决民生问题，有话讲就要解决民主政治问题。"和谐社会建设"是同社会主义物质文明、政治文明、精神文明建设有机统一的科学完整的理念。胡锦涛同志指出的"我们所要建设的社会主义和谐社会，应该是民主法治、公平正义、诚信友爱、充满活力、安定有序、人与自然和谐相处的社会"就是指要做到世界和平，国家平安，社会祥和，家庭和睦，人民过上和和美美的幸福生活，争取创造毛主席所说的"团结紧张，严肃活泼"那样一种工作和生活局面。

和谐社会至少包括三个层面的内容。

一是人与自然之间的和谐。我国古代思想家在人与自然的关系上大多主张协调统一，天人合一。周易中提出"厚德载物"，即以宽大的胸怀接纳万物。儒家经典《中庸》则为我们描述了人与自然和谐相处的美好状态："万物并育而不相害，道并行而不相悖。"现在人与自然的"和谐"遭到了前所未有的破坏，生态破坏和生态恶化相当严峻，人们的生存健康和社会的持续发展受到挑战。恩格斯早就指出："我们不要过分陶醉于我们对自然界的胜利。对于每一次这样的胜利，自然界都报复了我们。""我们连同我们的肉、血和头脑都是属于自然界，存在于自然界的。"自然生态是人类社会存在的基础，只有拥有和谐的生态环境，才可能有和谐的社会生活。追求人与自然和谐相处，是社会主义社会重要特征之一。我们在发展经济时，必须重视环境的保护和改善，不应单纯追求 GDP 的增长，要树立起科学发展观，创造良好的生态环境，营造环境友好型社会。

二是人与社会的和谐。和谐的社会应该是每一位社会成员都获得公正、平等、合理的生存和发展机会，否则就会引起社会冲突乃至社会危机。孔子说："有国有家者，不患寡而患不均，不患贫而患不安。"从大的范围讲，不同国家、民族之间能和平相处，互相尊重各自的历史文化和风俗习惯，没有种族、民族歧视，没有富国对穷国的掠夺，实现《礼记》所谓的"大同"世界，古希腊哲学家柏拉图描述的"理想国"。中国提出"和平发展""和平崛起"的理念，对世界发展有重大现实意义，受到国际舆论的积极呼应和广泛好评。要树立起"以人为本"的发展观，人的自由全面发展和人们生活质量的普遍提高是发展的根本目的。发展应该是让每一个公民都能从中受益，从而达到社会成员对整个社会秩序的自然认同，并形成富有亲和力的社会文化心理和社会发展牵引力。小平同志讲，社会主义的目的就是要全国人民共同富裕，而不是两极分化。

三是人与自身的和谐，就是个人修身和修养问题。刘少奇同志有个经典著作《论共产党员修养》，讲的是党性修养，他引了一句孔子讲的"己所不欲、勿施于人"，这是被誉为处理人与人、国家与国家之间关系的"黄金法则"，镌刻在纽约联合国总部大厅。《大学》开篇就说："自天子以至庶人，一是皆以修身为本。"儒家倡导的"修身、齐家、治国、平天下"理想，修身是第一位的。修以立身，诚以立世。我到安徽绩溪，看到两副对联，一副是"德为上，孝为先，修身为本；勤立裕，善至庆，和庆致祥"，一副是"立业立德，待人接物，存仁恕；亦商亦儒，处世传家，以信诚"，讲的都是修身与成就事业的关系，很有深意。先哲们修身、修心之道以及对身心深度和谐的重视，是值得我们学习体会的。北宋的大政治家、史学家司马光讲："才者，德之资也；德者，才之帅也。"也就是说，才是德的基础，德是才的灵魂，二者密切联系，德是第一位的，讲明修养和知识的内在关系。被后人敬仰的大师、一些伟大的科学家，他们不仅"才高八斗，学富五车"，有渊博的学识，更重要的是他们具有高尚的情操，我们现在也要讲培养"德才兼备"的人才。

联合会作为一个社会组织，也要构筑和谐的生活和工作环境，这对联合会改革、发展与稳定，都具有重要意义。首先，要建立和谐的会员关系，努力把联合会建设成会员之家。企业、会员是联合会的基础。联合会的根本宗旨就是服务，要搞好为企业、为会员的服务，想企业之所想，急会员之所急，把我们的利益与企业、会员的利益紧密地联系在一起，切实成为企业、会员利益的代表者，及时反映企业、会员的呼声和愿望。要使企业成为联合会的会员感到自豪，不要使企业感到不入会不好，入会更难受。没有服务，只拉赞助。我过去讲，"有为才有位"，这个"为"，就是为企业、会员的利益而为，只有得到企业、会员的承认，联合会才有"位"。这就是市场经济条件下行业社团组织转型和发展的方向。

其次，要建立和谐的政府关系，争取政府部门的领导和指导。联合会开展工作，没有政府的支持是不行的。我过去强调过，联合会作为一个行业协会，要强调一个

"协"字,多在协商、协助、协作、协调上下功夫。联合会的行业管理不同于行政管理,而是行业自律性管理,要争取政府部门的领导和指导,做到"尽职不越位,指导不领导"。物流与采购联合会要加强与国家发改委、商务部的联系,其他部门如交通部、铁道部、民航总局、信息产业部、海关总署、科技部、教育部、国家税务总局、国家质检总局、国家统计局等,都与我们有业务关系,要积极争取领导和指导。当然,我们的"户口"在国资委,登记管理部门是民政部,这两个部门是我们的顶头领导,更要经常请示、汇报。

再次,要建立和谐的社会环境,坚持充分发挥社会力量推进物流发展。联合会是一个具有高度开放性和发展性的新型社团组织,正在由过去的生产资料流通行业,向物流与采购领域发展,具有广泛的代表性。联合会转型和发展除了依靠企业、会员和政府的支持外,还离不开专家、媒体、大学、研究机构及兄弟协会等方面的支持、参与和指导,联合会尤其要与物流专业性协会搞好合作。联合会就是要"联合",发挥各方的积极性,大家共同搞好物流事业。要充分发挥社会力量,加强联合、和衷共济,共同推进我国物流与采购事业的发展。

最后,要建立联合会和谐的工作和生活环境,促进联合会服务能力和服务水平的提高。联合会内部要处理好领导之间、领导与被领导之间、同志之间、各部门之间,联合会与外单位之间的关系。领导班子团结最重要,要识大体,顾大局。一把手要有宽阔的胸怀,宽宏大量。毛主席讲领导干部要做好"出主意,用干部"两件事。领导与被领导,政治上是平等的,只是工作分工不同,友谊和谅解比什么都重要。同志之间,要互相支持,互相帮助,共同进步。各部门要协作好,配合、协商、合作,只能补台,不能拆台。对外单位谦虚谨慎,协商合作。联合会是一个有机的整体,只有大家密切配合,才能出现和谐运转,才能奏出一曲美丽动听的"赞歌"。国家要和谐、家庭要和睦、人与人之间要和善。和为贵、和气生财、合作发展,上下左右、东西南北都要处理好。这就叫公平、公正,四面八方都和好,中庸之道也。

要构筑和谐的生活和工作环境,必须坚持"以人为本",改变过去在极"左"思想和官本位思想影响下的人与人之间的关系。社会整体的和谐离不开人与人之间的和善。确立人与人之间的平等关系,是一条极为重要的原则。联合会不是政府部门,只有分工不同,没有"官大官小"的问题,在政治上是平等的,只有岗位上的区别,没有谁高谁低之分。既然有岗位之分,就有管理与被管理的问题,领导与被领导的问题,就有个按制度规定被管理和被领导问题,必须服从领导和管理,错了就会被批评、甚至辞退。但领导者一定要处以公心,与人为善,摆事实、讲道理,进行教育,不能搞警察文化。袁宝华同志90岁大寿时,我讲过,宝华同志几十年在领导岗位上不是以权势领导工作,而是以他的智慧和能力,以他高超的领导艺术和人格魅力来工作的,所以，大家都尊敬他，尊重他，爱戴他。联合会领导要向老前辈学习，要开明、有智慧、会管人，充分发挥群众的积极性、主动性和创造性。联合会要发展，需要构筑和谐的工作环境，留住那些有才华、有事业心、开拓精神的年轻人。我们要用事业留人，用感情留人，用和谐工作环境留人。

当然，和谐社会并不是搞无原则的和谐，不能你好、我好、大家好，搞一团和气。和谐社会本身是"一个矛盾的统一体"，没有矛盾就没有和谐可言。《论语》里说，"君子和而不同，小人同而不和"。和而不同，意味着与人交往时既要以平和的态度相处，更要坚持原则；同而不和，意味着如果为了求得一时的一致而放弃原则、丧失人格，那么最终还是不能和谐相处的。党有党纪，国有国法，联合会也有联合会制度。有了错还是要按原则办事，这就叫没有规矩不成方圆。做人，要讲宽容、大度、礼让。对别人不妥之言不计较，容得下话；对别人的优点虚心学习，容人之长；对别人的缺点正确看待，容人之短；对别人的错误不记旧账，容人之过。要以宽容的态度，正确对待别人的缺点和错误，帮助别人改正缺点和错误，要有容人的雅量。要严于律己，宽以待人，这就叫处以公心。做人的工作也要讲个方法，方法不对，好心效果也不一定好。大家都能做到互相关心、互相爱护、互相支持、彼此理解，心往一处想，劲往一处使，我们这个集体就有凝聚力、吸引力；联合会才能形成既有民主，又有集中，既团结紧张，又严肃活泼的和谐局面。

要构建联合会和谐的工作环境，第一要讲发展，坚持发展是第一要务。联合会要百尺竿头，更进一步，要始终扭住发展这个中心不放。只有通过发展，联合会才能有地位，在行业才能有位置，才能实现为政府、企业、会员服务，才能实现自养、自立、自治。有些人认为搞和谐社会，就是分配上搞平均主义，甚至老琢磨着怎么多发一些钱。多一些收入的想法是可以理解的，但同时必须考虑付出多少，贡献多少？只讲收入，不讲付出是不行的，否则怎么体现分配原则？怎么体现效率优先兼顾公平呢？没有效率怎么发展，没有发展，如何去兼顾公平呢？目前就全国来讲要高度关注公平问题，特别是弱势群体。我们收入差别是比较小的。所以大家要积极工作，才能有发展；有发展才能有希望。因此，联合会要构筑和谐的生活和工作环境，还得靠发展。

第二要讲创新，联合会的发展要靠创新。联合会的建立就是改革、创新的产物。靠老办法、搞老一套是没有出路的。开会、搞活动、搞服务，要有所创新，不能故步自封，不能只是一个模式。我们现在有些活动形式和内容都很雷同，缺乏新意，企业听多了，感到没有多少帮助，就不愿意参加，久而久之，这样的活动就很难办下去了。第14届国际采购与供应管理联盟世界大会办得好，办得有影响，不只是规格高、规模大，很重要的是国内外专家讲得好，讲的有内容、有创意，水平高，感到有收获。这么大的会搞好是不容易的，是一伙年轻人干的，他们有朝气，肯动脑筋，有干劲，不怕难，不怕苦。有的同志是带病、拄着拐杖工作的，可惜的是他开完会后就离开联合会了。

第三要讲服务，联合会的根本宗旨就是服务，为会员、行业和政府服务。只有坚持服务至上的根本宗旨，才能真正起到桥梁和纽带作用。如何把会员、行业的呼声和要求及时向政府反映，如何组织会员和行业认真贯彻落实政府的政策和措施，这本身既是为会员和行业服务，也是为政府服务。要不断强化服务理念，完善服务功能，促进服务创新，扎扎实实地帮助企业、会员做实事，不要搞形式主义，给企业、会员增加负担的事情。我过去讲过，服务搞好了，创收就在其中，先讲义后有利。不讲服务，只讲赚钱，只会砸牌子，最终也不会赚到钱的。我们之所以受到企业、行业、政府的认可，就是这些年来我们做了一些实事，做了一些为企业、为会员服务的事。但我们不要满足，还要想点子，提高服务质量和水平。

第四要讲提高联合会职工的素质。联合会的工作水平取决于职工的素质，提高职工的素质是我们联合会搞好工作的关键。我们职工思想上、业务能力和作风上都需要改进和提高。老同志要起带头作用，积极发挥年轻人的作用，团结协作把联合会的工作搞好。前一段我看了一篇文章，讲人的素质，我看有道理。素质主要包括知、信、德、健、情等要素和范畴。知，就是智慧；不知，就是愚昧，这是人的素质的基础。信，就是信仰，信念，是人生的航标和灯塔。德，是一种社会关系，一种价值判断，一种社会规范，是一个人成为"社会人"的基本品格，在现代社会，德也是一种资本。健，则是身心健康、健全，是一个人的本钱。情，是一种热能。激情能够燃烧，无情则冷。一个组织、一个民族、一个国家的整体素质的提高，有赖于每个人"个体"素质的提高和影响。我们党一贯主张培养德才兼备的人才，德智体全面发展，培养四有新人。当前也要警惕素质的流失。

英国哲学家罗素早在 20 世纪 30 年代就预言："中国至高无上的伦理品质中的一些东西，现代世界极为需要。这些品质中我认为和气是第一位的。'这种品质'若能够被全世界采纳，地球上肯定比现在有更多的欢乐祥和。"在经济全球化发展的今天，中国传统文化的价值正在被世界很多国家重新认识，和平发展已经成为世界发展的潮流。联合会发展也要强调和谐发展问题。我们都来自五湖四海，走到一起不容易，是一种缘分。多少年后再回首往事，我们都应该珍惜我们曾经在一起共事的一段情谊。

（本文为作者在"联合会各部门 2005 年工作总结会"上的即席发言）

# 重视和支持农产品物流的发展

## （二〇〇六年三月二日）

当前，我国农产品物流问题十分突出。多数农户及农业经营组织，大都处于分散经营状态，农产品物流组织化程度低，信息不畅，损失浪费严重，造成"增产不增收"。例如，国内水果蔬菜等农副产品在采摘、运输、储存等物流环节上的损失率在25%～30%，而发达国家同类指标已控制在5%以下。因此，要解决"小生产和大市场的矛盾""要提高农民收入""要扩大农业再生产"等一系列问题，必须大力发展农产品物流。

第一，发展农产品物流是由农产品的特点决定的。农产品与工业品不同，是有生命的动物性与植物性产品，在物流过程中包装难、装卸难、运输难、仓储难。农产品物流要求较高，一是季节性生产要求物流的及时性；二是满足一些农产品的特种物流方式，比如水产品的冷冻运输，分割肉的冷藏运输，牛奶等制品的恒温运输等；三是一些农产品的进出口物流还必须达到国际标准。农产品流通过程中的上述特点对农产品物流提出很高的要求，否则就会造成很大的经济损失。

第二，解决农产品进入市场能力较弱的问题必须大力发展农产品物流。作为农业大国，我国目前尚处于以家庭为生产单位的小农经济阶段，所以农业生产资料和农产品的物流量不仅数量巨大，而且供应非常分散，物流成本很高。如果能降低农业生产和农产品流通过程中的物流成本，就可以解决农产品进入市场的障碍，为农业生产和经营主体带来实质好处，为农民增收创造条件。

第三，农产品物流是农业产业化的必然要求。农业产业化是逐渐市场化、规模化和深度开发的过程，势必提出农业的生产经营主体与相关产业部门的生产经营主体加强合作的要求，朝着供产销或农工商等农业经营一体化的方向变化。农产品物流作为联结农业生产经营主体和其他相关产业部门的重要桥梁和纽带，其发达程度决定了农产品进入市场的能力、规模和效率。

第四，农产品物流也是保障食品安全的重要环节。食品安全关系到千家万户，国家必须从"农田到餐桌"全过程予以监管，尤其是农产品进入消费者前的采购、包装、装卸搬运、仓储、运输、流通加工等环节，更是重中之重。通过发展绿色农产品物流，构建农产品流通主渠道，就可以使得进入市场的农产品安全、有效、可靠。

第五，大力发展农产品物流，也是保护农业，缩小差别，实现结构顺利调整和社会稳定的重大因素，是一种带规律性的要求。如在人少地多、经济发达的美国，农业综合企业、农业协作组织两者都处在很重要的地位，前者在跨国发展上还更显突出；而在人多地少的日本、荷兰和我国的台湾省，农民合作式的产销一体化，起着特别重要的作用。

当前，我国农产品物流发展中存在的突出问题是物流组织发育严重不足、物流技术落后导致物流过程损耗严重、管理运营水平低下、信息化水平不高、政府支持力度不够以及物流人才缺乏等。我们特提出如下建议：

第一，必须加快农产品物流组织的培育。我国农产品物流组织还处于初级阶段，未来一段时期正是组织创新的关键时期。培育和探索多种符合各地实践的组织形式是当务之急，如"物流公司＋农户"；加工流通龙头企业；农户与加工、贸易、服务组织的结合；"合作组织＋农户""批发市场＋农户"；产销一体化公司；"物流公司＋合作社＋农户"；股份公司—合作社模式等，都可以在实践中加以试验。

第二，努力改善基础条件，加强农产品物流载体的建设。农产品物流的顺利运转，需要良好的基础设施的支持，既包括农产品物流基地、保鲜库、冷藏库等的建设，也包括公路、铁路、航空、航海等交通运输条件的改善。

第三，优化整合资源，加快农产品物流信息化建设。随着消费者对食品安全要求的进一步提高和国际贸易保护的不断加强，将传统农产品物流分散的运作进行整合，通过信息化实现资源共享，一方面保证生产过程的计划性，降低风险；另一方面通过网上订单、拍卖等方式，节省交易成本，提高物流效率和服务水平。

第四，根据区位特点，有所侧重地发展农产品物流。城市郊区应大力加强超市配送化的新鲜农产品物流供给；远郊的农村应尽可能进行工厂化的管理和经营，加强产后的包装和加工管理，进行品牌化经营。

第五，打破地区封锁，建立农产品物流的"绿色通道"。科学借鉴国外先进经验，加大政府对农产品物流体系建设的支持力度，在政策、法律法规、标准制定等方面加强宏观管理的同时，虚实结合，择优选点，抓点带面，重点扶持，加快农产品物流的标准化建设步伐，适应国际贸易的要求，全面推广实施绿色物流管理。

（本文为作者向全国政协十二届四次会议提交的提案）

# 抓住海关通关改革与口岸物流发展的新机遇

## （二〇〇六年三月二十四日）

今天，"口岸物流与海关通关改革论坛"在这里隆重开幕。这几年，我国现代物流业发展很好，各种形式、不同层次的论坛和研讨会经常举办。就"口岸物流与海关通关改革"进行专题研讨，还是第一次，得到了海关总署、国家发展和改革委员会、上海市人民政府以及各有关方面的大力支持。我谨代表论坛主办方——中国海关学会、中国物流与采购联合会向各位代表表示热烈欢迎，向各位演讲嘉宾表示衷心的感谢，预祝本次论坛圆满成功！

同志们！中国物流业发展很快。2005 年我国社会物流总额增长 25.2%，社会物流总费用与 GDP 的比率由 2004 年的 18.8% 下降为 18.6%。中国物流由过去转变观念、普及知识、提高认识的起步期，已进入理性、务实、持续、快速发展的新阶段。

中国是一个开放的大国，口岸是中国与世界联系的窗口。2005 年，中国进出口贸易总额达到 1.42 万亿美元，口岸物流的规模与结构发生重大变化。特别是港口物流发展很快，2005 年，我国港口完成吞吐量 49.1 亿吨，同比增长 17.7%；完成集装箱吞吐量 7580 万标准箱，增长 23%，这两项指标已连续三年位居世界第一。到 2005 年年底，全国港口拥有万吨级以上生产泊位 1030 个，有 10 个港口跻身世界亿吨大港行列。其中上海港货物吞吐量达到 4.43 亿吨，由世界第四跃居世界第一大港；上海港、深圳港集装箱吞吐量达到 1800 万标准箱和 1618 万标准箱，跃居世界第三位和第四位。

近年来，我国海关系统为适应形势发展的需要，大力推进通关改革，在海关监管模式创新、电子口岸建设，区域通关一体化，提高通关效率，营造口岸物流发展环境等方面取得重大进展，为我国对外贸易和现代物流发展做出了重要贡献。

口岸物流是中国物流领域的新生事物，它不是传统的口岸运输、仓储等物流活动的简单相加，而是以口岸物流一体化为特点的综合物流服务网络，涉及物流的各个环节和物流管理的多个部门，特别是对海关通关管理改革提出了新的要求，许多问题值得我们深入探讨与实践。

为了让进出口企业、物流企业和相关管理部门了解海关通关改革的情况，让海关了解现代物流发展现状及需求，共同探讨口岸物流与海关通关改革的相关问题，我们举办了本次论坛。这是中国海关学会和中国物流与采购联合会共同推进口岸物流发展的有益尝试，也是我国海关系统与物流企业面对面交流，共同探讨海关通关改革与口岸物流良性发展的极好机会。

按照论坛的安排，海关总署副署长龚正同志将做重要讲话。海关总署监管司，中国电子口岸数据中心，上海、天津海关负责同志，国家发展和改革委员会有关部门和中国物流与采购联合会领导，以及部分专家将做专题演讲，并进行现场互动交流。明天，我们还将组织代表前往洋山深水港参观。本次论坛虽然时间不长，但主题突出，形式多样，内容丰富。相信在大家共同努力下，一定能够取得圆满成功。

同志们！刚刚结束的十届人大四次会议通过的"十一五"规划纲要，第四篇"加快发展服务业"，第十六章"拓展生产性服务业"，单列一节"要大力发展现代物流业"的内容。标志着现代物流的产业地位得到确认，也表明国家政策上重视和支持物流业的发展，我国现代物流面临前所未有的良好机遇。让我们共同携手，为我国现代物流业更快更好地发展做出新的贡献。

（本文为作者在"口岸物流与海关通关改革论坛"上的致辞）

# 建设天津北方国际物流
# 中心的几点思考

## （二〇〇六年七月十一日）

很高兴参加今天的论坛。天津滨海新区开发开放是件大事，忠禹同志非常重视，邦柱同志亲自给我打电话，要我们对本次论坛给予协助。一个月前，我和几位物流方面的专家对天津滨海新区进行了实地考察，听取了天津市有关部门的情况介绍。下面，我就建设天津北方国际物流中心的问题谈点想法，以供参考。

### 一、关于我国现代物流业发展的一些情况

现代物流是经济发展到一定阶段的产物，是社会分工的结果。美国的物流发展已经一个世纪了。20 世纪 80 年代以来，美、日、欧等发达国家和地区逐步对各种物流功能进行整合，也就是专家们所说的"物流革命"。首先，企业内部资源整合和一体化运作，形成了以企业为核心的物流系统；之后，资源整合和一体化扩展到企业之间相互联系、分工协作的整个产业链条，形成了以供应链管理为中心的核心业务；在此基础上，出现了为工商企业和消费者提供社会化服务的专业物流企业，即第三方物流。随着经济全球化和信息技术的发展，物流活动的范围空前扩大，物流功能整合和供应链管理进入新的阶段。现代物流已成为当今世界企业竞争的重要手段和衡量一个国家综合国力的重要标志。一些经济学家讲，物流是 21 世纪新的经济增长点，是经济发展的推进器。

物流在我国是新产业、新行业，发展形势很好、很快。从 20 世纪 70 年代末引入物流概念，到 90 年代后期出现了"物流热"，再到进入 21 世纪以来，也就是"十五"时期，我国现代物流跨越"起步期"，进入理性、务实、持续、快速发展的新阶段。

第一，现代物流的产业地位得以确立。2006 年 3 月，全国十届人大四次会议通过的《国民经济和社会发展第十一个五年规划纲要》，在第四篇"加快发展服务业"，第十六章"拓展生产性服务业"里面，单列一节"大力发展现代物流业"，提出了"十一五"时期我国现代物流业发展的战略目标和重点任务。这在我国国民经济和社会发展规划的历史上也是第一次，标志着现代物流的产业地位在国家规划层面得以确立。

第二，物流平稳快速的发展。据国家发展和改革委员会、国家统计局和中国物流与采购联合会统计，"十五"时期，我国社会物流总额扣除价格因素，年均增长15%左右，明显快于"十五"时期GDP增长9.5%的水平；我国社会物流总费用与GDP的比率由2000年的19.4%下降到2005年的18.6%，相应于节约社会物流费用合计1090亿元；物流业增加值2005年超过1.2万亿元，同比增长12.7%，占当年服务业增加值的16.6%。

第三，物流企业群体迅速成长。"十五"时期，中远、中海、中外运、中邮、中铁、中储等传统大型国有物流企业改制重组，加快向现代物流转型；宝供、南方、大田、宅急送、远成、德利得等民营物流企业瞄准市场需求，发展势头迅猛；联邦快递（FedEx）、联合包裹（UPS）、天地（TNT）、敦豪（DHL）、美国总统轮船（APL）、马士基（MAERSK）等外资物流企业"抢滩"中国物流市场，迅速落地生根。这些企业在竞争与合作中加速成长，形成了"三足鼎立"的物流企业群体。

第四，制造业和流通业物流运作模式开始转变。许多制造企业运用现代物流理念，实施流程再造，分离外包物流业务，出现了销售物流向生产物流、供应物流延伸的趋势，一体化运作、供应链管理初现端倪。流通企业不断强化自身物流能力，大力发展连锁经营、物流配送和电子商务等现代营销方式，促进了商流、物流、信息流和资金流的融合，极大地改变了传统流通模式。

第五，物流基础设施和信息化建设进度加快。"十五"期间，我国物流相关行业固定资产投资年均增速达19.7%，比"九五"时期加快4.2个百分点。铁路提速，公路联网，港口专业化泊位相继建成投产，长距离油气管道开通，车船运力向大型化、专业化方向发展。物流园区（基地、中心）在"十五"期间起步建设，促进了各种物流功能和要素的集成整合。物流信息化取得突出成就，为物流资源整合和一体化运作提供了必不可少的基础条件。

第六，物流行业基础性工作全面铺开。目前，全国物流发展规划已完成初稿。国家标准化管理委员会相继批准成立了跨部门、跨行业的全国物流标准化技术委员会和全国物流信息管理标准化技术委员会，《全国物流标准2005—2010年发展规划》正在组织实施。国家发展和改革委员会和国家统计局联合制定了我国社会物流统计核算制度，监测分析现代物流业发展的相关数据开始发布。全国开设物流专业的本科院校已从2001年的1所发展到218所，从中专、高职高专、本科到硕士、博士的物流教学体系基本建立，物流师职业资格等在职培训进展较快，物流人才严重短缺的局面有所缓解。

第七，区域物流出现新的局面。我国的现代物流首先从沿海地区依托港口起步，现已形成珠三角、长三角和环渤海地区等现代物流快速发展的区域。2005年，全国港口完成吞吐量 49.1 亿吨，完成集装箱吞吐量 7580 万标准箱。这两项指标，我国已连续三年位居世界第一。其中上海港货物吞吐量达 4.43 亿吨，跃居世界第一大港；上海港、深圳港集装箱吞吐量分别达到 1800 万标准箱和 1618 万标准箱，跻身世界第三位和第四位。从物流的组织现状来看，港口承担了 80% 以上的口岸物流工作量。沿海重要的港口地区已成为港航企业和物流企业、物流基础设施和物流信息的集聚区，物流功能、要素整合和运作的枢纽区域，对区域经济的辐射和带动作用更加明显。

第八，物流发展的体制和政策环境有了较大改善。2004 年 8 月，经国务院批准，国家发展和改革委员会等九部委联合印发了《关于促进我国现代物流业发展的意见》。由国家发改委牵头，商务部等 13 个政府部门和中国物流与采购联合会等 2 家行业协会组成的全国现代物流工作部际联席会议从 2005 年建立以来已经召开了两次联席会议和首次全国现代物流工作会议。联席会议各成员单位从自身职能出发做了大量工作，推进现代物流发展的合力正在形成。各省市区明确了现代物流工作的牵头部门，不少地方制定规划，出台政策，物流发展的体制和政策环境有了很大改善。

从以上情况看，我国物流发展很快、很好。但是，与发达国家相比，与我国经济发展需要相比，差距仍然不小。我国社会物流费用与 GDP 的比率虽然有所下降，但仍比发达国家高出一倍左右。体制的制约、设施的落后、企业集中度不够、效益和效率不高、服务较差、地区和行业发展不平衡等问题严重。我国现代物流刚刚进入发展期，潜力巨大，任重而道远。

"十一五"规划纲要，对现代物流业发展提出了新的更高要求。我们要建立快捷、高效、安全、方便并具有国际竞争力的现代物流服务体系，提高物流的社会化、专业化和现代化水平，社会物流费用与 GDP 的比率在 2005 年 18.6% 的基础上降低了 2~3 个百分点。重点任务是推广现代物流管理技术，促进企业内部物流社会化；培育专业化物流企业，积极发展第三方物流；建立物流标准化体系，加强物流新技术开发利用，推进物流信息化；加强物流基础设施整合，建设大型物流枢纽，发展区域性物流中心。

## 二、建设天津北方国际物流中心的几点思考

党中央、国务院从我国经济社会发展全局出发，做出了推进天津滨海新区开发开放的重要战略部署。把天津滨海新区的功能定位于依托京津冀、服务环渤海、辐射"三北"、面向东北亚，努力建设成为我国北方对外开放的门户、高水平的现代制造业和研发转化基地、北方国际航运中心和国际物流中心，逐步成为经济繁荣、社会和谐、环境优美的宜居生态新城区。下面，我从现代物流的角度，就天津滨海新区的开发开放和建设天津北方国际物流中心的问题，提点想法。

### 1. 服务业应该成为天津滨海新区发展的主攻方向

"十一五"规划纲要提出"加快发展服务业",这是调整经济结构、转变增长方式、全面落实科学发展观的重要举措。大家知道,发达国家的经济结构是以服务业为主导的,服务业已成为国际直接投资和产业转移的热点。目前,美国、日本等发达国家服务业占 GDP 的比重已经达到 70%,而我国 2005 年为 40.3%,天津 41%,滨海新区只有 31%。我们不仅与发达国家还有相当大的差距,也达不到发展中国家 45% 的平均值,可见发展空间很大。通过大力发展现代服务业来实现经济增长方式转变,也是彻底改变靠大量消耗能源、原材料,污染环境发展经济的老路子,走新型工业化道路的有效途径。

以前我们讲服务业,主要是指面向生活的服务业,这次"十一五"规划提出"拓展生产性服务业",其用意就是推动结构调整和生产方式转变。大家知道,一个产品平均在生产环节所占用的时间只有 5%~10%,其余 90% 及以上的时间,都在流通、物流服务过程中,降低成本的更大空间在流通和物流服务领域,也就是大家讲的"第三利润源泉",这是我们大力发展现代物流业的原因所在。调整经济结构、转变经济增长方式是"十一五"时期的重要任务,必须把经济发展的速度、效益和质量统一起来,创品牌,抓服务。企业的经营重心也要转移到服务上来,谁服务好,谁就占有市场;不加强和改进服务,就没有市场,更谈不上发展。在商品质量和价格差别不大的情况下,服务决定贸易,服务决定市场,服务决定效益。服务是我们的生存之本、发展之道,是提高经济质量和效益的源泉。

现代制造业和现代服务业的融合是当代经济发展的趋势。"十一五"规划纲要提出"拓展生产性服务业",要求"优先发展交通运输业""大力发展现代物流业""有序发展金融服务业""积极发展信息服务业""规范发展商务服务业"。天津滨海新区发展定位中的"现代制造业和研发转化基地、北方国际航运中心和国际物流中心",实际上主要就是生产性服务业。滨海新区应该重视发展服务业,特别是生产性服务业,服务业应该成为天津滨海新区发展的主攻方向,要改变传统发展模式,走出一条新的路子来。

### 2. 创建天津北方国际物流中心,为区域经济协调发展服务

从天津滨海新区的区位优势来看,天津具备创建北方国际物流中心的条件。首先,是京津冀的依托。2005 年,两市一省 GDP 达 2 万亿元,外贸进出口总额 1900 亿美元,北京 90% 以上的海运出口货物经天津港。其次,内陆腹地广阔。天津港服务和辐射区域包括"三北"地区的 11 个省区市,占全国 GDP 和外贸进出口总额的 41% 和 21.5%。再次,是国际区位优势。天津处在欧亚大陆桥的桥头堡地位,与韩国、日本隔海相望,距中亚、西亚陆地距离最短,是连接东北亚与中西亚的纽带。最后,也是最重要的一

点，是天津港这一核心战略资源。2005 年，天津港货物吞吐量达 2.4 亿吨，集装箱吞吐量 480 万标准箱，航线通达世界 180 多个国家和地区的 400 多个港口。天津港 70% 的货物吞吐量、50% 的进出口是为外地服务的。北京出口总值的 42%、河北的 59%、山西的 50%、内蒙古的 38% 是从天津口岸运往世界各地的。"十一五"期间，天津港要达到 30 万吨级，进入世界一流大港的行列。

良好的区位优势如何转化为服务优势、综合经济优势，带动区域经济发展，是天津滨海新区开发开放的关键。长三角之所以能以上海为龙头，以江浙为两翼协调发展，就是因为上海具有服务的优势、综合经济优势和经济协调能力。滨海新区依托京津冀 2 万多亿元经济总量、近 1 亿吨钢铁，还有汽车、石油和电子工业等，这是服务业发展的基础和服务对象。否则，没有商流，也就没有物流。上次我来天津，看了滨海新区的汽车市场和棉花市场，很有感触。特别是棉花市场的运行模式，实际上是国际棉花交易模式的创新。正是通过建立国际棉花市场，吸引国际棉商，才使得天津虽不是棉花产区，棉花消费量也不大，却正在成为国际棉花的一个交易中心、物流中心。天津北方国际航运中心和国际物流中心，首先应该成为国际和国内贸易中心，成为有效利用两种资源和两个市场的重要载体。天津自开埠以来，就是我国对外通商的重要口岸，建设北方物流中心要有一批在经济区域以至于世界范围有影响的有形市场和无形市场。

创建天津北方国际航运中心和国际物流中心，将进一步发挥天津作为北方对外开放的门户作用，有力地推动京津冀都市圈的整合与发展，推进中部地区崛起，带动西部大开发，有利于实施全国经济区域协调发展。天津滨海新区开发开放不仅仅是天津的事，更是区域协调发展的大事，牵动全国经济发展的大局。天津要加强与北京、河北和环渤海其他地区的经济联系，沟通华北地区与西北、东北地区的经济交流，为区域经济协调发展服好务。只有服务好，有钱可赚，互利多赢，才有吸引力，才能发挥天津在区域经济发展中的作用，也才能与相关的省区实现优势互补，共同发展。

### 3. 建设大型物流枢纽，增强物流综合服务能力

国家"十一五"规划纲要提出，要建设大型物流枢纽，发展区域性物流中心。国务院把天津滨海新区定位于北方国际航运中心和国际物流中心，这一目标的实现，关键在于增强物流综合服务功能。

一是依托港区，构建天津北方国际物流中心服务体系。天津港除了继续加大基础设施投资以提高装卸作业能力以外，还要加快散货物流中心、集装箱物流中心和海铁换装集装箱物流中心建设。要加快天津国际机场建设，发展海、陆、空、铁多式联运。要充分利用枢纽港优势，大力发展专业化、社会化的物流中心和配送中心，开展加工、包装、分拣、配送、信息等物流服务。把"港到港、站到站"的枢纽优势转化为"门对门、点对点"的物流优势。以成本低、效率高、服务好的综合物流优势，增强吸引

力，扩大服务面。

二是整合资源，加快通道和线路建设。天津港是全国物流网络的重要节点，节点作用的发挥离不开交通网络的配套和完善。要注重港区和高速公路连接线、铁路专用线建设，形成港城分离的立体交通体系，实现港区与周边运输网络的快速衔接。在尽快改善港口周边交通环境、完善滨海新区自身交通网络的同时，加快与主要腹地直通公路和铁路的建设。要积极推进京津塘高速公路二线、三线建设，打通天津港直通西部的铁路大通道，扩大天津与西部能源基地的铁路通过能力，完善以天津港为核心的物流网络。

三是完善口岸服务环境，扩大天津北方国际物流中心的国际影响力。天津港、天津经济技术开发区和天津港保税区是天津滨海新区的三大功能区。三个功能区在地理上连成一片，共同具备外贸运输、国际贸易、保税仓储、生产制造和出口加工多种功能。2004 年 12 月 31 日，国家批准天津市区港联动、建设保税物流园区试点；今年，国务院又赋予天津设立东疆保税港区的政策。要对滨海新区各类特殊监管场所进行功能整合，进一步扩展和提升天津港和保税区的功能优势。要认真落实大通关制度，积极推进"电子口岸"建设，为企业提供"一卡通""一站式"服务。积极开展跨关区"属地申报、口岸验放"改革试点工作，探索改进海关物流监管模式，进一步提高口岸通关效率。要积极创造条件，借鉴国际通行做法，推动建设自由贸易港区，以良好的口岸物流服务环境，扩大天津北方国际物流中心在东北亚以至于全球的影响力。

**4. 做大做强物流企业，提升改造企业物流**

物流企业是物流市场的主体，天津北方国际物流中心必须由物流企业"唱主角"，要培育专业化的第三方物流企业。目前，天津市物流及相关企业总数已达 2 万多家，在天津保税区落户的物流企业超过 500 家，其中跨国物流企业 50 多家。物流枢纽城市应该是物流企业，特别是具有国际竞争力的大型物流企业的聚集区。但总体来看，天津市物流企业规模较小、实力较弱，能够提供一体化服务的第三方物流企业还不多。国际大型物流企业把天津作为总部基地的比较少，个别本土物流企业还把总部外迁。因此，要积极创造有利于物流企业发展的创业环境，鼓励现有国有物流企业兼并重组，向现代物流转型，鼓励大型企业做大做强，扶持发展中小企业，积极支持民营企业，培育自主物流服务品牌。要进一步开放物流市场，吸引国内外大型物流企业集团落户，争取让他们设立总部或区域运营中心，不断提升天津北方国际物流中心的服务水平和竞争能力。

物流业发展离不开物流企业供给服务能力的提升，同样有赖于制造业物流运作方式的转变。要推广现代物流管理技术，促进企业内部物流社会化，实现企业在生产组织、原材料采购、产品销售的系列化运作，打破生产企业"大而全""小而全""产供销一体化"的运作模式。建设北方国际物流中心，为制造业物流运作模式转型提供了支持平台，有利于促进物流活动的分离与聚集，有效提高供应链管理水平。天津滨海新区要建成高水平的制造业和研发转化基地，必须重视物流模式创新。要在原有制造企业积极推行现代物流管理，转变企业传统运作模式；对于新建制造业项目，凡有条件的要鼓励使用专业化、社会化的第三方物流。要结合我国土地资源紧缺、劳动力相对充裕的国情，采用先进适用的设施、设备和技术。要优先整合利于现有资源，不一定都要搞新的自动化立体仓库，从实际出发，建设天津北方国际物流中心。

**5. 天津北方国际航运中心与国际物流中心要统筹考虑**

航运中心是物流中心的基础条件，物流中心是航运中心的功能延伸。"两个中心"可以集成整合，统筹考虑，一体化运作。

一是建立统一的领导协调机制。上次来天津听取有关情况介绍时，我们看到了《北方国际航运中心发展纲要》和《北方国际物流中心发展纲要》。两个"发展纲要"提出了分别设立两个领导小组和既有区别又有重叠的相关政策。尽管国务院文件对滨海新区的定位是"两个中心"，但这"两个中心"关联度高、功能重叠、目标一致，应该统一领导、统筹规划、一体化建设。建议由分管领导牵头，建立统一的"两个中心"领导协调机制，负责物流发展规划及相关政策的制定，统筹考虑重大物流基础设施建设项目，组织物流实际运作中市内各行业间和相邻省份间的政策与关系协调，实现"两个中心"一体化运作，联动发展。

二是促进公共信息平台体系建设。信息化是物流现代化的基础和灵魂，要把信息化作为天津北方国际物流中心建设的核心。政府要从加强监管和公共服务的角度出发，在现有物流信息化的基础上，积极推动更多的、与大通关密切相关的管理部门、口岸物流单位在电子口岸平台上实现信息共享，构筑大通关、大物流、大外贸统一信息平台，促进社会物流资源的优化配置。

三是完善综合服务体系。天津北方物流中心的正常运行，需要相应的配套服务体系。要有银行、证券、保险、财务、资产管理、咨询、信息服务等良好的商务环境；要有贸易服务、市场运营、展览展销、信息集散、社会监督和人才交流等综合功能。有了这些全方位和一体化的功能性服务，才能形成良好的商业环境，促进港航、仓储和物流产业联动发展。

## 三、几点建议

天津滨海新区为全国综合配套改革试验区，要在"新"字上下功夫。要探索新思路，建立新体制，完善新机制，采用新模式，走出新路子，要有新的做法。

第一，滨海新区建设项目审批权下放天津市。滨海新区的建设项目，经国务院批准总体规划后，除必须经国务院审批的以外，其余项目交由天津市审批，报有关部门备案。

第二，国家对基础设施建设给予资金支持。天津北方国际航运中心和北方国际物流中心，是全国性的物流枢纽，是大的物流节点，是基础性、公用性的设施，对区域经济发展有很强的带动作用。从国际通行做法来看，物流基础设施也是政府投资的重点领域，国家应该从资金方面给予支持。

第三，把天津作为物流改革试验区，推动全国物流发展。对我国现代物流发展中一些带有全局性的问题，如物流管理体制与协调问题，物流企业的市场准入和监管问题，物流业的税收和财务问题，物流配送车辆的进城问题，物流及仓储设施的用地问题、用电问题，物流企业的贷款问题，口岸大通关问题等，可以在天津先试点，取得经验后全面推开。请国家有关部门给予支持。

第四，加快物流人才培养。目前，天津已有南开大学等20所高等院校和大部分职业技术学校设置了物流管理专业，制订了现代物流人才教育培训体系方案，有5000多人次经过物流培训。要针对建设北方国际物流中心的人才需要，建立以实现物流科技创新和培养多层次物流人才为核心的物流教育目标体系，加强物流从业人员培训，推行上岗资格认证制度。同时，实行人才引进与开发战略，鼓励人才交流和国际合作。

同志们！建设天津北方国际物流中心是全国的大事，也是物流行业的大事，中国物流与采购联合会很愿意多做服务工作。同时，也希望天津北方国际物流中心为我国物流发展提供新鲜经验。谢谢大家！

（2006年7月11日，全国政协人口资源环境委员会、经济委员会和政协天津市委员会在天津联合举办了"建设现代国际航运中心和物流中心，推进滨海新区开发开放论坛"。全国政协副主席王忠禹、天津市市长戴相龙出席并讲话，全国政协秘书长郑万通主持会议。作者等7位专家学者和国家发改委欧新黔副主任、财政部楼继伟副部长和交通部翁孟勇副部长等发了言。本文为作者的发言全文，已刊登在《中物联参阅》上，并已印发全员单位供参阅）

# 贺《远成人——物畅其流》创刊

## （二〇〇六年八月十四日）

值此《远成人——物畅其流》创刊之际，我谨代表中国物流与采购联合会表示热烈的祝贺，向在我国物流领域拼搏奋进的"远成人"表示亲切的慰问！

"物畅其流"是中华民族几代人的梦想。早在 100 多年前，孙中山先生就提出了"货畅其流"的主张。20 世纪 70 年代末，物流概念引入我国。20 多年前，我国现代物流艰难起步，民营物流开始创业。进入 21 世纪以来，国有物流转型升级，外资物流"抢滩"中国，民营物流迅速崛起，我国现代物流得到快速发展。

"远成"的发展历程，是我国民营物流企业成长的一个缩影。经过十几年顽强拼搏，你们在经营战略、营销网络、组织体系、信息系统、服务手段等方面，实现了跨越式发展，已经自立于强势物流企业之列。《远成人——物畅其流》的创刊，是企业文化建设的重要成果，标志着"远成"事业进入新的发展阶段。

展望未来，中国物流发展任重道远。希望"远成"以科学发展观为指导，以发展民族物流事业为己任，向国际一流物流企业的目标迈进。希望新生的《远成人——物畅其流》大力宣传物流理念，传播物流信息，弘扬物流精神，为实现"物畅其流"的伟大梦想加油鼓劲，添砖加瓦。

（本文是作者为《远成人——物畅其流》创刊而写的贺词）

# 努力办好《现代物流报》

## （二〇〇六年九月十六日）

《现代物流报》自去年 9 月创刊以来，在继续搞好生产资料流通新闻工作的同时，积极向现代物流与采购领域拓展，报道内容更加充实，报纸质量有所提高，发行量稳步上升，在业内外的影响逐步扩大。可以说，通过一年来的运作，我们的《现代物流报》明确了思路，锻炼了队伍，积累了经验，取得了初步成果，发展的势头是好的。

物流是个新行业、新产业，物流新闻宣传是新的事业，而我们的报纸人财物各方面的基础都比较薄弱，在短短一年的时间内，能够取得这样的成绩，是很不容易的，大家付出了辛勤的劳动。借此机会，我代表中国物流与采购联合会，向在座各位，并通过你们，向报社全体工作人员和各地记者、通讯员表示衷心的感谢和亲切的问候，向将要受到表彰的单位和个人表示热烈的祝贺，向各地有关的政府部门、行业协会、物流企业和物流研究、教学、新闻单位以及所有关心支持报社工作的同志们表示衷心的感谢，特别是向河北省物产集团表示感谢！

下面，我向大家简要介绍一下全国现代物流业发展的形势，并就如何办好《现代物流报》谈几点意见。

### 一、当前我国现代物流业发展的形势

大家知道，物流概念从 20 世纪 70 年代末引入我国，90 年代中期开始出现"物流热"，直到进入 21 世纪以来，也就是"十五"时期，我国现代物流跨越"起步期"，进入理性、务实、持续、快速发展的新阶段。有以下这样几个特点值得关注。

第一，现代物流的产业地位得以确立。今年 3 月，全国十届人大四次会议通过的《国民经济和社会发展第十一个五年规划纲要》，在第四篇"加快发展服务业"，第十六章"拓展生产性服务业"里面，单列一节"大力发展现代物流业"。这在我国国民经济和社会发展规划的历史上也是第一次，标志着现代物流的产业地位在国家规划层面得以确立。

第二，物流产业平稳快速发展。据国家发展和改革委、国家统计局和中国物流与

采购联合会统计："十五"时期，我国社会物流总额扣除价格因素，年均增长 15% 左右，明显快于"十五"时期 GDP 增长的水平；我国社会物流总费用与 GDP 的比率由 2000 年的 19.4% 下降到 2005 年的 18.6%，相当于节约社会物流费用合计 1090 亿元；物流业增加值 2005 年超过 1.2 万亿元，同比增长 12.7%，占当年服务业增加值的 16.6%。今年上半年，我国社会物流总额继续保持快速增长，达到 26.8 万亿元，按可比价格计算同比增长 15.3%；社会物流总费用与 GDP 的比率继续下降，由去年全年的 18.6%，下降至 18.4%，下降 0.2 个百分点。

第三，物流企业群体迅速成长。"十五"时期，传统大型国有物流企业改制重组，加快向现代物流转型，民营物流企业瞄准市场需求，发展势头迅猛，外资物流企业，"抢滩"中国物流市场，形成了"三足鼎立"的物流企业群体。昨天，我到盛唐物流和省物产集团物流企业参观，看到我们山西的物流企业也有很好的发展，这是物流产业发展的基础。

第四，制造业和流通业物流运作模式发生了转变。许多制造企业运用现代物流理念，实施流程再造，分离外包物流业务，出现了销售物流向生产物流、供应物流延伸的趋势，一体化运作、供应链管理初现端倪。流通企业不断强化自身物流能力，大力发展连锁经营、物流配送和电子商务等现代营销方式，促进了商流、物流、信息流和资金流的融合，极大地改变了传统流通模式。

第五，物流基础设施和信息化建设进度加快。"十五"期间，我国物流相关行业固定资产投资年均增速达 19.7%，比"九五"时期加快 4.2 个百分点。物流园区（基地、中心）在"十五"期间起步建设，物流信息化取得突出成就，为物流资源整合和一体化运作提供了必不可少的基础条件。今年上半年，国内物流相关行业固定资产投资额为 4322 亿元，同比增长 20.7%。

第六，物流行业基础性工作已有成效。国家标准化管理委员会相继批准成立了跨部门、跨行业的全国物流标准化技术委员会和全国物流信息管理标准化技术委员会，《全国物流标准 2005—2010 年发展规划》正在组织实施，《物流企业分类与评估指标国家标准》正在贯彻。国家发改委和国家统计局联合制定了我国社会物流统计核算制度，监测分析现代物流业发展的相关数据开始发布，覆盖全国的物流统计工作体系正在形成。国家有关部门和企业、院校、行业协会为物流人才的培养教育做了大量工作，我国物流人才严重短缺的局面已经有所缓解。

第七，区域物流出现新的局面。我国的现代物流首先从沿海发达地区起步，现已形成珠三角、长三角和环渤海地区等现代物流快速发展的区域。2005 年以来，泛珠三角地区物流合作、东北三省一区物流规划和围绕中部崛起的物流业发展引起关注。特别是党中央、国务院提出天津滨海新区开发开放，建设北方国际物流中心，将是中国新时期、新阶段区域经济发展的重大举措。

第八，物流发展的体制和政策环境有了较大改善。这两年，随着国家发展和改革委等九部委文件的印发，全国现代物流工作部际联席会议的建立和首次全国现代物流工作会议召开，联席会议各成员单位做了大量工作，推进现代物流业发展的合力正在形成。各省市区明确了现代物流工作牵头部门，不少地方制定规划，出台政策，物流发展的体制和政策环境有了较大改善。

第九，物流理论研究、新闻宣传工作取得很大进展，产生了很好的影响。近年来，我国物流学术研究结合实践发展，在各个层面深入展开。无论研究的广度、深度，成果的数量、质量与应用效果，还是物流研究机构的发展和研究人才的成长，都有比较大的进步。在物流新闻宣传方面，2005 年 9 月 1 日，我们的《现代物流报》创刊。之后，数字电视频道"东方物流"开始试播。《中国物流与采购》《物流技术与应用》《物流技术》《物流时代》《新物流》《中国储运》等物流类刊物各有特色。众多物流网站及时传递物流信息，"中国物流与采购网"每天点击率接近 10 万次。《国际商报》《中国交通报》《经济参考报》《中国商报》《中国产经新闻》等开辟了物流类专版。其他各类社会媒体都在关注中国物流新闻宣传工作，再加上地方报刊的参与，形成了全国性的物流新闻宣传网络，物流产业的发展受到社会舆论广泛关注。

从以上情况看，我国物流发展很快、很好。但是，与发达国家相比，与我国经济发展需要相比，差距仍然不小。我国全社会物流费用与 GDP 的比率，虽然有所下降，但仍比发达国家高出一倍左右。体制的制约、设施的落后、企业集中度不够、效益和效率不高、服务较差、地区和行业发展不平衡等问题严重存在。我国现代物流刚刚进入发展期，潜力巨大，任重而道远。

国民经济持续快速健康发展，对现代物流业提出了新的更高要求。我们要建立快捷、高效、安全、方便并具有国际竞争力的现代物流服务体系，提高物流的社会化、专业化和现代化水平，社会物流费用与 GDP 的比率应该继续有所降低。"十一五"规划纲要提出的重点任务是推广现代物流管理技术，促进企业内部物流社会化；培育专业化物流企业，积极发展第三方物流；建立物流标准化体系，加强物流新技术开发利用，推进物流信息化；加强物流基础设施整合，建设大型物流枢纽，发展区域性物流中心。中国的现代物流业发展既有难得机遇，也有严峻挑战。机遇稍纵即逝，挑战不请自来。我们要抓住机遇，乘势而上，大力发展现代物流业。

《现代物流报》同时承担着生产资料流通的宣传任务，在座各位正在从事生产资料流通方面的新闻报道工作，我想借此机会对我国生产资料流通的形势讲几句。改革开放 20 多年来，我国生产资料流通领域发生了根本性变化，发展的形势很快很好。"十五"时期，我国生产资料流通的规模从 5.8 万亿元增长到 14.3 万亿元，年均增幅

15.6%。今年上半年，增长 18.6%，预计全年增幅将在 16% 左右，总额将要达到 17 万亿元。我国生产资料流通规模是社会商品零售总额的 2 倍，为国民经济持续快速发展起了重要作用。一些国有物资流通企业通过改革、改组、改制，向现代物流转型，仍然在行业中起带头作用。他们的经营规模在 400 亿元到 1000 亿元。民营企业发展很快，有的经营规模超过 100 亿元。外资企业开始进入物资流通，这既是机遇也是挑战。

党和国家领导人多次强调，现代化的大生产需要现代化的大流通，以大流通带动大生产。我认为，商品流通领域的改革应以推进流通现代化为核心，建立统一开放、服务高效、竞争有序的流通体系。要发展内外贸一体化的大贸易，建设城乡统一的大市场，搞活生产资料和生活资料相结合的大流通。要以提高流通效率、扩充流通功能、创新流通方式为基本要求，推进流通方式的现代化。要培育大型流通企业，扶持中小企业，积极发展民营企业，营造现代流通的大格局。生产资料流通企业要抓住"十一五"经济发展的大好时机，深化改革，转变机制，运用现代流通方式，发展连锁经营、物流配送和电子商务，加快生产资料流通的发展。

## 二、对办好《现代物流报》提几点希望

一年来，尽管我们做了大量工作，取得了很大成绩，但与上面所讲的物流业发展形势相比，还有比较大的差距；同其他行业兄弟报刊相比，也有不小的距离。我们要树立信心，埋头苦干，力争在比较短的时间内，使报纸质量明显提高，发行量明显上升，把《现代物流报》打造成为全国物流行业强势媒体，进入全国同类一流行业报纸的行列。为实现这一目标，我向大家提出几点希望。

第一，明确全国性行业报基本定位，坚持正确的政治方向和舆论导向。《现代物流报》以原来的《物资信息报》脱胎而来，有着较强的地域性，行业面也比较窄。报纸更名和主管单位变更以后，无论报道范围和服务对象与原来相比，都有实质性变化。我们要顺应形势发展的需要，改变原来的办报行为，明确全国性行业报基本定位，从全国的高度、全行业的广度来办好《现代物流报》。

1957 年 6 月，毛泽东同志指出新闻舆论宣传必须坚持正确的政治方向。他说，写文章尤其是社论，一定要从政治上总览全局，紧密结合政治形势，这叫作"政治家办报"。我们虽然是专业性很强的行业报，但同样是党的"喉舌"，也要在维护党、国家和人民根本利益的前提下思考、定位自己的办报行为。我们的同志要具有高度的政治责任感、政治敏锐性和政治鉴别力，要遵守党的新闻出版纪律和国家新闻出版工作的有关规定，把握好政治方向，在政治上绝对不能出问题。

明确全国性行业报基本定位，坚持正确的政治方向和舆论导向，最根本的是要提

高报纸的质量，坚持"质量第一"。现代物流是一门新兴的复合型产业，涉及许多行业，既有很强的理论性，又有很专的实践性。作为一家全国性的行业报纸，要给人以知识，不能讲"外行话"。《现代物流报》要在传达贯彻党和国家有关物流工作的方针政策、传播普及现代物流知识和理念、总结推广物流企业改革和发展的经验、传递交流各类物流信息、研究探索物流业发展中遇到的突出问题、沟通联络与物流相关的部门和行业、弘扬展示物流从业人员的精神风貌等方面下苦功夫、硬功夫。新闻报道要坚持真实性、可靠性、及时性，不能搞假新闻。要贴近实际、贴近生活、贴近企业。要遵循一般的新闻规律和行文规范，不能文理不通，不能出现常识性错误。文字要准确精练，经得起推敲，不能像"懒婆娘的裹脚布——又臭又长"。删繁就简三秋树，标新立异二月花。报纸要有可读性，也要有点小栏目，不能办成"老太太的脸——干巴巴的"。我们要兼容并蓄，不要有"门户之见"。

第二，积极开拓物流与采购领域宣传服务工作，继续承担生产资料流通的宣传任务。从《现代物流报》的定位来看，我们要以物流与采购报道为主，兼顾生产资料流通行业和其他与物流相关的行业以及宏观经济方面的报道。不仅报道国内物流，也要把视角投向国外；不仅报道城市物流，也要关注农业物流；不仅报道物流经济与管理，也要注意物流技术与工程。要在普遍关注的基础上，抓重点、抓热点、抓典型，抓行业突出问题，抓企业关心的事情。

当前和今后一个时期，物流与采购领域的报道，要全面贯彻科学发展观和构建和谐社会的指导思想，重点关注以下几个方面。一是要宣传贯彻落实"十一五"规划纲要；二是要宣传报道"全国现代物流工作部际联席会议"工作情况以及各地、各部门贯彻落实国家九部委《关于促进我国现代物流业发展的意见》，制定物流业"十一五"发展规划、出台重大物流发展政策的情况；三是对物流企业落实科学发展观，加强资源整合、搞好结构调整、推动技术进步、开拓物流市场、扩大对外开放、降低物流成本等方面的经验和做法的报道；四是对生产制造企业、商贸流通企业物流运作模式升级转型、业务外包的报道，特别注意对专业物流，如钢铁、石化、汽车、建材、农业和冷链物流等发展态势的报道；五是对天津滨海新区、泛珠三角、长三角、振兴东北、西部开发和中部崛起物流发展动态以及"海峡西岸物流""中国—东盟自由贸易区物流"和"东北亚物流"等区域物流的报道；六是对各地物流行业协会工作经验、重大活动和经验、体会的报道；七是对行业发展的倾向性、苗头性重点问题深入剖析，特别要加强"诚信物流"以及行业自律有关问题的报道；八是对"通畅物流""绿色物流""和谐物流"等促进行业文化建设的报道；九是对国外企业"走进来"和我国企业"走出去"等我国物流领域对外开放的报道；十是对物流标准化、统计信息、理论研究、科技创新、人才培养等方面的宣传报道。当然，物流与采购领域的报道还不止这些，我在这里点个题，文章由大家来做。

《现代物流报》更名改版以后，依然承担着生产资料流通行业和企业的宣传报道任务。要宣传报道我国流通体制特别是生产资料流通体制改革与发展的经验，加强对重点联系企业的宣传报道，推动传统生产资料流通企业向现代物流转型。要积极宣传报道大中型生产企业与商贸流通企业相结合，发展现代物流的经验和做法；宣传各地生产资料市场引入现代物流配送模式、为商户提供优质服务的经验和做法；宣传经销商实施先进经营理念，发展加工、配送等物流服务的经验和做法。要加强生产资料的信息资讯采集和报道，及时分析预测生产资料市场形势，增强市场信息的权威性和前瞻性。生产资料流通信息报道是报社的"老本行"，目前是同类报纸的"独一份儿"，要继续加强，改进提高。

第三，紧紧依靠各地行业协会和通联组织，建立通联工作网络体系。报纸的质量来自稿件，稿件的来源在于通联网络。《现代物流报》经过20多年发展，特别是更名改版的一年来，通联网络基本建立起来。从参加这次会议的代表来看，就有这么多来自各地记者站和工作站的代表。但是，根据报纸新的定位和发展的需要，现有的通联网络显然是不够的。我们要紧紧依靠各地的物流行业协会，向重点企业、重点物流园区、重点市场发展；向长三角、珠三角、环渤海和东北地区以及中西部发达省区物流发展快的地区发展。报社要努力搞好通联服务工作，要认真对待驻站记者和通讯员的来稿，要为他们开展工作创造良好条件。各地物流行业协会，要把《现代物流报》当作自己的报纸，把对报社的工作纳入工作计划和考核范围。经过报社和协会共同努力，把覆盖全国全行业的通联工作网络体系建立和完善起来。这是报纸质量提高、报社生存发展的根基。

第四，培养和造就专家型人才队伍，为行业文化建设创造舆论环境。报纸质量的提高，报社的发展壮大，归根结底靠人才，要培养造就一支专家型人才队伍。报社记者、通讯员和编辑人员要有良好的政治素质和业务能力，要懂得新闻业务和基本的物流知识，要能够把握宏观经济走势和行业发展的方向，要熟悉行业情况和企业的经营管理活动。这是一个比较高的要求，但又是报社工作人员必须具备的基本素质。报社工作人员要加强自身学习和修养，报社也要为提高人才素质创造条件，《现代物流报》应该成为学习型组织，成为人才成长的"摇篮"，要培育锻炼出一批在业内外知名的记者、编辑、通讯员和名牌栏目。

企业有企业精神，行业有行业文化，《现代物流报》要为行业文化建设创造舆论环境。我们要善于发现和宣传行业企业和职工的精神风貌，要敢于批评和揭露行业违规、违纪、违法现象，为加强行业自律服务；要开辟职工文化生活园地，增强报纸可读性，丰富职工文化生活；要本着客观、公正的原则，加强协商、协调、协作，为形成和维护行业健康发展氛围、创建"和谐物流"尽心竭力。

第五，提高综合服务能力，形成可持续发展的创新机制。服务也是办报的根本宗旨和努力方向，要把《现代物流报》办成服务型报纸。服务于企业、服务于行业、服务于政府。坚持为全面建设小康社会服务，为推动现代物流业发展服务，为生产资料流通业的改革和发展服务。我们既服务各类物流企业，也服务生产制造、商贸流通企业；既服务国家有关物流工作部门，也服务各级地方政府物流主管部门。

最近一段时期，许多物流类刊物勉强维持，有的已销声匿迹，物流行业报刊的竞争相当激烈。服务搞不好，就没有读者、没有市场。报纸要搞好服务，首先要知道读者需要什么样的服务，因此要贴近行业、贴近企业、贴近读者，要根据他们的需要努力做好实实在在的服务，使读者感到我们的报纸对他"有用"，达到"物有所值"。同时，报社自身也要增强服务的意识和能力。我们的报纸需要得到企业的支持和帮助，但前提是搞好服务，服务搞好了我们的利益也就在其中了。报社要加强纪律，严格管理，规范操作经营业务，所有的编辑、记者、通讯员和经营工作人员都要十分珍惜《现代物流报》这块"牌子"，珍惜联合会这个"平台"。绝不能贪图"小利"砸了我们的"牌子"。

提高综合服务能力，要形成可持续发展的创新机制。报社领导提出创新工作思路，创新发展模式，为打造物流行业强势媒体而努力，并对管理体制、编务出版和经营工作提出了具体的创新目标与办法。大家要按照报社领导的部署，大胆创新，开拓进取，为把《现代物流报》成为全国物流行业强势媒体、进入全国同类一流行业报纸的行列这一目标努力奋斗。

（本文为作者在"《现代物流报》社2006年度工作会议"上的讲话）

# 面向未来　合作共赢

## （二〇〇六年九月二十六日）

第五届海峡两岸暨香港、澳门物流合作与发展大会，今天在厦门召开。首先，我代表会议主办单位——中国物流与采购联合会、香港物流协会、台湾物流协会和澳门物流货运联合商会，向出席大会的各位来宾表示热烈的欢迎和衷心的感谢！

近年来，海峡两岸暨香港、澳门发挥各自优势，加强交流合作，经济贸易往来持续快速发展。2006 年上半年，两岸间接贸易额达 502 亿美元，同比增长 22.2%。截至 2006 年 6 月底，大陆累计批准台资项目超过 7 万个，合同利用台资 958 亿美元，台商实际投资 428 亿美元。与此同时，内地与港澳《关于建立更紧密经贸关系的安排》实施（以下简称 CEPA）已进入第三个年头。目前输往内地的 1370 种香港产品、601 种澳门产品已享受了零关税；内地对港澳进一步开放了 27 个服务领域；44 个内地城市对港澳开办了"个人游"业务。经贸往来的扩大，对于台港澳地区寻求资源与市场，内地获得资金、管理与技术，起到了优势互补、合作共赢的积极作用，物流业者也在交流与合作中得到了实惠。

海峡两岸暨香港、澳门的物流业具有良好的合作基础。一是海峡两岸暨香港、澳门地域相连，同祖同根、同文同源，经济互补性强。内地物流市场的庞大空间，特别是进出口物流需求孕育着巨大的商机，而港澳台有极具效率的国际口岸，这些都是合作发展物流业的重要基础。二是内地与台港澳地区物流同行的合作，推动了物流业的融合与发展，尤其是 CEPA 的签署，为内地同港澳台地区物流界合作带来了新的发展机遇。三是内地物流业正处于快速发展时期，在物流基础设施建设成本、人工成本等方面具有一定的比较优势，对于物流技术和物流管理的需求非常迫切，而港澳台的物流管理和物流技术已有相当高的水平。四是以长三角、珠三角、环渤海地区和东南沿海地区为代表的区域物流取得实质性进展，经济的高增长推动着现代物流快速发展，现代物流的发展为经济增长提供了强有力支撑。

大家知道，我国从 20 世纪 70 年代以后重视物流研究，90 年代中期出现了"物流热"。进入 21 世纪以来，也就是"十五"时期，现代物流跨越"起步期"，进入理性、务实、持续、快速发展的新阶段。"十五"时期，社会物流总额年均增长 15%，物流总费用与 GDP 的比率由 2000 年的 19.4% 下降到 2005 年的 18.6%。今年上半年，社会物流总费用与 GDP 的比率继续下降，由去年全年的 18.6%，下降至 18.4%，物流发展的形势很好。

放眼未来，内地与台港澳物流合作前景更加广阔。"十一五"规划纲提出了"大力发展现代物流业"；"支持香港发展金融、物流、旅游、资讯等服务业，保持香港国际金融、贸易、航运等中心的地位"；"支持澳门发展旅游等服务业，促进澳门经济适度多元发展"；"促进建立稳定的两岸经贸合作机制，促进两岸关系发展"等政策措施。越来越多的有识之士为各地区之间的物流合作与发展积极运作，出谋划策。连续五次召开的海峡两岸暨香港、澳门物流合作与发展大会，就是这样一个平台。在本次大会上，各方面专家将要发表各自见解。同时，需要我们多做实事，使我们的合作有实质性的内容。借此机会，我提出以下几点建议。

（1）建立海峡两岸暨香港、澳门物流行业协会更紧密的合作机制。在连续召开一年一度例会的基础上，各方应该考虑建立更紧密的合作机制，在物流标准、统计、人力资源培训、资金项目引进和基础研究等方面进行更深入、更实际的合作。

（2）协调各方物流标准的制定和实施。台港澳地区物流标准相对成熟，内地物流标准工作刚刚起步。应该积极创造条件，对一些基础性、通用性的物流标准进行协调，以利于逐步实现协同运作。

（3）相互通报物流统计数据。内地物流业统计制度建立不久，还不很完善，很愿意与各方分享相关的数据资料。物流行业协会可以考虑建立物流统计数据相互通报制度，以便及时了解对方运作情况，更有针对性地开展合作。

（4）推动各方物流职业资格证书互认。各方物流协会都在组织各类物流职业资格认证工作，我们要在海峡两岸暨香港、澳门的范围内，逐步做到互相承认对方所发的资格证书，为人才交流创造有利环境。

（5）为各方物流企业合作牵线搭桥。除了定期会议以外，可以考虑通过网站链接、资料互递、展览展示和组织考察等多种方式，更多地为各企业之间的实质性合作提供方便。

（6）各方开放各自组织的会议和活动。中国物流与采购联合会愿意开放公开组织的各类会议和活动，欢迎台港澳方面派员参与。如中国物流专家论坛、中国物流学术年会中国物流与采购联合会科学技术奖等。

（7）共同开展相关问题的合作研究。海峡两岸暨香港、澳门物流合作与发展有许多问题需要合作研究。如各方经济发展和经贸合作走势、物流合作的趋势与重点、物流技术与管理的创新、"大中华物流圈"在亚太地区以至于整个世界物流格局中的地位与作用，等等。

各位来宾，女士们、先生们！

海峡两岸暨香港、澳门物流合作与发展是大势所趋，人心所向，是造福中华物流业的大事。中国物流与采购联合会、香港物流协会、台湾物流协会、澳门物流货运联合商会将为此尽智竭力，面向未来，合作共赢。

最后，由衷希望本次大会对大家有所帮助，为海峡两岸暨香港、澳门物流合作与发展写下新的一页。衷心祝愿本次大会取得圆满成功！

（本文为作者在"第五届海峡两岸暨香港、澳门物流合作与发展大会"上的致辞）

# 继往开来　锐意进取
# 努力开创物流学会工作新局面

## （二○○六年十一月十一日）

各位代表、同志们：

现在，我代表中国物流学会第三届理事会，向大会报告工作，请予审议。

### 一、关于过去五年的学会工作

中国物流学会过去五年的工作，是在老一辈开创的基础上发展起来的。大家知道，中国物流学会的前身中国物资经济学会、中国物流研究会以及中国物资流通学会是国内最早开展物流研究的学术团体。国家计委、经委、铁道部、交通部、外贸部、商业部、物资部等政府有关部门的领导以及一些著名经济学家都曾经在学会担任领导职务，学会成立之初就体现了跨行业、跨部门的综合性工作体系。

1979 年，由当时国家物资总局总局长李开信和副总局长余啸谷同志带团出席了在日本召开的第二届国际物流会议，首次把"物流"概念引入国内，紧接着开展了一系列学术研究和交流活动。如 1984 年的中国物流研究会第一次学术会议、1987 年的中国物流研究会首届年会、1989 年承办的第八届国际物流会议。90 年代中期以后，我国开始出现"物流热"，学会的活动更加广泛深入。如 1997 年在北京承办的"亚太国际物流会议"、1998 年在天津召开的"全国物流研讨会"、2000 年与联合国开发计划署联合在北京共同举办的"现代物流与电子商务国际研讨会"等。这期间，一批启蒙性的物流论著相继问世，也翻译、引进了一些国际物流读本。老一代物流工作者为知识的普及、理念的传播和实际的推动做了大量开创性的工作，为我国物流理论和实践在 21 世纪的新发展奠定了基础。

2001 年，中国物流与采购联合会正式挂牌，学会工作全面推进，取得了多方面的成果。如国家标准《物流术语》颁布实施；首次"中国物流专家论坛"成功举办；首部《中国物流年鉴》编辑出版；第一个"中国物流示范基地"正式命名；首届"高校物流教学研讨会"提出启动中国物流人才教育工程；一些专业层次较高的物流课题相继完成；推荐和协助出版了物流方面的专著和教材；联合会和学会的网站开通；牵头组织了有80多家新闻单位参加的"物流与采购行业新闻媒体联席会"；中物联物流规划研究院成立；组织专家学者参加国际物流会议。2001年11月，中国物资流通学会第三次会员代表大会在北京召开，通过了更名为"中国物流学会"的决议，明确了工作重点和研究方向。

上次代表大会以来的五年，是我国现代物流业由起步期跨入理性、务实、快速发展新阶段的五年，也是中国物流学会继往开来、锐意进取、不断开创工作新局面的五年。五年来，在各位理事、常务理事和广大会员积极参与和各有关方面大力支持下，我们顺应物流业发展的形势，抓住发展的机遇，团结专家学者和实际工作者，在物流学术研究、学科体系建设和对物流实践发展的推动方面做了大量工作，取得了明显成效。

第一，广泛深入开展物流学术理论研究，为我国物流实践发展发挥了重要的指导和推动作用。

过去的五年，我国物流学术研究无论是成果的数量、质量与应用效果，还是物流研究机构的发展和研究人才的成长，都有比较大的进步。老一辈物流研究人员从我国国情出发，做了许多基础性的研究工作，年青一代研究人员和实际工作者学习借鉴国外经验，把我国物流学术理论研究继续推向深入。各类研究机构结合各自情况，确立了不同的研究方向，形成了不同的研究特色。许多研究机构和人员承担了国家及政府有关部门的研究项目，参与了国家及地方政府物流规划和政策的制定，承接了大量的企业物流设计和咨询项目，出版了一批很有深度的物流专著。为表彰他们做出的突出贡献，我们在这次大会前，开展了"有突出贡献的物流专家"评选活动。共有30人入围候选名单，其中10人将要受到表彰，他们是我国物流学术理论研究领域的突出代表。

2006年3月，十届全国人大四次会议通过的"十一五"规划纲要，把"大力发展现代物流业"的内容单列一节，标志着现代物流的产业地位在国家规划中得以确立。这是我国物流业发展的必然，是党中央、国务院重视和支持物流业发展的重要体现，也包含着中国物流界专家、学者和实际工作者所做的研究和推动工作。五年来，学会先后完成国家发改委、商务部、财政部、国资委、科技部、教育部、劳动部和国家标准委等部门下达的30多个研究课题。如《现代物流与科学发展观研究》《物流标准化与现代物流业研究》《促进我国物流发展的产业政策研究》《我国现代物流业整合问题研究》《信息化与现代物流的发展研究》《我国现代物流发展战略与规划研究》《关于整合汽车物流运力资源的研究》《关于促进我国农村流通体系建设的财税政策研究》等，为政府决策提供了理论参考。我们积极向有关部门提供相关建议和基础材料，参与国家"十一五"物流业发展专项规划的制定和全国现代物流工作部际联席会议的工作，为在国家五年规划中确立现代物流的产业地位、推动中国物流发展做出了应有贡献。

第二，"中国物流学术年会"推动了物流学术研究广泛开展。

中国物流学会更名以来，创办了"中国物流学术年会"，并提出要把年会办成国内物流领域最有影响的学术会议。"首届中国物流学术年会"于 2002 年 11 月 28 日在广东省南海市召开，收到论文 200 多篇，其中 70 篇论文获奖；"第二届中国物流学术年会"于 2003 年 10 月 17 日在北京召开，收到论文 200 多篇，其中 85 篇论文获奖；"第三届中国物流学术年会"于 2004 年 10 月 15 日在北京召开，收到论文 322 篇，其中 57 篇论文获奖；"第四届中国物流学术年会"于 2005 年 11 月 19 日在广州中山大学召开，收到论文近 500 篇，其中 105 篇论文获奖。本次年会首次推出《中国物流学术前沿报告（2005—2006）》，收录获奖论文 60 余篇。"第五次中国物流学术年会"与本次会员代表大会合并召开，收到论文超过 500 篇。

从连续五年的学术年会来看，参评论文数量和参会代表人数逐年增多，论文质量不断提高，研究的问题趋于深入，年会出现的许多观点具有创新性和实用性。"中国物流学术年会"正在成为广泛团结专家学者和实际工作者、深入开展物流学术理论研究和实践经验推广的重要平台，在业内的影响力越来越大。

第三，"中国物流专家论坛"促进了重点问题的深入研讨。

"中国物流专家论坛"自 2001 年 8 月创办以来，已举办了 12 次，以探讨重点问题的专业性为代表在业内逐步形成"品牌"。五年来，在每年的岁末年初，以中国物流学会和中国物流与采购联合会的名义组织一次以"回顾与展望"为主题的"中国物流专家论坛"。分别邀请政府有关部门、行业协会和企业，以及物流教学科研单位的代表人士，以他们的亲身经历对上一年发展状况进行回顾，并对下一年发展趋势作出预测。会后，再结合各方面信息，编辑出版《中国物流发展报告》。这项活动正在成为了解中国物流发展情况的一个重要"窗口"。

从 2003 年起，"中国物流专家论坛"开始对我国物流园区的发展问题给予重点关注。"首届全国物流园区交流研讨会暨第六次中国物流专家论坛"于 2003 年 9 月 13 日在湖北武汉召开。会议期间，全国政协经济委员会现代物流专题调研组成员和与会代表就我国现代物流发展的政策问题进行了座谈，为国家发改委等九部门文件的出台做了准备。"第二次全国物流园区交流研讨会暨第八次中国物流专家论坛"于 2004 年 8 月 20 日在杭州举行，参会领导、专家和企业的代表围绕"物流资源整合和科学发展观"的主题，提出了各自观点和政策建议。"第三次全国城市物流园区（基地、中心）交流研讨会暨第十次中国物流专家论坛"于 2005 年 7 月 14 日在山东潍坊举办，由 40

多家物流园区发起组建了"全国物流园区（基地、中心）协作联盟"。"第四次全国物流园区（基地、中心）交流研讨会暨第 12 次中国物流专家论坛"于 2006 年 11 月 1 日在深圳召开，会上发布了由国家发改委和中国物流与采购联合会共同组织的"全国物流园区发展情况调研报告"。"中国物流专家论坛"通过对重点问题的深入探讨，形成了自身特色。

第四，物流研究队伍和网络建设全面启动。

学会更名以来的五年，也是我国物流研究机构迅速发展壮大的五年。据初步估计，目前国内已经挂牌的专职物流研究咨询机构不下 100 家。这些机构分属政府有关部门、大专院校、物流企业和其他综合性研究机构，迫切需要一个经常性的联系机制。在去年的年会上，学会提出了"关于组建'各地物流研究机构协作网'的建议"，得到了参会各方热烈响应。在随后召开的座谈会上，许多代表表达了参与协作网的强烈愿望并提出了很好的意见和建议。目前，已有中国社会科学院财政与贸易经济研究所、国家发改委综合运输研究所、北京大学联泰供应链研究与发展中心和中物联物流规划研究院等 50 家研究机构加入了"协作网"。"协作网"的组建，为促进同行间信息沟通、协调研究方向、开展联合调研、组织协作攻关、集中成果展示、扩大对外交流等提供了平台。

在物流研究机构快速增加的同时，研究人员队伍迅速扩大。据估计，目前分散在各地各类机构和企业专业中从事物流研究策划的人员数以万计。从历次获奖论文的作者构成就可以看出，研究人员的平均年龄进一步降低，学识水平逐步提高，物流研究人才队伍在快速成长。为适应物流研究机构发展和人才队伍建设的需要，学会在去年 10 月提出了《特约研究员管理办法》。本次大会上，将要对首批聘任的特约研究员颁发证书。这个制度的建立，将为联络和组织物流与采购领域研究力量、集中各方面智慧、发挥协作效应、提高物流研究的能力和水平发挥重要作用。

第五，不断开拓为会员、为企业、为行业服务的新领域。

一是设立了"中国物流学会研究课题"。今年首次设立的"中国物流学会研究课题"共确定 58 件列入当年"课题计划"，到本次年会召开前，已经收到 43 个课题的结题报告。经专家评委评选，其中 18 个课题获奖。学会还向商务部推荐了 3 个研究课题，他们是：南开大学物流研究中心申报的《我国第三方物流信用体系研究》；湖南物流研究中心申报的《中部地区城乡协调发展的共同物流模式研究》；广州大学物流与运输研究中心申报的《食品物流安全管理综合研究》。学会课题的设立是一个新的创举，目的是协调研究方向，整合研究力量，沟通研究机构与政府有关部门的联系，推进理论创新和学科体系建设。

二是增强了信息服务的功能。我们自 2001 年起编辑出版《中国物流年鉴》，2002

年以来连续出版《中国物流发展报告》，2006 年推出首部英文版《中国物流发展报告》，2005 年 9 月《现代物流报》创刊，"中国物流与采购网"每天的点击率突破 10 万次，"东方物流"数字电视频道开始试播，《中国物流与采购》杂志改版发行，《中国物流学报》正在申办之中。学会同几十家行业媒体有协作关系，形成了较为广泛、各具特色的物流新闻宣传和信息传递网络，为传播和展示会员研究成果创造了有利条件。

三是加强了行业基础性工作。在国家有关部门支持下，全国物流标准化技术委员会于 2003 年 8 月正式成立。2005 年国家标准委等八部门联合发布了《全国物流标准 2005 年—2010 年发展规划》。2005 年 5 月 1 日起，《物流企业分类与评估指标》作为国家标准正式实施。我们从 2003 年起研究建立社会物流统计及社会物流总量核算体系。2004 年，国家发改委、国家统计局发文建立物流统计调查与核算制度（试行）。2005 年 4 月，联合会和国家发改委、国家统计局首次联合发布了我国物流经济运行情况。之后，制造业采购经理指数和企业统计调查结果相继发布并形成制度。

四是物流科技工作稳步推进。2004 年，我们组织专家学者起草的"物流科技发展规划"，已经纳入"国家中长期科技发展规划"。"中国物流与采购联合会科学技术奖"经科技部批准视同省部级奖励。2004 年以来，由宝供物流企业集团出资的"宝供物流奖"开始纳入"中国物流发展专项基金"。中国物流信息中心开展了"全国物流信息化优秀案例"评选推广工作，已有 50 多个案例得到推广。

第六，物流人才教育培训工作取得新进展。

2001 年，学会提出启动物流人才教育工程。截至今年上半年，全国开设物流专业的本科院校已从 2001 年的 1 所发展到 218 所，在校生 3 万余人；开设物流专业的高职、高专 480 所，在校生 15 万人；中等职业学校突破 1000 所，在校生约 30 万人；硕士研究生和博士研究生培养院校超过 100 所。上述接受物流学历教育的人数近 50 万人。教育部分别成立了高等院校和中等专业学校两个物流教学指导委员会。物流人才需求预测已经完成，师资培训和教材出版取得重要进展，物流学科体系建设稳步推进。

为了适应物流业快速发展的需要，我国物流师职业资格培训工作进展较快。到目前，我们在全国 30 个省区市设立了 180 个物流师职业资格培训中心和 33 个考试中心，已有 4.2 万人参加了物流师职业资格培训，其中 2.8 万人分别取得了初级、中级和高级资格证书。从 2005 年下半年起，联合会与世界贸易组织合作，启动了 ITC 全球采购与供应链管理国际认证和国内采购师资格认证，已有 2000 余人通过认证。与日本海外研修者协会合作，组织了 200 多名国内物流业高级管理人员和院校专家赴日本研修。许多行业协会、地方政府和企业分别开展多种形式、不同层次的人才培训，我国物流人才严重短缺的局面有所缓解。

经过五年来的工作，尽管在人员素质、运行机制和服务能力等方面还有许多不足，但我们可以欣慰地讲，中国物流学会已经实现了思想观念的基本转变，工作思路基本清晰，业务领域基本稳定，工作团队基本形成。以上成绩的取得，是我国物流形势推动的结果，是政府有关部门支持的结果，也是全体会员共同努力的结果。我们更不能忘记中国物流事业的开拓者袁宝华、李开信、柳随年、余啸谷等老领导、老同志所给予的教导和关怀。在这里，我代表中国物流学会理事会，向各位常务理事、理事和会员，向在座各位，向所有关心、支持、参与中国物流学术研究的各界人士以及老领导、老同志表示衷心的感谢！

五年来，学会工作虽然有了很大进展，但与快速发展的物流形势还不相适应。如学会的活动范围不够宽，会员的广泛性和代表性不够强；学术研究论文数量增加较快，但不少研究还不够深入，缺乏系统性；实证性的分析、数量化的表述和有分量的调研报告还不够多；产学研结合不紧，许多研究成果实际运用的效果还不理想；国际交往不多，很少有研究成果登上国际讲坛，学术论文进入国际检索系统的很少；还没有权威的物流专业学术刊物；专家学者的作用发挥不足，学会自身建设还有待加强，等等。这些，都需要我们在今后工作中改进提高。

在这里，我还要对学会的经费运作情况作一点说明。这几年，学会的会费收缴率非常低，许多服务工作都是无偿进行的。为了维持正常活动的开展和尽可能多地为会员提供服务，学会所需经费主要用业务创收收入、国家少量拨款、项目结余经费来弥补。因此，本次大会也就不再安排财务工作报告。有关学会的财务工作，提请下届理事会做好研究。

## 二、关于新一届学会面临的形势和任务

当前，我国现代物流业发展很快，形势很好。"十五"时期，物流市场不断扩大，社会物流总费用与 GDP 的比率也由 2000 年的 19.4% 下降到 2005 年的 18.6%，相当于节约社会物流费用合计 1090 亿元。国有、民营和外资物流企业迅速成长，制造业和流通业物流运作模式开始转变，专业化的第三方物流企业发展很快。物流基础设施和信息化建设进度加快，物流服务能力和水平有了较大提高。物流标准、统计、人才培训等行业基础性工作已见成效。全国现代物流工作部际联席会议运作以来，物流发展的体制和政策环境有了较大改善。"十一五"规划纲要确立了现代物流的产业地位，中国物流的发展进入新阶段。党的十六大提出全面建设小康社会，十六届六中全会提出构建社会主义和谐社会，都需要快速高效、安全方便的现代物流体系正常运作。中国的现代物流业发展既有难得机遇，也有严峻挑战，既要有实践的推动，也需要理论的

指导。

当今世界，经济全球化趋势不断发展，国际产业升级，制造业加快转移，推动了服务业快速转移的步伐。国际大型物流企业"抢滩"中国市场，对我们既是机遇，也是挑战。跨国公司一方面在全球范围内进行生产和营销布局，扩大市场规模；另一方面通过物流管理和物流技术的现代化，提高效率，降低成本，加强个性化服务，增强企业的市场竞争力。越来越多的企业按照专业化分工原则将物流业务外包，促进了专业化的现代物流企业迅速发展。高度发达的交通、通信设施、现代信息技术、国际通用的运输仓储标准、衔接通畅的多式联运设施等，也为现代物流的发展提供了基础条件。物流经营的规模化、物流运作的一体化、物流管理的信息化、物流技术的标准化和供应链管理的应用以及注重节能、环保的"绿色物流"，代表了国际物流发展的大趋势。

国际国内物流形势的发展对新一届学会提出了新的要求。我们要适应新形势的需要，高举邓小平理论和"三个代表"重要思想伟大旗帜，认真贯彻科学发展观，团结组织物流理论和实际工作者深入进行物流理论、管理和技术研究，为推进我国现代物流业持续、快速、健康发展做出新的贡献。

为此，新一届学会要在已有工作的基础上，团结协作，锐意进取，明确新的发展目标。要结合中国的实际，在理论研究上要有新思路，在研究广度和深度方面要有新突破，在对物流实践的指导和推动方面要有新举措，在物流学科体系建设和人才培养方面要有新进展，在对外交流与合作方面要有新局面。我建议，新一届学会要重点做好以下几项工作。

第一，开拓创新，推动物流学术理论研究深入开展。

学会是学术团体，组织推动物流学术理论研究深入开展，是职能定位也是最基本的任务。要通过多种方式，最大限度地联络和组织各方面专家学者，深入进行物流理论、管理和技术研究，强调基础性、超前性和实用性，学习国外先进经验，结合中国实际，形成具有中国特色的物流理论研究的创新体制。

一是进一步增强"中国物流学术年会"的吸引力和凝聚力。"中国物流学术年会"已经连续举办 5 次，形成了比较好的运作模式，开始发挥一定的导向作用。今后工作的重点，不仅要在广度上扩大覆盖面，还要特别注重论文质量的提高。出席年会的论文，特别是获奖论文，一定要能够达到国内一流的水平，把学术年会真正办成国内物流领域最具影响力的学术会议。

二是把"中国物流专家论坛"做成专业品牌项目。要继续保持对重点问题深入研讨的特色，在主题的选择上要更加贴近实际，举办方式上要不断有所创新。要能够围绕重点问题，进行解剖性、跟踪性的深入研讨，争取向政府有关部门反映论坛形成的主要观点和政策建议。希望同志们能够积极参与论坛，并就如何办好论坛献计献策。同时，也欢迎各部门、企业和研究机构参与协办。

三是更好地发挥"中国物流学会研究课题"的引导作用，积极争取并努力完成国家部委的物流研究课题。今年首次自主设立"学会研究课题"，得到了许多单位热烈响应。我们要在此基础上改进提高，要加强立项把关，保证研究方向的创新性；要加强评审，促使研究课题的质量不断提高；要加强推广，扩大课题应用效果。同时，要争取更多的学会课题列入国家或政府部门研究课题计划。

四是办好各类科学研究奖项。如"中国物流与采购联合会科学技术奖""宝供物流奖""学术年会优秀论文奖""优秀课题奖"和"物流信息化优秀案例奖"等，促进科学技术和理论研究成果的推广应用。

五是做好相关的新闻出版和信息传递工作。要努力办好物流理论刊物，支持社会媒体开办物流专刊、专版、专栏，巩固和扩大物流理论宣传阵地。进一步提高《中国物流与采购》杂志、《中国物流年鉴》《中国物流发展报告》和"中国物流与采购网"的质量，使其成为了解物流行业的精品出版物与网站。同时，要选编好《中国物流学术前沿报告》，积极争取创办学会会刊《中国物流学报》，大力支持会员单位的新闻出版工作。

第二，坚持产学研相结合，更好地发挥理论研究对实践的指导作用。

物流是一个复合性的新产业、新行业，需要研究的理论问题不少，我们要在总结已有研究成果和方法的基础上，继续促进学科体系建设，结合我国物流业发展的实际，对重点问题深入研究。一是现代物流业与服务业关系研究，要明确现代物流业在调整经济结构、转变增长方式中的地位和作用。二是物流规划和政策研究，如何把"十一五"规划中关于"大力发展现代物流业"的战略措施，落实到规划和政策层面，形成现代物流业健康发展的政策体系。三是区域物流研究，特别是对天津滨海新区、泛珠三角、长三角、振兴东北、西部开发和中部崛起以及"海峡两岸物流""中国—东盟自由贸易区物流"和"东北亚物流"等区域物流的研究。四是行业物流研究。对生产制造企业、商贸流通企业物流运作模式转型升级、业务外包的研究，特别注意对专业物流，如钢铁、石化、汽车、建材、危险品和冷链物流等重点行业和农业物流问题的研究。五是对供应链管理的研究。如供应链优化、供应链协作、供应链技术、供应链安全、全球供应链、供应链绩效考量等供应链方面的热点问题。六是对前沿性的物流管理与技术的研究。如物流客户服务、物流数据共享和全球一体化网络、需求计划和存货管理、精细制造与精细物流、物流采购及外包、无线射频标识、仓储及物料处理等。七是对行业发展的倾向性、前瞻性重点问题的研究，特别要加强"诚信物流"以及行业自律有关问题的研究。八是对"通畅物流""绿色物流""应急物流""和谐物流"

等物流环境的研究。九是对国外企业"走进来"和我国企业"走出去"、我国物流领域对外开放以及由此引发的国家物流安全以及国外物流发展趋势的研究。十是对物流标准化、统计信息、理论研究、科技创新、人才培养等行业基础工作和物流学科体系建设的研究，等等。

我们的物流理论研究，不仅仅是为了写几篇论文，做几个课题，最终目的是为了指导和推动物流实践的发展。因此，必须强调产学研相结合的研究方法和创新体系。总的来看，我们的研究工作虽然有了很大的发展，但仍然落后于实践。我们的研究、教学人员要深入企业，深入实际，从实践中来，再到实践中去，用实践来检验自己的研究成果，然后再指导实践。各地物流企业和园区，也要为教学科研单位开展理论研究和人才培养提供方便条件。学会作为行业中介组织，愿意为产学研结合牵线搭桥，创造环境。

第三，开阔视野，积极扩大对外交流与合作。

现代物流在发达国家产生并已趋于成熟，我国的现代物流也是在学习借鉴国外先进经验的基础上发展起来的。当前，我国的物流学术理论研究总体上落后于国外，必须进一步开阔视野，积极扩大对外交流与合作。一是积极参加亚太物流联盟、国际采购联盟等同行业国际组织的工作，并发挥积极作用；二是认真组织，积极参与东北亚物流学会的工作，深化地区物流合作；三是扩大与国际同行的学术交流，组团参加相关的国际会议，并积极提交论文，争取进入国际检索系统。同时，要加强与世界各国物流组织的交流与合作，接待国外同行来访。继续组团出国考察，向国外同行开放我们的会议和活动。要密切注视国外物流发展的趋势和物流理论研究的动向，消化吸收国外理论研究的方法和成功经验，结合国情推广应用。

第四，整合资源，充分发挥"协作网"和"研究员"的作用。

"全国物流研究机构协作网"已经建立起来，会后还要召开"协作网"例会。"协作网"是各地各类物流研究机构自发、自愿组建的开放式、松散型联系与协作组织，有许多事情可以通过"协作网"来做。例如，各成员单位可以在"协作网"框架内互赠内部报刊、资料，建立网站链接，实现信息互通共享；可以在"协作网"框架内协调研究方向，减少重复劳动；可以开展联合调研和协作攻关，可以利用"中国物流专家论坛""中国物流学术年会"等形式集中展示，也可以借助对方刊物发表；联合会和学会主办的书刊和媒体，可以为成员单位展示研究成果提供方便；成员单位可以联合组团出国考察，或联合邀请国外专家交流讲学。希望各类研究机构积极参加"协作网"的工作，随时提出对"协作网"工作的意见和建议，联合会、学会也要加强对"协作网"成员单位的服务工作。

要重视发挥首批学会特约研究员的积极性，根据他们的特长、业绩和研究方向，邀请他们参与课题研究、培训班授课、联合攻关、出国考察等活动。要对现有特约研究员参与学会活动的情况进行考核，组织评选优秀特约研究员。同时，要在实践中发现和培养新的特约研究员，使特约研究员成为学会工作的骨干力量。学会秘书处要建立和完善更为翔实的特约研究员档案，充实物流行业"人才库"，更有针对性地搞好服务工作。

第五，进一步加强学会自身建设，发展壮大研究队伍。

物流是复合型产业，学会是开放型组织。搞好学会工作，深化理论研究，需要各方面的人才。今后，学会要进一步加强自身建设，敞开大门吸收会员。只要热心物流研究，符合入会条件，遵守学会章程，都可以申请入会。要进一步发挥学会跨地区、跨部门、跨行业的优势，特别注意吸收来自政府部门、行业协会、物流企业和生产制造、商贸流通等领域从事物流实际工作又热心于物流理论研究的同志加入学会。秘书处要简化手续，搞好服务，保证愿意入会的会员能够及时入会。学会要建立更为翔实的会员档案，进一步发挥学会跨地区、跨部门、跨行业的优势，调动会员积极性，壮大队伍，形成合力。

加入学会既是一种荣耀，也是一份责任。所有学会会员都要自觉向学会提交论文和调查研究报告，积极参加学会活动，提出合理化建议。学会的理事、常务理事和副会长不仅要身体力行，还要做好组织和发动工作。学会要逐步实行动态管理，保证把热心于学会工作的同志及时吸收到学会工作中来；同时，对于那些长期不参加学会活动、不履行相应义务的会员和理事、常务理事，要建立"退出"机制，以保持学会旺盛的活力。要学会搞"五湖四海"，要努力营造"百花齐放、百家争鸣"的环境，保持互相学习、共同研究、生动活泼的学术氛围。

这次会员代表大会，将要进行换届选举，丁俊发同志将要对学会调整换届情况作一个说明。今天在座的老同志和我一样，到了该交班的时候了。我们这些老同志（包括已经退下来的老同志），过去努力了，奋斗了，做了我们应该做的工作，甚至是开拓性的工作。高楼大厦必须有基础，高速公路需要铺路石，我们做了一些根基性的工作，这是难得的机遇，也是我们这一代人的荣幸。事业需要传承，需要培养接班人，这是物流事业兴旺发达的保证。新一届领导班子，将由一些有知识、有能力、有水平，年富力强的同志来领导，我相信他们会比我们干得更好。

新一届学会领导同志、学会各工作机构和全体会员都要"讲学习、讲创新、讲服务、讲奉献、讲和谐"；"戒浮躁、戒浮夸、戒傲气"；扎扎实实、埋头苦干，努力提高学术理论研究的能力和水平。以上"五讲、三戒、一提高"，既是学会作风建设的需要，也是学会"创品牌、抓服务"、永葆活力的保证。我衷心地希望同志们继续努力，物流事业任重道远。

　　各位代表、同志们！国家"十一五"规划纲要为我国现代物流业发展指明了方向，党的十六届六中全会向我们提出了新的要求，中国物流业面临着前所未有的发展机遇。机遇稍纵即逝，挑战不请自来。中国物流学会经过这次代表大会，正站在一个新的历史起点上。让我们继往开来，锐意进取，为开创物流学会工作的新局面，为中国物流业繁荣发展做出新的更大贡献。

　　谢谢大家！

　　　　　　　　　　　　　　　　（本文为作者在"中国物流学会第三届理事会"上的工作报告）

# 办好行业协会　发展物流产业

## （二〇〇六年十二月四日）

近些年来，我国现代物流业发展很快，形势很好。"十五"时期，物流市场不断扩大，社会物流总费用与 GDP 的比率由 2000 年的 19.4% 下降到 2005 年的 18.6%。2005年，物流业增加值占整个服务业增加值的 16.6%，现代物流已成为现代服务业的支柱产业之一。

2006 年，是"十一五"规划的开局之年，也是中国物流发展具有重要意义的一年。"大力发展现代物流业"在国家"十一五"规划纲要中单列一节，现代物流的产业地位得以确立，这体现了党中央、国务院对物流产业发展的关心和重视，标志着我国现代物流业发展进入新的阶段。

今年，我国物流工作主要经济指标将超过 GDP 的增长幅度。其中，社会物流总额预计同比增长 15% 左右；物流业增加值预计增长 12% 左右；社会物流费用预计增长13% 左右；社会物流总费用与 GDP 的比率将稳定在 18.5% 左右。重点区域、重点行业和重点品种的物流发展较快，物流基础设施及行业基础工作又有新的进展，物流发展的体制和政策环境进一步改善。为新世纪、新阶段我国现代物流业发展奠定了比较好的基础。

大家知道，区域物流是推动我国物流发展的重要因素，长三角、珠三角和环渤海地区物流发展走在了全国的前列。上海处于长三角的"龙头"地位，具有综合经济优势，不仅有先进的制造业，还有金融、信息、商贸、航运和物流等发达的现代服务业。现代物流业是现代服务业的重要组成部分，是 21 世纪新的经济增长点，是经济发展的"助推器"，是"第三利润源泉"。上海现代物流业的发展，必然推动长三角以至长江流域的发展，带动中西部地区发展，从而促进全国物流业的发展。上海物流行业协会应运而生，重任在肩。

同志们！上海市物流行业协会的成立，顺应了上海现代物流业发展的需要，必将在推动物流业发展中发挥重要作用。借此机会，我结合几年来从事行业协会工作的实践，对上海物流行业协会提出几点希望。

第一，行业协会的根本宗旨是服务。为政府服务，为行业服务，为企业服务。协会是"企业之家""会员之家"。只有实实在在搞好各项服务工作，行业协会才有吸引力、凝聚力和生命力。

第二，行业协会是改革的产物，必须坚持和深化改革。要明确协会在市场经济中的定位，做到政会分开，"指导不领导，积极不越位"，要走自立、自主、自强、自养的路子。

第三，行业协会工作的基本方法是协商、协调、协作。协会是行业自律性组织，大家的事情要靠大家来办。物流协会是跨部门、跨行业的综合性组织，不同于其他的协会。要联合各方，加强协调、协作。只有广泛联合，才能把工作做好。

第四，协会的工作需要人才。要有一批懂业务、会管理、热爱协会工作的人，把协会工作作为事业来干，才能干好。协会的发展要培养人才。

第五，协会工作要有好的作风。要"讲学习、讲创新、讲服务、讲奉献、讲和谐"，"戒浮躁、戒浮夸、戒傲气"；扎扎实实、埋头苦干，一心一意搞好行业服务工作。

第六，协会工作离不开政府的支持。一方面，政府有关部门要转变职能，放权放手，支持行业协会开展工作；另一方面，协会也要争取政府的领导，努力完成政府委托交办事项，积极贯彻政府决策，及时反映企业的情况，真正起好桥梁纽带作用。行业协会只有通过搞好服务，才能确立自身地位。

我相信，上海市物流行业协会在市政府的领导下，一定能够发挥好行业组织的作用，并为全国物流业发展创造新的经验，为实现"十一五"规划提出的"大力发展现代物流业"的战略任务做出新的贡献！

（本文为作者在上海市"创新合作与物流发展会议"上的致辞）

# 坚持产学研结合　促进供应链整合

## （二〇〇六年十二月八日）

首先，我代表中国物流与采购联合会，对"第10届中国物流技术与管理发展高级研讨会"的隆重开幕以及将要获得新一届"宝供物流奖"的同志们，表示热烈的祝贺！

同志们！我国物流产业近10年来发展的历史，也是物流企业不断发展壮大的历史。宝供物流企业集团走过的路子，就是中国民营物流企业快速成长的一个缩影。10年前的宝供还是一家不知名的储运公司，为"物流"名称的注册曾经大费周折。经过10年的探索与拼搏，宝供物流已形成了覆盖全国并开始向国外、境外延伸的物流运作网络和信息网络，与国内外近百家大型工商企业结成战略联盟，为他们提供供应链一体化的综合物流服务，被中国物流与采购联合会命名为"中国物流示范基地"。

宝供集团在物流实践的快速发展中，坚持产学研相结合，供方和需方相结合，不断进行理论方面的探索与创新。从1997年创办"物流技术与管理发展高级研讨会"开始，10年来，会议规模一年比一年大，讨论的问题一年比一年深入，在业内的影响力也在逐步提高。2000年，他们又发起设立了"宝供物流奖励基金"，奖励在物流科技、物流理论、物流管理、人才培养以及物流宣传普及方面做出突出贡献的各类人才。通过多年来的探索与实践，宝供物流产生和聚集了一批物流专家，为我国物流知识和理念的传播、物流实践和理论的发展做出了重要贡献。

近些年来，我国现代物流业发展很快，形势很好。"十五"时期，物流市场不断扩大，社会物流总费用与GDP的比率由2000年的19.4%下降到2005年的18.6%。2005年，物流业增加值占整个服务业增加值的16.6%，现代物流已成为现代服务业的支柱产业之一。

2006年，是"十一五"规划的开局之年，也是中国物流发展具有重要意义的一年。"大力发展现代物流业"在国家"十一五"规划纲要中单列一节，现代物流的产业地位得以确立，体现了党中央、国务院对物流产业发展的关心和重视。刚刚结束的中央经济工作会议提出，调整经济结构、转变经济增长方式是明年经济工作的重要任务。把发展现代服务业、拓展生产性服务业、大力发展现代物流业作为完成这一任务的重要举措，标志着我国现代物流业发展进入新的阶段。

今年，我国物流工作主要经济指标将超过 GDP 的增长幅度。其中，社会物流总额预计同比增长 15% 左右；物流业增加值预计增长 12% 左右；社会物流费用预计增长 13% 左右；社会物流总费用与 GDP 的比率将稳定在 18.5% 左右。重点区域、重点行业、重点企业和重点品种的物流发展较快，物流基础设施及行业基础工作又有新的进展，物流发展的体制和政策环境进一步改善。为新世纪、新阶段我国现代物流业发展奠定了比较好的基础。

在这样一个新的形势下，宝供物流企业集团和北京工商大学以"整合供应链，提升竞争力"为主题举办研讨会，是一件很有意义的事情。来自政府主管部门、生产制造、商贸流通和物流教学、研究以及新闻单位的代表共同探讨供应链整合的问题。这将有利于我国物流领域供需双方的交流与合作，有利于产学研的结合与创新，相信所有参会的同志都能够珍惜这样一个机会，分享各方面专家带来的新成果，取得新的收获。预祝第 10 届中国物流技术与管理发展高级研讨会圆满成功！

（本文为作者在"第 10 届中国物流技术与管理发展高级研讨会"上的致辞）

# 发展现代物流 振兴东北经济

## （二○○七年一月九日）

近些年来，我国现代物流业发展很快，形势很好。"十五"时期，社会物流总费用与 GDP 的比率由 2000 年的 19.4%下降到 2005 年的 18.6%。2005 年，物流业增加值占整个服务业增加值的 16.6%，已成为现代服务业的支柱产业之一。

刚刚过去的 2006 年，现代物流的产业地位得以确立，物流业主要经济指标超过 GDP 增长。其中社会物流总额预计同比增长 17.1%；物流业增加值预计增长 12%以上，占服务业增加值的比例超过 17%；社会物流总费用预计增长 13.2%，与 GDP 的比率将稳定在 18.5%左右。重点区域、重点行业和重点品种的物流发展较快，物流基础设施及行业基础工作又有新的进展，物流发展的体制和政策环境进一步改善。国有及国有控股物流企业、民营物流企业、外资和中外合资物流企业"三足鼎立"，形成了互相竞争、互相合作、互相促进的局面，我国现代物流业呈现了蓬勃发展的好形势。

同志们！港口物流是推动我国物流发展的重要因素，已成为我国物流发展的一大"亮点"。2006 年，我国港口货物吞吐量 56 亿吨，同比增长 15.4%，连续 4 年位居世界第一；集装箱吞吐量 9300 万标准箱，同比增长 26%，继续保持世界第一的位次，沿海港口承担了 90%以上外贸货物的进出口任务。上海港货物吞吐量 4.65 亿吨，集装箱吞吐量 2171 万标准箱，分别居世界第一位和第三位。国务院相继批准在上海洋山港、大连大窑湾港和天津东疆港设立保税港区，交通部与国家发改委联合编制了《全国沿海港口布局规划》，沿海各地按照规划发展港口物流，加快了航运中心和物流中心建设。

关于大连如何利用大窑湾保税港区的建立，把自身区位优势、国家政策优势，转化为物流服务优势、综合经济优势，在促进东北地区经济结构调整、经济振兴和对外开放中发挥"龙头"作用，是一篇"大文章"。下面，我从物流的角度谈点想法。

第一，拓展生产性服务业，促进经济结构调整。

"十一五"规划把"加快发展服务业""拓展生产性服务业"和"大力发展现代物流业"摆在突出位置。前不久结束的中央经济工作会议，把"调整经济结构、转变经济增长方式"作为 2007 年经济工作的重要任务。以现代服务业，特别是生产性服务业的发展带动经济结构调整和增长方式转变，是全面落实科学发展观、协调产业结构和谐发展的重要手段。

大家知道，发达国家的经济结构是以服务业为主导的，服务业已成为发达国家对外投资和产业转移的热点。目前，美国、日本等发达国家服务业占 GDP 的比重已经达到 70%，中等收入国家一般在 50%～60%，而我国 2005 年为 40%。大连虽然高于全国平均水平，达到 45.2%，但比长三角上海的 50.2% 和珠三角深圳的 47.5% 都低。东北三省平均为 37.6%，重型结构的局面至今没有大的改变。因此，发展服务业，特别是生产性服务业，是振兴东北的应有之义。

物流业是生产性服务业的重要组成部分，是现代服务业的支柱产业。其核心是运用系统整合的理念，对运输、储存、装卸、搬运、包装、流通加工、配送、信息处理等基本功能，运用信息技术进行整合和一体化运作，以达到降低成本、提高效率、优化服务的目的。2006 年，大连港实现货物吞吐量近 2 亿吨，完成集装箱吞吐量 320 万标准箱。大连具有物流业发展的天然优势，与国内其他地区的港口物流业相比，发展的潜力同样很大。大窑湾保税港区的设立，可以说是大连、辽宁以至于东北地区现代服务业，特别是生产性服务业发展的重要契机，也是调整经济结构，转变经济增长方式的重要举措。因此，要抓住机遇，大力发展现代物流业，拓展生产性服务业。

第二，大力发展现代物流，带动区域经济协调发展。

东北地区是我国粮食、原油、矿石、木材、钢铁、汽车等重要原材料和能源基地，又是装备制造业和石化产业发达的地区。2005 年，东北三省地区生产总值不到 2 万亿元，服务业所占比例低于全国平均水平，最低的只有 33.9%，服务业比较落后。这涉及采用什么样的经济增长方式的问题，是粗放型的，还是集约型的？是传统的，还是现代的？物流业的发展水平是一个国家经济发展水平的重要体现，也是一个地区经济综合竞争力的重要标志。原材料和制造业发达的地区，是服务业发展的基础条件，要有相应的生产性服务业相配套，要有相对发达的物流业作为支撑。

现代国际市场的竞争，不是单个的产品或企业的竞争，而是供应链与供应链的竞争，是一个地区综合经济实力的竞争。现代经济的增长靠的是服务业，服务业与制造业的渗透与融合，是当代世界经济发展的一个趋势。大连地处环渤海经济圈和东北亚经济圈的中心地带，承担着东北地区 70% 以上的海运任务和 90% 以上的集装箱运输任务，是东北地区最大的外贸口岸和物流平台，是环渤海地区的重要港口，与日本和韩国的经济联系日益密切。大窑湾保税港区的建立，是大连经济发展的难得机遇。大连要借助环渤海，服务全东北，面向东北亚，把港口作为物流发展的突破口，通过港口物流核心业务向港口周边地区辐射，带动腹地进出口贸易，进而促进港口物流的发展，实现港口与腹地的良性互动。通过大力发展物流业等生产性服务业，改变东北地区服务业发展相对滞后的局面，促进区域经济又好又快发展。

第三，抓好周边地区物流资源整合，发挥保税港作用。

大连大窑湾保税港的设立，有利于巩固以大连港为核心的东北亚国际航运中心，加快东北亚物流服务体系建设。一个很重要的任务是整合区域内物流资源，构建区域物流网络，将保税港的优惠政策辐射到整个东北地区。一是利用大窑湾港区的区位优势和"区港联动""保税港区"等各项优惠政策，按照国际航运中心和国际物流中心的标准，加强"硬件"和"软件"建设，增强港区在东北经济区以至于东北亚地区的吸引力和凝聚力。二是促进区域内多式联运的发展，开展多种形式的港铁联运、港路联运、港航联运，实现由传统港口物流"港对港"服务向现代物流要求"门对门"服务的转变。三是完善区域内物流中转节点布局，建立一体化的物流服务通道，实现区域内物流资源的统筹规划和物流服务的高效便捷，特别是要重视集装箱中转基地的布局和建设，提高区域物流中转效率。四是加强区域内港口资源的整合，特别是加强营口、丹东、锦州港的协调与合作。本着"有所为，有所不为"的原则，通过联盟、合作等多种形式与环渤海地区港口相互协调，错位竞争，实现优势互补和共同繁荣。这就要求统一规划沿海港口布局，明确港口的差异化定位，构筑以保税港为主体，其他港口为支撑的区域港口岸线联盟。五是结合我国土地资源紧缺、劳动力相对充裕的国情，采用"先进""适用"的设施、设备和技术，提升改造利用现有资源。立足物流网络效应的发挥，通过整合利用港口及其周边的物流资源，加强物流供应链条的衔接，由此产生涵盖港口物流、社会物流、临港制造加工、服务等产业组织集群，形成产业发展的良好环境。

第四，培育物流企业，提升物流服务功能。

物流企业是物流市场的主体，物流企业的发展是物流枢纽城市发展的基础。目前，大连已有物流及相关企业1000多家。大连港集团公司、北良物流公司等国有企业正在向综合物流服务商转变，锦程物流、长波物流和中床物流等民营物流企业发展很快，中远、中海、中外运、中铁等全国性大型物流企业都把大连作为重要基地，马士基、联邦快递、联合包裹等国际知名的物流快递企业相继落户大连。

保税港区作用的发挥和物流服务功能的提升要以物流企业的发展为依托。要积极创造有利于物流企业发展的创业环境，鼓励有条件的大型物流企业做强做大，扶持发展中小企业，积极支持民营企业，培育自主物流服务品牌。要进一步开放物流市场和港口市场，吸引国内外大型物流企业集团落户；允许国际著名的班轮公司建立航运公司，使这些公司将大连的港口作为其区域性基地，以扩大国际中转比例；允许国内有实力的港口企业集团前来参与港口生产经营和管理。要充分利用大窑湾保税港区优惠政策，把原有的交通枢纽和货物集散地，变为物流企业和服务的聚集区，先进物流管理和技术的实验区。

物流业发展离不开专业物流企业供给服务能力的提升，同样有赖于制造业物流运作方式的转变。大连是我国第一批沿海开放城市，经过多年发展，拥有雄厚的产业基础，石化、造船、装备制造、电子信息和软件四个基地和船舶制造、重型装备、通用机械、汽车发动机及零部件、石化、电子信息和软件、服装纺织、精品钢材八大产业集群都具有浓厚的临港工业色彩，是现代物流业发展的需求基础和服务对象。要推广现代物流管理技术，促进企业内部物流社会化，实现企业在生产组织、原材料采购、产品销售的系列化运作，打破生产企业"大而全""小而全""产供销一体化"的运作模式。要在原有制造企业积极推行现代物流管理，转变企业传统运作模式。对于新建制造业项目，凡有条件的要鼓励使用专业化、社会化的第三方物流。要立足产业结构的优化，加强物流功能的扩展和延伸，运用现代物流业为经济发展服务。

第五，设立物流综合改革试验区，营造协调发展的政策环境。

大连保税港区的设立，标志着东北地区对外开放进入一个新的阶段。要将保税港优惠政策惠及东北地区，需要相应的政策环境。从全国物流发展的情况来看，虽然这几年发展很快，但也有一些全局性的政策问题需要先行试点，取得突破。去年7月，我在天津滨海新区提出类似建议，我仍然希望在大连能有所突破。

为此，我建议以大连大窑湾保税港区的设立为契机，把大窑湾作为全国物流综合改革试验区。对我国现代物流发展中一些带有全局性的问题，如物流管理体制与协调问题，物流企业的市场准入和监管问题，物流业的税收和财务问题，物流配送车辆的进城问题，物流及仓储设施的用地问题、用电问题，物流企业的融资和保险问题，保税港区政策功能的拓展问题等，可以在大连先行试点，取得经验后全面推开。请国家有关部门给予支持。

同志们！大窑湾保税港区建设，不仅是大连的事，而且涉及东北地区的对外开放和东北老工业基地的振兴，涉及区域经济协调发展和东北亚经济格局的调整，国家各有关部门应该给予大力支持。中国物流与采购联合会作为全国性物流行业社团组织，愿意为你们服务！

（本文为作者在"加快大窑湾保税港区建设，促进东北地区对外开放论坛"上的演讲）

# 促进我国现代物流业又好又快发展

## （二〇〇七年一月十二日）

2006 年，是"十一五"规划的开局之年，也是中国物流业稳定快速发展的一年。

一是现代物流的产业地位得以确立。全国十届人大四次会议通过的"十一五"规划纲要提出"大力发展现代物流业"，标志着我国现代物流业进入一个新的发展阶段。

二是物流业主要经济指标继续平稳较快增长。其中社会物流总额预计同比增长17.1%；物流业增加值预计增长 12% 以上，占服务业增加值的比重超过 17%；社会物流总费用预计增长 13.2%，与 GDP 的比率将稳定在 18.5% 左右。

三是我国物流市场全面开放。随着 2005 年年底物流业全面开放，2006 年外资企业采取独资、合资和并购物流企业等形式快速扩展，中国物流领域正在成为国外资本投资的热点。

四是物流企业快速成长。国内物流企业重组转型、整合并购、战略联盟、深化服务，加速做强做大。《2006 年中国最具竞争力 50 强物流企业排序》表明，50 强企业主营业务收入比上年增长 30%；进入 50 强的最低"门槛"比上年提高 35%；已经出现了主营业务年收入近千亿元的国有物流企业和超过 50 亿元的民营物流企业。

五是企业物流转移外包速度加快。据对重点制造企业的物流市场调查，2006 年，销售物流外包以 5% ~ 10% 速度增长，运输与仓储外包以 10% ~ 15% 速度增长。企业物流运作模式升级转型的行业由生活消费品向生产资料扩展，由销售物流向供应物流、生产物流和回收物流环节延伸。

六是港口物流对区域经济的辐射和带动作用更加明显。2006 年，我国港口货物吞吐量 56 亿吨，同比增长 15.4%；集装箱吞吐量 9300 万标准箱，同比增长 26%，以上两项指标继续保持世界第一的位次。上海港货物吞吐量 4.65 亿吨，集装箱吞吐量 2171 万标准箱，分别居世界第一位和第三位。国务院常务会议审议通过《全国沿海港口布局规划》，沿海各地按照规划，发展港口物流，加快了航运中心和物流中心建设。

七是物流设施设备与管理技术向集约化、大型化和信息化发展。据调查，全国运营、在建和规划中的物流园区项目超过 200 个，已有 50 个投入运营，65 个在建，有一些已经相对成熟。车船运力、装载设备、仓储设施向大型化发展。企业信息系统加快升级改造，供应链管理信息系统开始出现。

八是物流行业各项基础工作全面深入扎实推进。2006 年，又有许多省区市，经济中心城市相继建立了物流行业协会。在政府的领导下，行业协会和企业积极参与，物流标准、统计、人才培训、科技创新和理论研究等行业基础工作全面推进。

九是物流发展的体制和政策环境进一步改善。国务院相继批准在上海洋山港、大连大窑湾港和天津东疆港设立保税港区，批准西安、昆山、宁波、上海松江、北京天竺、烟台、重庆 7 个出口加工区进行叠加保税物流功能试点。物流企业税收改革试点工作顺利推进，各有关部门、各地区出台了有利于物流发展的政策，推进物流快速发展。

十是行业调查研究取得重要成果。2006 年，许多物流教学科研单位和行业协会深入开展调查研究，取得一批重要成果。中国物流与采购联合会除完成国家发改委、国资委、财政部、商务部、教育部等部门下达的研究课题以外，还组织了《外资进入中国物流业的影响及政策研究》《全国物流园区发展研究》《中国传统制造业物流及其政策研究》《我国民营物流企业发展研究》和《我国物流信息化建设研究》5 个研究课题。这些课题的研究成果，将在本次论坛发布。

这些成绩是在全国现代物流工作部际联席会议及各有关政府部门领导下，各兄弟协会共同组织下，物流行业全体职工努力下取得的。这些工作表明，我们对现代物流业的发展，认识上有了新提高，政策上有了新举措，实践上有了新进展。总结近几年，特别是 2006 年我国现代物流业发展的经验，我们更加深刻地认识到，现代物流业是现代服务业的支柱产业，在生产性服务业中占据突出位置，是调整经济结构、转变经济增长方式的重要手段，符合又好又快发展、全面落实科学发展观的本质要求。

2007 年，是深入贯彻落实科学发展观、积极推进社会主义和谐社会建设的重要一年。中央经济工作会议提出，坚持以科学发展观统领经济社会发展全局，切实把科学发展观落到实处，真正做到又好又快发展的总体要求。从全行业的角度来讲，今年我们要特别关注以下几个方面。

第一，贯彻落实"十一五"规划纲要，制定全国物流业发展专项规划。"十一五"规划纲要确定的现代物流产业发展方向和基本任务，要认真落实。要按照"十一五"规划的要求，抓紧出台物流业发展的专项规划。联合会作为行业协会也要积极收集各方面意见，协助政府有关部门做好相关工作。

第二，从解决物流业发展的关键问题入手，推进现代物流产业政策的落实。国家发改委等九部门《关于促进我国现代物流业发展的意见》出台以后，许多政策措施正在逐步落实。2007 年，建议国家有关部门从税收、交通、土地、融资等物流企业反映强烈的具体问题入手，选择条件相对成熟的地区和城市，进行物流政策改革试点，在取得经验的基础上分步实施，为物流产业政策体系的形成做好基础性工作。

第三，关注生产资料物流的发展，促进企业物流运作模式转型。当前，我国生产资料流通规模接近18万亿元，是生活消费品流通规模的2倍，企业物流仍然是我国物流运作的主要方式。以现代服务业，特别是生产性服务业的发展带动经济结构调整和增长方式转变，是全面落实科学发展观，协调产业结构和谐发展的重要手段。企业物流模式问题，涉及采用什么样的经济增长方式的问题，是粗放型的，还是集约型的？是传统的，还是现代的？2007年应该抓住钢铁、煤炭、石化、汽车、建材等大宗生产资料行业物流运作模式转型的趋势，认真研究企业物流向社会物流转型，销售物流向供应物流、生产物流延伸等问题。

第四，做强做大物流企业，培育自主物流服务品牌。最近几年，外资企业并购重组速度加快，跨国物流企业实力迅速增强。国内物流企业发展很快，但"散、小、乱、差"的局面没有大的改变。做强做大物流企业，是企业生存的需要，行业发展的需要，也是参与国际竞争的需要。无论是国有企业，还是民营企业，有条件的都要做大做强。要积极创造有利于物流企业发展的创业环境，鼓励大型物流企业做强做大，扶持发展中小企业，积极支持民营企业，培育自主物流服务品牌，尽快提高我国物流的供给能力和服务水平。

第五，统筹城乡物流发展，加快农村物流服务体系建设。农村物流是我国现代物流体系的重要组成部分，是社会主义新农村建设的重要内容。要把农村物流体系建设纳入物流业发展规划，加强农村物流基础设施建设，培育面向农村的物流企业，提高农村物流信息化水平。要支持农产品批发市场、农民合作运销组织和农村经纪人进城销售农副土特产品，鼓励城市农业生产资料和日用工业品生产经营企业在农村发展物流配送、连锁经营，统筹城乡物流发展。

第六，引导现代物流向中西部和东北地区扩散，促进区域物流协调发展。近年来，我国区域物流发展很快，特别是东部沿海地区以港口为枢纽，形成了几个大的物流节点。随着西部开发、东北振兴和中部崛起战略的实施，东部地区产业正在向中西部和东北地区转移，物流市场由东向西扩散的趋势日益明显。我们要顺应形势，积极推动。国家有关部门应该加大对中西部和东北地区物流发展的支持力度，物流企业也要随着产业的转移跟进服务。中西部和东北地区要积极营造环境，加快当地物流发展，逐步形成东中西互动，协调发展的大格局。

第七，继续深化物流行业基础工作，加强行业自律。经过这几年的努力，物流行业各项基础工作全面铺开。2007年，要按照《全国物流标准2005—2010年发展规划》的要求，抓好相关标准的制修订和宣贯工作。要坚持执行国家发改委、国家统计局建立的全国社会物流统计核算制度，完善覆盖全行业的物流统计核算体系；要巩固提高物流学历教育水平，加快发展职业资格培训认证，加强物流学科体系建设；要继续办好物流科技奖项，加强物流理论研究工作，推进产学研结合，抓好研究成果的推广与转化；要开展行业自律，重点抓好物流行业诚信体系建设。

第八，继续深入调查研究，弄清物流发展中的问题。物流是个新的行业，新的产业，要从实际出发，不能胸中无数，说空话、大话，这是贯彻科学发展观，研究走中国物流之路的重要问题。

（本文节选自作者在"2007中国物流发展报告会暨第13次中国物流专家论坛"上的致辞）

# 加强党的建设
# 不断开创中国物流与采购事业的新局面

## （二〇〇七年一月二十五日）

同志们：

在党的十六届六中全会胜利召开、确定在 2007 年召开党的十七大的大好形势下，今天，各党组织推选出来的党代表 90 名齐聚一堂，总结上一届党委的工作，选出新一届党委、纪委，对今后的工作提出要求，我相信在我们的共同努力下，这次会议一定会圆满成功。

下面我代表中国物流与采购联合会第一届党委向大会作工作报告。

### 一、五年来的工作回顾

2001 年 10 月，我们召开了第一届党员代表大会，五年来，在上级党委的领导下，以邓小平理论为指导，努力实践"三个代表"重要思想，深入贯彻落实党的十六届三中、四中、五中、六中全会精神，紧紧围绕联合会中心工作，结合联合会实际，充分发挥党组织的政治核心作用和战斗堡垒作用以及广大党员的先锋模范作用，加强党组织的思想建设、组织建设、作风建设，党风廉政建设和制度建设，为联合会及代管单位承担的各项业务不断开创新局面，提供了坚强的政治保证和组织保证。

联合会党委成立以后，明确了加强联合会党委抓党的工作的指导思想，即以马列主义、毛泽东思想、邓小平理论和"三个代表"重要思想为指导，认真树立和落实科学发展观，坚持党要管党、从严治党的方针，坚持融入中心、服务大局，为发展物流事业和各项经济建设事业服务，适应新时期、新任务的要求，将党的工作与业务工作相结合，党员队伍建设与职工队伍建设相结合，思想政治工作与精神文明建设相结合，切实加强党的思想、组织、作风和制度建设，为推动各单位的改革发展，发挥政治核心作用，提供政治思想保证和组织纪律保证。按照加强党的先进性建设的要求，建设一支信念坚定、政治品德高尚、密切联系群众、胜任工作职责的党员领导干部队伍；建设一支信念坚定、政治可靠、作风优良、业务精通的党员队伍；建设一支有理想、有道德、有文化、有纪律的职工队伍；建立一套符合联合会实际和适应新形势、新任务要求，保证联合会和各单位党组织在业务工作和重大事项的决策中发挥作用的工作机制，形成一条加强思想政治工作，贯彻党的群众路线，推进党组织自身建设的有效途径。围绕着落实联合会党委工作的指导思想，五年来着重做了以下几个方面的工作。

（一）加强联合会党委的思想建设和组织建设，不断提高各级党组织及党员用马克思主义基本理论指导实践的能力和水平，提高党组织的战斗力

加强政治理论学习。五年来，联合会党委抓了马克思主义、毛泽东思想、邓小平理论、"三个代表"重要思想的学习。学习领会在中央各次会议上领导讲话中有关科学发展观、构建和谐社会和社会主义荣辱观等重要理论创新，学习领会历次人代会上的政府工作报告，"十一五"规划等党的方针政策，对中央重大决策及时组织传达学习。领导干部不但参加党委的学习，还参加所在单位组织的学习，2003年年初，为深入领会十六大精神，联合会党委组织了学习体会交流会，党委领导与五位党员发了言。几年来，联合会党委围绕党的工作中心组织学习，组织听报告、看录像18次，各种学习培训7次，编发党委工作简报45期。中国物资出版社（现中国财富出版社）党委、木材节约中心党支部坚持每月创办《悟知》和《精神文明之窗》起到了很好的宣传教育作用，职业经理研究中心党支部坚持在每次重要理论学习中，组织广大党员、职工利用演讲比赛的形式谈学习体会，讲学习收获，效果很好，信息中心党委在会议室办了政治理论学习专栏，在每次的重要理论学习中把一些好的学习体会放在专栏上供大家学习交流，节能中心党支部、中国市场杂志社党支部、国际合作事务中心党支部在理论学习中利用"请进来""走出去"的形式进行学习，"请进来"就是请专家教授讲课，"走出去"就是到先进单位参观学习。中国煤炭城市联合发展促进会党总支几年来始终对政治学习非常重视，他们始终保持着较好的政治热情和政治敏锐性，对党组织的各项活动积极响应，自觉主动地做好党组织布置的各项工作。农机协会、再生协会、化轻协会等代管协会党组织对政治理论学习都非常重视，利用不同的形式组织学习。同时各单位还重视和抓紧各项业务学习培训，比如，几年来，中国物流与采购联合会组织多次业务与理论学习讲座，人人参加答题活动，从而提高了党员群众的理论水平与业务水平，对树立科学发展观、坚定理想信念、把握正确方向、增强改革信心，起到十分重要的作用。

加强组织建设。根据中国共产党党章和《中国共产党和国家机关基层组织条例》的精神，联合会党委成立后，注重抓了各级党组织的建设，根据不同单位情况，加强基层党的组织建设。联合会党委目前拥有正式党员306人，党委4个，党总支1个，党支部22个。组织建设严密，为做好党建工作打下了良好的基础。联合会党委严格按照"坚持标准、保证质量、慎重发展"的方针，按党章的规定做好党员发展工作，加强对

入党积极分子的培训、培养、教育和考察，坚持成熟一个发展一个的原则，五年来，联合会办入党积极分子培训班二期，参加国资委党委培训班二期，共培训入党积极分子36人，目前，这36位同志都已加入到了党的队伍中来。

重视制度建设。联合会党委成立以来，围绕着党员教育、管理、廉政等方面的内容，建立了党委议事规则，健全了党建各项规章制度，如在共产党员先进性教育活动中，制定了七个有关党的建设的规章制度，有效地提高了党委领导班子整体功能和党建管理水平，工作中积极推行党建工作责任制，围绕经济建设中心和物流等业务工作大局，保证和促进了各项工作的开展。

开展多种形式的党员教育管理工作，联合会党委利用创建达标、扶贫济困等形式，开展正面教育，五年来进行了两次对先进基层党组织、优秀共产党员、优秀党务工作者的评选活动，共评出了先进基层党组织6个，优秀共产党员22名，优秀党务工作者9名。向贫困地区和受灾群众捐款72709元，捐物1885件。激励党员干部大力弘扬具有时代特征的文明新风。

组织深入开展共产党员先进性教育活动。根据党的十六大和十六届四中全会精神，为进一步加强党的执政能力建设，全面推进党的建设新的伟大工程，确保党始终走在时代前列，更好地肩负起历史使命，党中央决定在全党开展以实践"三个代表"重要思想为主要内容的保持共产党先进性教育活动，这是党中央作出的一项重大决策。根据国资委党委的统一安排，中国物流与采购联合会被列为第一批共产党员先进性教育单位。联合会党委紧跟中央的统一部署，对这项活动高度重视，在接到国资委党委正式通知一周内，对联合会先进性教育工作做出了周密的安排，制订了详细的计划，经国资委同意，在行业协会系统第一个召开动员大会。在学习教育阶段，及时制订方案，全面动员部署，狠抓组织落实，重点学习了胡锦涛总书记的讲话、《保持共产党员先进性教育读本》、《江泽民论加强和改进执政党建设》等一系列重点书目，教育活动中组织了两场党课，开展了共产党员先进性具体表现大讨论，在分析评议阶段，扎实推进各个环节的工作，找问题，定制度，搞评议，领导带头积极开展谈心活动，党委主要领导主持召开了六个座谈会，深入群众，广泛征求意见，深刻剖析，撰写党性分析材料，召开民主生活会，对每个党员的党性分析逐个进行评议，在整改提高阶段，梳理汇总26项整改内容，着力抓了各级党组织整改方案和个人整改措施的落实，经过这次共产党员先进性教育活动，取得了几方面的成效，一是提高了党员的政治素质和政治热情。二是党员普遍经受了一次党内严格政治生活的锻炼，增强了党组织的战斗力。三是在党外群众中产生了良好的影响，进一步密切了党群、干群关系，营造了联合会团结、协作、和谐的氛围。四是促进了各单位的工作，拓宽了业务工作的思路，切实解决了一些群众关心的热点、难点问题，推动了各单位工作质量的提高和发展速度的加快。

## （二）加强和改进思想政治工作，促进和谐建设

联合会党委抓思想政治工作出发点是围绕中心工作，坚持以人为本，主要做了三个方面的工作。

其一，抓文化建设，多做凝聚人心的工作。党委认为：联合会文化是业务工作与党建工作的契合点，联合会成立之初，党委即提出了"服务、创新、自强、奋进"的八字联合会的文化理念，倡导联合会的核心价值观，几年来在这个文化理念的推动下，不断丰富联合会文化建设的内涵和外延，把联合会文化具体化为联合会的向心力和凝聚力。在联合会职工中加强有联合会的平台就有个人价值实现的舞台的教育，激励职工维护联合会的大局，激励职工为建设更具活力、更有发展的联合会而努力工作。

其二，以革命传统教育，加强思想政治工作。如精心筹划参与党建等大型纪念活动，重温党的历史，进一步丰富党的活动，我们组织了一系列的纪念活动，在纪念建党80周年、85周年，抗日战争胜利70周年，新中国成立55周年等重要历史事件中，组织参观了西柏坡革命根据地、平西抗日根据地、李大钊故居，参观了抗日战争胜利展览等，同时开展了党建知识答题等活动15次。通过以上各项教育活动使广大党员对党的基本认识进一步加深，激发了党员坚持崇高理想为人民服务的意识，在各项业务活动中展示了广大党员、干部奋发向上，团结一致，开拓进取的团队精神和精神风貌。

其三，发挥工青妇的作用，开展多种形式的活动。联合会工会和妇工委利用节日开展给职工送温暖活动，开展了丰富的文体活动，如组织职工开展体育锻炼，在条件有限的情况下推广广播操、教练瑜伽功，开展乒乓球、跳绳、踢毽、扑克牌、象棋比赛，召开运动会，组织春游、职工休假旅游和职工生日送贺卡等活动，发动职工参加联合会的"春晚"，寓教于乐，增进了职工的了解和友谊，做到尽可能地研究新时期新形势下有效的思想工作形式，取得了较好的效果。

## （三）参与重大事项的决策，充分发挥党组织的政治核心作用和战斗堡垒作用

按照国资委党委的规定，联合会党委围绕联合会中心工作发挥政治核心作用，主要参与了带有全局性、长远性、根本性和战略性问题的决策，联合会党委抓住把握本单位改革发展稳定的大方向不放松。抓住对中央重大政策的传达学习、领会落实不放松，凡是重大问题均要经过党委研究。

2001年联合会成立之后，在事关联合会定位、发展、核心业务等方面，紧紧围绕中央关于可持续发展、科学发展观、建立和谐社会等方针政策开展工作，做到思想清晰，目标明确，方法得当，效果明显。比如，国内贸易局撤销后，及时将中国物资流通协会更名为中国物流与采购联合会，拓宽了服务领域与服务对象，明确所有协会都

要全心全意为政府、企业、会员服务。五年来，通过艰苦的工作，联合会的平台基本建立起来了，比如，标准、教育培训、会展、统计、科技、新闻等核心业务已经基本形成，为行业服务的基础性的工作在扎实推进。同时，"十一五"规划纲要把"大力发展现代物流业"单列一节，确立了物流业的产业地位，也是联合会几年工作成果的重要标志。

联合会党委在参与决定联合会重大事项上发挥了政治核心作用还体现在改革内部管理机制，调动职工积极性方面。联合会组建初期，针对人员不适应工作需要的现状，进行人事制度改革，一方面教育职工热爱协会工作，把协会工作当作事业干；另一方面从2002年起实行了岗位聘任，双向选择，能上能下，效率优先、兼顾公平的用人和分配机制，极大地调动了职工的积极性和工作主动性，增加了活力，激发了工作热情。目前，联合会已有了一个团结的领导班子，积极努力的中层骨干及勤奋工作的职工队伍。

几年来，在大家的努力下，联合会的核心业务已经形成，工作渠道畅通，对外影响扩大，政府部门支持，行业企业认可，联合会初步有了一个稳定、积极向上的发展的好形势。

受国资委的委托，几年来，联合会党委以强烈的政治责任感，认真履行了国资委党委赋予的对代管单位的各项领导职能，加强对代管单位党群工作领导，充分发挥了政治核心的作用。

首先，根据政府赋予的代管职能，重点抓了代管单位领导班子的建设。联合会制定了对受委托管理的事业单位及代管协会领导班子的管理办法，根据管理办法，五年来，调整充实了中国物资出版社（现中国财富出版社）、中国物流信息中心、中国市场杂志社、职业经理研究中心、国际合作事务中心等事业单位的领导班子，以改革的精神，通过公开招聘、选聘结合、考核聘任等方式进行探索实践，实践证明通过调整的各单位领导班子有水平有能力，团结协作，带领各单位职工发奋工作，各单位经济效益有明显的改善，职工队伍精神面貌也发生了较大变化。近几年来，各代管事业单位领导班子考核结果反映出优秀率越来越高，党管干部的作用得到了体现。

联合会党委对代管的行业协会的班子建设非常重视，这几年连续对13个代管协会的换届工作进行了严格的审核、考察把关，逐步地推行行业协会的领导班子年轻化，加大了对代管行业协会的管理力度，对个别领导班子问题较多的协会，党委专门分析研究，并派人帮助有关协会对班子进行考察了解，进行调整推荐，实践证明通过调整整改的代管协会班子，团结稳定、工作积极，业绩有明显的提高。如木材流通协会、经济报刊协会、农机协会、再生协会等在新一届领导班子领导下，工作很有成效。

其次，联合会党委对代管单位的发展及业务工作发挥了指导作用，一方面引导一些与联合会业务有关联的事业单位参与到物流业务工作中来，协调配合，共同发展；另一方面对代管协会定期召开座谈会，交流经验，互相学习，共同提高。各委托管理的事业单位，在联合会党委的领导下，发挥各单位党组织的作用，带领职工在各自业务工作中均取得了优异的成绩。目前，中国物资出版社（现中国财富出版社）党委提出了建设五型出版社，即"创新型出版社，小康型出版社，学习型出版社，和谐型出版社和主流型出版社"，几年来经济效益和社会效益积极增长。物流信息中心在生产资料流通领域和物流领域的行业信息中心的地位和作用初步展现，各项业务工作在继承、创新和完善中得到发展，形成了生产资料市场统计、物流统计、采购经理人指数（PMI）、网络建设、物流科技、信息咨询和刊物六项核心业务。职业经理研究中心从机关文印工作转向推进职业经理事业，是一次战略性的调整和重大方向性的转变，历时四年，职业经理的培训评价体系初步取得了企业的认可，共培训10000多人。木材节约中心和物资节能中心，努力服务于建立资源节约型、环境友好型的工作。木材节约中心配合落实国办《关于加快推进木材节约和代用工作的意见》和"十一五"规划纲要确立的木材节约和代用工作的地位和发展目标做工作，突出做了将木材防腐师确定为国家新职业、世界木材保护大会申办成功等工作。节能中心配合国家发改委等部门，在洁净煤技术研究、绿色照明推广、节能法修订、《"十一五"节能十大工程方案汇总》和"建设节约型社会"丛书的编辑方面做了大量工作，荣获过全国先进集体称号。

各代管协会党组织带领各协会努力工作，坚持为企业服务、为行业服务、为政府服务的方针，如中国农业机械流通协会多年坚持举办的农机会，一年比一年好，2006年达到了10.5万平方米，参展企业达到1600多家，展场摊位供不应求；中国物资再生协会协助政府有关部门开展工作，独立承担有关报废汽车回收拆解、循环利用、军队退役装备、循环经济试点城市等课题及管理办法的研究、评审、鉴定、修订工作，为行业发展发挥了行业协会的作用；中国汽车流通协会努力做好汽车流通信息统计工作，经国家统计局批准，建立了《汽车流通统计报表制度》，2006年又开发了汽车流通信息统计报送系统和二手车交易管理系统。其他一些协会，如木材流通、散装水泥、轮胎翻修利用、拍卖、拆船等协会都做出了很好的业绩，呈现出行业组织的生机和活力，在行业上的影响越来越大。

（四）加强党风廉政建设，努力做好廉洁自律工作

结合联合会的实际，在抓党风廉政建设方面，着重抓了反腐倡廉宣传教育工作。把反腐倡廉以教育为主纳入党建工作的总体部署，紧密结合本单位的实际，针对联合会在党风廉政建设方面容易发生问题的环节，开展了党性、党风、党纪教育，如组织学习了党风廉政建设责任制，教育、制度、监督并重的惩防体系实施纲要等规章制度，做到了在召开的代管单位领导班子会、业务会等会议上，逢会就强调廉洁自律，强调

在联合会内部及代管协会尤其要防止发生服务权力化现象。结合有三名机关分流人员在1998年机构改革时，贪污犯罪的事例，请检察院的领导给联合会中层以上职工及代管单位班子成员上反腐倡廉课，做到了警醒教育不放松。

结合联合会的实际，在抓党风廉政建设方面，加强监督制约，确保不发生问题。一是发挥群众监督作用，在联合会发现群众反映比较集中，比较强烈的问题，发挥监察部门的监督作用，及时给予谈话提醒，对调查属实的问题，督促改正；二是重视群众来信的处理，对群众来信反映问题涉及的人和事，进行细致的工作加以查证，发现苗头及时提示，不存在的问题经过组织上了解，加以排除，切实做到党组织对干部职工本人负责，对党的事业负责。

回顾五年来党委的工作，我们感谢上级党委的正确领导，感谢各级党务工作者的辛勤工作，感谢全体职工对我们的支持。

虽然在本届党委的领导下，联合会党的工作取得了较好的成绩，同时也应该看到距离党中央指引的目标及上级党委的要求，还存在一些不足，如一些规章制度落实得不够，一些基层支部组织生活坚持得不够好，共青团工作抓得不够紧，有些代管协会的党组织还没有很好地落实，思想政治工作方式还有待于丰富，等等，以上这些不足和问题，在下一届党委工作中要充分给予重视，切实有所改进。


## 二、今后的工作任务

新一届党委产生后，将继续带领全体党员加强和改进党的建设，做好以下几个方面的工作。

（一）继续发挥政治核心作用，领导委托管理的事业单位及代管协会党的工作，参与研究决定联合会的重大事项

领导联合会认真学习党的方针政策，在思想上、行动上与党中央保持一致。坚决贯彻落实科学发展观和可持续发展的党的执政理念，在业务工作中进一步提高联合会在市场经济中作用的发挥。树立服务观念，增强行业、会员的凝聚力，进一步做好联合会在为行业、企业、政府服务方面开展的各项核心业务。进一步转变观念，开拓新的业务领域，增强职工服务本领，推动物流事业的发展。

及时发现和解决在联合会的改革和发展中出现的新情况，新问题。努力做到把基层党组织的政治核心作用、战斗堡垒作用、共产党员的先锋模范作用体现在联合会及各代管单位的各个方面、各个环节、各个岗位上，团结和带领联合会广大职工群众，努力把联合会建设成为全面贯彻落实科学发展观，按市场化原则规范运作，独立公正，

有威信、有影响的行业组织，为推进我国物流与采购行业健康发展，推进联合会各项事业的改革和发展，提供坚强的政治保证。

（二）巩固和扩大共产党员先进性教育活动的成果，努力实践使广大党员长期受教育、永葆先进性的长效机制

2005年开展的保持共产党员先进性教育活动覆盖面广，内容丰富，形式多样，工作扎实，形成了很多有效做法和好的经验。着力探索长效机制，对保持开展先进性教育活动成果具有重要意义，在联合会开展共产党员先进性教育活动中，形成了七个党员学习、教育、管理、联系群众和党内民主参与的制度，这是今后一段时期，联合会党建工作的重要内容。今后要深入学习实践邓小平理论和"三个代表"重要思想，坚定理想信念，把握正确方向，落实科学发展观，增强改革信心，推动指导工作，重视和加强党员干部的理论培训工作，不断改进培训方式和方法，增强培训的针对性和时效性。加强和改进党的组织建设，进一步建立健全党的基层组织，特别是代管协会党的组织建设，严格党员管理，积极探索适应联合会管理模式的党的组织建设和党员管理的有效方式，保证每一个在联合会系统工作的党员都处于党组织的管理范围之内。做好组织发展工作，继续开展争先创优活动。加强和改进党风廉政建设，一方面加强反腐倡廉宣传教育，另一方面加强反腐倡廉制度建设，落实建立健全有效的监督机制，针对监督工作中存在的薄弱环节进行制度设计，以保证监督到位。

（三）加强和改进思想政治工作和精神文明建设工作，加强队伍建设，营造和谐的内部环境

要从以人为本出发，思想政治工作要融入实际，改进方法，注重实效，鼓励树正气、树新风，加强思想作风、工作作风、生活作风建设，注重讲学习、讲创新、讲服务、讲奉献、讲和谐的理念教育，大力开展精神文明创建活动，积极开展健康向上的文化体育活动，充分发挥工、青、妇的作用和职能，通过组织各种活动活跃政治思想工作，工会、妇委会还要担负起协调关系、化解矛盾的职责。在党委的领导下，通过大家的共同努力，为联合会创造团结友善、温馨和谐、心情舒畅的工作环境和条件。

同志们！回顾过去，我们无悔历史，展望未来，我们任重而道远。让我们团结在以胡锦涛为总书记的党中央周围，高举邓小平理论伟大旗帜，坚持贯彻"三个代表"重要思想，落实科学发展观，努力创建和谐社会，抓住机遇，求真务实，开拓创新，团结一致，以实际行动迎接党的十七大胜利召开。

（本文为作者在"中共中国物流与采购联合会第二次党代会"上的报告）

# "五讲""三戒"提高服务能力和水平

## （二〇〇七年一月三十日）

方才，何黎明同志就2006年联合会的工作做了总结，提出了2007年工作的基本思路，我完全同意。联合会一年来做了大量工作，这些工作是在联合会全体人员共同努力下完成的。非常感谢大家一年来的辛勤工作。

领导班子建设是联合会开展工作的基础。2006年，中国物流学会顺利完成换届，中国物流与采购联合会党委也进行了换届选举工作，形成了一个团结的、老中青相结合的领导班子。在联合会刚成立的时候我就说过，我们老同志在联合会，一是给联合会打基础，二是撑门面，三就是要选好人，可以说，这些想法正在顺利实现。我在党委换届会上也说过，领导班子的建设要从联合会长远发展的角度考虑，这是工作的需要，也是事业发展的需要。今年的总结会，领导班子增加了新的成员，大家要支持他们的工作。今后，联合会要完善各级领导负责制。日常工作由何黎明同志主持，重要事情请示丁俊发同志，重大事情由我主持召开会长办公会决定。毛主席曾经讲过，领导干部要做好两件事：一是出主意，二是用干部。我们一定要学会选人、用人，要培养好接班人。这对各代管协会和事业单位的要求也是一样，不要平时不注意，临时抱佛脚，那样不适应协会长远发展的需要。

同志们！联合会有一个老中青相结合的领导班子，有一批勤奋苦干的中层骨干，有一支积极向上的职工队伍。加上这些年的努力，联合会的基础业务已经形成，工作渠道已经疏通，在物流业内的影响不断扩大，受到政府承认和企业认同。我们一定要珍惜现在的平台，把自己的工作搞好，推动我国物流业的持续发展。

去年11月，我在中国物流学会第四次会员代表大会上，对学会工作曾经提出了"五讲、三戒、一提高"的要求，我想这也适用于联合会自身建设的需要。这是建立新型联合会的保证，大家要在思想上和行动上认真对待，积极落实，把我们共同的事业推向前进。

"五讲"一是要"讲学习"。我们处在一个"知识大爆炸"的时代，知识更新速度快。要跟上社会发展的需要，必须在政治和业务等方面保持学习状态，重新学习。物流概念从出现开始，专家们在研究争论，不断变化。我们联合会是专门搞物流的，要懂物流。不学习不行，而且要深入学习，把握物流发展规律，这也是发挥联合会行业指导作用的基础。我们要意识到学习的紧迫性，积极主动地学习，深入透彻地学习，把联合会办成学习型协会。

二是要"讲创新"。创新就是要改革，可以说，联合会的成立就是一个创新，是改革发展的需要。这几年，物流发展受到重视，也是改革创新的结果。现代物流的创新，为我国经济结构调整和经济增长方式转变提供了新的方向，并将在今后产生积极的作用。联合会这几年的工作顺应了行业发展的要求，始终把创新放在重要的位置。方才，何黎明同志宣布表彰的 6 个年度创新项目，代表了联合会在创新方面取得的新成绩。我们要始终保持创新的活力，以创新支持发展，把联合会建设成为创新型协会。

三是要"讲服务"。联合会的宗旨就是"服务"，服务首先要转变观念。我们的会员结构有了很大变化，原来物资流通企业的会员已经不多了，我们的服务内容和方式也要顺应变化，积极调整。服务的关键是建立服务体系，我们要研究会员到底需要哪些服务，通过多样化的服务满足会员各方面的需要。联合会代表企业利益，要向政府反映企业呼声，同时，要把政府的要求和政策反映给企业，要起好桥梁和纽带作用。我们要从中国的实际出发，研究有中国特色的协会服务模式，坚持"指导不领导，参与不干预"，搞好各项服务工作。联合会讲服务一定要转变观念，真心诚意地服务。服务好了，创收就在其中了。

四是要"讲奉献"。虽然社会价值观发生了很大变化，我们依然要讲奉献，把联合会的工作当成事业来干。目前，中层领导干部是联合会的中坚力量，他们辛勤的工作有目共睹。年轻同志要在联合会这个平台上长久地干事业。年纪大的同志，要给联合会打下个好的基础，留下一个很好的摊子，支持后来人的工作，保持联合会持续稳定的发展。就像大厦要有基础，高速公路要有路基一样，老同志们要甘做铺路石，为后人奠定发展的基础。

五是要"讲和谐"。我们倡导和谐型社会，就是以人为本，与人为善，和为贵。联合会全体成员能够走到一起来，一定要团结一致，把共同的事业搞好。和而不同，相互协调。我们允许单位内部出现不同的声音，但是总的声音要统一。各部门要从大局出发，以打造和谐大平台出发，统一由秘书长协调，推动和谐型联合会的建立。

我讲的"三戒"。一是"戒浮躁"。我们反对不踏实，表面化的工作。联合会的位置是靠着扎扎实实的工作确立起来的。统计、标准、教育等基础工作已经取得一定的成绩，联合会举办的论坛一年比一年好。今后的任务是继续深化，把各项工作做细、做透，形成稳固的业务基础。二是"戒浮夸"。有一说一，有二说二，各项工作要以实效说话，以成绩检验和考核工作，自觉抵制不良风气。三是"戒傲气"。联合会目前是取得了一些成绩，但不能作为骄傲自满的本钱。联合会是以服务为根本宗旨的，行事要保持低调，多办实事，少说大话、空话。

我讲"一提高"，就是"提高服务能力和水平"。目前，我们的服务能力和水平还满足不了行业快速发展的需要。必须转变思路，明确方向，研究问题，加强学习和创新，努力提高业务素质，适应新型联合会发展的要求。

以上"五讲、三戒、一提高"，既是联合会作风建设的需要，也是联合会对每一位工作人员的起码要求，希望大家共勉。联合会的路还很长，任重而道远，我们要珍惜取得的成绩和发展的机遇，在新的一年里创造出新的业绩。

（本文为作者在"联合会2006年工作总结会"上的即席讲话要点）

# 关于促进现代物流业
# 发展的政策建议

## （二〇〇七年三月二日）

现代物流业作为新兴的生产性服务业，已成为推动经济发展的加速器和衡量一个国家现代化水平与综合国力的重要标志。

发展现代物流业，有利于加快发展服务业，推进产业结构优化调整。发达国家的经济结构是以服务业为主导的，服务业已成为国际上对外投资和产业转移的热点。目前，美国、日本等国家服务业占 GDP 的比重已经达到 70%，中等收入国家一般在50%~60%，而我国仅为 40%。物流业是现代服务业的支柱产业，2006 年，我国物流业增加值约为服务业增加值的 17%，在生产性服务业中占主体地位。通过大力发展现代物流业，将会有效提高服务业在国民经济中的比重，逐步形成三次产业协调发展的格局。

发展现代物流业，有利于转变经济增长方式，实现"又好又快"发展。物流业通过对分散的运输、储存、装卸、搬运、包装、流通加工、配送、信息处理等基本功能，实施有机整合和一体化运作，以达到优化资源配置、降低运行成本、提高经济效益的目的。我国现代物流业还处于初级阶段，需求缺乏有效整合，专业化的物流服务能力不足，基础设施和技术管理手段还比较落后。

发展现代物流业，有利于国家经济安全，提高我国经济的国际竞争力。目前，全球贸易中 90% 以上的货物是通过海上运输完成的，我国海运服务需求量大，但运力不足。2005 年，我国服务贸易中的运输服务逆差达 130.2 亿美元，表明我国企业还没有进入国际产业链中的高端服务领域。许多战略物资的物流环节不在我国掌控之中，一旦发生不测，将会影响国家经济安全。我们应该通过发展现代物流业，实现从"物流大国"向"物流强国"的转变，抢占国际产业转移的先机。

近年来，我国现代物流业有了较快发展，政策环境有了较大改善。特别是"十一五"规划把"大力发展现代物流业"摆在突出位置，明确了现代物流的产业地位。但从我国经济发展的需要来看，从国际物流竞争的形势来看，我国现代物流业发展的差距和潜力仍然很大。政府有关部门应该从经济发展的战略角度，营造有利于物流业发展的政策环境。当前，要着重解决税收、交通、金融、网络化经营、人才等影响物流业发展的具体问题。

第一，税收政策。网络化经营，一体化服务，是物流企业基本的运作方式和优势所在，而我国的税收政策延续了分业务环节、分区域计征的传统思路。目前，我国没有统一的物流业务专用发票，各业务环节税率不统一；每经过一个环节就征一次营业税，不利于企业分离外包物流业务；运输企业自开票纳税资格的认定要求自备车辆，不利于社会物流资源的整合；集团型物流企业不能够统一缴纳所得税，不利于物流企业网络化经营。

建议在物流企业有关税收试点工作的基础上，研究设立符合物流业务需要的专用发票，各业务环节从低统一税率，实行鼓励物流企业分离外包物流业务和整合社会资源的税收政策；尽快开始物流企业所得税全国统一缴纳的试点工作，研究出台鼓励物流企业做大做强的税收政策。

第二，交通政策。目前，物流企业在养路费、运管费、货运附加费、过路过桥费以及车辆购置税等方面负担过重。仅过桥、过路费一项占到运输费收入的40%左右，乱罚款、乱收费问题在一些地方也没有得到彻底解决。进入市区配送车辆的通行、停靠和装卸问题没有从根本上得到解决。不少物流企业采用小型客车送货，既不安全，又增加了成本，影响到及时配送。

建议研究进一步降低收费标准，减少收费站点，减轻物流企业负担，落实农产品物流"绿色通道"和集装箱运输支持政策，全面提升我国公路道路运输效率。制定符合我国城市物流特点的相关交通管理措施，在保证道路资源充分利用的前提下，为配送车辆能够顺利进入市区通行停靠创造条件。

第三，金融和保险政策。物流企业特别是民营物流企业发展较快，但自有资金实力远远不能满足需要，又缺乏相应的抵押物，部分企业陷入民间借贷等非正规渠道，潜伏着巨大的经营风险。同时，物流企业与货主之间的应收账款拖期问题也比较严重，造成企业资金周转困难。一些贵重物品丢货现象较多，但常常不在保险公司标准承保范围之内，一旦有事，物流企业不堪重负。

建议鼓励符合条件的物流企业上市融资，或依照国家有关规定发行企业债券；鼓励和规范物流企业开展仓单质押监管和代收货款等涉及金融方面的增值服务；探索建立以物流企业为主要服务对象的信用担保机构，方便中小型物流企业获得贷款；改进保险机构服务方式和手段，研究适合现代物流需求的险种，开展面向物流服务企业的保险产品和服务创新。

第四，网络化经营政策。有的地方规定，物流企业设立分支机构要在当地找"挂靠单位"，强行要求进入指定经营地点，硬性规定车辆台数，不分企业状况交纳押金等。许多地方出于地方利益考虑，不允许注册非独立核算的分支机构，制约了全国性物流企业的集团化与规模化进程。同时，物流企业取得土地难，地价过高，置换费用大。

建议加快制定和完善行业准入配套政策，重点清理各地不符合物流发展的"土政策"，进一步打破行政垄断和地方封锁。地方政府有关部门要在国家土地政策允许的前提下，在当地城市发展规划的框架内，优先安排物流业用地；鼓励物流企业整合、利用、盘活现有物流、仓储资源；仓储及工业用地从一次出让向土地租赁发展，缓解企业土地成本一次性付出的压力。

第五，人力资源政策。当前，物流企业高端管理和策划人才，以及技能型、操作型人才严重缺乏。现行社会保险政策与民营物流企业的经营管理特点也有一定差距。农民工社会保险存在投保地与居住地不一致的问题，农民工无法享受部分社会保障，而企业由于社保的投入用工成本却大大增加。

建议建立针对物流企业的人才服务市场，实施更为灵活的人才流动政策，为物流企业创造人力资源服务环境；支持行业协会和社会力量，开展物流专业人才的培训，特别要对物流行业技能型、操作型人才的培训提供支持；要根据物流企业量大面广、用工灵活、员工流动性大等特点，积极探索建立健全物流企业职工社会保障制度。

第六，国际化经营政策。近年来，我国物流企业开始走出国门，但缺乏相应的配套政策，如外汇结算、税收征管以及与当地法律的衔接问题等。

建议研究物流企业"走出去"遇到的实际问题，修改现行制度和办法，制定鼓励我国物流企业"走出去"的相关政策措施。

（本文为作者向全国政协十二届五次会议提交的提案）

# 加快发展现代流通

## （二〇〇七年四月七日）

首先，我热烈祝贺《中国流通经济》创刊 20 周年，并衷心祝愿《中国流通经济》越办越好。《中国流通经济》经历的这 20 年，也是我国流通体制改革，社会主义市场经济逐渐走向成熟的 20 年。这个刊物是物资学院主办的，在流通行业是有影响的。物资学院近 30 年来为流通领域培养了很多人才，出了不少有建树的专家，为流通改革和发展做出了贡献。最近，国务院发布了《关于加快发展服务业的若干意见》，明确提出大力发展面向生产的服务业，提升物流的专业化、社会化水平，大力发展第三方物流，提升改造商贸流通业。流通业将面临前所未有的新的发展机遇。借此机会，我就流通问题谈点想法。

### 一、充分认识加快发展商品流通的重要性

社会主义市场经济的体制已经建立起来，目前，国际上越来越多的国家已经承认中国市场经济的地位。我们从改革开放到市场经济的确立，走了近 30 年。由计划经济到市场经济；由政府配置资源到发挥市场配置资源的基础性作用；由过去"卖方市场"到了今天出现"买方市场"，实现了经济体制的转轨。

经济体制的转轨是不容易的，特别是由计划经济向市场经济转型更不容易。东欧国家用的是"休克疗法"，中国是"摸着石头过河"，是渐进式的，我们成功了。大家可以回忆一下这个过程：从开始的"计划经济为主、市场调节为辅"，到"计划经济和市场经济相结合"，再到"有计划的商品经济"，最后到现在的社会主义市场经济。这个转型的过程是渐进的过程，也是对客观经济规律认识提高的过程，最关键的是"姓资姓社"的认识问题。关于这一点，小平同志在 1992 年讲了一段话，"计划多一点还是市场多一点，不是社会主义和资本主义的区别。计划经济不等于社会主义，资本主义也有计划；市场经济不等于资本主义，社会主义也有市场，计划和市场都是经济手段"。这段话解决了争论问题，使我们坚定地走中国特色社会主义市场经济这条路。

我们近 30 年市场经济摸索的经验说明，要推动我国社会主义市场经济不断走向成

熟，必须要正确处理好生产与流通的关系，要充分认识流通业在国民经济中的基础性、先导性作用。过去那种"重生产、轻流通""重工业、轻服务业"，认为流通从属于生产的观点，在理论上是站不住脚的，在实践中必然会违背客观经济规律，阻碍经济的发展。

社会主义市场经济经过了近 30 年的发展，资源配置已经市场化了，市场定价已经占了 95% 以上。市场的供需关系也发生了变化，由卖方市场变成了买方市场。据统计，到去年底我国 600 种商品中，供大于求的占 71.3%，供求基本平衡的占 28.7%，没有供不应求的商品。过去国家定计划，现在市场为导向。特别是在买方市场出现的情况下，"卖"就成了矛盾的主要方面。能卖什么，能卖多少，能卖多高的价钱，这已经不是卖方说了算，而是由买方来决定，由市场来决定。可见，在市场经济条件下，特别是在买方市场出现的情况下，是消费决定生产，流通的先导作用就必然显露出来。一个产品在生产环节所占时间一般只有 5%～10%，其他时间主要在流通环节。由于技术和管理水平的提高，生产环节降低成本的空间已经很小了，成本高主要是在流通环节，这也就是所谓的交易成本太大、物流成本太高。如何降低流通成本就成了企业的竞争力，也就是我们讲的"第三利润源泉"。所以，这就是我们要发展流通，特别是要发展现代流通的重要性。

## 二、重视发展现代流通

改革开放 20 多年来，我国流通有很大的发展。这 20 多年我国 GDP 的年均增幅为 9.6%，近四年，GDP 增长 10%，而社会商品零售总额增长 13.3%，生产资料销售总额增长 17.4%，明显快于 GDP 的增长。但我国流通发展仍然相对落后。发达国家流通资金周转 10～15 次/年，而中国只有 2.5 次/年。世界服务业占 GDP 的 50%，发达国家占 70%，而中国 2006 年仅为 39.5%。很明显，一方面我国经济发展很快；另一方面，经济结构不合理，经济结构调整明显滞后。这就难以从根本上缓解目前越来越严重的高能耗的压力、环保的压力、就业的压力，也就谈不上社会经济可持续发展。而要调整经济结构，转变经济增长方式，重要的是加快服务业的发展，特别要加强现代流通业的发展。

在条块分割的转轨时期，商品流通改革主要采取行业突破的办法，比较注意解决一些应急的问题。哪个方面问题多，矛盾比较突出，哪个方面就先进行改革。如石油化工产品流通改革，粮食流通改革，农村生产资料流通改革，棉花流通体制改革等。对整体改革的思路考虑得不够。商务部成立之后，商品流通体制进行了改革，有利于流通发展。但仍然还要改变"重生产轻流通，重外贸轻内贸，重零售轻批发，重生活消费轻生产资料消费，重城市轻农村"的问题。建设社会主义新农村，要改变二元经济结构，必须重视农村流通的问题。

国务院《关于促进流通业发展的若干意见》中，明确提出，要大力发展现代流通，以现代流通带动现代生产。国务院刚刚发布的《关于加快发展服务业的若干意见》中指出"提升改造商贸流通业"。根据国务院精神，我认为，商品流通改革应以推动流通现代化为核心，建立统一开放、服务高效、竞争有序的流通体系。发展内外贸一体化的大贸易，建设城乡统一的大市场，搞活生活资料和生产资料的大流通。运用现代的流通方式，发展连锁经营，物流配送和电子商务。培育流通大企业，扶持中小企业，积极发展民营流通企业，营造现代流通的大格局。

目前对生活消费品，零售商品抓得比较好，发展也快。对生产资料这方面不如生活资料，我认为应该加强。

2006 年生产资料销售总额 17.7 万亿元，增长 17%，消费品零售总额 7.6 万亿元，增长 13.7%。生产资料销售总额是消费品零售总额的 2 倍多，需要认真去抓，认真研究。随着经济的发展，人民生活水平的提高，消费结构也发生了变化，住房和汽车成了人们消费的热点。随之而来的促进了钢铁、汽车、水泥、能源等产业的发展。2006 年，我国钢产量达到 4.2 亿吨，汽车 738.5 万辆（其中轿车 395 万辆），水泥 12 亿吨，石油 1.8 亿吨，煤炭 23 亿吨。因此生产资料流通是需要重视的。"十一五"规划纲要已经明确提出要发展生产性服务业，国务院最近发布的《关于加快发展服务业的若干意见》又进一步强调要"大力发展面向生产的服务业"。生产资料流通是生产性服务业的重要组成部分，必须加快发展，否则会拖我国工业化的后腿，影响调整经济结构和转变经济增长方式。

大家都知道，我国零售商业改革在前，生产资料流通改革在后。20 世纪 90 年代后，物资企业才真正"下海"。但经过十多年的改革，已发生了重大的变化。企业结构变了，过去是国有流通企业一统天下，现在企业结构已经多元化了。不仅有国有企业、民营企业、股份制企业、有限责任公司和集体企业，外资企业也开始进来了，而且扩张步伐在加快。在生产资料销售总额中，国有企业销售占 15%，民营企业占 34.5%，股份制企业和有限责任公司占 39.2%，集体及其他企业占 3.8%，外资企业占（含港澳台企业 1.2%）7.5%；从流通渠道看，通过流通环节销售的占 60.1%，生产企业自营占 39.9%。从企业来看，销售额超过 1000 亿元的是中国五矿集团。中钢集团，中铁物资集团销售额已经超过 700 亿元，浙江物产集团和天津物产集团已接近 600 亿元，上海百联生产资料事业部接近 500 亿元，广东物资集团超过 300 亿元，安徽徽商集团和中国兵器物资总公司也超过了 150 亿元。不少民营企业销售达上百亿元。这些年发展了代理制，采用了电子商务、加工配送、物流配送、连锁经营等方式。

我要特别强调的是批发市场。据统计，目前生产资料批发市场有 7000 个左右，其中销售额亿元以上的有 920 多家，销售额 1 万亿元左右。它们是计划经济向市场经济过渡期产生的一种形式，起了资源配置的作用，要给予充分肯定。但也存在一些问题。随着市场经济体制不断完善，批发市场存在的问题也就更加明显了，已不适应发展的需要了，所以要整顿、改造、提升，而不是否定、取消。事实证明，有好多批发市场已升级了，是当地经济不可缺少的组成部分。许多企业和批发市场形成了新的经营方式，把贸易、加工和物流配送结合起来，效率高、成本低、效益好、服务好。这是一种创新。

## 三、发展物流业促进流通业的发展

改革开放后，我国引入物流概念已近 30 年了。前 20 年主要是专家们在研究，在经济发达地方中外合资企业开始运作，真正发展是才十多年的事。我国物流业的加快发展是社会经济发展的必然规律。现在大家都形成了一个认识：现代流通是商流、物流、资金流和信息流的统一。但从现代流通发展的历程来看，不同时期的现代流通发展，其侧重点也有所不同。在市场经济的初期阶段，人们所关注的是如何能把商品交换出去，实现商品的价值和使用价值。在这一时期，商流是整个流通的核心。商品的价值得到实现以后，如何把商品从生产方低成本、高效率地送达到最终消费者就成为人们追求的目标。这时现代物流就应运而生，成为现代流通发展的核心。当企业实现了一体化物流管理以后，关注的目标开始从销售环节、生产环节，转移到采购环节，人们开始考虑如何通过构建企业与企业之间的供应链关系，建立一种共赢机制。而实现企业与企业之间供应链关系的关键是信息共享，其核心是信息流。

近十年来，我国物流的发展形势很好，亦很快。"十五"时期，我国社会物流总费用与 GDP 的比率由 2000 年的 19.4% 下降到 2005 年的 18.5%，物流业增加值占全部服务业增加值的 16.8%，已成为现代服务业的支柱之一。

2006 年是"十一五"开局第一年，也是物流发展的重要一年，物流的总费用与 GDP 的比率 18.3%，比 2005 年下降 0.2 个百分点，物流业增加值增长 12.5%，占服务业的 17.1%，提高 0.3 个百分点，物流开始迈入了理性、务实、稳定快速发展的阶段。重点区域，重点行业和重点品种的物流发展较快，物流基础设施和行业基础建设有了新进展，物流发展的体制和政策环境进一步改善。国有及国有控股物流企业、民营企业，外资和中外合资企业"三足鼎立"，形成了互相竞争、互相合作、互相促进的局面，促进了现代物流业的发展。特别是 2006 年，国家的"十一五"规划纲要，把"大力发展现代物流业"单列一节，明确提出物流业发展的目标和任务，标志现代物流企业地位得以确立，使物流业进入了一个新的发展阶段。最近在国务院《关于加快发展服务业的若干意见》中指出，"提升物流的专业化、社会化服务水平，大力发展第三方物流"。要实现这个目标，我们既面临新的机遇，也面临新的挑战。既需要有新的动力来推动我国现代物流的发展，也需要创造条件为现代物流发展提供良好的环境。

目前，发展现代物流，要注意抓好以下几个方面的工作。

（1）加快编制物流"十一五"发展规划。

（2）落实国务院《关于加快发展服务业的若干意见》和国家九部委关于促进现代物流业发展的政策。

（3）加快物流信息化的发展，用物流信息化推动物流现代化。

（4）努力营造竞争有序的物流市场环境。

（5）统筹城乡物流发展，加快农村物流体系建设。

（6）引导现代物流向中西部和东北地区扩散，促进区域物流协调发展。

（7）整合物流资源，做强做大物流企业。

（8）加强行业自律，建立诚信体系。


（本文为作者"中国流通现代化论坛"上的演讲提纲）

# 现代物流业：经济又好又快发展的重要支撑

## (二〇〇七年五月九日)

国务院《关于加快发展服务业的若干意见》指出，提升物流的专业化、社会化、现代化水平，大力发展第三方物流。这是继"十一五"规划纲要明确现代物流的产业地位之后，推动我国物流业发展的一项重要决策。认真贯彻落实这一重要决策，大力发展现代物流业，对于实现经济又好又快发展，具有重要意义。

### 一、实现经济又好又快发展迫切需要发展现代物流业

近年来，随着我国经济的持续较快发展，我国物流业发展始终保持较好势头。"十五"期间，我国社会物流总费用与 GDP 的比率由 2000 年的 19.1% 下降到 2005 年的 18.5%，节约物流费用超过 1000 亿元。2006 年，物流业增加值占服务业全部增加值的比重达 17.1%；我国规模以上工业企业产成品存货率比上年降低 0.3 个百分点，流动资产周转速度加快 6.5 个百分点。这些数字从一个侧面表明，专业化、社会化物流的发展促进了经济质量和效益的提高。

现代物流业是一种新兴的生产性服务业，其发展有利于推进产业结构优化升级，加快经济增长方式转变，实现经济又好又快发展。目前，美国、日本等国家服务业占 GDP 的比重已达到 70% 以上，中等收入国家一般也在 50%～60%，而我国服务业占 GDP 的比重多年徘徊在 40% 左右。经验表明，服务业比重每提高 1 个百分点、第二产业每降低 1 个百分点，就可以降低能耗 1 个百分点。从实际情况看，我国现代物流业虽然有了很大发展，但总体上还处于初级阶段，具有很大的发展潜力。目前，我国社会物流总费用与 GDP 的比率高出发达国家 1 倍左右。据测算，这一比率每降低 1 个百分点，就可以节约物流费用 2000 亿元。因此，大力发展现代物流业，是优化产业结构、走新型工业化道路、提高我国企业和产品国际竞争力的重要举措，是实现经济又好又快发展的迫切需要。

## 二、从实际出发加快我国物流化发展

鼓励物流业向制造业渗透。在我国，制造业物流占相当比重，物流业的社会化程度还比较低。重组、改造、提升制造业物流运作模式，促使产业链上各环节有机结合、一体化运作，推动物流业与制造业融合互动，是发展现代物流的重要任务，也是提高制造业竞争力的重要任务。在这方面，我国制造业部分行业和企业已经开始有益的尝试，如汽车、家电、电子等行业分离外包物流服务，引进第三方物流企业；物流企业介入制造业供应链整合，促进了产业链的延伸和产业集群的培育，推动了结构调整和增长方式转变。应进一步改革体制、完善政策、加大投入，鼓励推广现代物流管理技术，促进企业内部物流社会化，实现企业物资采购、生产组织、产品销售和再生资源回收的系列化运作，推动制造业和物流业加速融合、互动发展。

支持专业化物流企业做强做大。物流企业是物流市场的主体，是物流产业发展的基础。近年来，我国物流企业虽有很大发展，但集中度不够，规模小、实力弱、服务差的问题依然存在，能够提供一体化服务的第三方物流企业还不够多。应积极创造有利于物流企业发展的环境，鼓励大型企业做强做大，扶持发展中小企业，积极支持民营企业发展，培育自主物流服务品牌。

选择适合我国国情和经济社会发展要求的物流运行模式。发展现代物流业，需要考虑经济发展水平、经济结构、消费者需求、市场发育和资源环境等因素，选择符合国情的发展模式。我国是一个发展中大国，正处于工业化中期阶段和居民消费结构升级转型时期，各地条件差异很大，发展很不平衡。因此，物流业的发展应允许采取不同的模式。比如，在区域物流方面，应加快长三角、珠三角和环渤海地区等现代物流的发展，建设大型物流枢纽，发展区域性物流中心；配合东部地区产业向中西部地区转移的趋势，推动物流业梯度发展；适应发展现代农业、建设社会主义新农村的需要，加快构建农村物流服务体系。在物流技术选用方面，既要跟踪先进，又要强调适用，充分发挥我国人力资源丰富的优势；大力发展循环物流和绿色物流，最大限度地消除物流活动对资源、环境和安全的影响。

营造公平竞争的物流市场环境。我国目前物流服务市场还不够完善，地方保护和不正当竞争的问题不同程度地存在，扰乱了正常的市场经营秩序，对规模化经营、网络化发展的现代物流形成了障碍。各地应加强和改进对物流市场的监管，消除行业垄断和地方保护。物流行业协会应团结业内企业，加强行业自律和诚信体系建设，共同营造公平竞争的物流市场环境。

落实物流产业政策。"十一五"规划纲要和国务院《关于加快发展服务业的若干意见》对发展现代物流业给予了重要的指导和支持，提出了一系列重要政策措施。有关部门应尽快把这些政策落到实处，以加快构建符合我国现代物流发展需要的物流产业政策体系，促进我国现代物流业持续快速协调健康发展。

（本文发表于 2007 年 5 月 9 日《人民日报》第九版）

# 为东北亚地区物流发展贡献力量

## （二○○七年六月二十一日）

我们所处的东北亚，是经济迅速崛起的地区。中、日、韩三国人口占世界 1/4，GDP 总和占世界 1/5，在世界经济中具有重要地位。三国日益发展的贸易往来，已成为推动东北亚经济发展的强大动力。2006 年，中韩双边贸易额已突破 1300 亿美元。据韩国统计，中国继续保持着韩国第一大贸易伙伴、第一大出口市场和第二大进口国的地位。2006 年，中日双边贸易额首次突破 2000 亿美元，中国是日本第二大贸易伙伴和最大的进口来源地。据日本贸易振兴会发表的《关于 2006 年日中贸易分析报告》显示，2007 年中国将超过美国，成为日本最大的贸易伙伴。

随着经济的发展和全球化趋势增强，中、日、韩三国交流与合作进入新的阶段。2003 年 10 月，三国首脑在印度尼西亚巴厘岛签署了《中日韩推进三方合作联合宣言》，为加速东北亚经济一体化建设奠定了基础。三方贸易往来深入发展，经济联系更为密切，由此带来的物流合作潜力巨大，前景广阔。

进入 21 世纪以来，随着中国经济的快速发展，中国物流业发展很快，形势很好。2004 年，国家发改委等九部门提出了促进物流业发展的政策措施。2005 年，经国务院批准，设立了物流发展的领导和协调机制——全国现代物流工作部际联席会议。2006 年，在全国十届人大四次会议通过的"第十一个五年规划纲要"中，明确了现代物流的产业地位。2006 年，中国物流业增加值占服务业全部增加值的比重达到 17.1%，比 2005 年增加了 0.5 个百分点；社会物流总费用与 GDP 的比率为 18.3%，比上年下降了 0.2 个百分点；社会物流总额按现价计算同比增长 24%。今年上半年，物流发展的形势也很好。制造业物流加速分离外包，专业化物流企业群体逐步形成，行业物流和区域物流发展迅速，物流基础设施和技术装备得到较快提升，物流发展的政策环境进一步改善，中国物流业已经进入稳定快速发展的新阶段。

中国现代物流业的发展，为物流技术应用创造了巨大的市场空间。近几年来，中国物流技术装备业以每年 20% 以上的速度增长，一些国际先进的物流技术装备进入中国物流领域，极大地改善了中国物流的技术装备条件。中国的现代物流业是在引进、消化和吸收国外物流理念、管理和技术的基础上发展起来的。中国物流业的进一步发展，同样离不开国际经济技术合作。最近，中华人民共和国国务院颁布了《关于加快发展服务业的若干意见》，要求提升物流的专业化、社会化水平，大力发展第三方物流。现代物流业已被确定为现阶段优先发展的重要产业，将会继续实施扩大开放的政策，进一步加强与国外同行的交流与合作。

与日、韩两国相比，中国的现代物流业起步较晚，技术与装备相对落后。我们需要继续学习日、韩两国的先进经验，以推进中国物流现代化水平的快速提升。从 2001 年开始举办的"中、日、韩物流技术与应用交流会"，就是一个很好的平台。我希望，三方能够充分利用这个平台，在物流标准的协调和修订、物流技术的引进和创新、物流装备的改造和应用、物流信息的交流和共享、物流人才的教育和培训、物流政策的学习和借鉴、物流理论的研究和探索等方面，进一步加强交流与合作，并保持经常性的联系与合作机制。中国物流与采购联合会，作为亚太物流联盟的成员单位，愿意在这些方面牵线搭桥，搞好服务，为三国物流业的合作与发展，为东北亚地区的经济发展做出自己的贡献。

2006 年，中国政府从经济社会发展的全局出发，做出了推进天津滨海新区开发开放的重要战略部署。要把天津建设成为我国北方对外开放的门户、高水平的现代制造业和研发转化基地、北方国际航运中心和国际物流中心。推进天津滨海新区的开发开放，促进这一地区加快发展，可以有效提升京津冀和环渤海地区的对外开放水平，使这一地区更好地融入国际经济，推进东北亚经济一体化进程。我们这次会议在天津召开，就更有现实意义。我相信，本次会议在中、日、韩三国会议主办方和与会人员共同努力下，在中华人民共和国商务部、天津市商务委员会等政府部门、天津港集团等大型企业的大力支持下，一定能够取得圆满成功！祝各位来宾、朋友们身体健康，合作愉快。

（本文节选自作者在"第六届中、日、韩物流技术与应用交流会"上的演讲）

# 推进产学研相结合
# 培养物流业实用人才

## （二〇〇七年八月一日）

我国的物流教育是随着物流实践发展起来的。几年来，在教育部的领导下，经过各方努力，到今年上半年，全国已有 273 所本科院校、超过 500 所高等职业学校和 1000 所中等专业学校开设了物流专业，在校学生突破 50 万人，基本上形成了多层次、多元化、宽覆盖的物流教学体系。

中国物流与采购联合会自 2001 年以来，已连续七年每年与教育部共同举办全国高校物流专业教学研讨会。每次会议的成果，都对我国物流教育的发展具有切实的推动作用。借此机会，我向大家介绍一些情况，谈点自己的想法。

### 一、我国现代物流业发展的基本情况

进入 21 世纪以来的这几年，我国的现代物流业发展很快，形势很好。"十五"期间，我国社会物流总费用与 GDP 的比率由 2000 年的 19.1% 下降到 2005 年的 18.5%，物流业增加值占全部服务业增加值的 16.8%。2006 年，我国社会物流总费用与 GDP 的比率进一步下降为 18.3%，物流业增加值占服务业全部增加值的比重上升到 17.1%。今年上半年，我国社会物流总费用与 GDP 的比率同比下降 0.1 个百分点，物流业增加值占服务业全部增加值的比重上升到 17.9%。我国现代物流业的发展表现出许多新的特点。

第一，国家和政府有关部门务实推进物流业发展。继 2006 年全国人大通过《"十一五"规划纲要》，明确现代物流的产业地位之后，今年 3 月，国务院《关于加快发展服务业的若干意见》指出，提升物流的专业化、社会化、现代化水平，大力发展第三方物流。推动物流业发展的政策导向连续进入国家和政府重要决策文件。全国现代物流工作部际联席会议及其组成单位，都在研究出台支持物流业发展的具体政策。如国家发改委今年委托联合会进行物流产业政策体系和税收管理改革方面的研究，财政部正在组织有关部门和单位研究制定支持服务业发展的财税政策，商务部进行商业物流方面具体政策的研究，由国家税务总局确定的物流试点企业已有两批 197 户，物流业

发展的政策环境有了很大改善。

第二，物流市场进一步开放，竞争更加激烈。根据 WTO 的承诺，到 2005 年年底，我国物流市场进一步开放。外资企业借助其实力和管理优势，采取独资、合资和并购等多种形式加快业务整合和规模扩张，对我国物流业发展既是机遇也是挑战。激烈的市场竞争加上石油价格上涨、人力成本升高和在设施、设备、技术方面投入增加，物流企业的运营成本大幅提高，平均利润率进一步降低。增值服务、业务创新成为企业竞争的新领域和新的利润增长点。

第三，物流企业快速成长。据国家发改委、国家统计局和中国物流与采购联合会联合发布重点物流企业调查显示，2006 年前 50 名物流企业中，营业收入超过 100 亿元的有 4 家，超过 50 亿元的有 8 家，超过 10 亿元的有 34 家，排名第 50 位的为 3.5 亿元，比 2005 年的第 50 位增加了 1 亿元。随着物流企业成长成熟，大企业做强做大，小企业做精做细，市场定位更加明确，出现了一批具有经营特色的专业物流服务企业，我国物流供应服务能力有了较大提高。

第四，企业物流分离外包速度加快。随着物流业发展，企业物流观念逐步由"小而全，大而全"向"主辅分离、服务外包"转变。据对重点制造企业的调查，2006 年，销售物流外包以 5% ~10% 速度增长，运输与仓储外包以 10% ~15% 速度增长，运输业务委托第三方已占企业运输业务的 67.1%。企业物流外包由简单的运输、仓储业务环节向增值服务和一体化物流模式延伸，制造业和物流业融合渗透，二产与三产联动发展的趋势开始显现。

第五，港口物流发展加速，区域物流合作增强。2006 年，我国规模以上港口完成货物吞吐量 45.6 亿吨，集装箱吞吐量 9300 万标准箱，双双保持世界第一的位次。上海港货物吞吐量 4.65 亿吨，集装箱吞吐量 2171 万标准箱，分别居世界第一位和第三位。与此同时，区域物流合作出现跨区域、跨国、跨境趋势。珠三角与泛珠三角，长三角与泛长三角，天津滨海新区与环渤海地区，北部湾经济带，海峡西岸经济区等，物流合作开始加速。在与邻国物流合作方面，东盟—中国"10 + 1"，中、日、韩自由贸易区的构想，欧亚大陆桥的建设等，也开始对中国物流格局产生影响。

第六，物流行业基础工作全面推进。经过几年努力，我国物流统计工作体系开始建立，物流标准化工作按计划推进，物流学历教育和在职培训全面铺开，物流新闻与信息工作蓬勃发展，物流理论研究和技术创新取得新的成果。今年以来，根据全国整规办、国务院国资委《关于加强行业信用评价试点管理工作的通知》精神，中国物流与采购联合会正式启动了对物流企业的信用评级工作，首批 24 家物流企业信用等级评价已经上网公示。由人事部和中国物流与采购联合会组织的评选全国物流行业先进集体、劳动模范和先进工作者的工作正在进行。

在看到我国现代物流业新进展的同时，我们也要充分认识我国现代物流业还处于初级阶段的实际。我国社会物流总费用与 GDP 的比率仍高出发达国家 1 倍左右，具有很大的发展潜力。中国现代物流业的发展，需要几代人的艰苦努力，需要一大批既懂得现代物流基本理论，又了解中国物流发展实际，既掌握现代物流及其相关知识，又具有务实操作能力的实用型人才。中国的物流发展任重道远，中国的物流教育责任重大，需要我们在座各位继续努力。

## 二、中国物流与采购联合会在物流教育培训方面所做的主要工作

物流教育是物流事业发展的重要组成部分。几年来，中国物流与采购联合会在教育部等有关政府部门领导和支持下，在各院校的配合参与下，发挥行业的优势，在物流教育与培训方面做了一些工作。

第一，积极推动物流学科建设和专业建设。在教育部支持下，由中国物流与采购联合会与教育部共同举办的全国高校物流专业教学研讨会已连续举办七届，有力地推动了高校物流教学、科研工作。2005 年，我们配合教育部共同制定了《高等职业教育物流管理专业紧缺人才培养指导方案》和《中等职业学校物流专业紧缺人才培养培训教学指导方案》，加快并规范了职业院校物流专业紧缺人才培养工作。

第二，大力加强师资队伍建设。从 2002 年开始，在教育部支持指导下，根据各高校物流专业发展的需要，组织国内知名专家教授授课，已连续举办了四届"高校物流青年骨干教师培训班"，培训物流骨干教师 650 多人，开设课程 20 多门，为高校物流教学培养了骨干力量，一定程度上缓解了师资紧缺的问题。

第三，积极参与教材建设和课程建设。针对普通高等教育"十一五"国家级规划教材建设工作，组织有关高校和科研单位的专家，对"十一五"期间本科院校物流专业教材名录及编写出版工作进行了讨论，并提出了有关建议。此外，联合会每年还积极支持和参与国家级精品课程的初审推荐工作。

第四，扎实推进物流实习实训工作。一方面，我们鼓励、倡导会员企业应支持配合当地高校物流专业学生的实习工作；另一方面，还在每年的物流实验基地和示范基地评审当中，提出了应承担高校物流类专业学生实习的要求。目前，高校物流实习实训基地建设标准和相关的管理办法也在研究起草中，希望此项工作能够取得扎实成果。由教育部高等学校物流类专业教学指导委员会和中国物流与采购联合会共同主办的"第一届全国大学生物流设计大赛"取得圆满成功，全国共有 22 个省 125 所院校的 450 个团队、1800 多名专业教师、22000 多名学生参与了大赛。这项物流教学实践方面的竞赛活动，对于实现物流教学与实践相结合，提高大学生的实际动手能力、策划能力和协调组织能力起到了重要的引导作用。

第五，广泛开展国际培训与交流。几年来，我们积极与国外，尤其是物流比较发达的国家相关机构建立联系，推动物流教育的国际交流活动，争取到日本、德国、加拿大等国政府资助的物流教师赴国外研修培训项目，得到资助培训的教师达 200 多人。2007 年刚刚启动的、由德国政府资助的物流师资研修项目，计划三年内每年资助 180 名教师赴德国研修培训。目前，第一期正在德国进行当中，第二期即将出发。

第六，深入开展调查研究。社会物流人才的现状和需求情况是高校开展物流教育的重要依据。2005 年，受教育部委托，组织了上海海事大学等有关院校进行中国物流人才社会需求情况与培养模式探索研究。经过两年来大量的调查研究，基本摸清了我国物流人才现状和社会需求情况。目前课题已结题，研究成果将在本次会议上公布。

第七，成立了两个"教学指导委员会"并承担了秘书处的相关工作。2005 年年底，教育部成立了高等学校物流类专业教学指导委员会和中等职业教育物流专业教学指导委员会。受教育部的委托，中国物流与采购联合会承担了两个教学指导委员会秘书处的工作。这是教育部对我们在物流教育方面所做工作的肯定和支持，也为我们更好地发挥行业组织的优势，更加深入地参与物流教育工作创作了有利条件。

第八，大力开展在职培训。我们积极配合劳动部门起草制定了物流师职业资格标准，开展了物流培训和职业资格认证工作。2003 年以来，共有 5.02 万人直接参加由中国物流与采购联合会组织的培训，有 3.3 万多人通过了全国统一考试取得了高级物流师、物流师或助理物流师资格证书。中国物流与采购联合会开展的物流师认证已成为国内主流的物流职业资格认证，一定程度上缓解了物流人才紧缺的问题。

## 三、对我国物流教育的几点想法

第一，高校要深入开展物流理论研究，培养物流理论研究人才。物流的基础理论研究是非常重要的。物流的发展已经有一个多世纪了，随着物流的发展，物流理论研究不断深化。但物流是一个边缘科学，涉及其他学科，随现代经济的发展，物流理论也在不断发展，出现了不同的学术观点。物流是个发展中的学科，需要我们去研究。物流的发展需要理论指导，高校是理论研究的基地，在物流理论研究方面具有很大的优势。我们要结合中国物流发展的实际，要在理论上有所创新。中国物流学会从 2002 年以来，每年都要举办一次学术年会，第六次年会将于今年 11 月在深圳举办。这次会议将要回顾总结一年来我国物流学术研究进展情况，提出新的研究重点；表彰"第六次中国物流学术年会优秀论文""2007 年中国物流学会优秀研究课题"和"2007 年中国物流学会优秀特约研究员"，希望各位同志，尤其是学会的理事、常务理事和会员都要积极参加。

第二，物流教育要重视理论和实际相结合，培养出企业需要的实用型人才。全国高校物流专业教学研讨会目前已成为国内有影响力的物流教学科研活动，同时也成为高校和行业、企业合作，共同推进物流教育的重要形式之一。这次，我们高兴地看到中铁现代物流、长久物流、宅急送、总统轮船公司等几家热心物流教育的知名企业参与，支持本届教学研讨会。物流类专业本身具有应用性强、理论与实践联系紧密的特点。加强高校和行业、企业的合作，提高学生的实际操作能力，不仅可以解决学生实践能力差、高校物流专业毕业实际能力不能满足企业需求的问题，同时还可以解决培养目标不明确、师资力量不足等问题。我们希望加强校企合作，希望更多有远见、富有社会责任感的企业，通过多种方式来支持物流教育事业。

第三，学习和借鉴国外先进的经验，结合中国的实际，走中国特色的物流发展道路。我国物流教育起步较晚，与发达国家还存在较大差距，这需要向先进的国家学习。教学研讨会每年都有国外专家介绍发达国家物流教学和人才培养的经验，联合会和教指委每年都有定期与国外同行的交流活动，希望这些活动不要流于形式。大家要认真研究、借鉴发达国家好的经验和做法，结合中国实际，争取在较短的时间内使我国物流理论研究和物流教育工作赶上国际领先水平。

（本文节选自作者在"第七次全国高校物流专业教学研讨会"上的讲话）

# 巩固物流统计成果
# 完善物流统计体系

## （二〇〇七年九月六日）

### 一、我国现代物流业发展的基本情况

搞好物流统计工作，需要了解物流业发展的形势。进入 21 世纪以来的这几年，我国的现代物流业发展很快，形势很好。"十五"期间，我国社会物流总费用与 GDP 的比率由 2000 年的 19.1% 下降到 2005 年的 18.5%，物流业增加值占全部服务业增加值的比重提高到 16.8%。2006 年，我国社会物流总费用与 GDP 的比率进一步下降为 18.3%，物流业增加值占服务业全部增加值的比重上升到 17.1%。今年上半年，我国社会物流总费用与 GDP 的比率同比下降 0.1 个百分点，物流业增加值占服务业全部增加值的比重上升到 17.9%。我国现代物流业的发展表现出许多新的特点。

第一，国家和政府有关部门务实推进物流业发展。

第二，物流市场进一步开放，竞争更加激烈。

第三，物流企业快速成长。

第四，企业物流分离外包速度加快。

第五，港口物流发展加速，区域物流合作增强。

第六，物流行业基础工作全面推进。

经过几年努力，我国物流统计工作体系开始建立，物流标准化工作按计划推进，物流学历教育和在职培训全面铺开，物流新闻与信息工作蓬勃发展，物流理论研究和技术创新取得新的成果。今年以来，根据全国整规办、国务院国资委《关于加强行业信用评价试点管理工作的通知》精神，中国物流与采购联合会正式启动了对物流企业的信用评级工作，首批 24 家物流企业信用等级评价已经发布。由人事部和中国物流与采购联合会组织的评选全国物流行业先进集体、劳动模范和先进工作者的工作正在进行。

## 二、充分认识物流统计工作的重要性

在座各位都在从事物流统计工作，这是一项十分光荣而又非常艰苦的工作。我们要充分认识其重要意义和作用。

第一，物流统计工作是国家指导和推动现代物流业发展的重要手段。物流是经济发展的产物，必须将其纳入整个国民经济的监测体系之中，物流统计是政府决策的重要依据。这几年，国家出台了一系列推动现代物流业发展的政策措施，物流统计工作功不可没。包括国家"十一五"规划，国务院有关文件，也包括部际联席会议的各项政策措施，都与我们所做的物流统计工作有直接的关系。如果情况不明，底数不清，政策措施就会失去针对性，实施效果就会大打折扣。比如，国际上通常用社会物流费用占 GDP 的比率来衡量一个国家物流发展的水平。在我们的物流统计体系尚未建立以前，国外有关机构纷纷作出各种估计和猜测，有的说是 16%，有的说是 18%，还有的说是 25%，数据出入很大，由此带来一系列问题。我们的统计制度建立以后，对这个数据有了精确计算，为了解中国物流发展情况，制定相关政策提供了重要依据。

第二，物流统计工作是物流行业重要的基础性工作。前几年，由于缺乏系统的物流统计制度和方法，没有独立的物流统计指标体系，有不少人因此不承认物流为产业，不承认物流业相对独立的行业地位。2003 年，我参加了全国政协经济委员会"现代物流"专题调研活动。在调研过程中，每到一个地方，大家都纷纷反映建立物流统计的必要性和紧迫性。现在，我非常高兴地看到，在国家发改委、国家统计局领导下，依靠中国物流信息中心等多部门的共同努力，我们已经建立了自己的统计体系，填补了国民经济统计的一项空白，这是我国经济发展中的一件大事，也是物流行业逐步被社会承认的一个重要标志。

第三，物流统计工作是一项开创性的工作。物流是个新产业、新行业，物流统计工作是一项全新的工作，一切需要从头起步，难度相当大。有了统计数据，我们可以深入开展物流产业方面的分析和研究，加强对物流业发展规律性的认识。近年来，联合会借助已有的统计数据和方法，先后完成了《中国物流产业发展与国民经济发展关系研究》《中国传统制造企业物流现状及政策建议》等 30 多项研究课题。我们的统计数据，被党和国家领导人、各级地方政府、行业企业、研究机构及新闻媒体广泛采用，收到了很好的效果。我们同时也要看到，物流产业是一个刚刚兴起的产业，物流统计制度还很不完善。这就需要我们在座各位，在按照当前的制度和规定做好物流统计工作的同时，不断提出完善物流统计工作的意见和建议，创造性地搞好物流统计工作。

### 三、对物流统计工作提出几点要求

第一，要加强统计基础工作。比如，要建立、维护好统计渠道，保证统计渠道的稳定和畅通，保证统计数据的及时性和准确性。要加强分析和研究。统计数据得来不易，要用好、用活，要多出观点，要善于借助统计数据，结合经济运行情况，反映新情况、新问题，提出新建议，这样才能进一步发挥好统计工作的重要作用。

第二，要不断完善统计体系。现在，我国物流统计体系虽然已经建立，但仍然不很成熟、不很完善，还不能够适应蓬勃发展的物流形势。希望同志们借助这次会议的机会，注意研究新情况、新问题。比如，适应第三方物流的发展，目前的统计指标体系中是否可以考虑增加反映物流外包活动的指标？适应世界经济一体化深入发展的形势，是否可以增加一些国际比较指标？是否可以开展物流服务价格统计调查？等等，这些都是值得认真探讨和深入思索的问题。

第三，要规范统计工作。统计是一门科学，统计要受法律法规的约束。物流统计虽然是行业统计，也要统一到国家的统计制度中来，物流统计工作人员，要主动接受统计法的约束，要严格执行统计制度的规定，这样才能做到统计工作的制度化、规范化、科学化。此外，我们还要学习研究国际经验，适应国际间比较的需要。

第四，要以联合协作的精神，搞好物流统计工作。物流是复合型产业，物流统计需要联合与协作。国家发改委、国家统计局在推动我国物流统计工作方面发挥了重要的作用，全权委托中国物流与采购联合会和中国物流信息中心承担全国物流统计核算与调查工作，并一直给予大力支持和具体指导，这是我国物流统计工作从无到有并迅速发展完善的根本保证。

各地物流协会在物流统计工作中要积极发挥作用。目前没有开展物流统计工作的省市，有条件的协会可以具体承担起来，力争与物流牵头部门和统计局一道，把当地的物流统计工作开展起来；已经开展物流统计工作的省市，地方协会要积极参与。这不仅是当地物流业发展的需要，也有助于提高地方协会的地位。能不能搞好物流统计工作，应该成为考察地方协会工作的一个重要标准。

中国物流与采购联合会将一如既往，认真做好全国物流统计核算与报表制度的组织实施工作，加强和完善物流统计核算与调查方法，增强物流统计数据的时效性和准确性，拓宽物流统计的范围和领域，提高物流统计分析的深度和水平。我们愿意在国家发改委、国家统计局的领导下，依靠地方政府、行业协会和广大物流企业，积极帮助支持各地物流统计工作的开展。同时，也希望同志们为搞好我国物流统计工作献计献策。

（本文节选自作者在"全国物流统计工作会议"上的讲话）

# 进一步提高行业服务水平
# 推动我国物流业又好又快发展

## （二〇〇七年十一月十七日）

各位代表、同志们：

中国物流与采购联合会第四次会员代表大会，在全国上下学习贯彻党的十七大精神的新形势下召开。我们要紧密结合物流与采购和生产资料流通行业改革发展的实际，深入学习贯彻党的十七大精神，高举建设中国特色社会主义的伟大旗帜，贯彻落实科学发展观，进一步提高行业服务水平，推动我国物流业又好又快发展。现在，我代表中国物流与采购联合会第三届理事会，向大会报告工作，请予审议。

### 一、第三届理事会工作回顾

中国物流与采购联合会第三届会员代表大会 2003 年 3 月在北京召开，选举产生了第三届理事会，至今已届四年。

本届理事会的四年，是我国改革开放和全面建设小康社会取得重大进展，是现代物流业全面、快速、稳定发展的重要时期。党中央、国务院重视物流发展，党的十七大提出，发展现代服务业，提高服务业比重和水平；国家"十一五"规划，确立了现代物流的产业地位；国务院今年 9 月在安徽召开全国服务业工作会议，把加快发展服务业，特别是拓展生产性服务业，作为我国"十一五"时期的重大战略和基本政策。

在经济持续快速发展和政府积极推动下，我国现代物流业取得新进展。国有、民营和外资物流企业在竞争与合作中迅速成长，制造业和商贸流通业等各领域的物流运作模式开始转变。物流基础设施和信息化建设进度加快，物流服务能力和水平有了较大提高。物流标准、统计、教育、培训、科研、理论等行业基础性工作初见成效。2006 年与 2002 年相比，全国社会物流总费用与 GDP 的比率由 18.9% 下降为 18.3%；物流业增加值占全部服务业增加值的比重由 15.8% 上升到 17.1%。生产资料流通行业加快改革发展，我国生产资料市场流通规模将达 20 万亿元。

四年多来，在国务院国有资产监督管理委员会、民政部和全国现代物流工作部际联席会议领导下，在各副会长单位，常务理事和理事单位以及广大会员单位积极参与下，在政府有关部门、相关行业组织以及物流教学研究新闻单位等社会各界大力支持下，联合会坚持为政府服务、为行业服务、为企业服务、为会员服务的根本宗旨，为推动我国物流业发展做出了应有贡献。我们所做的工作，多次受到国资委、国家发改委、商务部、财政部、教育部、国家统计局、国家标准委等有关部门的充分肯定，2004 年被民政部授予"全国先进民间组织"光荣称号。联合会几年来所做的主要工作如下。

（一）深入调查研究，主动配合政府部门工作

现代物流是涉及众多部门的新型复合型产业，联合会的工作离不开政府有关部门的支持。几年来，我们从调查研究入手，努力掌握行业情况，及时反映企业诉求，主动配合政府部门的工作。

一是组织开展调查研究，推动有关政策和规划的出台。2003 年，联合会积极参与全国政协组织的现代物流专题调研活动。当年 12 月，温家宝等国务院领导同志对调研报告做出重要批示。2004 年 8 月，经国务院批准，国家发改委等 9 部门根据报告提出的建议，出台了《关于促进我国现代物流业发展的意见》。2005 年，我们为国家"十一五"规划纲要的起草提供了现代物流方面的观点和材料。2002 年以来，联合会参与了《全国现代物流业发展专项规划》的起草工作。

四年多来，联合会完成了自主设立、委托研究和组织研究的课题近 100 个，许多研究成果被国家发改委、国资委、财政部、商务部、教育部、国家开发银行等部门采纳。有关《我国民营物流企业发展研究》《外资进入中国物流业的影响及其政策研究》《中国制造企业物流现状及政策研究》《全国物流园区发展研究》《关于物流信息化与公共信息平台研究》《采购经理指数（PMI）与经济发展研究》《全国汽车物流运力资源整合研究》《我国物流人才需求预测研究》等研究成果在业内外产生了广泛影响。

二是建立经常性联系机制，完成政府委托事项。联合会作为全国现代物流工作部际联席会议的成员，积极参与联席会议各项工作，先后完成了 2005 年首次全国现代物流工作会议及历次部际联席会议、办公室工作会议、联络员会议、重点联系企业会议、统计工作会议等重要会议的相关资料起草工作。2007 年参与承办了由国家发改委主办的首届全国制造业与物流业联动发展大会。联合会与商务部建立了工作联系机制，承办了中国中部贸易投资博览会现代流通与中部崛起高层论坛及跨国采购洽谈会以及中国东盟博览会物流论坛，完成了《中日韩流通与物流联合报告书》和其他商务课题的研究工作。受财政部委托，完成了《关于促进我国农村流通体系建设的财税政策研究》和中西部地区农村流通项目的评审工作；承担了"关于促进我国服务业发展的财税支

持政策研究"的部分组织工作,具体承办了"城市配送体系及公共物流信息平台"的课题研究工作。

三是在政府有关部门指导下,为行业企业解决实际问题。例如,营业税重复纳税是困扰物流企业发展的重大问题,自2006年以来,国家税总根据九部门文件精神先后两次发文,批准了197家试点物流企业。联合会参与了摸底调查、企业推荐、专家论证等环节,促进了试点企业政策的落实。在此基础上,我们与国家发改委联合召开了税收试点物流企业座谈会,根据企业反映的情况,提出了关于扩大物流税收试点的政策建议。受国家发改委委托,完成了《税收试点物流企业调查报告》《中国现代物流业税收管理研究》课题的调查论证工作。针对物流企业融资难问题,2007年联合会与国家开发银行签署合作协议,承担了《国家开发银行支持现代物流产业规划》的研究制定工作,帮助开行推荐重点物流企业和项目,为物流企业搭建融资平台。2005年,联合会积极向有关管理部门反映,协助解决了商品车运输在公路治超中严重受阻的问题。

### (二)全面开展行业基础性工作,努力打造服务平台

物流业是新行业、新产业,基础工作相对薄弱,需要通过服务创新,打造服务平台。经过联合会几年来的努力,物流标准、统计、科技、教育与培训、信用评级和规划与咨询等基础性工作从无到有,逐步健全和完善,形成了基本的服务平台。

一是物流标准化工作平台。在国家有关部门支持下,全国物流标准化技术委员会2003年8月成立,秘书处设在联合会。秘书处组织各方面专家起草的《全国物流标准2005年—2010年发展规划》(以下简称《规划》),已经国家标准委等八部门联合发布。根据《规划》,一些通用性、基础性重点国家标准项目,如《物流术语》《联运通用平托盘》《物流成本》《商品车运输服务规范》等16项国家标准和24项行业标准陆续出台。自国家标准《物流企业分类与评估指标》2005年5月1日实施以来,联合会建立了相应的评估工作体系,已向社会公布了4批共计172家A级物流企业名单。

二是物流统计工作平台。联合会从2003年起研究建立社会物流统计核算体系。2004年,国家发改委、国家统计局发文建立物流统计调查与核算制度(试行),委托联合会组织实施。2006年4月,国家发改委发出《关于组织实施社会物流统计核算与报表制度的通知》(发改运行〔2006〕625号),原试行制度转为正式制度。2004年以来,由国家发改委、国家统计局和中国物流与采购联合会每年向国内外发布统计结果。2005年以来,国家发改委、国家统计局和中国物流与采购联合会每年进行"全国重点企业物流统计调查",以企业调查为基础,做出了"最具竞争力50强物流企业"排序。同时,联合会积极配合国家发改委和国家统计局,指导推动各省区市开展物流统计工作。目前已经有17个省市启动了物流统计工作,其他省市也在积极准备。制造业采购

经理指数（PMI）2005 年 7 月开始发布，服务业采购经理指数已进入数据报送阶段，将于明年上半年正式发布。"全国公路普通货物运价指数"于 2006 年 7 月与汇通天下信息技术有限公司联合推出。

三是物流教育培训工作平台。2001 年，联合会提出启动中国物流人才教育工程。2005 年，教育部批准成立"教育部中等学校物流专业教学指导委员会"和"教育部高等学校物流类专业教学指导委员会"，秘书处均设在联合会。2007 年，物流管理专业和物流工程专业两个培养方案指导性意见初步完成。截至 2007 年上半年，全国已有 273 所本科院校、超过 500 所高等职业学校和 1000 多所中等专业学校开设了物流专业，在校学生突破 50 万人。物流师职业资格培训与认证工作自 2003 年 11 月开展以来，在劳动部的支持下，联合会在全国 32 个省区市（含香港地区和解放军）设置了近 200 个培训机构，已有 5.02 万人参加了培训，其中 3.3 万人通过全国统一考试，取得了高级物流师、物流师或助理物流师资格证书。联合会与联合国、世界贸易组织合作的 ITC "采购与供应链管理"认证项目以及引进美国的注册采购经理（CPM）项目也已正式启动。这些工作的深入开展，有效提高了行业从业人员的业务水平，一定程度上缓解了物流与采购人才紧缺的问题。由于我们对于上述培训认证项目的严格规范管理，已在社会上取得较好的认知度。

四是物流科技工作平台。2004 年，由联合会组织专家学者起草的物流科技发展规划，已经纳入国家中长期科技发展规划。"中国物流与采购联合会科学技术奖"2002 年 11 月经科技部批准设立，评审工作已进行了四届。在 388 项申报项目中有 72 项先后获奖，其中一等奖 10 项，二等奖 27 项，三等奖 35 项。2004 年，由宝供物流企业集团出资的"宝供物流奖"开始纳入"中国物流发展专项基金"，已经进行了两次评奖。

五是物流企业信用评级工作平台。经全国整顿和规范市场秩序办公室和国资委批准，联合会从 2007 年 3 月起，正式启动了对物流企业的信用评级试点工作。按照《物流企业信用评级管理办法》规定，首批 24 家信用 A 级物流企业已经评出，并向社会公布。

六是物流规划与咨询服务平台。联合会物流规划研究院自 2002 年成立以来，不断加强自身能力建设，为地方和企业完成物流规划与咨询项目 20 多个。同时，加大了与国务院有关部委的联系，开始承接一些国家级项目。联合会在组织规划咨询项目时，尽量整合社会资源，发挥各方面专家的力量，提高了服务质量和联合会的凝聚力。

（三）围绕行业实际需要，不断创新服务品牌

各类行业活动是联合会重要的服务内容，也是联合会发展的活力源泉。四年多来，联合会紧密围绕行业发展的实际，创立并发展了面向不同服务对象的品牌服务项目。

一是行业评审表彰项目。人事部批准和联合会共同组织开展了全国物流行业先进集体、劳动模范和先进工作者的评选表彰工作。这是在物流行业首次开展的政府表彰活动，对提高行业凝聚力和影响力具有重要意义。2007年5月14日双方联合发文以后，经过各地政府物流工作牵头部门和物流行业协会层层选拔推荐，首批全国物流行业先进集体、劳动模范（先进工作者）将在今天下午受到表彰。各地普遍反映，这是物流行业的一件大好事，提高了物流行业职工在社会各行业中的地位，也提高了物流行业协会的地位。"中国物流示范基地"和"中国物流实验基地"的评审命名工作，自2001年创立以来，已评审命名"示范基地"15家"实验基地"18家。"物流企业十大年度人物"评选工作，自2005年开展以来，受到物流界广泛关注。"中国物流学术年会优秀论文奖"2002年设立，截至目前，已有500多篇物流论文获奖。

二是行业论坛会议项目。"中国物流专家论坛"自2001年创立以来，已连续举办14次，特别是在"物流行业年度形势分析与展望"和"物流园区交流与合作"方面形成了品牌；"中国物流企业家论坛暨中国物流企业年会"于2003年创办，在业内产生了较高的知名度和社会影响力；"中国物流学术年会"已经举办6届，成为检阅物流研究成果、探讨热点问题的行业学术盛会；海峡两岸暨香港、澳门物流论坛已陆续举办四届，受到了港澳台物流企业界和理论界的欢迎；已经举办7届的"全国高校物流教学研讨会"和已经举办5届的"高校物流青年骨干教师培训班"，为交流高校物流教学经验、培养师资、完善学科体系建设发挥了重要作用。

三是行业新闻、出版与信息工作。2005年9月，由联合会主管的《现代物流报》创刊，中国物流行业有了第一份综合性报纸。报纸在宣传现代物流、生产资料流通领域的改革和发展，反映广大职工精神风貌以及传递政策和经济信息等方面，发挥了重要作用。《中国物流与采购》杂志先后进行了组织结构调整和版面改造，内容质量有较大提高，发行量逐步扩大。中国物流与采购网作为中国物流与采购联合会的门户网站，内容更加丰富，形式更加多样，访问人数稳步上升。联合会承担的向国家有关部门信息报送任务，连年获得好评。由联合会主管的央视数字电视《东方物流》频道2006年开始试播，对物流行业进行了有效宣传，并为联合会积累了大量影视资料。在编辑出版方面，四年多来，除《会员通讯》《中物联参阅》和《周讯》正常出刊外，联合会已经形成了"一本年鉴、三个报告"的年度系列出版物格局。即以资料性见长的《中国物流年鉴》，分析预测物流实践发展的《中国物流发展报告》，展示学术年会优秀论文的《中国物流学术前沿报告》和汇集调查研究精品报告的《中国物流重点课题报告》。这些出版物互相联系，互为补充，共同构成全面了解中国物流的重要"窗口"。

（四）扩大联合与协作，构建长效服务网络

四年多来，联合会在开展各项工作的过程中，注重工作网络建设，先后同政府有关部门、行业协会、物流企业和园区、研究机构和新闻媒体等建立了多层次的工作网络体系，提升了联合会的专业服务能力。

一是政府工作联系网络。一方面，通过参加部际联席会议的工作，加强与各成员单位及相关部委的联系，发挥沟通、协助与参谋作用；另一方面，向地方政府物流主管部门延伸服务。四年多来，联合会定期向各省区市、计划单列市和副省级城市物流主管部门发送电子邮件及相关材料，帮助部分省市完善物流基础性工作，培养业务人才，参与政策咨询和规划评审，组织策划会议和活动，得到了广泛认同和支持。目前，联合会的这些服务项目正在向地市县政府延伸。

二是协会工作推进网络。经过几年发展，全国省一级物流行业协会基本建立。各地协会积极参与配合联合会开展的各项工作，同时要求联合会对地方协会的工作给予帮助指导。联合会于 2005 年发起建立了"全国物流行业协会联系制度"。2007 年 7 月，召开了"全国省市物流行业协会负责人座谈会"，讨论通过了《中国物流与采购联合会与省市物流协会工作联系机制》。

三是物流园区协作网络。联合会自 2003 年起连续 5 年召开全国物流园区（基地、中心）交流研讨会，2005 年发起组建了"全国物流园区（基地、中心）协作联盟"；2006 年发布了《首次全国物流园区调查报告》；在 2007 年召开的第五次会议上，38 家成员单位签署了《合作意向书》，共同积极探索更加开放和紧密型联系的合作模式。

四是物流研究机构协作网络。"全国物流研究机构联系协作网"，于 2005 年 11 月在第 4 次中国物流学术年会上发起建立，目前已有 40 多家研究机构参加了协作网的工作。2006 年开始设立"中国物流学会研究课题"，当年收到 43 个结题报告，其中 18 个获奖。2007 年，协作网成员单位共完成研究课题 59 个，其中 20 个被评为优秀课题。从第 5 次中国物流学术年会以来，已经分两批聘任了 112 名"中国物流学会特约研究员"。协作网在团结和联络全国物流研究机构和人员，深化和扩大物流研究方面开始发挥重要作用。

五是物流新闻工作联系网络。联合会于 2002 年牵头成立了"全国物流与采购新闻媒体联席会议"，目前已有 60 多家新闻单位参与。联合会通过定期发布电子邮件，不定期组织新闻发布会，按年度进行"物流行业十件大事"评选和"物流行业好新闻"评选等活动，形成了联系广泛、反应敏捷的物流新闻宣传工作网络，发挥了"行业新闻中心"的作用。

（五）发展现代流通，推进生产资料流通行业改革创新

近年来，生产资料流通行业的流通主体、流通渠道和流通方式发生了重大变化。联合会在新的形势下，不断探索新的服务方式，积极推进生产资料流通行业改革创新。

为此，联合会调整了生产资料专业委员会，加强了领导，协调了相关部门的业务，生产资料流通行业服务工作正在稳步推进。

一是积极推进省市物资集团的改革与发展。近年来，在原有的全国生产资料流通主管部门撤销合并，地方国有物资系统改革重组的情况下，联合会先后在浙江、广东、安徽、天津分别召开全国生产资料流通企业工作座谈会，解剖物资企业改革的热点难点问题，交流发展连锁经营、加工配送、电子商务等新型流通方式的经验，分析生产资料市场形势，引导企业做大做强。同时，联合会积极推进生产资料流通行业的联系与交流，先后参加华北、西北、华东、西南等地区片会，与各地物资流通企业一起探讨生产资料流通企业改革与发展的问题。

二是定期召开生产资料流通统计工作会议。联合会把构建生产资料新的统计网络作为一项重要工作来抓，坚持和完善生产资料统计制度。由中国物流信息中心提供的生产资料统计数据受到有关部门、重要媒体和高层领导重视，成为了解我国生产资料流通行业的重要依据。信息中心与商务部合作召开的全国钢材市场形势分析会，在业内产生了较大影响。在国家统计局的支持下，《全国汽车流通统计报表制度》成为业内统计数据的权威渠道。

三是推进商品批发市场的转型与发展。2006 年 3 月，商务部办公厅发布《关于确定重点联系市场（第一批）名单的通知》，明确生产资料批发市场由中国物流与采购联合会初审并向商务部推荐。2007 年 8 月，联合会在广州召开了"第四次全国重点批发市场总裁联席会暨商品交易市场现代物流体系建设研讨会"，确定了第三批 40 家推进流通现代化重点联系批发市场。

四是在政府部门的指导下加强二手车流通管理。受商务部委托，我们组织专家进行了《关于二手车市场发展研究报告》的课题研究及《二手车流通管理办法》（征求意见稿）的拟订工作。由联合会主办的二手车流通行业年会，成为业内的品牌活动。

（六）参与国际组织事务，拓宽国际交往渠道

四年多来，联合会注重加强与国际组织、国外行业组织、政府和企业的联系，进一步拓宽了国际交往的渠道，扩大了中国物流行业及联合会在国际上的影响。

一是承办了"第 14 届国际采购与供应管理联盟世界大会"。2005 年 9 月，共 900 名代表参加了大会，其中包括 150 名国外代表。吴仪副总理代表中国政府到会并致辞，商务部、国家发改委、财政部、国资委和北京市政府作为大会的支持单位，有关领导参加了会议。中外经济、物流与采购领域著名专家近 50 人在大会及主题午餐会上发表演讲，国际采购联盟专门为联合会颁发了特殊贡献奖，显著提升了联合会在国内外采购领域的地位和影响。

二是国际展览深入扩大。自 2000 年以来，与德国汉诺威展览公司合作的"亚洲国际物流技术与运输系统展览会"已成功举办 8 届。2007 年的展会共吸引了来自 19 个国家和地区的 380 多家参展商，展出规模达到 2.4 万平方米，已成为国内规模最大的物流装备和技术展览会。经中国国际贸易促进会批准，2005 年成立了物流行业分会。分会成立以来，已在北京、广西、广东等地组织了展览会；与韩国、美国、德国、俄罗斯等国达成了出国参加物流展览会的合作项目；即将与英国励展集团合作举办以"物流服务和运输"为主题的"2007 亚洲国际运输与物流展览会"；开通了物流贸促网。

三是国际交往日益增多。几年来，联合会领导带团出访，参加国际采购联盟、亚太物流联盟和东北亚物流学会等国际会议，协助全国政协、商务部等组团出国考察。2007 年，联合会副会长何黎明同志分别当选国际采购与供应管理联盟副主席、亚太物流联盟副主席。同时，联合会接待各国同行来华访问，与有关国家政府部门和非政府组织进行了实质性合作。如与 WTO 国际贸易中心、美国供应管理协会合作，举办了多次采购与供应链管理研讨会；与日韩两国物流学会一起成立了中国东北亚物流学会；与日韩两国托盘组织发起成立了亚洲托盘合作组织——亚洲托盘系统联盟；与加州农产品协会合作，完成了美国农业部的研究课题。几年来，我们争取到日本、德国、加拿大、韩国等国政府资助的物流管理人员和教师赴国外研修培训项目。其中，由德国政府资助，为期三年分期分批派遣 500 名物流企业管理人员和院校师资赴德国培训项目正在实施中。

四年多来，我们在深入开展各项业务工作的同时，不断深化内部改革，加强联合会自身建设。截至目前，联合会直接会员单位（不包括各专业委员会会员数和加入我会的行业协会会员数）已经发展到 1200 多家，比 2003 年 3 月净增 580 家，会员总数接近翻一番。会员来自不同地区、不同行业和多种所有制的各类企业、院校和研究单位，他们当中有的代表进入我会领导机构，联合会向跨行业、跨地区、跨部门发展方面迈出重要步伐。在本届理事会期间，联合会先后成立了汽车物流分会和采购与供应链管理、物流装备、托盘、易货交易、应急物流等专业委员会。受国资委委托，较好地完成了 25 个全国性专业协会和 8 个事业单位的代管工作。联合会秘书处不断深化人事和薪酬制度改革，建立符合协会工作需要的激励和约束机制，各部室工作班子和人员结构得到优化。一个齐心协力，拼搏进取，开拓创新和苦干实干的工作团队初步形成。

各位代表！中国物流与采购联合会自 2001 年更名以后，特别是自上届理事会成立以来，组织体系基本形成，工作思路基本确定，服务平台和工作网络初步建立，在推动行业发展中的地位和作用，已获得社会各界及国际同行认可，为今后工作打下了较好的基础。联合会各项工作的开展和所有成绩的取得，是各级政府部门支持的结果，也是副会长单位、常务理事、理事单位以及全体会员共同努力的结果。

借此机会，我代表中国物流与采购联合会理事会，向各位副会长、常务理事、理事和会员，向在座各位，向所有关心、支持、参与中国物流与采购事业的各界人士以及老领导、老同志表示衷心的感谢！

四年多来，联合会工作虽然有了很大进展，但仍然赶不上快速发展的流通、物流形势的需要，与行业企业及会员单位对我们的要求还有不小的差距。一是对会员、企业和行业的调查研究不够深入，基础的"数据库""资料库""企业库""人才库"还不够完善，对全行业的总体发展还缺乏全面深入的了解，对生产资料流通工作研究不够；二是会员总体规模不够大，会员的所有制结构、专业结构和地域分布等方面也不尽合理；三是服务手段单一，为企业解决实际问题的个性化服务功能还比较薄弱；四是有些会议、活动针对性不够强，质量不高，收效不大；五是缺乏对国外物流的系统研究，国际交往开展的面还不够宽，等等。这些，都需要我们在今后工作中改进提高。

回顾四年多来联合会的工作，我们有几点比较深刻的体会。

第一，必须坚持改革创新。现代物流的产生是我国经济体制改革和经济发展的结果，联合会的建立也是改革的产物。联合会从成立那天起，就抓了观念的转变，教育职工把联合会的工作当作事业来干。我们这几年坚持改革创新，品牌项目、会员结构和领导班子都发生了重大变化，联合会内部管理体制和机制进行了重大改革。许多做出重要贡献的老同志从领导岗位上退下来，一批年轻有为的同志走上第一线，使联合会的职工队伍朝气蓬勃，有了活力。这是联合会今后发展的基本力量。

第二，必须坚持服务宗旨。为会员服务、为行业服务、为政府服务，这是我们的根本宗旨，也是联合会的"立会之本"。只有始终坚持服务宗旨，才能真正起到桥梁和纽带作用，也才是联合会生存发展的出路。我们经常讲"有为才有位"，对于联合会来讲，这个"为"，就是搞好服务。联合会的吸引力、凝聚力、生命力和在社会上的认知度，最根本的在于诚恳、务实、高效的服务。这是我们这几年工作最深刻的体会，也是今后必须永远遵循的"生命线"。

第三，必须坚持全面提高工作水准。联合会成立以来，在抓好职工队伍建设的基础上，我们在战略上重点抓了行业基础性工作，创建了一系列基础工作平台；在战术上把培育品牌活动项目和服务网络体系作为具体目标。一靠抓住行业基础建设，二靠培育品牌和网络，实现了战略与战术的统一，再加上职工素质的提高和拼搏精神，极大地提升了联合会的服务功能和水平，形成了核心竞争力，才会有联合会今天这样的局面。

第四，必须坚持"联合"和"协作"。物流产业是一门复合性产业，联合会是综合性、开放式的社团组织。联合会要讲联合，协会要讲协作。我们要积极吸收跨行业、跨部门、跨地区、跨所有制的企业和其他社会组织加入联合会；要在政府领导下，善于团结企业、院校、学术界和新闻媒体的专家学者和各方面人士，形成推动物流事业发展的合力；要处理好与兄弟协会组织的关系，扬长补短，加强合作。我们必须面向物流与采购及生产资料流通行业，善于联合和发挥各方面力量，共同推进行业发展，事业进步。

## 二、对新一届理事会工作的建议

各位代表、同志们！党的十七大提出了"高举中国特色社会主义伟大旗帜，为夺取全面建设小康社会新胜利而奋斗"的战略任务。未来几年，中国物流业发展站在一个新的历史起点上，面临新的机遇和挑战，联合会的工作将有新的形势和任务。

当今世界，经济全球化趋势不断增强，国际产业升级，服务业随着制造业加快转移。大型跨国公司一方面在全球范围内进行生产和营销布局，扩大市场规模；另一方面通过物流管理和技术的现代化，提高效率，降低成本，把增强产业链的控制力作为核心竞争力。与此同时，越来越多的企业按照专业化分工原则将物流业务外包，促进了专业化、社会化的现代物流企业迅速崛起。物流运作的一体化和供应链管理的应用，以及注重节能、环保的"绿色物流"，是国际物流发展的总趋势。由于中国经济持续快速发展，跨国企业抢滩中国市场，我国正在变为国际物流业竞争的焦点、投资的热点。

当前，我国现代物流业进入重要战略机遇期。党的十七大提出了实现全面建设小康社会奋斗目标的新要求：在优化结构、提高效益、降低消耗、保护环境的基础上，实现人均国内生产总值到 2020 年比 2000 年翻两番。国民经济又好又快发展，必然要求物流业的规模、结构和水平相适应，但我国现代物流业无论需求基础、供给能力，还是基础设施、政策环境都不能满足经济社会发展的需要。贯彻科学发展观，加快转变经济发展方式，推动产业结构优化升级，坚持走中国特色新型工业化道路，统筹城乡和区域协调发展，为我国现代物流业提出了新的任务，开辟了广阔前景。

在新的形势下，联合会的工作必须要有新突破，开创新局面。我们要正确认识全面建设小康社会的新形势，坚持以邓小平理论和"三个代表"重要思想为指导，深入贯彻落实科学发展观，坚持求真务实、锐意进取，团结组织全体会员和各方面力量，为推进我国现代物流业持续、快速、健康发展做出新的贡献。

为此，我建议新一届理事会要面向全行业，重点做好以下几项工作。

### （一）认真贯彻十七大精神，落实好"十一五"规划

党的十七大提出"发展现代服务业，提高服务业比重和水平"。"十一五"规划纲要明确了现代物流的产业地位，提出了今后发展目标。国务院《关于加快发展服务业

的若干意见》指出，提升物流的专业化、社会化水平，大力发展第三方物流。商务部关于《国内贸易发展"十一五"规划》提出，推进现代流通方式发展，适应现代生产方式发展和走新型工业化道路的要求，加快工业消费品与生产资料批发的创新步伐。

我们要认真贯彻党的十七大、国家"十一五"规划和国务院有关文件精神，引导和推动行业改革与发展。要鼓励物流业向专业领域渗透，特别是要推动制造业、商贸业、农业和物流业加速融合、联动发展；要鼓励大型物流企业做强做大，扶持发展中小企业，积极支持民营企业，培育自主物流服务品牌；要充分发挥我国人力资源丰富的优势，选择适合我国国情的物流运行模式，大力发展循环物流和绿色物流；要推进物流标准化和信息化，加强物流新技术开发和运用；要加强物流基础设施的整合与建设，按照国家规划和市场需要，发展区域性物流中心；要重视农村物流体系建设，促进区域物流协调发展；要深入研究生产资料流通领域的改革与发展，创新流通方式，提升流通业态，发展电子商务、物流配送、连锁经营和代理制等现代流通方式。

（二）在政府领导和指导下，努力营造行业发展环境

新一届理事会要更好地发挥与政府联系机制的作用。要积极参与全国现代物流工作部际联席会议的相关工作，继续加强与国家发改委等部际联席会议其他成员单位的联系，向各级地方政府物流主管部门延伸服务；要在国家发改委、商务部等部门领导和指导下，做好商贸物流，生产资料流通行业的服务工作，搞好产业损害的监测与调查工作；要进一步做好物流技术标准委秘书处、高校和中专两个物流教学指导委员会秘书处、贸促会物流行业分会等联系机制及合作平台的工作；要认真完成政府有关部门委托的课题研究、信息报送、基础材料提供等服务工作，努力提高为政府服务的能力。

要推动物流产业政策的落实。2004年，国家发改委等九部门出台的产业政策有许多正在落实，开始收到实效。"十一五"规划纲要和国务院《关于加快发展服务业的若干意见》以及商务部关于《国内贸易发展"十一五"规划》对发展现代物流业给予重要的指导和支持，提出了一系列重要政策措施。我们要进一步加强沟通协调，促进这些政策落到实处。同时，根据行业发展的需要，加快构建符合我国现代物流发展需要的产业政策体系，促进现代物流业持续快速协调健康发展。

（三）深化完善行业基础性工作，夯实行业发展的基础

经过这几年努力，物流行业基础性工作从无到有，逐步形成了基本框架，新一届理事会要抓好深化完善工作。要继续贯彻落实八部门物流标准规划，按进度完成物流标准的制定和修订；要加强物流标准项目的交流、协调和标准化学术研究，做好全国

物流标委会分技术委员会的筹建工作；要在做好物流、生产资料市场和制造业采购经理指数、公路货运价格指数等统计与调查工作的基础上，加强分析研究，完善企业物流调查统计制度，适时推出非制造业采购经理指数，在预警预测系统建设方面要有所突破，并积极推进地方物流统计工作的开展；要加强物流学科体系建设，搞好物流人才需求预测和师资培养，推动物流学历教育健康发展，物流师职业资格培训认证等工作要在保证质量的前提下，稳步扩大规模，并要在此基础上建立物流专家库和人才库，继续搞好与 ITC 合作的采购师培训，稳步推进美国注册采购经理培训认证项目，按计划搞好对外交流与合作项目，并在此基础上建立我国自己的采购培训认证体系；要做好物流学术研究、科技创新和新闻信息等基础性工作，利用全国物流研究机构协作网机制，在有关高校设立专业物流研究所，聘请特约研究员，组织好中国物流学会研究课题，开好中国物流学术年会，推进产学研相结合。

（四）培育和发展品牌服务项目，进一步增强服务功能

一是联合会与人事部共同开展的物流行业劳动模范、先进工作者的评选工作，要坚持标准，严格把关；二是全国整规办和国资委批准的物流行业信用体系建设，要认真负责，保证质量，加快进度；三是与国家开发银行合作建立的融资平台，要尽快启动，发挥作用，收到实效；四是把"中国物流与采购联合会科学技术奖"及宝供物流企业集团支持建立的"宝供物流奖"，办成行业最有影响力和社会公信力的奖项；五是将一本《中国物流年鉴》和三本报告（即《中国物流发展报告》《中国物流学术前沿报告》《中国物流重点课题报告》）打造成为行业"精品出版物"。

要巩固提高前几年建立的品牌项目。如"中国物流示范基地"和"中国物流实验基地"以及"中国采购基地"的评审命名工作；生产资料信息统计和市场分析工作；"中国物流专家论坛""中国物流企业家论坛暨中国物流企业年会""海峡两岸暨香港、澳门物流论坛""全国高校物流教学研讨会""全国生产资料流通企业集团总裁座谈会""推进流通现代化重点联系批发市场总裁联席会""企业采购国际论坛""全国汽车物流行业年会""全国物流和供应链管理信息化论坛"要提高质量，提高知名度；要办好《现代物流报》《中国物流与采购》"中国物流与采购网"；央视数字电视《东方物流》《会员通讯》《中物联参阅》《中国汽车流通月报》等。

要完善服务网络，开展协同服务。要做好已有的行业协会工作网络、物流研究工作网络、物流园区工作网络、汽车物流工作网络和物流新闻工作网络等服务网络的工作；要增强网络的吸引力和凝聚力，积极探索这些网络由松散型向相对紧密型转变；要根据会员需求和业务开展的需要，拓展新的网络，形成相对固定的服务群体，针对不同群体的不同需求，开展更有实质性内容的服务。通过网络服务、网络互动，逐步

形成和发展"服务链"。

**（五）加强联合会自身建设，培育可持续发展的核心竞争力**

只有保持核心竞争力，才能保证联合会可持续发展。因此，必须根据行业企业的需要，不断加强联合会自身建设。

新一届理事会，要扩大吸收新会员。不仅要吸收各类专业物流企业，也要吸收制造企业和商贸企业，特别是生产资料流通企业和批发市场；不仅要吸收企业会员，也要吸收物流科研、教学、咨询单位。要把我们的联合会打造成为行业交流的大平台，会员企业的大家庭。

吸收新会员，留住老会员，关键在于搞好服务。要定期开展会员企业调查，及时了解会员需求；要积极向政府反映企业诉求，争取有利于行业发展的政策环境；要利用广泛联系各方面专家的优势，大力开展为地区、城市和企业的物流规划和咨询服务；要从会员实际需求出发，梳理各类服务项目，相互协调，整合归并，构建会员综合服务体系；要根据会员企业的业务范围和关注领域，设立相应的专业委员会，按照专业化细分的原则，开展更有针对性的服务；要在共性服务的基础上，做好个性化服务，特别是维权服务方面要下硬功、见实效；要充分发挥兼职副会长的社会影响力，广泛听取他们的意见和建议；要加强与地方物流与采购社团组织的联系与合作，建立新型伙伴关系和合作机制。

做好行业服务工作，必须加强联合会自身建设，首先是要加强联合会领导班子建设。联合会理事、常务理事单位要有广泛的代表性，副会长单位要有一定的社会影响力；要善于联合各方面力量，为行业改革发展服务；要加强队伍建设，特别是秘书处专职工作队伍的建设；要形成符合市场经济规律和社团组织活动需要的激励和约束机制，形成有利于联合会发展的选人用人制度和考核奖惩制度，形成吸引人才的积聚效应和团结和谐、服务创新的工作氛围；要加强作风建设，联合会的工作人员要有服务意识和奉献精神，要把联合会的工作当作事业来干，建设一支精通业务、务实肯干、开拓创新、服务奉献的员工队伍；要加强思想教育，规范内部管理，坚决维护联合会的名誉和地位；要拓宽工作思路，谋划长远发展，坚持联合协作，充分发挥社会人力资源的作用。

要加强行业自律工作。要依据《物流企业分类与评估指标》国家标准，认真做好物流企业的综合评估工作，扩大 A 级物流企业的覆盖面；要根据全国整规办、国务院国资委《关于加强行业信用评价试点管理工作的通知》精神，加强行业信用体系建设；要动员会员企业认真执行国家法律法规，自觉接受政府的市场监管和宏观管理，促进物流市场秩序的规范和行业自身的发展；要通过总结经验、树立典型、试点示范，引导会员企业自律发展，营造公平竞争的物流市场环境。

要在巩固已有国际交往平台的基础上，不断拓宽对外交流渠道。要在国际采购与供应管理联盟中发挥应有作用；要积极参加亚太物流联盟及东北亚物流学会的工作；要加强与德国汉诺威展览公司的合作，继续办好亚洲国际物流技术与运输系统展览会；继续搞好与美国供应链管理协会的合作；要进一步发挥贸促会物流行业分会的作用；要做好智力引进工作，邀请专家来华讲学，与国外相关机构进行合作研究，增加培训团出国考察学习；要扩大和深化与国外同行的交流与合作，组织技术交流、商务洽谈、项目引进等实质性内容的对外活动，为我国物流企业"走出去"提供实际帮助；要瞄准国外物流发展的前沿动向，重视物流技术和管理的国际情报收集和研究工作；要学习借鉴国外物流理念、管理和技术，进行中外物流对比分析研究，结合我国国情，探索中国特色的物流发展道路。

各位代表、同志们！这次会员代表大会，还要进行换届选举，丁俊发同志将要对联合会领导班子调整换届情况做一个说明。许多老同志将要退出领导岗位，这是事业发展的需要，也体现了老同志的高风亮节。回顾联合会成立7年多的实践，许多老同志做出了不可磨灭的贡献，为后人打下了很好的工作基础。但事业需要传承，需要培养接班人。新一届理事会，将由一批有知识、有能力、年富力强的同志来领导。

我在去年学会换届时曾经讲过：要"讲学习、讲创新、讲服务、讲奉献、讲和谐"；"戒浮躁、戒浮夸、戒傲气"；扎扎实实、埋头苦干，努力提高学术理论研究的能力和水平。以上"五讲、三戒、一提高"，如果把"一提高"换成"提高对行业的凝聚力、吸引力和影响力"，同样适用于联合会的建设和发展。

各位代表、同志们！联合会的工作已经有了基础，面临新的发展机遇，但更大的挑战还在后头。党的十七大为我们指明了前进的方向，现代物流业的发展给我们提供了广阔的工作空间。让我们高举中国特色社会主义伟大旗帜，紧密结合我国物流与采购和生产资料流通行业发展的实际，团结一心，开拓奋进，进一步做好行业服务工作，为推动物流业又好又快发展，夺取全面建设小康社会的新胜利，做出新的更大的贡献。

谢谢大家！

（本文为作者在"中国物流与采购联合会第四次全员代表大会"上的工作报告）

# 相互学习借鉴　共同为亚洲供应链与物流发展做出新的贡献

## （二○○七年十一月三十日）

尊敬的主席先生、女士们、先生们：

大家上午好！很高兴参加今天的大会，能够有这样一个机会与印度物流与供应链行业的朋友们探讨彼此感兴趣的话题，向印度的同行学习。首先，请允许我代表中国物流与采购联合会，向印度物资管理协会和在座各位表示衷心的感谢和诚挚的问候！

近30年来，中国坚持改革开放，走上了有中国特色的社会主义道路。国民经济保持了年均9.7%的快速增长，人均 GDP 由1978年的226美元增加到2006年的2000多美元，人民生活实现了由温饱到总体小康的历史性跨越。到20世纪末，已胜利实现了现代化建设"三步走"战略的第一步和第二步目标，进入全面建设小康社会的新阶段。2006年，我国的 GDP 超过20万亿元人民币，居世界第四位；对外贸易总额1.76万亿美元，居世界第三位；外汇储备超过1万亿美元，居世界第一位。但从总体来看，中国仍然属于发展中国家，在我们前进的道路上还面临不少困难和问题。如资源消耗和环境污染的问题，经济结构不协调和经济社会发展不平衡等。我们正在着力解决这些问题，以增强发展的协调性和可持续性，努力实现中国经济又好又快发展，对亚洲地区乃至世界的繁荣发展做出应有贡献。

在经济持续快速发展的推动下，中国现代物流业发展很快，形势很好。

物流业规模快速增长。2006年，全国社会物流总额达59.7万亿元人民币，按可比价格计算同比增长17.1%。2006年与2002年相比，全社会主要运输方式完成货物周转量由5.05万亿吨公里增加到8.9万亿吨公里，年均增长15.2%。2006年，我国港口货物吞吐量56亿吨，同比增长15.4%；集装箱吞吐量9300万标准箱，同比增长26%，两项指标继续保持世界第一的位次。2006年，我国物流业实现增加值1.4万亿元，占全部服务业增加值的17.1%；按可比价格计算同比增长12.5%。

物流业发展水平显著提高。生产企业、流通企业采用现代物流理念、管理和技术，实施流程再造，主辅分离，物流和供应链管理水平不断提高。国有运输、仓储企业加快向现代物流企业转型，民营物流企业实现超常规发展，外资企业快速发展。我国物流市场上形成了由多种所有制、不同经营规模和各种服务模式共同构成、各具特色的物流企业群体。各类企业发挥优势，在竞争中相互合作，促进了经营管理和服务创新。物流业务外包速度加快，物流服务社会化程度不断提高。制造企业和流通企业与物流企业实现战略合作，联动发展的趋势日益加强。物流领域的专业化水平和服务效率显著提升，社会物流总费用与 GDP 的比率由 2000 年的 19.4% 下降到 2006 年的 18.3%。

物流业发展的环境和条件不断改善。国家"十一五"规划纲要提出，"大力发展现代物流业"。我国政府和地方各级政府相继建立了推进物流业发展的综合协调机制，各地区、各部门分别出台了支持物流业发展的规划和政策，物流基础设施逐步完善。截至 2006 年年底，全国铁路营业里程达到 7.7 万公里，高速公路通车里程达 4.5 万公里，民用航空航线里程 211.3 万公里，中国大陆地区拥有港口 150 多个，万吨级以上泊位上千个，130 多个港口对外开放。仓储设施现代化水平不断提高，物流园区建设开始起步，一批区域性物流中心正在形成。物流技术设备加快更新换代，物流信息化有了突破性进展。

物流统计信息和标准化工作，以及人才培养和技术创新等行业基础性工作取得明显成效。国家标准委等八部门联合发布了《全国物流标准 2005 年—2010 年发展规划》，一些通用性、基础性重点国家标准陆续出台。我国已经建立了社会物流统计核算体系，由国家发改委、国家统计局和中国物流与采购联合会每年向国内外发布统计结果。物流教育培训工作发展很快，截至 2007 年上半年，全国已有 273 所本科院校、超过 500 所高等职业学校和 1000 多所中等专业学校开设了物流专业，在校学生突破 50 万人。已有 5 万多人参加了物流师职业资格培训，其中 3.3 万人通过全国统一考试，取得了高级物流师、物流师或助理物流师资格证书。联合会与联合国、世界贸易组织合作的 ITC（联合国开发计划署）"采购与供应链管理"认证项目以及引进美国的注册采购经理（CPM）项目也已正式启动。我国的物流科技发展规划，已经纳入国家中长期科技发展规划。"中国物流与采购联合会科学技术奖" 2002 年 11 月批准设立，评审工作已进行了四届。

前不久，中国共产党召开第十七次全国代表大会，提出了全面建设小康社会奋斗目标的新要求：在优化结构、提高效益、降低消耗、保护环境的基础上，实现人均国内生产总值到 2020 年比 2000 年翻两番。同时提出，发展现代服务业，提高服务业比重和水平。中国政府把加快发展服务业，特别是拓展生产性服务业，作为"十一五"时期的重大战略和基本政策。现代物流作为服务业的骨干产业，将会继续受到政府重视，保持较快增长。

中国物流发展的制度和政策环境将会进一步改善。为推进物流业发展，我国于 2005 年建立了有 13 家政府有关部门和 2 家行业协会组成的现代物流工作部际联席会议，各级地方政府也建立了相应的综合协调机制，推进物流业发展的合力正在形成。按照国家"十一五"规划的要求，政府有关部门将会加大对物流业的政策支持力度。一是鼓励制造企业重组、改造、提升物流运作模式，实施供应链管理，推动物流业与制造业联动发展。二是创造有利于物流企业发展的环境，支持第三方物流企业做强做大。三是集中研究解决困扰物流业发展的税收、交通和融资等现实问题。四是加强物流信息化建设，推进物流技术创新。五是推进重点区域、重点行业和重点品种物流发展。将继续关注东部沿海地区物流发展，推进物流服务向中西部地区转移，深化区域间物流合作。按照国家总体战略和产业政策导向，重点支持农业和农村物流，大宗生产资料物流和生活消费品物流。在重点物流品种方面，食品、药品物流，危险化学品物流、回收物流和应急物流等涉及民生和社会安全的物流问题将会受到更多关注。六是，继续扩大物流领域对外开放，欢迎外资外商投资物流基础设施建设和物流服务业，同时支持国内物流企业走出去，学习引进国外先进的物流理念、管理和技术，促进中国物流的社会化、国际化和现代化。

女士们、先生们！中国和印度是世界上最大的发展中国家，人口总和占世界总人口的1/3，地域相连，国情相似，两国都面临发展国内经济和社会现代化转型的重要任务。近几年来，两国高层互访不断，民间往来逐步增多，面向和平与繁荣的战略合作伙伴关系长足发展。根据中国海关的数据，2006年双边贸易额同比增长33.8%，到达250亿美元，提前完成了2005年温家宝总理访印期间确定的2008年贸易额达到200亿美元的目标。今年1—6月，中印贸易额同比增长67%，达到172亿美元。

随着中印货物贸易高速增长，两国之间的物流规模迅速扩大，成为物流行业深化合作的重要基础。印度的软件业、部分高科技领域的先进技术、成熟的科学教育体制，以及在金融、服务行业的管理经验，特别是供应链管理方面的做法，值得中国学习和借鉴。我们这次就是抱着学习交流、友好合作的目的而来，我们愿意为两国的合作方牵线搭桥，在市场调查、政策咨询、标准衔接和人才培训等方面提供服务。

女士们、先生们！中印长期友好、互利合作、共同发展，不仅符合两国人民的根本利益，还将深刻改变亚洲乃至世界的面貌。中印物流与供应链领域加强合作，优势互补，互利共赢，具有坚实基础和广阔前景。我们愿与印方携手努力，深入推进双方在现代物流与供应链管理领域的务实合作，共同为中印战略合作伙伴关系的全面发展做出新的贡献。预祝会议圆满成功！谢谢大家！

（本文为作者在"印度供应链行业大会"上的讲话全文）

# 越南、印度物流考察报告

## （二〇〇七年十二月三日）

2007 年 11 月 20 日—12 月 3 日，应越南储运协会和印度物资管理协会的邀请，我率团对越南、印度的物流发展情况进行考察访问，并出席了印度物资管理协会在昌迪加尔举行的"全球供应链大会"。现将考察情况汇报如下。

### 一、越南物流发展情况

（一）越南物流概况

越南位于亚洲中南半岛东部，是我国南部的近邻。越南国内生产总值（GDP）水平已经跃居亚洲第二高速发展国家的行列，仅次于中国，成为亚洲经济增长的新亮点。2006 年越南 8.4% 的增长率是过去八年里最快的增长速度。近年越南的进出口增速很高，年均增长都在 20% 以上。2006 年吸引国外直接投资 6000 个项目，投资总额 60 亿美元。

据越南储运协会介绍，越南在东南亚地区物流的主要服务对象是菲律宾、新加坡、马来西亚和泰国。国内物流目前北部发展较慢，南部发展较快。

海运方面，越南海岸线长 3260 公里，有港口 126 个，其中海港 24 个。2006 年港口吞吐量 360 万标准箱，同比增长 19%。北部的港口主要服务于中国，中部的港口主要服务于日本、中国香港、中国台湾等发达国家和地区，南部的港口主要服务于周边的一些发展中国家。但是港口规模普遍很小，而且没有深水港，全国 70% 的集装箱装卸量都是通过胡志明港完成的。

航空方面，越南有机场 21 座，其中国际机场 3 座，国际航线 26 条。2006 年航空货运总量 315076 吨，但是同越南海港的情况一样，机场规模普遍不大，货运能力有限，仅胡志明市的新山日（Tansonnhat）机场就承担了 80% 的货运量。

公路运输方面，越南在北部有两条公路与中国相连。通过公路可以到达老挝、泰国、柬埔寨、马来西亚等周边国家。

铁路方面，国际铁路向北可以直达中国的昆明和南宁，向南可以到达新加坡。国内铁路建设比较落后，火车从河内到胡志明市 1700 多公里的路程，需要运行 20 多个小时甚至更长的时间。

总体来说，越南物流的服务质量还比较低，物流成本也比较高，社会物流总费用与 GDP 的比率为 19%。由于缺乏专业的技能和技术，空运和海运的效率很低，基础设施比如仓储设备、装运设备等比较缺乏。物流从业人员大部分没有足够的专业知识和技能。另外由于越南还是农业为主的国家，主要服务于农产品和水产品的冷链物流严重不足。

### （二）越南储运协会及越南航空货运情况

越南储运协会（Vietnam Freight Forwarders Association，VIFFAS）成立于 1993 年 11 月。在 1994 年召开第一次会员代表大会的时候只有 7 家会员单位，但是近年来由于越南经济发展速度加快，协会的发展也很快，目前已有会员 102 家。越南储运协会主要职责是：致力于发展专业技能服务、改善企业效率和保护会员单位合法权益，促进世界各国的同行们与越南的合作与发展。其主要任务是在政府、企业和会员之间起桥梁和纽带作用；为物流行业和企业发展提出合理化建议；收集行业相关信息；组织各种培训、会议和研讨会；作为亚洲和国际货运联盟的会员参加国际性的活动；与国际货运联盟和其他国家地区相关组织开展行业合作，签署行业协议等。

越南航空（Vietnam Airlines Corp.）是越南国有的最大的航空公司，考察团此次拜访的是越南航空的货运部门。越南航空一共有 46 架飞机，在 26 条国际航线中，到中国有三条航线，分别到达北京、广州和昆明，下一步将开通到深圳的航班，目前该公司还没有专门的货运班机，越南机场的设施比较落后，货物的管理还没有引进条码系统，因此效率比较低。货运部的负责人对与中国物流企业的合作表现出浓厚的兴趣。

## 二、印度物流发展情况

### （一）印度社会经济发展和物流情况

印度的 GDP 总额 7500 亿美元，印度经济结构中服务业占 GDP 的 51%，农业和制造业分别占 GDP 的 21% 和 28%。印度是世界经济增长较快的国家之一，印度注重高等教育，英语水平较高，印度南部的班加罗尔有 15 万名 IT 工程师，是世界第二大高技术人才聚集地方。印度实行比较宽松的经济和吸收国外投资的政策，零售业、农业、医药业、汽车业、快速消费品、纺织业等都发展很快，政府开始注重发展基础设施建设。

印度物流近年发展也很迅速，质量也有所提高，据印度方面介绍物流费用与 GDP 的比率为 13%，高于美国的 8.3%，但是低于我国的 18.4%。目前印度很多企业都在物流方面投资，注重基础设施建设，物流外包和第三方物流发展迅速，这些都是降低物流成本的有利条件。

公路运输。印度的公路网从 1950 年到 2004 年，已经翻了 8 番，现在总长度为 331 万公里。国家级公路长度仅占总长度的 2%，但是 40% 的交通运输量由国家级公路完成，其中客运量占 85%，货运量占 70%。同时，我们在印度所见到公路等级较低，车辆质量较差，运输效率也不高。印度政府制定了国家公路发展项目（NHDP），总投资 130 亿美元，用 4 条公路将孟买、新德里、加尔各答和钦奈四个大城市（金四角）连接起来，总长 5846 公里。另外，还有南北走廊和东西走廊，从开司米到坎亚库马瑞，从希尔杰尔到博尔本德尔，全长 7300 公里，于 1998 年开工建设。

铁路运输。印度拥有比较稠密的铁路网。铁路货运量的 89% 是煤、铁矿、肥料、水泥、石油、谷类、钢制品等原料性产品。连接孟买、新德里、加尔各答和钦奈的铁路网被称作高密度网络（HDN），这个铁路网络完成全国货运总量的 65% 和客运总量的 55%。据我们了解，印度铁路网络虽然密度很大，但是运行效率很低。

海运方面。印度拥有 7517 公里的海岸线，有 12 个主要港口和 184 个中小港口，印度对外贸易总量的 95% 和总价值的 75% 是通过港口完成的。但是如何将港口与腹地紧密连接起来是印度面临的一个重要问题。

航空方面。航空货运主要集中在孟买、新德里、加尔各答和钦奈等几个主要城市的机场，它们承揽了全国 70% 的空运货物。

印度物流发展潜力巨大，同时也面临很多问题。比如，物流公司的规模小，运输公司 87% 以上只有几辆车。大多数仓库的主要业务还是初级的单纯存储和物料搬运；工厂、仓库、运输者和供应链合作伙伴之间信息连接不及时，信息化发展程度比较低，还缺乏政府有力的支持。

### （二）Gati（迦偎）物流公司和印度物资管理协会

Gati（迦偎）物流公司是印度境内一家从事国内、国外物流服务的大型公司，是其国内物流行业的领军品牌企业。公司成立于 1989 年，其公司的亚太总部设在新加坡，并且在中国的北京和上海设立了分支机构。该公司网点遍布了印度 602 个区中的 594 个，拥有印度覆盖面最广的配送网，由于和印度航空有战略合作关系，因此成为拥有印度最大航空网络的物流公司。Gati 物流公司有货运、物流解决方案和快递三大核心业务，拥有先进的信息化平台是其高效率的源泉，其在印度最早提出诸如上门取件、送货上门、限时送达、集装箱配送等服务理念。

印度物资管理协会（Indian Institute of Materials Management，IIMM），成立于 1975 年，总部在孟买，是印度境内物资管理方面专业权威组织，负责规划、物流、采购与供应链管理。目前在全国已经拥有 38 个分部和 18 个分会，会员 10000 个（包括机构和个人）。作为国际采购与供应链联盟的全球 39 家代表之一，印度物资管理协会在国际上起到很重要的作用。印度物资管理协会引进了美国的采购经理人和采购人员认证，并开展研修班、研讨会、企业内训和咨询、高级物资管理和研究等项目。

考察团本次出访的目的之一是参加 2007 年 11 月 30 日在印度昌迪加尔召开的"世界供应链大会"。这次会议就零售业供应链管理、农村分销挑战、科技对仓库管理的影响、电子采购优越性、供应链电子授权、供应链协作、供应链——商业战略的关键、基础建设与供应链管理——机遇与挑战、公司社会责任等议题展开讨论。在大会上，我应邀做了讲话，向印度同行介绍了近些年中国经济取得的成就，以及我国物流和供应链的发展状况。

### 三、思考

通过对越南、印度的考察，我们认为整体上两国基础设施建设还比较差，物流与供应链发展水平还比较低，但是发展潜力很大，在物流、采购与供应链发展的理念方面，有一定的认识水平，而且在某些方面他们有发展的优势条件，比如这两个国家公民的英语水平较高，对市场经济比较熟悉，国内经济改革的力度要大，企业目标市场取向要明显。

### （一）深入推动大湄公河次区域经济合作框架下的区域物流合作

越南是大湄公河次区域经济合作区的重要组成国家。大湄公河次区域经济合作项目是亚洲开发银行为促进亚太地区发展中国家之间的合作而设立的。区域的组成国家包括：柬埔寨、老挝、缅甸、泰国、越南、中国（云南省）。

考察团这次在越南与一些当地物流企业进行了会谈。几家规模较大的企业都表示，近年来湄公河流域与中国交往越来越密切，商品、劳务的进出口都在扩大，交通正在成为制约企业业务做大的瓶颈因素，因此迫切希望与中国的交通运输能更加便利。我国政府正做出积极努力，中国、柬埔寨、老挝、缅甸、泰国和越南等大湄公河次区域六国于 2007 年 8 月 20 日完成并签署了《跨边界运输协议》的二十个附件和协议中的最后四个。这一协议统一了大湄公河次区域各国的跨边界规章制度和程序，在此框架下，中国，特别是云南要进一步推动区域物流合作。

## （二）探讨中印两国物流通道问题

中印两国都是发展中大国，边境相连，两国人口加起来是世界人口的1/3，市场潜力巨大，但是物流却很不通畅，其中原因十分复杂，根据陆桥经济理论，目前有很多学者提出中印两国的物流通道问题，一是第三亚欧大陆桥构想，二是青藏铁路向边境的延伸。

关于第三亚欧大陆桥，始于以深圳港为代表的中国广东沿海港口群，沿途由云南昆明经瑞丽出境至缅甸，入孟加拉国、印度、巴基斯坦、伊朗，从土耳其进入欧洲，最终抵达荷兰鹿特丹港，横贯亚、欧、非三个大洲的21个国家，全长约15000公里，目前，构建第三亚欧大陆桥已很有基础。其沿线地区由东到西分别有中南半岛铁路网、南亚次大陆铁路网、欧洲铁路网及北非铁路网，中国境内已形成基本完整的铁路网络。现在昆明至中缅边境瑞丽铁路仅余大理至瑞丽300多公里路段待建，然后再修建从瑞丽经缅甸至孟加拉国吉大港的1400多公里铁路，就可以从吉大港连接印度现有铁路网，形成连接亚欧、亚非的铁路网，实现整个大陆桥的贯通成为继我国北部、中部之后，又一便捷和安全的陆路国际大通道，为"中国制造"的货物有一个全新的途径进入欧洲市场，这是很值得探讨的思路。

关于青藏铁路延伸到中印边界。中国与印度物流的对接，将会对区域经济发展有巨大的推动作用。前不久尼泊尔外交大臣普拉丹要求中国"将青藏铁路由拉萨进一步延长至加德满都"，构建从中国通往南亚的通道，因为双边经贸往来极具潜力。但是中国同尼泊尔间现在的贸易其实很大一部分都是转口的中印贸易。转口贸易不但需要面对烦琐的出入境手续和运输时间的延长，更重要的是加大了运输成本。如果抛开政治因素，仅从发展双边贸易的角度来说，青藏铁路向印度方向延伸，中印都将从中受益，我们在与 Gati 公司的会谈中也印证了这一点。该公司目前与中国的业务主要是通过海运。另外 Gati 公司与中铁快运国际物流公司也有陆运的合作，其过程是这样的，货物在印度境内首先通过公路运到乃堆拉口岸，然后运到拉萨，再通过铁路运输到中国各个城市，也有一部分是通过尼泊尔转运。与海运相比，这条路线的运费并不经济，但运输时间可以大幅缩短。如果顺利，从印度到中国以公路运输经乃堆拉口岸至中国内地，大概要用15天时间，这比海运30~40天的运输时间要快。考察期间印度的物流业者非常希望建立两国直接的物流通道。Gati 公司的负责人表示如果中印之间可以有直通的铁路将大大降低成本，节约时间。

## （三）鼓励和支持中国物流企业到印度和越南开拓市场

中国和印度及越南经济发展世界瞩目。印度经济发展十几年来平均年增长率一直保持在 6% ~ 7%，2007 年可将高达 8.5%。印度和越南发展潜力大，趋势看好。考察过程中我们发现，无论印度还是越南，基本每到一地都可以看到 DHL（敦豪航空货运公司）、联邦快递等世界物流巨头的身影。由于印度已经成为中国在东南亚地区最大的贸易伙伴及中印贸易 2010 年可超过 400 亿美元的预期，印度物流企业目光紧盯中国，纷纷与中国物流企业合作欲从中国市场中分得一杯羹。我们本次访问的印度 Gati 公司也已在中国的北京和上海设立了办事处，据 Gati 公司负责人介绍，他们已与中铁快运国际物流公司有合作。反观我国的物流公司，还没有听说有哪一家进入了印度市场，据了解只有香港的公司开始在印度投资港口，我国"走出去"的战略，印度和越南可能是一条捷径。

（四）加强中国和越南、印度的双边物流交流和对话

中国和越南、印度都是边境相连，有一定的竞争性和互补性，双边物流活动将十分频繁，在对两国的考察过程中，我们发现英语不但在印度普遍使用，越南也有相当多的人可以熟练地用英语与我们交流。语言的优势使得他们掌握西方先进理念的能力相对我们要强，这一点在与印度的交流中表现得非常明显。虽然越南、印度的基础设施、物流设备、工业化技术都不如我们，但是他们在物流的观念上并不比我们落后。三国业者可以加强交流和合作，促进我国物流的发展，增强互信和友好。

（本文为作者率中国物流与采购联合会代表团访问越南和印度后撰写的考察报告）

# 2007 年中国物流业发展特点与展望

## （二〇〇八年一月十九日）

### 一、2007 年中国物流业发展的特点及趋势

刚刚过去的 2007 年，是我国物流业持续快速发展的一年，也是物流业发展发生深刻变化、取得实质性进展的一年。党中央、国务院更加重视物流业，行业发展环境进一步改善。物流业与各行业，特别是制造业的融合进程加快。现代物流业发展开始由珠三角、长三角地区迅速向环渤海和中西部地区延伸。农村物流服务体系正在逐步形成，物流业发展对于提高国民经济增长的质量和水平的作用越来越明显。人事部和中国物流与采购联合会共同组织开展了首次全国物流行业先进集体、劳动模范和先进工作者的评选表彰，行业凝聚力和社会影响力进一步增强。回顾 2007 年我国物流业的发展，有许多新的特点和趋势值得关注。

第一，2007 年我国物流业持续快速增长，适应了国民经济又好又快的发展要求。

2007 年，我国国民经济继续保持又好又快的发展趋势，全年 GDP 增长达到 11.5% 的较高水平。我国经济保持持续快速增长的原因是多方面的，其中物流业快速发展是经济又好又快发展的重要基础和支撑力量。一是物流业快速发展保证了国民经济发展的协调性。据中国物流与采购联合会统计核算，2007 年，我国社会物流总额将达 74.8 万亿元，同比增长 25.5%，增幅比上年加快 1.5 个百分点。货运总量达到 226 亿吨，增长 11.8%，高于 GDP 的增长水平。这在前几年是很少见的。物流业快速发展，为国民经济发展提供了快捷通畅的物流服务，明显提高了经济发展的协调性。二是物流业快速发展，对于我国转变经济发展方式起到了积极的推动作用。2007 年，国内物流业增加值达 1.68 万亿元，同比增长 18.8%，增幅比上年同期加快 6.3 个百分点。物流业增加值占全部服务业增加值的比重由上年的 17.1% 提高到 17.5% 左右，增加 0.4 个百分点，占 GDP 的比重由上年的 6.7% 提高到 6.8%。这不仅反映出物流业对国民经济的贡献进一步增大，也凸显物流业发展对于做大服务业、转变经济发展方式的重要作用。三是物流业快速发展，明显提高了国民经济发展的质量和效益。2007 年，我国经济在

保持又好又快增长的同时，也出现速度偏快、价格结构性上涨等值得注意的问题，不仅 CPI 上涨，生产资料等资源性产品价格也出现较明显上升，劳动力成本也在提高。由于资源性产品的稀缺性和劳动力素质不断提高，原材料成本和劳动力成本提高将成为不可逆转的必然趋势。因此，提高物流效率，降低物流成本将是提高国民经济和企业经营质量和效益的重要途径。2007 年，在国际油价大幅上涨、国内成品油供需偏紧的情况下，物流行业面临着重大的挑战。总体来看，物流行业在提高整体物流效率的同时，物流费用保持了平稳运行的走势。社会物流总费用 45078 亿元，增长 17.3%，与 GDP 的比率为 18.4%，与上年基本持平。

第二，物流企业实力进一步壮大，市场集中度明显提高。

物流企业不断发展壮大是近几年来中国物流业发展的一个基本趋势。一方面，中国物流业发展迅速，培养和造就了一大批具有一定规模和实力的物流企业。几年前，除了一些如中远集团、中海集团、中外运、中国储运外，总体上看，物流企业规模都很小，实力也很弱。近几年来，一批物流企业抓住我国物流业快速发展的机遇发展壮大起来。过去物流企业规模在 1 亿元以上的就不多了，目前来看，规模在 10 亿元以上的就有几十家，如中铁快运、中邮物流、中铁集运、广东南粤、山东海丰、青岛海尔物流、中铁物资、安吉天地、宝供物流、北京宅急送等都是近几年迅速发展起来的。它们有的在行业内处于领先地位，有的已经成为当地的龙头物流企业。另一方面，整合并购重组在国内外物流企业深入展开，也推动物流企业迅速成长起来。特别是 2007 年，中国邮政集团公司挂牌成立，由境内外 7 家股东组建的中铁联合国际集装箱有限公司投入运营，中外运按照专业化要求和业务属性进行整合重组。自 2005 年开始，外资企业并购中国物流企业，2007 年又有耶路全球收购上海佳宇物流公司，世能达物流收购宝运物流主要经营资产和万络环球收购熙可公司等新的案例。整合并购正在促使主营业务向优势企业集中。据初步了解，我国领先的物流企业 2007 年增长幅度一般可达 30% 左右。特别是民营快递企业增势迅猛，如顺丰速运的营业收入已达 50 亿元，增幅 60%；宅急送已达 11.2 亿元，增幅 46%。

第三，现代物流方式迅速向采购延伸，我国供应链管理发展呈加快趋势。

供应链管理是一种全新的经营理念，代表现代物流发展的基本趋势。近几年来，特别是 2007 年，随着现代物流方式迅速向采购环节延伸，我国供应链管理发展呈加快趋势。主要表现出以下特点。

一是跨国公司加大在华采购力度，建立零部件生产与采购网，将中国企业纳入全球供应链体系。例如，通用电气、惠普、奥林巴斯、摩托罗拉、戴尔、IBM、柯达、沃尔玛等跨国公司已纷纷在中国设立采购中心。同时跨国公司对华投资转向了技术密集型的制造产业，与全球供应链体的联系更加紧密。如今全球 500 强企业中已有 400 多家在中国有投资项目。跨国公司对华投资的发展变化，不仅推动了中国企业供应链管理的迅速发展，也必然把中国纳入全球供应链体系中，实行供应链管理已成为所有中国生产和流通企业提高竞争力的必然选择。

二是连锁零售业是推动国内供应链管理的重要力量。从世界供应链发展趋势来看，越接近消费者的企业，越容易获得对供应链的控制权，尤其是在买方市场成为常态以后，零售商作为供应链体系最接近消费者的一端，直接面向顾客，是以顾客为中心的供应链经营理念的直接推动者。近几年，国内连锁零售业的迅猛发展和兼并壮大，使得供应链中靠近消费者的一端越来越强劲。为了取得连锁经营更好的规模效益，几乎所有大型连锁公司都在力图优化自己的供应链管理。国内零售商目前供应链管理的水平，尽管与外资跨国公司相比仍有明显差距，但已经开始重视与供应商的互利合作关系这一供应链管理中的战略性问题。

三是一些强势品牌生产企业以自己为主导构造供应链体系的势头日趋明显，并且取得了龙头地位。也有一些大型工业企业与商业企业建立了联盟关系，打造以消费品生产企业为主导的供应链，延伸自己的竞争优势，甚至把发展现代物流作为企业的核心业务和核心竞争力之一，如海尔、联想、双汇等著名品牌企业已发展了大批连锁专卖店，并相应地发展自身的配送能力。

四是第三方物流日益成为供应链管理的重要支撑。当然我国供应链管理水平总体上与国外先进水平还有很大差距，但在今后几年将会加快发展。

第四，制造业物流发展加速，物流需求使社会化趋势更加显现。

2007 年，制造业物流发展明显加快，突出表现在制造业与物流业更加融合，现代物流发展已经成为提升制造业核心竞争力、构建制造业产业链的重要组成部分和基础。在制造业物流加快发展的同时，物流社会化趋势也更加明显。许多制造企业开始从战略高度重视物流功能整合，实施流程再造，分离外包物流业务，与物流企业加强深度合作。如中远与宝钢签订了为期 20 年的铁矿石运输合同，中外运与中化集团建立了物流战略合作关系，武钢集团、神华集团、格力集团等生产企业把物流视为其核心业务。更多的制造企业与物流企业联手，从供应链角度整合上、下游企业的物流活动，融合渗透、联动发展的趋势逐步增强。国家发改委组织召开"首届全国制造业与物流业联动发展大会"，总结推广典型经验，现场签署合作协议，增强了联动发展的共识。

第五，专业化分工加快，增值型业务成为新的增长点。

在过去的一年里，物流企业专业化经营，增值型服务有新的发展。中铁快运通过大客户物流解决方案的实施，形成了"网络仓库＋24/48""全程供应链管理＋物流与商贸相结合""冷链物流"等商业新模式。中国物资储运总公司仓单质押融资贷款全年可达 300 亿元，同比增长 100%，质押监管收入增长 200%。中铁现代物流参与地方物流园区的建设、运作及管理，实现"管理输出"，网络扩展。供应商管理库存、循环取货、分销物流等一体化供应链模式在越来越多的制造和商贸企业得到应用。怡亚通等一批新兴企业已经成为客户从原材料采购、生产制造到终端分销的供应链整合者，开创了新的市场空间。

第六，物流业加大投入，基础设施骨干网络初具规模。

据中国物流与采购联合会统计，2007年前三季度，国内物流相关行业固定资产投资额为9430亿元，同比增长18.8%。2007年4月铁路第六次大提速，货运能力增加12%；到年底，"五纵七横"公路国道主干线基本建成，其中高速公路通车里程5.3万公里；沿海港口专业化码头建设速度加快，港口集装箱吞吐量突破1亿标准箱；机场和航线建设，油气管道建设投入力度加大，我国物流基础设施骨干网络初具规模。

在地方政府积极推动下，各地物流园区（基地、中心）和各类货运枢纽、场站建设稳步推进，中远、中储、中铁快运、宝供、传化、深赤湾等众多物流企业基地建设全面提速。重要物流节点与骨干通道相衔接，我国物流的网络优势正在显现。

第七，区域物流加强合作，物流集聚区得到较快发展。

2007年，长三角地区的上海、江苏、浙江两省一市启动现代物流发展联席会议制度，采取了《关于促进长三角地区现代物流联动发展的若干措施》。京津冀地区物流企业签订了《物流合作协议》。四川、湖北、浙江、重庆、云南、新疆和广州7地物流行业协会发表《推进物流合作四川宣言》。安徽、江苏和江西20个沿江城市签署协议，区域内车辆在通关、收费、停靠作业等方面享受"普惠制"。

随着区域经济发展和物流合作深入推进，现代物流加快向物流集聚区集中。长三角、珠三角、环渤海、泛北部湾等地区和一些交通枢纽、经济中心城市、经济开发区，正在成为现代物流集中的区域。如北京空港物流基地已吸引100多家国内外知名物流企业进驻，今年1～10月完成税收14.45亿元，同比增长43.1%；浙江传化物流基地吸引各类物流企业进驻，为周边1.8万家工商企业提供物流服务，并为其节约物流成本40%左右；苏州工业园区1～10月监管货值212.79亿美元，货运量48.5万吨，减少发车1.7万车次。可以预见，未来几年，我国现代物流业仍在快速增长区间，物流集聚区的规模将继续扩大。

第八，中国物流国际化竞争趋势增强，国内物流企业积极应对。

目前，外资物流企业借助资金、技术和管理等优势"抢滩"中国市场。他们从合资走向独资，从单一业务走向综合物流业务，从中心城市走向全国性物流网络布局。外资企业在远洋船运和国际快递等方面，也越来越占有优势地位。有的国外快递企业直接大幅降价，以低价抢占市场份额；有的国外班轮公司以资源优势强行增加收费。外资物流企业进入中国对我们来说是机遇也是挑战，但总体上还是利大于弊。同时要充分利用外资来发展中国的物流市场，我们也很有必要认真学习国外先进的物流与供应链管理经验和技术，避免走弯路。但确实也要充分考虑到我国物流市场公平竞争和国家经济安全运行的影响，对于一些涉及国家安全的物流基础设施和部门我们一定要有控制力，对于那些充分市场化的物流业务应鼓励外商发展。

同时，面对国际化竞争，国内企业必须积极应对。目前，一些企业已经走在前面，做得很好。一是大型物流企业参与到了跨国公司在华物流业务中去。如中邮物流形成了以戴尔、摩托罗拉、诺基亚为代表的 IT 电子客户，以雅芳、安利、玫琳凯为代表的化妆品客户，以神龙、通用、丰田为代表的汽配客户群。上海成协物流为沃尔玛、家乐福和麦德龙等跨国公司提供物流配送服务，更多的国内企业参与跨国公司在华物流业务。二是寻求国外、境外上市融资。如专营图书物流的宝龙物流在美国纳斯达克上市，由中外运分拆经营干散货业务的中外运空运香港联交所上市等。三是积极拓展海外市场。如中远物流组建中远香港、西亚、美洲、欧洲、日本公司，国内制造企业"走出去"，增强了海外服务能力。

第九，物流资源要素全面紧缺，经营成本持续上升，平均利润率进一步下降。

随着物流需求的增加和市场竞争加剧，物流要素出现了全面紧缺的态势。现有的仓储能力已显不足，新建物流设施取得土地难度加大，所需费用大增；铁路运力持续偏紧，部分海运航线订舱困难，公路运输也在一定程度上出现了车源紧张的状况；企业发展资金短缺，融资困难；高端管理人才严重不足，操作性员工成本持续上升，稳定性下降。与此同时，行业竞争激烈，特别是运输、仓储等基础性普通服务，同行间"价格战"有增无减。油价不断攀升，2007 年 11 月与 2002 年对比，柴油价格平均上涨86%，油价已占据运输企业总成本的 35%～40%，而且还不时出现加油受限的问题。

由于上述几方面的挤压，物流行业平均利润率进一步下降。有企业反映，物流企业平均毛利率已由 2002 年的 30% 降低到 2007 年的 10% 以下，仓储企业只有 3%～5%，运输企业只有 2%～3% 的毛利。稍有意外，就会亏本，导致部分中小物流企业开始退出物流行业。

## 二、2008 年中国物流业面临的形势和工作重点

2008 年，是全面贯彻落实党的十七大做出的战略部署的第一年，是实施"十一五"规划承上启下的一年，也是举世瞩目的"奥运年"。我国物流业发展面临新的机遇和挑战，机遇大于挑战，平稳快速发展的势头不会改变。据初步预测，今年我国社会物流总额的增长幅度不会低于 20%，物流业增加值的增幅可达 16% 左右，物流总费用与 GDP 的比率在油价上涨的情况下，基本上能够保持 2007 年的水平。

新的一年，有这样一些趋势应该引起我们的重视。一是国民经济又好又快发展，推动现代物流业规模扩张和结构调整的趋势；二是我国物流市场的国际化竞争将更为激烈，企业分化重组将呈加剧的趋势；三是制造和商贸企业一方面分离外包物流业务，一方面强化自身物流功能的趋势；四是生产资料物流、农村物流和关系民生的食品、药品及危险化学品物流将受到重视，加快发展的趋势；五是各地贯彻"十一五"规划，物流基础设施加紧建设的趋势；六是区域经济发展，物流合作加强，物流运作集聚区快速发展的趋势；七是企业获取资源、资金的难度加大，经营成本进一步上升的趋势；八是普通型的低端服务利润越来越薄，创新型业务、增值型服务和适合客户需要的特色服务将获得更大发展空间。

我们要全面分析发展形势，抓住机遇，迎接挑战，继续艰苦奋斗，不断开创物流业又好又快发展的新局面。从全行业的角度来讲，今年，要特别关注以下几个方面。

第一，认真贯彻十七大精神，全面落实"十一五"规划。党的十七大提出"发展现代服务业，提高服务业比重和水平"。"十一五"规划纲要明确了现代物流的产业地位，提出了今后的发展目标。国务院《关于加快发展服务业的若干意见》指出，提升物流的专业化、社会化水平，大力发展第三方物流。《全国现代物流发展规划》也将于2008年出台。我们要把认真贯彻党的十七大、国家"十一五"规划、国务院有关文件精神和物流发展规划作为首要任务，引导和推动行业改革与发展。

第二，引导社会化物流需求，发展专业化物流服务。要鼓励企业主辅分离、流程再造，分立、分离、外包物流业务；支持物流企业向专业领域渗透，特别是要推动制造业、商贸业、农业与物流业加速融合、联动发展；要鼓励大型物流企业做强做大，中小企业做精做细，发展各类企业在专业化分工基础上的联合协作；要扶持发展中小企业，积极支持民营企业，培育自主物流服务品牌。

第三，选择适合国情的物流运行模式，发展中国特色的现代物流。要加强物流基础设施的整合与建设，按照国家规划和市场需要，发展区域性物流中心；要重视农村物流体系建设，促进区域物流协调发展；要深入研究生产资料流通领域的改革与发展，创新流通方式，提升流通业态；要发展电子商务、物流配送、连锁经营和代理制等现代流通方式；要结合我国物流发展的需要，推进物流标准化和信息化，加强先进适用的物流新技术研发和运用。针对企业物流需求，大力发展增值型、创新型业务，培育新的增长点。

第四，落实有关政策，营造行业良性发展的环境。在政府领导和指导下，首先抓好已有政策的落实，特别是企业关心的税收、交通、融资等热点、难点问题，争取在2008年能有更大进展。同时，要根据行业发展的需要，研究建立符合我国现代物流发展需要的产业政策体系，为现代物流持续健康协调发展营造良好环境。

第五，深化完善行业基础性工作，夯实行业发展的基础。要继续贯彻落实八部门物流标准规划，按进度完成物流标准的制定和修订；要提升物流统计工作的质量，扩大物流统计工作的覆盖面；要加强物流学科体系建设，搞好物流人才需求预测和师资培养，推动物流学历教育健康发展；要规范发展物流职业资格岗位培训认证工作，为企业培训有用合格人才；要做好物流学术研究、科技创新工作，推进产学研相结合，抓好研究成果的推广与转化；要加强行业诚信体系建设，完善行业自律机制。

第六，研究国际物流新动向，迎接国际化竞争的挑战。要研究出台鼓励物流企业"走出去"的政策措施，促使国内企业参与国际市场竞争；开展对外资物流企业进入中国市场的调查，从保护产业公平竞争和国家经济安全出发，研究制定相关的规则；要密切注视国外物流管理和技术的发展，深入进行中外物流发展比较研究，促进我国物流业跨越式发展。

各位专家、各位代表、同志们！我国物流业的发展具有典型的中国特色，党的十七大为我们指明了前进方向。让我们紧密结合我国物流行业发展的实际，团结一心，开拓奋进，为推动物流业跨越式发展，夺取全面建设小康社会的新胜利，做出新的更大的贡献。

（本文为作者在"2008 中国物流发展报告会暨第 15 次中国物流专家论坛"上的演讲）

# 办好行业协会　促进物流业发展

## （二〇〇八年六月十八日）

今年，是我国改革开放第 30 年，也是我国现代物流业起步发展的第 30 年。30 年来，我国 GDP 年均增长 9.8%，2007 年达到 11.9% 的较高水平。今年以来，尽管遇到了雨雪冰冻和地震灾害，但中国经济持续快速发展的基本面没有改变。特别是这次众志成城、抗震救灾的伟大壮举，是我国改革开放 30 年综合国力显著增强的充分体现，也是对国内物流业 30 年发展的严峻考验。实践表明，改革开放以来建立的物流基础设施体系，物流企业网络和运作经验，不仅是推动经济持续快速增长的重要基础，也是抗震救灾的有力支撑。

当前，联合会正在对我国物流业 30 年发展的历程进行回顾与总结。1978 年，党的十一届三中全会确定了改革开放的方针，对外开放，对内实行经济体制改革。中国物资工作考察团也就在这一年访问了日本，回国后的考察报告第一次把"物流"概念介绍到中国。1984 年，中国物流研究会成立。1992 年，党的十四大确定建立社会主义市场经济体制。随着改革开放的深入，市场经济体制建立和经济全球化的推进，我国现代物流业加快发展。跨国公司带来了先进的物流理念和运作方式，国内传统物流企业开始改革重组，向现代物流转型，新兴的民营物流企业大量涌现，各类物流企业形成了"三足鼎立"，互相竞争、互相合作、共同发展的局面。2001 年，我国加入世界贸易组织，物流业加快对外开放的步伐，进入新的发展时期。国家经贸委等六部委出台指导物流业发展的政策文件，中国物流与采购联合会成立，物流标准、统计、人才培训、科技创新和理论研究等各项行业基础性工作相继展开。2003 年，温家宝等国务院领导同志对全国政协物流调研报告做出重要批示。2004 年，国家发改委等九部门出台促进现代物流业发展的意见。2005 年，全国现代物流工作部际联席会议建立。2006 年，"十一五"规划提出"大力发展现代物流业"，物流的产业地位在国家规划层面得以确立，我国物流业进入稳定、快速、持续发展的新阶段。

据国家发改委、国家统计局和中国物流与采购联合会统计，2007 年，我国社会物流总额达 75.2 万亿元，同比增长 26.2%。物流业增加值 1.7 万亿元，同比增长 20.3%。物流业增加值占全部服务业增加值的比重提高到 17.6%，表明物流业每增加

5.68 个百分点，就可以带动服务业增加 1 个百分点。多种所有制物流企业在竞争与合作中得到新的发展，市场集中度和物流服务能力不断提升。制造企业与物流企业加强深度合作，流通企业强化物流功能，物流专业化、社会化程度进一步提高。东部地区加快现代物流业发展，中西部地区承接产业转移，出现了一批物流功能聚集区。许多省市都把发展物流业作为调整经济结构，转变发展方式，优化投资环境的突破口。

国务院有关部门和地方政府重视现代物流业发展。去年，国务院出台《关于加快发展服务业的若干意见》；今年，国务院办公厅发出《关于加快发展服务业若干政策措施的意见》。国家发改委主持制定的全国物流业发展规划进入审批阶段，正在研究关于推进制造业与物流业联动发展的指导意见；商务部出台《关于加快流通领域现代物流发展的指导意见》；财政部正在研究建立城乡一体化流通体系的财政支持政策；国家税务总局继续推进物流企业税收试点改革；铁道部筹划建设铁路物流中心；交通运输部推进公路运输枢纽建设；工业与信息化部积极推进全国性和区域性公共物流信息平台建设。各级地方政府制定规划、出台政策、加大资金投入，支持建立行业协会，物流业发展的政策环境进一步改善。

但是，我们也要清醒地看到，我国物流业发展仍然处于初级阶段，还存在许多问题。一是社会物流总费用居高不下，但物流企业利润率持续下滑。我国社会物流总费用与 GDP 的比率由 2001 年的 19.4% 下降为 2006 年的 18.3%，期间一直在 18.3%～18.9% 徘徊，2007 年比上一年还高出 0.1 个百分点，达 18.4%。我国的这项指标比发达国家高出一倍左右，每降低 1 个百分点，就可以节约 2500 亿元物流成本，可见我国物流业发展的巨大潜力。同期物流企业的利润率不断下降，表明我国物流业发展的任务还非常艰巨。二是社会化的物流需求不足，但专业化的物流服务能力不强。许多大中型制造和商贸企业自营物流占有相当比例，社会化、专业化、现代化程度比较低；而我国物流企业"散、小、乱、差"的现象依然严重存在。三是物流产业发展很快，但相关要素支撑不够。包括土地、资金、人力资源、设施设备和信息化水平等都赶不上发展的需要。四是政策环境已有较大改善，但许多政策有待进一步落实。

尽管我国现代物流业与发达国家相比，还有较大差距，但我们有信心、有条件，也有能力实现跨越式发展。经过改革开放的 30 年，我国经济的持续增长为物流业发展创造了强劲的需求基础；市场经济体制确立，企业成为市场竞争的主体，降低物流成本的压力和动力显著增强；在全球化的推动下，跨国公司带来的物流管理和技术，为我们提供了可供借鉴的经验；信息技术特别是互联网的广泛使用，使我们可以在工业化中期阶段实现信息化，跨过发达国家先有工业化、后有信息化的阶段。我们要认真分析、充分利用这些有利条件，结合我国国情，学习借鉴国外先进经验，走出一条具有中国特色的物流业发展道路。

同志们！宁夏自古以来就是内接中原、西通西域、北连大漠，是各民族南来北往频繁的地区。"天下黄河富宁夏"，独特的区位优势、产业基础和交通条件，应该成为宁夏物流业发展的良好基础。宁夏物流业该如何发展，在座各位最有发言权。下面，我结合全国同行业的情况，谈点个人的想法。

第一，结合宁夏经济社会发展的实际，提升改造传统产业物流运作模式。加快发展服务业，提高服务业比重和水平，是我们国家的重大战略和基本政策。我国服务业比重不仅与发达国家差距较大，而且低于部分发展中国家的水平，因此带来巨大的资源和环境压力。就宁夏来看，2007 年三次产业增加值构成分别为 11.7∶50.4∶37.9，也就是说第二产业占据"半壁江山"，第三产业的比例还低于全国平均水平。宁夏经济结构调整的任务比较繁重，发展服务业，特别是发展生产性服务业的工作十分紧迫。就工业结构看，能源工业优势明显。人均自然资源潜在价值相当于全国平均水平的 1.6 倍，居全国第 5 位。煤炭资源探明储量 310 多亿吨，居全国第 6 位。新型煤化工、新材料、生物发酵、特色农副产品加工、清真食品及穆斯林用品等特色产业不断壮大。电解铝、铁合金、电石、碳化硅、金属镁、水泥等传统产业竞争力较强。这些传统产业物流运作模式的改变，有可能成为宁夏"兴工强区"战略，加快结构调整和技术创新，走新型工业化路子的"突破口"。促进这些产业物流需求的专业化、社会化运作，不仅有利于降低物流成本，而且可以直接增加服务业比重。政府应该研究制定促进企业物流分离外包的政策措施，引导企业物流向社会化转变，实现工业和物流业联动发展。

第二，落实促进物流业发展的各项政策措施，支持专业化、社会化物流企业做强做大。物流企业是物流市场的主体，是物流产业发展的基础。宁夏虽然也有一批从事货物运输、仓储、流通业务的企业向现代物流企业迈进，但总体来看，区内物流企业的规模与实力，还不能适应物流业社会化发展的需要。特别需要政府部门结合当地企业发展的实际需要，认真贯彻落实国务院及政府有关部门的支持政策。根据我们的调查，现在物流企业比较关心的问题集中在税收、用地、融资和交通等几个方面。这些问题，是国内物流企业遇到的普遍问题，希望宁夏在这些方面能够有所突破。

第三，统一规划物流布局，协调整合物流设施。国家的现代物流业发展规划预计在下半年能够正式出台。各个省区市都在制定和修订当地物流发展规划，有一个好的规划，就可以少走弯路。我想在这里特别强调，规划一定要从实际出发，因地制宜，要重视整合利用现有物流资源。就全国情况看，我们的物流资源不仅有总量不足的问题，也有结构不协调、布局不合理、利用不充分的矛盾。大量的物流仓储设施，分散在各个部门和单位，因为体制的原因，形不成规模，得不到充分利用。政府应该出面协调，促进资产重组，资源整合，使闲置或者利用不充分的资源向优势企业转移，实现集约化经营，发挥物流设施的整体效能。

第四，发挥行业协会的作用，做好推进物流业发展的基础工作。行业协会是改革开放的产物，是市场经济的组成部分。20 世纪 80 年代初期，当时的国家经委成立了首批经济类行业协会。随着市场经济体制建立，政府机构改革，行业协会的地位和作用越来越重要。行业协会要起好桥梁和纽带作用，一方面，协助政府贯彻科学发展观，落实相关的产业政策；另一方面，反映企业诉求，搞好行业服务、协调、自律。要深入开展调查研究，加强各项行业基础性工作，如物流标准化、信息化工作，物流统计工作，人才培养、科技创新和理论研究工作。协会要靠服务，靠影响力，要创造性地开展工作，积极主动搞好服务。

值此宁夏现代物流协会成立之际，我希望协会的同志明确定位，牢固树立服务宗旨，加强协商、协调、协作，积极配合政府工作，为行业企业服好务，努力把协会办成"会员之家"。希望加入协会的企业，要主动参与协会工作，遵守协会章程，维护行业整体形象。政府有关部门也要转变职能，支持协会工作，特别是在协会成立初期，更应该给予适当扶持。自治区各有关部门及社会各界，也应该协助物流协会开展工作，形成促进宁夏物流业健康发展的社会氛围和工作环境。中国物流与采购联合会作为物流行业社团组织，愿意为宁夏物流协会和宁夏物流工作，做出自己的贡献！

最后，祝宁夏物流协会开好头，起好步；祝宁夏物流工作后来者居上，跨越式发展。

（本文为作者在"宁夏现代物流协会成立大会"上的致辞）

# 坚持科学发展观
# 走中国特色物流发展道路

## ——中国物流业发展 30 年回顾与展望

### （二○○八年十一月二十八日）

1978 年党的十一届三中全会以来，中国的改革开放走过了 30 年历程，取得了举世瞩目的成就。改革开放的 30 年，也是中国特色物流发展道路探索与实践的 30 年，是中国现代物流业发展的 30 年。

在纪念改革开放 30 年之际，以科学发展观为指导，认真总结我国现代物流业 30 年来取得的成绩和经验，展望前景，厘清思路，对于推进中国物流业全面、快速、协调、持续发展，具有重要的现实意义。

### 一、中国物流业改革开放 30 年的历程与成绩

改革开放 30 年来，我国现代物流业经历了理论探索、实践起步到全面发展的历程。

1978 年党的十一届三中全会以后，改革开放首先从农村突破，进而向城市推进，引入外资。伴随着市场取向的经济体制改革，为经济发展注入活力。三中全会前夕，国家物资总局牵头，组织了国家计委、财政部、山东省等政府相关部门和部分大专院校考察日本物资管理，首次把"物流"概念介绍到中国。之后，一些专业刊物出现了介绍物流知识的文章。1984 年 8 月，我国第一个物流专业研究团体——中国物流研究会成立。随着改革开放的深入，现代物流理念进入中国，越来越多的大专院校、研究机构开始研究现代物流理论。物流有关的著作相继出版，物流讲座和研讨会陆续举办，物流知识得到传播和普及。

1992 年党的十四大确定建立社会主义市场经济体制，改革开放向纵深发展。国家计划分配的物资逐步减少，市场配置资源的机制开始发挥作用。时任国务院总理李鹏在当年政府工作报告中提出，要办"为企业服务的原材料配送中心"。随后，物资部在无锡、石家庄、沈阳等地开展物资配送试点。传统运输、仓储、物资、商业、货代企业，探索新的流通模式。与此同时，跨国公司大量进入，带来先进的物流理念、管理

和技术，生产和流通企业开始重视物流管理，出现了专业物流企业。社会各界广泛关注现代物流，各类研讨会、论坛在北京、上海等地举行。1999 年 11 月，国家经贸委与世界银行组织召开"现代物流发展国际研讨会"。时任国务院副总理吴邦国提出："要把现代物流作为国民经济的重要产业和国民经济新的增长点。努力实现我国现代物流业的跨越式发展。"

进入新世纪以来，我国经济高速发展。党中央提出科学发展观，推动经济结构调整和发展方式转变，把大力发展服务业作为经济发展的重大举措。我国加入世界贸易组织，对外开放迈出新的步伐，外资物流企业"抢滩"中国。国有物流企业重组转型，民营物流企业加速成长。国有、民营、外资物流企业在竞争中合作，出现了"三足鼎立"，共同发展的局面。在这个过程中，政府重视和支持现代物流业发展。2001 年 3 月，国家经贸委等六部委联合印发《关于加快我国现代物流发展的若干意见》。同年 4 月，经国务院批准，中国物资流通协会更名为中国物流与采购联合会，与各相关行业协会共同推进物流业发展。2003 年 12 月，温家宝等领导同志在全国政协提交的《关于我国现代物流情况的调研报告》上作出重要批示。2004 年 8 月，经国务院批准，国家发改委等 9 部门联合发布《关于促进我国现代物流业发展的意见》。2005 年 2 月，经国务院批准，由国家发展和改革委牵头，组建了"全国现代物流工作部际联席会议"。2006 年 3 月，十届全国人大四次会议批准的《国民经济和社会发展"十一五"规划纲要》提出，"大力发展现代物流业"。现代物流的产业地位在国家层面得到确立，我国现代物流业进入全面快速、持续稳定发展的新阶段。

回顾 30 年的发展历程，我国现代物流业在以下几方面取得了突出成绩。

第一，物流业实现了持续快速增长。改革开放 30 年来，我国经济持续快速稳定增长。GDP 年均增长 9.8%，由 1978 年的 3645.2 亿元上升到 2007 年的 24.95 万亿元，增长了 67 倍；进出口贸易总额由 1978 年的 206 亿美元上升到 2.17 万亿美元，增长了 104 倍。经济发展和对外贸易扩大，为物流业提供了强劲的需求基础。全国社会物流总额，由 1991 年的 3 万亿元，上升到 2007 年的 75.2 万亿元，增长了 23.8 倍，年均增长 22.2%。物流业增加值，由 1991 年的 1851 亿元，上升到 2007 年的 1.7 万亿元，增长了 8.2 倍，年均增长 14.8%；占全国服务业增加值的 17.6%，占当年 GDP 的比重为 6.9%。我国社会物流总费用与 GDP 的比率由 1991 年的 24% 下降到 2007 年的 18.4%，下降了 5.6 个百分点。现代物流业已成为我国经济持续稳定快速发展的重要支撑。

第二，物流企业快速成长。物流企业迅速崛起，是我国现代物流业快速发展的重要标志。改革开放以来，我国物流市场上形成了由多种所有制、不同经营规模和服务模式构成的物流企业群体。一是原有的国有物流企业加快重组改制和业务转型。如中远物流、中海物流、中外运物流、中邮物流、中国储运、中铁快运和招商局物流等。

二是快速发展的民营物流企业。如宝供物流、顺丰速运、远成集团、长久物流、南方物流、九州通集团等。三是一批生产或商贸企业的物流部门，以原有业务为基础向社会扩展，形成具有专业特色的物流供应商，如海尔物流、安得物流以及大庆油田、开滦煤矿的物流公司等。四是世界知名的跨国物流企业，如丹麦马士基、美国总统轮船、英国英运、荷兰天地、日本日通、美国联邦快递、联合包裹、德国邮政等相继进入。2007年，外商在我国物流领域投资项目达到6996个，占外商在中国投资项目个数的18.5%。据中国物流与采购联合会的调查，我国已经出现了经营规模超千亿元的物流企业，2008年度进入前50名物流企业最低主营业务收入已达8亿元。

第三，制造业和商贸业推行现代物流管理。生产制造企业开始重视现代物流理念、管理和技术的应用，以订单为中心改造现有业务流程，在生产组织、原材料采购、产品销售、运输和仓储等方面实行资源整合，业务外包。制造企业与物流企业加强深度合作，物流社会化进一步发展。以物流配送体系为支撑的连锁经营、电子商务等新的营销方式快速发展，传统批发市场提升改造物流功能。到2007年，我国"连锁百强"企业销售规模超过1万亿元，占社会消费品零售总额的11.2%，连锁经营企业统一配送率已达50%；电子商务年交易额已近1.7万亿元；综合型亿元以上商品交易市场年成交额9521.9亿元。2007年，亿元以上生产资料批发市场成交额1.5万亿元，大多数采取了贸易、加工、配送等一体化运作；纳入"双百市场工程"的大型农产品批发市场，交易额超过4000亿元。

第四，物流基础设施建设长足发展。改革开放以后，国家加大了对交通、能源等基础设施的投资力度。1991年以来，全国累计投入物流类基础设施建设资金7.8万亿元。到2007年，我国铁路营业总里程达7.8万公里。公路通车总里程达357.3万公里，其中高速公路5.36万公里，"五纵七横"国道主干线系统基本贯通。我国内河通航里程达12.3万公里，内河及沿海已拥有1400多个港口，各类生产性泊位3.58万个。2007年，我国已有14个亿吨大港，港口货物吞吐量64.1亿吨，已陆续5年保持世界第一；港口集装箱吞吐量1.12亿标准箱。到2007年年底，我国民用航空航线里程234万公里，定期航班通航国内146个城市。全国输油（气）管道里程为5.45万公里。据第一次全国经济普查数据，2004年，我国共有仓储企业10177个，仓储企业资产总额达2578亿元。

10年前开始出现的物流园区（基地）发展很快。据中国物流与采购联合会最近的调查，目前我国物流园区（基地）约为475个。其中已经运营的122个，占25.7%；在建的219个，占46.1%；规划中的134个，占28.2%。货运服务、生产服务、商贸服务和综合服务等多种类型的物流园区，如北京空港、上海西北、浙江传化、山东盖家沟、上海外高桥、苏州综合物流园区等，已成为不同物流需求与多种服务方式有机对接的平台。

第五，物流信息化和技术创新迈上新台阶。我国物流业在企业物流信息化改造、公共信息平台建设、信息技术的开发应用等方面取得突破。据中国物流信息中心对国内 1000 多家企业的调查显示，有信息系统和数据库支持的企业占被调查企业的 70%，大型企业信息化普及率达 90% 以上。以行政监管为职能的信息平台建设稳步推进，行业物流信息化平台开始出现，物流枢纽信息平台建设取得实效，公路配货信息平台在减少车辆空驶，提高运输效率方面发挥了重要作用。条形码、智能标签、射频识别（RFID）、电子数据交换（EDI）、全球定位系统（GPS）等信息技术应用范围扩大。中国移动、联通等网络运营商参与物流信息化运作，移动电话成为获取物流信息的便捷通道。

我国物流设备和技术条件极大改善。到 2007 年年底，我国叉车产量达 13.9 万辆，自动立体仓库保有量超过 600 座，流通中的托盘数量约为 9 亿个。第五次中国物流市场供需状况调查报告显示，我国大型制造企业在物流作业中采用物流集装单元化技术的占 31%，使用工位器具的占 67%，使用叉车/拖车等搬运设备的占 76%，采用吊车/起重机的占 27%，在生产线采用连续自动输出线的占 46%，采用自动包装与码垛技术的占 19%，采用其他物流技术的企业占 28%。

第六，物流行业基础性工作体系初步建立。在政府部门支持、行业协会组织和各类企业积极参与下，物流行业各项基础性工作全面铺开。2003 年 9 月，经国家标准化管理委员会批准，全国物流标准化技术委员会和全国物流信息标准化技术委员会相继成立。按照国家标准委等八部门《全国物流标准 2005 年—2010 年发展规划》，至 2008 年 9 月，全国物流标委会以及全国物流信息标委会和其他物流相关机构已完成、正在编制、已立项计划编制的物流国家标准、行业标准项目，总计约 110 项。自 2005 年 5 月 1 日起实施的《物流企业分类与评估指标》，截至目前，已向社会公布了 370 家经评估确认的 A 级物流企业。2004 年 10 月，国家发展改革委和国家统计局批准建立"全国社会物流统计核算报表制度"。国家发改委、国家统计局和中国物流与采购联合会每年向国内外发布统计结果，部分省区市物流统计工作启动。制造业采购经理指数、服务业采购经理指数及"全国公路普通货物运价指数"相继建立并定期发布，我国物流统计工作体系已经形成。教育部高等学校物流类专业教学指导委员会和教育部中等职业学校物流专业教学指导委员会相继成立。相当于省部级奖励的"中国物流与采购联合会科学技术奖"2002 年 11 月经科技部批准设立。物流行业信用体系开始建立，物流行业信用企业等级评定工作已经开始。经人社部批准，全国物流行业先进集体、劳动模范和先进工作者首次进行评选表彰，受表彰的个人享受省部级劳模待遇。

第七，物流研究、科技、教育工作取得重要成果。物流专业研究机构快速发展，目前分属不同部门的专职物流研究咨询机构达 100 多家。物流研究取得丰硕成果,出现了一批较有影响的著述。2002 年创立的"中国物流学术年会"已连续举办 7 届,成为我国物流领域"产学研结合、国内外交流"的重要平台。物流概念引进以后,北京物资学院、北京交通大学、北京工商大学和华中科技大学等高校,较早开始物流研究和教学工作。到目前全国已有 308 所本科院校、近 600 所高等职业学校和 1000 多所中等专业学校开设了物流专业,在校学生突破 70 万人。物流师职业资格培训与认证工作自 2003 年 11 月开展以来,已有 10.02 万人参加了培训,其中 6.1 万人通过全国统一考试,取得了高级物流师、物流师或助理物流师资格证书。物流新闻宣传工作出现新局面。物流领域第一份专业报纸《现代物流报》2005 年 9 月创刊,《中国物流与采购》等物流类专业期刊已有 30 多家。物流及相关网站预计目前国内有 3000 多家,物流信息得到广泛传播。2004 年,由联合会组织专家学者起草的物流科技发展规划,已纳入国家中长期科技发展规划。

第八,物流业发展的政策环境得到较大改善。国务院和各有关部门支持现代物流业发展,出台了一系列相关政策措施。2005 年全国现代物流工作部际联席会议制度建立以来,各成员单位做了大量推动工作:国家发改委起草拟定的《全国现代物流业发展规划纲要》,已由 14 个部门联合上报国务院,目前正在研究推动制造业与物流业联动发展的指导意见;商务部发布了《关于加快流通领域现代物流发展的指导意见》,指导推动流通领域现代物流业发展;财政部对农村流通体系建设给予支持,研究建立城乡一体化流通体系的财政支持政策;国家税务总局积极推进物流企业税收试点改革,着力解决物流业重复纳税的问题;国家工商总局采取措施,方便物流企业登记注册,整顿和规范物流服务市场;铁道部筹划建设铁路物流中心;交通运输部部署公路运输主枢纽建设;工业与信息化部积极推进全国性和区域性公共物流信息平台建设;海关总署推行一系列通关便利化改革,批准设立各类保税物流场所,建立"电子口岸",促进提高进出口物流效率。各级地方政府,尤其是省区市政府普遍建立了由主管省市领导牵头,各相关部门组成的现代物流工作综合协调机制,分别从当地实际出发制定规划、出台政策、加大资金投入,物流业发展的政策环境进一步改善。

以上成绩的取得,是政府有关部门重视与支持,各相关行业协会联合与协作,广大企业和职工努力工作的结果。在回顾总结中国物流业 30 年发展历程和成绩的时候,我们不会忘记曾经为物流理论的探索和实践发展做出过突出贡献的专家、学者和企业家及旗帜性企业;不会忘记政府有关部门、行业协会、教学研究机构、新闻单位及各界人士的关心和支持;不会忘记为中国物流业发展默默奉献的广大企业和职工。在这里,我代表中国物流与采购联合会,向他们表示深深的敬意和谢意!

## 二、中国物流业 30 年发展的经验和体会

我国现代物流业经历了一个由理论到实践，再由实践到理论的发展过程。在充分吸收国外先进物流理念的基础上，与我国经济发展和改革开放的进程相结合，逐步走上了一条中国特色的物流发展道路。中国物流业 30 年发展的经验集中到一点，就是坚持改革开放，贯彻科学发展观，从实际出发，走中国特色物流发展道路。

我国地域辽阔，人口众多，东中西部生产力发展水平差异明显，经济发展不平衡。世界先进水平的制造业与传统手工业并存；现代化大生产与个体户小生产同在；现代化的连锁超市、大卖场和专卖店与各类现货批发市场、农村集贸市场同样发挥着重要作用。既有现代流通理念，也有"大而全""小而全"思想的影响，由此带来物流发展的不平衡。中国的现代物流业在经济快速发展和经济全球化推动下起步，起点高、速度快、成绩大，但仍然处于初级阶段，"散、小、乱、差"，粗放式经营仍很严重，还不能满足经济全面、协调、可持续发展的需要。

回顾中国物流业 30 年发展的经验，我们有以下深刻体会。

第一，坚持改革开放，认真贯彻科学发展观。中国的现代物流业是改革开放的产物。只有对外开放，才能引进先进的物流理念、技术和管理方法；只有建立社会主义市场经济体制，才能突破集中计划经济体制的束缚，形成物流服务市场；只有改革开放，经济快速发展，才有物流业发展的需求基础。我国现代物流业是在改革开放不断深入和社会主义市场经济体制不断完善的过程中发展起来的。30 年来，物流业不仅有效支持了国民经济持续快速增长，而且符合全面、协调、可持续发展要求。在调整优化产业结构，转变经济发展方式，推动区域经济协调发展，改善我国投资环境，以及保障经济稳定和社会安全等方面发挥了重要作用。中国特色的物流发展道路在改革开放中起步，也要在改革开放中发展，在科学发展观指导下前进。

第二，从实际出发，制定物流发展战略。中国特色的物流发展战略，要从我国的实际情况出发。要统筹东部与中西部、城市与农村物流协调发展；要根据制造业、流通业和农业对现代物流的不同需求，实行不同的物流服务方式；要按照市场化的原则，引导企业物流社会化、物流企业专业化；要改革相关管理体制，打破地区和部门分割封锁，促进物流服务社会化和资源利用市场化；要用信息化，带动物流现代化，整合与建设各类物流要素资源。各地区都要从实际出发，因地制宜，统筹规划，引导现代物流业协调发展。

第三，围绕产业升级，促进企业物流和物流企业协调发展。企业物流仍然是当前我国物流运作的主体，要改造提升，充分发挥其作用。物流企业是专业化分工的结果，

是现代物流业发展的方向。企业物流和物流企业相互依托，逐步转化，是一个长期的过程。制造业产业升级，提高核心竞争力，需要整合外包物流业务。这就要求物流企业提高一体化运作的能力。要运用市场经济规律，推动专业化、社会化的物流企业加快发展，满足更大、更多、要求更高的物流需求。制造业与物流业要融合渗透，联动发展，共同促进产业升级。

第四，以资源整合为手段，构建现代物流服务体系。纵观现代物流产生和发展的历史，就是对各种物流资源和要素不断整合和集约的过程。由于历史的原因，我国各种物流资源分属不同的部门和单位，体制性和机制性障碍影响着整体性效能的发挥。构建现代物流服务体系，要以资源整合为前提。要努力打破条块分割，坚持市场化、集约化原则，采用资源整合的手段，逐步建立和完善布局合理、技术先进、绿色安全、便捷高效并具有国际竞争力的现代物流服务体系。

第五，以信息化为导向，采用先进适用的物流管理和技术。中国物流业具有跨越式发展的条件。发达国家是先有工业化，后有信息化，我国是工业化与信息化齐头并进。利用信息化手段，改造传统物流体系，是中国物流现代化的重要手段。学习引进国外先进的技术设备，要从市场需要出发，不是越"先进"越好，也不要盲目追求"一步到位"。要充分考虑我国人力资源的相对优势，选用先进适用的技术和设备，结合实际，推进物流管理和技术创新。

第六，依靠各方面力量，形成推进物流业发展的合力。物流业属于复合型产业，涉及政府管理的诸多部门，要发挥全国现代物流工作部际联席会议的作用。政府要制定物流发展的方针政策、统一规划和发展战略，促进专业化、社会化物流体系建设。行业协会要发挥政府与企业的桥梁和纽带作用。中国物流与采购联合会要加强与各兄弟协会的联系，互相支持，通力合作。同时，要发挥大专院校、研究机构、新闻单位和专家学者的作用，形成推进物流业发展的合力，共同推进物流业快速健康发展。

## 三、中国物流业发展展望及对策

经过30年发展，中国现代物流业进入新的战略机遇期，面临新的机遇和挑战。当前，世界金融危机引起了全球经济放缓。虽然我国经济发展的基本面尚未改变，但也面临严峻考验。今年前三季度，我国物流业仍然保持了平稳较快的发展势头。社会物流总额增长26.7%，物流业增加值增长16.8%，社会物流费用与GDP的比率18.3%，与去年变化不大，支持了9.9%的经济增长。总体来看，我国物流业平稳较快发展的态势还没有改变，但已经出现了需求、效益和投资趋缓的迹象，物流企业经营中的不确定因素增加。我们要充分估计，积极应对，不可掉以轻心。要按照学习实践科学发展观的要求，从经济社会发展的全局出发，抓住机遇，规避风险。要在新形势下，携手共渡难关，继续探索中国特色物流发展道路，促进物流业全面、协调、可持续发展。

第一，推动物流业优化升级，提升物流服务的能力和水平。"十一五"规划纲要明确提出"推广现代物流管理技术，培育专业化物流企业，建立物流标准化体系和加强物流基础设施整合"的重要任务。国务院《关于加快发展服务业的若干意见》指出，提升物流的专业化、社会化水平，大力发展第三方物流。《全国现代物流业发展规划纲要》即将出台。我们把认真贯彻国家"十一五"规划、国务院有关文件精神和物流业发展规划作为首要任务，引导和推动全行业改革与发展。要坚持探索中国特色物流发展道路，加快建立现代物流服务体系，推动物流业优化升级，提高现代物流业发展水平。在新的形势下，要重视物流中的节能减排和安全等问题，重视建设和谐社会中物流的新发展，如食品药品物流、逆向物流、应急物流等。

第二，引导社会化物流需求，发展专业化物流服务。要鼓励生产企业流程再造，分立、分离、外包物流业务，推动制造业与物流业融合渗透、联动发展；要鼓励各类批发市场升级转型，增强物流功能；要深入研究生产资料流通领域的改革与发展，创新流通方式，提升流通业态；要为电子商务、物流配送、连锁经营和代理制等现代流通方式做好物流服务；要重视农村物流体系建设，形成城市支持农村、城乡互联互促的一体化物流发展格局；要鼓励大型物流企业做强做大，中小企业做精做细，发展各类企业在专业化分工基础上的联合协作；要扶持发展中小企业，积极支持民营企业，培育自主物流服务品牌；要针对企业物流的新需求，大力发展增值型、创新型业务，培育新的增长点。

第三，统筹规划，搞好物流要素资源的整合与建设。要按照国家规划和市场需要，发展全国性、区域性和地区性物流中心，避免互相攀比，盲目投资和重复建设；要针对不同的主体功能区划分，实施不同的物流发展模式，加强区域间的物流合作；要根据物流业发展的规律，大力抓好物流功能、企业内物流、企业间物流、区域物流、基础设施、物流信息、人力资源和管理体制等各方面资源的整合，通过优化资源组合，降低成本，提高效率，改善服务；要结合我国物流发展的需要，推进物流标准化和信息化，加强先进适用的物流新技术研发和运用，注意发挥现有设施、设备的整体效能。

第四，落实有关政策，营造行业良性发展的环境。要认真落实国务院和有关部门支持服务业和物流业发展的政策，努力营造适宜物流业发展的政策环境；要在政府领导下，首先抓好已有政策的落实，特别是企业关心的税收、交通、融资等热点、难点问题能够尽快解决；要根据行业发展遇到的新情况和新问题，及时研究出台新的支持政策，并要研究建立符合我国现代物流发展需要的产业政策体系，为现代物流持续健康协调发展营造良好环境；要继续推进以激发物流业发展活力的市场化改革和体制创新，构建统一、开放、规范、有序的物流市场体系。

第五，学习借鉴国外先进经验，建立中国特色的物流服务体系。在经济全球化的形势下，中国物流业发展必须要以全球视野考虑自身的发展空间。当前要特别关注世界金融危机对经济发展以至于物流业运行的影响，制定相应对策；要坚定不移地引进国外先进的物流管理方法、运作模式和技术装备，通过消化吸收，博采众长，为我所用；要研究出台鼓励物流企业"走出去"的政策措施，促使国内企业参与国际市场竞争，更好地利用国内外两种资源、两个市场。配合政府有关部门，开展对物流产业受到损害的市场调查，从保护产业公平竞争和国家经济安全出发，研究制定相关的规则；要密切注视国外物流管理和技术的发展，深入进行中外物流发展比较研究；要学习借鉴国外经验，结合中国实际，建立中国特色的物流服务体系。

当今世界，现代物流业蓬勃发展，已成为衡量一个国家和地区经济发展水平和现代化程度的重要标志，也是综合国力和投资环境的重要体现。改革开放30年来，我国的现代物流业取得重大进展，奠定了加快发展的坚实基础。只要我们认真贯彻科学发展观，坚持改革开放，走中国特色物流发展道路，就一定能够实现中国物流业跨越式发展。

（本文为作者在"全国物流行业纪念改革开放30周年座谈会"上的讲话）

# 历史巨变　光辉历程
# 深化改革　科学发展

## ——全国生产资料流通行业改革开放 30 周年回顾与展望

## （二〇〇八年十一月二十八日）

今年是中国改革开放 30 周年。30 年来，我国生产资料流通体制发生了深刻变革，生产资料流通的开放与发展取得了巨大成就。今天，回顾 30 年所走过的历程，总结经验，展望未来，将激励我们更好更快地发展现代化的大市场、大贸易、大流通，进一步完善中国特色的社会主义生产资料流通体系。

### 一、生产资料流通行业改革开放 30 年的主要历程

1978 年 12 月，党的十一届三中全会在北京召开。30 年来，在改革开放方针的指引下，在党中央的正确领导下，经过全国人民的艰苦奋斗和不懈努力，中国特色社会主义的建设取得了举世公认的伟大成就。

1978 年我国国内生产总值仅 3645 亿元，而到 2007 年国内生产总值已达 24.95 万亿元，总量跃居世界第四；1979 年至 2007 年 GDP 实际年均增长 9.8%，被国际社会认为奇迹。

30 年来，生产资料流通行业同全国其他行业一样，解放思想，锐意进取，不断探索，大胆实践，生产资料流通市场体系、流通管理体制、价格管理体制、流通主体及其所有制结构、资源配置、供求关系、交易市场建设、流通规模、流通方式等方面都发生了翻天覆地的变化，实现了脱胎换骨的变革，取得了辉煌的成就。

回顾生产资料流通行业 30 年的发展历程，从理论上关于生产资料是不是商品、企业姓"社"姓"资"，到股份制、市场化的讨论；从实践中的双轨制、放权让利、转换机制、承包经营，到市场放开、价格分开、国有经济战略调整、产权制度改革、建立现代企业制度，生产资料流通行业的改革开放经历了由浅入深、由点到面、不断深化的过程。

1979 年至 1984 年，根据党的十一届三中全会按照经济规律办事和计划经济为主、

市场调节为辅的原则，改变生产资料集中统一管理的格局，改革统一分配制度，采取指令性计划、指导性计划和市场调节三种管理办法，部分计划内物资实行灵活分配供应办法，计划外物资开始自由购销。扩大工业企业产品自销权，1979 年 6 月机电产品率先进入市场流通，其后自销范围继续扩大，工业企业不但可以自销超计划生产的产品，计划内产品也可以按照一定比例自行销售。物资部门突破生产资料不是商品的禁锢，1979 年 7 月上海市创办全国第一家"生产资料交易市场"，这是新中国成立以来首次以商品形式销售生产资料，其后，北京、江苏、四川、福建、陕西等地先后开办生产资料交易商场，至 1983 年仅生产资料服务公司兴办的商场就达 75 个、年交易额达 6 亿元。物资经营单位逐渐实行企业化，物资供应价格由"以收抵支、收支平衡"，逐步改变为"合理计费、合理赢利"。

1984 年至 1987 年，围绕党的十二届三中全会提出的建立"有计划的商品经济"和"国家调节市场、市场引导企业"的指导方针，逐年减少计划分配物资品种和数量，国家统配物资由 1980 年的 256 种减少到 1987 年的 27 种；国家统配物资数量大幅度减少，1985 年至 1987 年钢材减少 1182 万吨、煤炭减少 11557 万吨，南方集体林区木材全部放开。适当调整计划价，逐步放开市场价，出现了同一市场、同一品种规格物资存在两种价格的情况，即价格"双轨制"。物资部门提出树立"大市场、大流通、大买卖"的商品经济观念，积极发展横向经济联合和物资协作，开展远购远销、大购大销。培育与发展计划指导下的生产资料市场，创建物资贸易中心、钢材市场。1987 年全国大中城市物资贸易中心达 395 个，成交额 285 亿元，相当于全国生产资料销售总额的 17%；在 151 个大中城市建立钢材市场 182 个，中小钢厂的自销钢材大部分进场交易。全国生产资料服务公司发展迅速，改革开放 10 年由 400 多家发展到 800 多家，遍布全国大中城市和部分县镇。县级物资工作成绩突出，1986 年全国有 45 个县（市）销售额超亿元，有的近 5 亿元。

1987 年至 1992 年，根据建立和培育社会主义市场体系和国务院批准的《关于深化物资体制改革的方案》要求，按照改革方案组建物资部，对生产资料经营管理体制进行全面改革，进一步缩减指令性计划分配物资品种，整顿和逐步取消价格双轨制。生产资料交易市场进一步发展，全国 260 个大中城市先后建立 294 个钢材市场，1987 年至 1990 年成交钢材 4000 多万吨；各地兴办各种形式的生产资料市场，例如，四川省的"周二物资茶会"、贵州省的"半月物资信息茶会"、成都市的生产资料一条街等，交易十分活跃；物资部门经营网点发展到 4.4 万个、经营额 2029 亿元，分别是 1981 年的 1.57 倍、3.8 倍。深化国有物资企业内部经营机制转换，1987 年开始建立承包经营责任制，1990 年覆盖面达 90%，企业以较快速度走向市场。物资部门销售收入增长迅速，1990 年达 2415 亿元，比 1979 年增长 4.6 倍。开展物资配送、综合商社等改革实验，推进生产资料流通的社会化、现代化和合理化。

1992 年至 2002 年，党的十四大提出我国经济体制改革的目标是建立社会主义市场经济体制，十五大提出公有制实现形式的多样化。根据党的指导方针，生产资料流通的管理体制、购销体制、价格体制改革加快推进。重要生产资料指令性计划分配品种大幅度减少，市场销售比重显著提高，计划内物资除一小部分继续实行国家指导价格外，其余的计划物资价格全部放开，定量、定向、不定价，发挥价值规律在计划订货中的调节作用。生产资料市场建设加快，物资部门与有关部门和地方政府共同创办了上海金属交易所、深圳有色金属交易所、上海煤炭交易所、苏州物资交易所、北洋钢材批发市场、北方木材批发市场、南方木材批发市场、郑州农机交易市场、秦皇岛煤炭交易市场等 10 多个大市场，各地也积极兴办市场，全国发展到近千家，其中中心市场 30 家、区域市场 90 家；订货会与批发市场同时存在，计划内组织订货、计划外公开交易，但集中的计划订货会开始向长年的市场交易转变。1994 年经国务院领导批准，国内贸易部提出建立新型工商关系，发展现代流通，推行代理制试点。1994 年 2 月、3 月，上海物贸 A 股、B 股先后上市，成为生产资料流通行业第一家上市公司。国有物资企业自 1993 年经济过热之后出现亏损，1994 年全行业亏损，1996 年累计亏损 240 亿元；物资系统资产负债率高达 84%，市场占有率急剧下降，主渠道作用不复存在；国有物资企业从此真正"下海"，进入了市场。此后物资企业从扭亏脱困到产权制度改革，全行业进行国有经济战略调整，企业抓大放小，1997 年改制面达 50%，部分省区市达到 80% 以上。集体、私营、个体经济加快进入生产资料流通领域，据有关资料，从 1992 年年底至 1993 年年底，浙江省非国有生产资料流通企业数量增长 1.1 倍，达 24371 家；江苏无锡从 2000 家猛增到近 1 万家；长春市从 450 家发展到 3000 家，增加了 5.6 倍。

2002 年至今，在党的十六大以后，随着我国进入全面建设小康社会和构建社会主义和谐社会的新时期，生产资料流通领域的改革开放也进入纵深推进、全面发展的新阶段。以浙江物产集团、天津物资集团、广东物资集团、上海物贸、中国五矿集团为代表的国有物资企业，深化改革、转变机制，加快重组转型，建立现代企业制度，成为行业的排头兵。河北庞大汽贸集团、湖南一力公司、南通化轻公司、成都量力钢材物流公司、上海西本新干线等一大批民营企业快速成长，外资企业进入，各种所有制企业共同发展，且相互渗透、相互融合；生产资料流通企业大步进入资本市场，上市公司数量迅速增加；对外开放度更加扩大；以科学发展观为指导积极采用现代流通方式，取得了新的进展；生产资料流通行业多种经济成分、多种市场流通渠道、多种经营方式的格局基本形成，社会主义市场经济的生产资料流通体系建立起来。

## 二、生产资料流通行业改革开放 30 年的主要成就

经过 30 年来的改革开放，生产资料流通行业从高度集中统一的计划经济体制，到今天基本建立社会主义市场经济体系下的生产资料流通体制，取得了前所未有的成就。主要体现在以下十个方面。

第一，流通规模持续快速增长。30 年来，我国生产资料流通以较快速度增长，1980 年全国物资系统销售总额为 449 亿元，2007 年全社会生产资料销售总额达到 22.1 万亿元，增长了 491 倍。2008 年 1—9 月生产资料销售总额 20.08 万亿元，同比增长 13.6%，预计全年达到 25 万亿元左右。

第二，资源配置基本实现市场化。改革开放前，我国生产资料分成三类：第一类是国家统配物资；第二类是部管物资；第三类是地管物资。生产资料流通实行计划管理体制，即集中统一、分级管理、计划分配调拨为主。1976 年至 1980 年，统配、部管生产资料达到 837 种。改革开放以来，逐步减少计划管理的品种与比例，目前除了原油等极少数重要商品采用专营体制之外，绝大部分生产资料已经进入市场，放开经营，自由流通，基本实现了通过市场配置资源。

第三，市场决定价格的机制已经形成。1978 年之前和改革开放之初，重要生产资料品种都由政府负责定价。改革开放以后，生产资料价格经历了两个阶段：第一阶段是价格双轨制，即国家价（平价）与市场价（议价）并存，计划内产品实行平价，计划外产品实行议价；第二阶段是 20 世纪 90 年代之后，双轨制逐步向市场形成价格的机制过渡。到 1999 年，政府定价下降为 14%。到 2001 年，政府定价已下降到不足 5%，日用工业品价格全部由市场调节。目前除了由国家负责定价的成品油（汽油、柴油、煤油）、电煤等极少数关系国计民生的重要商品之外，绝大多数商品价格已经由市场供求决定，市场决定价格的机制已经形成。

第四，流通主体实现多元化。在计划经济时期，我国生产资料流通行业是国有物资企业一统天下，承担了绝大多数生产资料流通的任务。随着改革开放，集体、个体、私营企业出现，这种局面开始打破。到 20 世纪 90 年代，随着经济体制改革深化，国有经济"有进有退"，生产资料流通企业的所有制结构发生根本变化，形成了多种所有制成分、多元化市场主体的结构。目前我国生产资料流通企业主要由三部分构成，即国有独资和国有控股企业、民营和混合所有制企业以及外资企业。根据中国物流与采购联合会 2008 年的一项课题调研资料，全国生产资料流通企业中的国有企业数量很少，除了央企和部分省级大型国有物资企业之外，地市县级国有物资企业绝大部分已经改制，民营和混合所有制企业占据全部生产资料流通企业数量的 99% 以上。

第五，买方市场格局形成。在生产资料流通领域，长期以来我国一直处于供不应求的卖方市场。改革开放以来，这种格局逐渐改变。到"九五"后期、"十五"初期，随着供给能力增强和市场化进程加快，目前除了原材料如铁矿石以及石油之外，绝大多数商品已经由过去的供不应求转变为供大于求，告别了短缺经济时代。市场总体供需平衡，基本形成了"买方市场"。

第六，市场开放度不断扩大。改革开放之前，我国生产资料市场对外基本上是封闭的。改革开放以来，尤其是加入WTO之后，我国生产资料市场与国际市场的联系日益紧密，国内外市场联动效应日趋明显，内外贸一体化进程加快。通过"两种资源、两个市场"，调剂了国内余缺，平衡了供需关系。据初步测算，我国生产资料进口贸易额占全部生产资料销售总额的比重约为 1/4，2003 年至 2007 年分别为 27.4%、28.5%、26.1%、24.3%、22.4%，一些重要品种如钢材、铝材煤炭、汽车等已由净进口变成了净出口，在国际市场上的价格影响越来越明显。

第七，政府管理方式发生重大改变。在计划经济体制下，从中央到省地县，层层设立物资局，在一些中心城市和部委设立物资供应站和物资供销机构。政府部门不但管物，而且管事、管人。随着经济体制改革的深入，随着政企分开、国有经济布局调整，随着国有资产管理体系的建立与完善，政府职能逐步转变，不再直接管理市场和企业，而主要集中在宏观调控、政策制定、国有资产管理与政府服务方面。政府管理机构也相应进行了改革与调整，从 1975 年重新成立国家物资总局，到 1988 年成立物资部、1993 年组建国内贸易部、1998 年改建国内贸易局，再到 2001 年撤销国内贸易局、有关职能交给国家经贸委，直到 2003 年成立商务部，实现了内外贸一体化和行政管理方式的重大改变。

第八，商品交易市场发展迅速。改革开放以来，生产资料交易市场发展迅速，已经大体形成以下五种市场形式与业态：一是批发市场；二是连锁经营；三是专卖店；四是网上交易市场；五是期货市场。流通企业经销与代理约占销售总额的 70%，生产企业直销约占 30%。据国家统计局资料，2007 年我国各类生产资料批发市场有 6545 个；其中，亿元以上的批发市场 987 个，摊位 33 万多个，营业面积 6637 万平方米，成交额达 14698 亿元。

第九，发展现代流通方式。在计划经济时期，生产资料流通的主要形式是计划分配调拨，统一组织产需衔接。后来到了价格双轨制时期，由于物资短缺，"皇帝的女儿不愁嫁"，生产资料流通基本上就是简单的"一买一卖"。随着买方市场的出现，传统的生产资料流通方式向现代流通方式转型，电子商务、连锁经营、代理制、物流加工配送等推广普及，供应链管理、产业链延伸、价值链构建成为近年来的发展趋势。流通方式的创新与发展，大大提高了流通效率和产业的现代化水平，使生产资料流通业成为现代制造业的强有力支撑。

第十，流通企业快速发展。改革开放之前，我国没有生产资料流通企业，只有物资供应机构和供应站。1978 年改革开放之后，开始出现集体、个体、私营生产资料流通企业，同时物资供应机构和供应站向企业转型。随着经济体制改革深入，原有的国有物资企业经过国有经济调整和市场风雨洗礼，有的得到发展壮大，有的改制为民营企业，有的破产。目前，国有生产资料流通企业虽然数量不多，但大部分是全国或本地区的龙头企业。例如，中国五矿集团公司 2007 年销售收入 1400 亿元，浙江物产集团 2007 年经营规模 844 亿元，还有中钢集团、中国铁路物资总公司等大型生产资料流通企业，其销售规模增速都远超过行业平均水平，这些流通企业在行业发展中发挥了主导作用。与此同时，民营生产资料流通企业经过多年迅速发展，已经成长为生产资料流通的主要力量。这次联合会开展"中国生产资料流通改革开放 30 年杰出企业"推选表彰活动，评选出了 20 个企业，其中既有国有企业，也有民营企业，他们都是生产资料流通企业中的先进典型和杰出代表。他们的改革发展历程，是生产资料流通行业 30 年改革开放成果的生动体现；他们的改革发展经验，是生产资料流通行业 30 年改革开放的宝贵财富。另外，我还想强调的是，生产资料流通的信息统计、理论研究机构在行业改革发展方面做出了贡献，中国物流信息中心、中国社科院财政与贸易经济研究所、国务院发展研究中心市场经济所是他们当中的杰出代表，借此机会，向他们表示感谢！

### 三、生产资料流通行业改革开放 30 年的主要经验

生产资料流通行业 30 年的改革，与我国整个经济体制改革进程相一致，也是采用了"摸着石头过河"的渐进方式，不断探索，循序渐进，逐步深入。在改革过程中，积累了很多宝贵经验，主要有以下几点。

第一，必须始终坚持解放思想，勇于实践。生产资料流通 30 年改革开放的历史，是一部解放思想、理论创新、勇于探索、大胆实践的历史。30 年来，生产资料流通行业坚决执行以经济建设为中心、坚持四项基本原则和改革开放的指导方针，破除旧的条条和框框，"大胆地试，大胆地闯"。从计划分配、双轨制到市场化，从国有企业机制转换、承包经营到产权制度改革，从国有企业"一统江山"、政企分开到混合所有制企业占据半壁以上江山，没有思想观念的解放，没有不破不立的改革勇气，是不可能成功的。

第二，必须始终坚持从实际出发，因地制宜推进改革。我国生产资料流通行业的改革与全国其他行业的改革一样，既是一个自上而下的过程，即由中央确定改革方向、

地方各级贯彻执行，同时又是一个自下而上的过程，即地方物资部门与企业进行因地制宜的制度创新和试点，得到中央的肯定后，再逐步推广到全国。在上下互动的改革过程中，地方物资部门和企业的积极性、创造性与首创精神对行业的改革发展起到了重要的推动作用。例如，1979 年在京津沪的 8 个企业进行扩大企业自主购销权的试点，推广上海市发展生产资料商场的经验，80 年代初推广吉林省配套承包供应的经验，1985 年推广石家庄市物资局统一计划内外销价、价差返还、逐步放开、扩大市场（即双轨制并轨）的经验，1986 年在天津、沈阳、上海等 7 城市试办钢材市场的经验，1990 年在江苏无锡进行代理配送试点以及在苏州、沈阳、四川进行组建综合商社式集团公司和规范化交易场所试点、1992 年确定 11 个配送改革试点的经验，1998 年总结交流河南省临颍县物资局与物资总公司国有资产管理改革和中小企业改革脱困的经验，以及浙江省物产集团改革发展的经验。这些试点单位和典型企业的经验，对全行业的改革发展起到了很好的示范和推动作用。

第三，必须始终坚持渐进式模式，逐步深化改革。30 年来，生产资料流通行业在计划管理体制改革方面，从指令性计划分配、缩减计划分配品种、价格双轨制，到自由购销、完全放开市场，采取的是渐进式的改革方式；在企业外部环境改革方面，从扩权让利、建立经济责任制、实行利税分开、推行承包经营责任制，到三年脱困、建立现代企业制度，采取的是从点到面、稳步前进的办法；在企业内部配套改革方面，从减员增效、下岗分流、实施再就业工程，再到建立和完善社会保障制度，是以稳定为前提。这实际上是一个正确处理改革、发展和稳定三者之间关系的问题。正是因为坚持循序渐进、综合配套、逐步完善的改革模式，才能创造出生产资料流通行业今天这样良好的改革发展局面。浙江物产集团自 1993 年省物资局增挂"总公司"牌子、1996 年物资局系统成建制改建为企业集团，多年来通过深化改革，不断创新，抓住主业不放，做大做强，顺利地实现了由政府机构向市场主体的转型、由传统流通向现代流通的转变，这就是一个很好的例证。

第四，必须始终坚持将企业改革放在突出地位，国有与民营企业共同发展。我国生产资料流通行业的企业改革，是在国有企业、非国有企业两条战线上展开的：国有企业由原来国家计划的执行者逐步改革成为独立的商品经营者，成为市场经济的主体；民营企业由原来的"补充"和配角，逐步发展、壮大，成为行业发展的主要力量。国有企业与民营企业的发展不是对立的，而是相互促进的。国有经济战略调整和国有生产资料流通企业改革，在缩短国有经济战线、优化国有经济布局、提高国有经济素质的同时，也为非国有企业的发展让出了空间、创造了条件，促进了非国有企业的发展；非国有企业的发展，繁荣了市场，发展了经济，为社会提供了大量的就业岗位，同时也对国有企业形成了市场压力，促进了国有企业的改革与发展。因此，进一步确立国有企业和民营企业的市场主体地位，鼓励与支持国有企业和民营企业相互学习、相互促进、共同发展，是我国生产资料流通行业改革发展的长期任务。

### 四、贯彻科学发展观，解放思想，深化改革，实现更好更快发展

经过 30 年改革开放，生产资料流通行业的发展达到了一个新高度，同时，这也是未来发展的新起点。要实现生产资料流通行业的新发展、新跨越，我们唯有继续毫不动摇地走中国特色的社会主义道路，以党的十七大精神为指导，以科学发展观为统领，解放思想，深化改革，才能巩固并发展 30 年改革开放的成果。

第一，学习实践科学发展观，进一步完善生产资料流通体系。要以邓小平理论和"三个代表"重要思想为指导，全面贯彻落实科学发展观，切实转变经济增长方式，努力降低流通成本、提高流通效率。要按照中央关于"发展现代服务业"的要求，努力构建统一开放、服务高效、竞争有序的流通体系；积极建设城乡统一大市场，继续发展现货市场，大力发展无形市场，稳步发展期货市场，营造现代流通的新格局。

第二，深化流通体制改革，努力培育大企业集团。要通过深化流通体制改革，创新生产资料流通企业组织结构，鼓励具有竞争优势的生产资料流通企业办大办强。鼓励规模化、网络化、品牌化经营，形成一批规模庞大、市场覆盖面广、具有现代化经营管理水平的全国性流通企业集团，成为市场流通的主导力量。在关注大型企业发展的同时，也要支持中小企业的发展，以形成大中小型企业共同发展的局面。

第三，进一步解放思想，加快国有企业改革。要深化国有企业股份制改革，健全现代企业制度。要因地制宜，采取多种方式支持国有生产资料流通企业的改组改制。要支持、鼓励企业进行跨行业、跨地区、跨所有制的资产重组，鼓励各种资本参与国有生产资料流通企业的改组改造，鼓励中央企业和地方国有企业通过股权并购、股权置换、相互参股等方式进行重组，鼓励非国有企业参与国有企业的改革、改组、改造，鼓励和支持民营企业的发展。

第四，转变经济增长方式，大力发展现代流通。要改变传统的流通模式，采用现代流通方式，以适应生产企业和市场竞争的需要。一是要积极发展现代物流，大力推广与发展物流加工配送，扩大增值服务比重；二是要改造提升生产资料批发市场，批发市场是由计划经济向市场经济转型的创新，它起到产需衔接、市场配置资源的作用，并且把贸易、加工配送和物流统一运作，已形成了一个新的业态，但必须改造提升，向现代流通转变；三是要积极发展与生产企业和下游用户的供应链合作，构建互利双赢的关系；四是要积极向产业链两端延伸，利用投资、参股等多种方式，进入原材料供应、生产领域，并在投融资、信息、科研等更广泛的领域拓展；五是要继续大力发

展连锁经营、代理制、电子商务等先进的流通方式，提高流通现代化水平。

第五，建立与完善政策体系，营造良好的外部环境。要建立健全宏观调控、市场管理、市场信用体系，以及促进流通现代化等政策体系；适时修改、废除明显不利于生产资料流通发展的政策、规定、办法等。通过不断完善法制环境，提供制度保障，促进生产资料流通业的持续发展。

同志们！30年前党的十一届三中全会，是中华民族实现伟大复兴的新起点，也是我国各行各业大发展的新开端。在今天的会议上，生产资料流通行业的新老同志聚集一堂，回顾改革历程，倍感精神振奋。为了生产资料流通的改革和发展，大家都付出了辛劳，做出了贡献。展望未来，任重而道远，但我们充满了信心。让我们在十七大会议精神的指引下，在党中央的正确领导下，继续坚持改革开放、开拓创新、求真务实、奋力拼搏，努力实现生产资料流通行业的新发展，再创新的辉煌！

（本文为作者在"全国生产资料流通行业纪念改革开放30周年座谈会"上的讲话）

# 当前物流业发展的形势与任务

## （二○○九年五月七日）

### 一、关于全国物流业发展的形势

2009 年第一季度，我国 GDP 同比增长 6.1%，规模以上工业增加值同比增长 5.1%，全社会固定资产投资同比增长 28.8%，社会消费品零售总额同比增长 15.0%，居民消费价格同比下降 0.6%，制造业采购经理指数从 2008 年 12 月开始已经连续 5 个月从低位回升。这表明党中央、国务院采取的一揽子经济政策开始见效，我国经济出现了企稳回暖的初步态势。

但是，我们也要看到，我国经济出现的积极变化和企稳回暖的态势还是初步的，基础尚不稳固。一是经济整体增速仍然处在较低水平，即使是 3 月，工业的增长速度也还只有正常速度的一半左右，第一季度累计更只有 5.1%，还没有 2008 年第四季度高，同时第一季度 GDP 的增速也还低于去年第四季度 6.8% 的水平；二是企业经营仍然存在诸多困难，效益仍处于下降阶段，在 39 个行业中，有 23 个行业利润下降，4 个行业出现亏损；三是农产品价格稳定难度大，农民增收困难增加；四是就业形势较为严峻，城镇就业计划完成的难度加大，大学生就业压力凸显，大批返乡农民工需要重新寻找工作；五是国际金融危机仍未见底，即使是金融危机过去，国际经济还有可能出现长时间的低增长和高通胀状况，将对我国经济发展带来多方面的不利影响；六是货币资金运行中，金融形势在变复杂，货币资金和流动性管理的难度在加大；七是地区和行业之间发展不平衡，东部地区形势更严峻一些，钢铁、有色和石化行业仍然困难；八是投资支撑的因素存在很多不确定性，特别是房地产、基础设施建设客观上遇到了一系列因素的制约；九是随着地方财政减收，使不少地方投资能力减弱；十是不少企业信心仍然不足，短期行为、等待观望态度对经济全面进入平稳较快发展轨道形成不利影响。总之，经济增长的下行压力依然存在，需求不足仍然是当前我国经济发展的主要矛盾。

今年以来，受国际金融危机不断蔓延和加深的影响，我国物流运行速度有所下降，物流企业经营困难明显增加。今年一季度，全国社会物流总额 18.7 万亿元，同比下降 3.3%，是近几年来的首次负增长。物流业增加值完成 4422 亿元，比上年同期增长 1.2%，增幅同比回落 14.4 个百分点。社会物流总费用与 GDP 的比率为 18.2%，比去年同期下降 0.1 个百分点。物流行业固定资产投资完成额 2605.3 亿元，同比增长 51%，物流市场价格总体上有所下滑，但随着需求的增加和油价的上升，3 月下旬以来，物流市场价格开始从低位回升。

与此同时，我国物流业发展的形势依然严峻。主要表现在以下几个方面。

一是物流需求萎缩，业务量下降。据对全国重点物流企业统计调查结果显示，2009 年 1—2 月，我国重点物流企业经营业务持续下降。其中，配送量下降 10.3%，流通加工量下降 13%，包装量下降 21.7%。主营业务收入、主营业务成本、主营业务利润额等也有不同程度的下降。了解到的情况一般物流企业下降幅度在 20% 左右，与进出口贸易相关的行业下降幅度较大。

二是企业经营效益普遍下滑，经营困难进一步加剧。从部分重点企业反映的情况看，自 2008 年 10 月以后营业收入普遍下滑。大多数企业利润大幅下降甚至出现亏损，有些地区的部分企业开始退出物流行业。今年以来，企业效益下滑的态势没有根本性改变。

三是资金短缺，投资不足的压力。一方面客户延长账期，物流企业垫付资金回笼放慢；另一方面部分上游客户破产倒闭或恶意逃债，物流企业坏账风险加大。许多物流企业当期经营难以为继，原定投资计划放缓或放弃，对后续发展留下隐患。

今年 3 月 10 日，国务院出台了《物流业调整和振兴规划》（以下简称《规划》）。3 月 27 日，国家发改委组织 36 个相关单位，对 53 项政策措施进行了细化，要求各有关单位拿出具体实施方案。国家发改委办公厅印发了《物流业调整和振兴专项投资管理办法》，首批要求每个省报 5 个物流项目。重点支持农产品冷链、物流配送、制造业与物流业联动发展、物流标准和技术推广、物流公共信息平台 5 个方面的工程项目，主要采取贷款贴息的方式予以扶持。目前，项目资金即将下达。

各有关省市都在制定实施细则，比如，江苏提出 12 大产业，北京是 7 大产业，不论几大产业，都包含了物流产业。《规划》出台以后，各地政府空前重视，物流业发展面临新的机遇。

在规划出台前后，我们联合会派出三个调查组到各地调研，召开了不同形式的座谈会。根据调研情况，我们向国家有关部门提出了八条政策建议。这就是：财政支持政策；税收减免政策；有利融资政策；便捷交通政策；土地使用政策；结构调整政策；需求引导政策；产业安全政策。目前，我们正在对这些政策进行细化，向有关部门反映企业诉求。同时，也在积极参与有关专项规划的制定工作。

我们这次来，带着一个重要的任务。就是要听取我们浙江物流企业的情况，有什么应对措施，存在哪些突出问题，有什么政策建议。我们收集起来，一起反映上去。

## 二、关于贯彻落实《规划》

《规划》为物流业发展提供了前所未有的机遇，物流企业要根据自己的实际，做好《规划》的对接和落实工作。

一是与《规划》的指导思想对接。《规划》提出的指导思想是：以邓小平理论和"三个代表"重要思想为指导，深入贯彻落实科学发展观，按照保增长、扩内需、调结构的总体部署，以应对国际金融危机对我国经济的影响为切入点，以改革开放为动力，以先进技术为支撑，以物流一体化和信息化为主线，积极营造有利于物流业发展的政策环境，加快发展现代物流业，建立现代物流服务体系，以物流服务促进其他产业发展，为全面建设小康社会提供坚实的物流体系保障。学习《规划》重在领会精神实质，我们要把思想统一到《规划》的指导思想上来。

二是与规划目标对接。《规划》提出，力争在2009年改善物流企业经营困难的状况，保持产业的稳定发展。到2011年，培育一批具有国际竞争力的大型综合物流企业集团，初步建立起布局合理、技术先进、节能环保、便捷高效、安全有序并具有一定国际竞争力的现代物流服务体系，物流服务能力进一步增强；物流的社会化、专业化水平明显提高，第三方物流的比重有所增加，物流业规模进一步扩大，物流业增加值年均递增10%以上；物流整体运行效率显著提高，全社会物流总费用与GDP的比率比目前的水平有所下降。

三是与《规划》的区域布局对接。《规划》提出要重点发展九大物流区域，建设十大物流通道，确定了21个全国性物流节点城市（包括宁波、杭州）和17个区域性物流节点城市，形成全国性、区域性和地区性物流中心和三级物流节点城市网络，优化物流业的区域布局。这是《规划》区域布局的重点，也应该成为物流企业经营发展的重点区域。

四是与《规划》的重点领域对接。《规划》提出"推动重点领域物流发展"，实际上确定了10个重点领域：石油、煤炭和重要矿产品物流；粮食、棉花物流；农产品、农资和农村日用消费品物流；城市统一配送；医药物流；化学危险品物流；汽车综合物流服务；回收物流和绿色物流；邮政物流；应急物流等。这是《规划》提出的重点领域，也应该成为物流企业经营发展的重点。

五是与《规划》的九大工程对接。《规划》提出了物流业发展的九大重点工程：多式联运、转运设施工程；物流园区工程；城市配送工程；大宗商品和农村物流工程；

制造业与物流业联动发展工程；物流标准和技术推广工程；物流公共信息平台工程；物流科技攻关工程；应急物流工程。这些工程一定会成为国家重点支持的工程，物流企业要积极参与建设。

六是与七大专项规划对接。按照《规划》的要求，有关部门将要制定煤炭、粮食、农产品冷链、物流园区、应急物流、商贸物流和物流标准等专项规划。这些规划，都是物流业发展的重点，物流企业要密切关注。

七是与地方和部门的工作方案和配套政策对接。根据国发〔2009〕8号文要求，各地区要按照《规划》确定的目标、任务和政策措施，结合当地实际抓紧制定具体工作方案，切实抓好组织实施，确保取得实效。国务院各有关部门要根据《规划》明确的任务分工和工作要求，做到责任到位、措施到位，加强调查研究，尽快制定和完善各项配套政策措施，切实加强对《规划》实施的指导和支持。当前，各地区、各部门正在按照国务院文件的要求，制定具体的工作方案和配套政策。相对于《规划》来说，这些方案和政策更有针对性和操作性，物流企业要予以极大关注。

（本文为作者在"浙江省物流与采购协会重点企业座谈会"上的讲话要点）

# 关于贯彻国务院《规划》的若干问题

## （二〇〇九年五月十六日）

今年 3 月，国务院颁发了《物流业调整和振兴规划》（以下简称《规划》）。把"物流产业振兴战略"作为本届论坛的主题，非常及时，也很有必要。物流业列入十大产业调整振兴规划，表明了党中央、国务院对物流业的重视，也是我国物流业发展的重要标志。自 1978 年引进物流概念，到新世纪以来我国物流业加快发展。2003 年国务院领导同志对全国政协的调研报告作出批示，2006 年"十一五"规划明确了现代物流的产业地位，到这次物流业作为唯一的服务业列入十大产业振兴规划。不仅对于我们应对当前金融危机，而且对于物流业长远发展都是重大利好消息，也是我国物流业加快发展的重大机遇。

加快发展服务业，提高服务业比重和水平，是我国的重大战略决策。一些发达国家服务业比重高达 60%～70%，生产性服务业又占全部服务业 60%～70%。2008 年，我国服务业增加值的比重只有 40.1%，即便经济发达的沿海省份服务业比重也属于比较低的水平，因此带来巨大的资源和环境压力。物流业是重要的生产性服务业，是当前"保增长、保民生、保稳定"的重要手段。2008 年，我国物流业增加值完成近 2 万亿元，占服务业全部增加值的 16.5%。也就是说，物流业每增加 6.06 个百分点，就可以带动服务业增加 1 个百分点。大力发展现代物流业，是调整经济结构、转变发展方式的需要，也是提升流通现代化水平，促进经济平稳较快发展的需要。

现代物流是发展现代流通的核心。发展现代流通要以流通现代化为目标，建设统一开放、服务高效、竞争有序的流通体系。运用连锁经营、物流配送和电子商务等现代流通方式，促进内外贸一体化的大贸易，建设城乡统一的大市场，搞活生产资料和生活资料的大流通。流通的现代化，不只是盖大楼，不是简单地变"摊位市场"为"大楼市场"，关键在于运用现代物流理念，创新经营模式。最近，我到江苏和浙江调研，了解到供应链管理有了较好的运用，传统流通方式正在发生根本性变革。流通企业实行贸易、物流、金融、信息一体化运作，参与到生产企业从采购到分销的整个供应链，取得了很好的效果，但总体来看，我国现代物流发展还很不平衡。不同行业、地区和品种之间还有相当大的差距，需要我们认真研究，积极推进。

《物流业调整和振兴规划》是我国物流业第一个专项规划，也是第一次以国务院名义发布的指导物流业发展的文件。《规划》在分析我国物流业发展的现状与形势的基础上，提出了指导思想、原则和目标，十项主要任务、九大重点工程和九条政策措施。其核心在于"建立现代物流服务体系"。《规划》发布以后，大家感到很振奋。但落实规划，还需要做大量的工作，还有许多问题需要深入研究。一是现代物流服务体系研究；二是制造业与物流业联动发展研究；三是商贸物流研究；四是农村及城乡一体化物流研究；五是物流企业发展研究；六是物流园区、配送中心研究；七是区域物流研究；八是重点领域物流研究；九是物流标准、信息和技术研究；十是物流政策研究等。

北京物资学院是我国最早开展物流教学和研究的单位之一，集中了大量的物流教学与研究人才，希望你们在对《规划》的研究落实方面多做工作。也希望在座各位专家和同志们共同努力，推进《规划》的研究和落实。中国物流与采购联合会，作为物流与采购行业协会，愿意为大家搞好服务工作，发挥政府、企业、研究机构和院校之间的桥梁与纽带作用，共同促进《规划》目标的实现。

最后，预祝第三届中国北京流通现代化论坛圆满成功！

（本文为作者在"第三届中国北京流通现代化论坛"上的致辞）

# 以规范运作提升行业公信力
# 以能力建设促进服务质量提高

## （二〇〇九年六月二十三日）

刚才，民政部发布了 A 级行业协会商会评估结果，我会荣幸地获得了 5A 级协会称号。这是对我们协会工作的肯定和鞭策。根据会议安排，我针对中国物流与采购联合会如何为行业、为企业、为政府服务做个简要汇报。

### 一、靠规范服务赢得行业公信力

中国物流与采购联合会是 2001 年国务院机构改革时，经国务院批准重组更名而成立的。行业协会的宗旨就是服务。在几年来的实践中，我们体会到，只有靠热心、严格、规范的服务、为会员企业扎扎实实办实事，才能树立自己的公信力。我们主要抓了五个方面的工作。

一是规范业务活动。中物联组建以来，陆续制定涉及对内管理、对外开展各类服务活动的规章制度达 30 多个。中物联加强财务管理，遵守各项规章制度，严格财务纪律，得到了审计部门和国资委的好评。

二是规范评比表彰达标活动。2007 年，中物联与人社部共同开展了物流行业劳动模范、先进集体和先进工作者的评比表彰活动。中物联采取了严格的标准和程序，同时对获奖企业和个人不收取任何费用，受到行业的高度评价。

三是规范分支机构管理。分支机构管理一直是行业协会管理的难点。管得严了，分支机构不容易发挥作用；管得松了，很容易出现问题。对此，我会经过调研，结合民政部有关规定，专门制定了《中国物流与采购联合会分支机构管理办法》，对有可能出现的问题都作了明确规定，有些甚至用协议的方式予以明确。

四是加强行业信用建设。中物联在获得商务部和国资委批准的首批开展行业信用评价试点单位后，研究制定管理办法，严格评审程序，对不符合条件的企业坚决不评，把企业的纳税记录、银行信用作为主要指标。截至目前，中物联评出的 A 级物流信用企业只有 66 家，成为业内诚信守法的典范，履行社会责任的典型。

五是规范外事管理。中物联每年各种外事活动较多。我们严格执行外事工作的规定和各项外事规章制度，规范因公出国（境）团组、人员审批，严格控制"双跨"团组出国（境），严禁组织以盈利为目的的各种团组。在双边交流中，坚持按外事制度和国际惯例标准进行。

## 二、靠抓行业基础建设带动公共服务

多年来，中物联一直在探索具有中国特色行业协会服务的规律。我们认为，抓好行业基础性工作，是行业协会建设和发展的核心，既是行业协会彰显公共服务的重要内容，也是行业组织的立命之本。

一是标准化工作。在国家有关部门的支持下，成立了全国物流技术标准化委员会，秘书处设在中物联，陆续制定了100多项物流行业急需的国家标准和行业标准。

二是统计信息工作。中物联与国家发展改革委和国家统计局联合制定了全国社会物流统计及核算制度，并定期发布物流统计信息；由中物联独家统计发布的重要生产资料价格信息，已成为我国工业消费品领域最具权威的统计数据；由中物联发布的制造业和非制造业 PMI 指数，在国内外具有重大影响，已成为政府宏观调控和企业经营决策的重要依据。

三是教育培训工作。中物联与教育部合作共同推动物流人才教育工程，目前在校学生已超过80万人。中物联开展的物流师培训认证工作，已有 6.1 万人取得了高级物流师、物流师或助理物流师资格证书。

四是行业科技工作。经科技部批准，设立了"中国物流与采购联合会科学技术奖"（省部级奖项）。截至目前，已评出获奖项目116项，推动了行业科技进步。

五是产业损害预警工作。2008 年，中物联与商务部共同建立了物流产业安全损害预警系统。

## 三、靠服务能力建设提升服务质量

中物联重视对工作人员树立事业心的教育，对协会的工作要热心、要有事业心。对他们进行"市场化、职业化、专业化"能力的培养，把提高员工队伍的能力建设放到了突出位置。

一是规划咨询质量明显提高。近年来，中物联陆续承担并完成了国家发改委、商务部等部门以及地方政府、企业等委托的各项规划、咨询项目200多个。其中，参与研究起草的《物流业调整和振兴规划》于今年 2 月经国务院常务会议讨论通过并于 3

月正式发布。

二是政策研究质量明显提高。中物联是全国现代物流工作部际联席会议成员单位，每年都要向政府部门提交多项政策研究报告。去年下半年爆发金融危机后，我会向国务院提交了金融危机对我国物流业影响的调研报告。去年底，中物联向商务部提出的商品流通方面的政策建议也得到了重视。最近，中物联围绕落实物流业调整振兴规划，向政府有关部门提交了物流税收的政策建议，得到国家税务总局的认可。

三是理论研究质量明显提高。组织完成的研究课题超过 200 个；每年定期出版《中国物流发展报告》《中国物流重点课题报告》《中国物流学术前沿报告》《中国物流年鉴》等，指导了行业健康发展。

四是会议会展质量明显提高。为减轻会员企业负担，中物联严格控制会议次数，重点打造和培育几个品牌会议。如"中国物流企业家论坛暨中国物流企业年会""中国物流发展报告会暨中国物流专家论坛""中国物流学术年会""汉诺威亚洲国际物流技术与运输系统展览会"等。

各位领导、同志们！中国物流与采购联合会虽然在探索协会服务方面作了一些工作，但与在座的兄弟协会比，我们还有差距。我们要互相学习，共同努力，改革创新，走出一条中国特色的行业协会发展的路子。


（本文为作者在民政部召开的"全国性行业协会商会评估授牌大会"的发言摘要，中国物流与采购联合会在本次大会上获得 5A 级协会称号）

# 贯彻落实国务院《规划》
# 促进物流园区健康发展

## （二〇〇九年七月二十四日）

首先，我代表中国物流与采购联合会，对参加本次论坛的各位代表表示热烈欢迎，对徐州市人民政府所做的工作表示衷心的感谢！

国务院发布《物流业调整和振兴规划》（以下简称《规划》）以后，我国物流业出现了很好的发展形势。当前，各有关部门正在抓紧落实《规划》中提出的各项工作任务。各级地方政府都在根据《规划》精神，制定出台相关的政策措施。中国物流与采购联合会组织了三个调研组，深入长三角、珠三角和中西部地区的一百多家企业了解情况，征求落实《规划》的意见和建议。受国家发改委、商务部等有关部门委托，我们正在进行"物流业发展政策研究""制造业与物流业联动发展指导意见"和"流通领域现代物流工作试点方案"等课题的研究，以及"全国物流园区""应急物流体系"和"物流标准化工作"等专项规划的研究和起草工作。我们相信，物流业发展的政策环境将会更加宽松。我们期望，促进物流业发展的各项政策措施能够尽快落到实处。

当前，我国经济正处在企稳回暖的关键时刻。上半年，我国 GDP 增长 7.1%，特别是第二季度以来，经济回暖迹象更加明显，GDP 增幅达 7.9%。我国制造业采购经理人指数（PMI）自 3 月以来，已连续 4 个月保持在 50% 以上。这说明我国经济将继续向好的趋势发展。上半年，我国物流业也呈现出积极向好的发展趋势。据初步统计，今年 1—6 月，我国社会物流总额 42.9 万亿元，同比下降 0.8%，如果剔除价格下降因素，同比增长 6%；物流业增加值完成 9040 亿元，同比增长 2.1%；社会物流总费用与 GDP 的比率为 18%。随着国家一揽子经济政策的贯彻落实，经济企稳回暖，我国物流业也会出现由降转升的发展变化。同时我们也要注意到当前物流业发展速度明显慢于宏观经济的发展。这种经济总量回升而物流总量增长相对缓慢的现象值得关注和研究。我们要注意到经济运行中的回升态势还不稳定，要看到经济回升的基础还不够牢固，要做好应对各种困难的准备。

国务院《规划》的出台，极大地鼓舞了物流行业广大企业和职工，提高了全社会对物流业的认识，物流业发展受到空前重视。如何把当前这股"热劲儿"转变为推动物流业发展的"实劲儿",需要我们认真思考,积极行动。要鼓实劲,办实事,求实效。不要搞形式主义,不要盲目"忽悠"。物流业是复合型产业,涉及国民经济的许多部门,需要各部门通力合作,形成合力。物流业主管部门要总揽全局,搞好计划、组织、协调和综合平衡,推动《规划》的落实。

各位来宾、同志们!物流园区是我国现代物流业发展中出现的新型业态,经过十多年发展已初具规模。根据我们去年的调查,我国物流园区(基地)已经发展到475个,其中122个已经建成运营。出现了北京空港、浙江传化、济南盖家沟、上海西北、上海外高桥、苏州物流中心等业内普遍认可的物流园区(基地、中心)。它们在提高物流的组织化水平和集约化程度,转变物流运作模式和经济发展方式,调整优化经济结构和促进区域经济发展等方面发挥了重要作用。《规划》发布以后,物流基础设施建设进入新的发展阶段。今年1~6月,物流行业固定资产投资完成额增长61.8%。加强物流基础设施建设,建立现代物流服务体系,正在形成各方面的共识和合力,正在成为新的投资热点。

十多年来物流园区发展的经验需要总结,出现的问题同样需要深入研究。当前,要按照国务院《规划》的基本要求,制定统一、科学、权威的物流园区专项规划。这项工作,需要在政府有关部门领导下,我们大家共同参与。第一,园区规划应该立足于物流业发展的实际需求,服务于经济发展的全局。不能脱离实际,贪大求全。第二,园区的规划和建设是对物流资源的整合。这就要求各相关部门要加强协调,各种运输方式要衔接配套,各类运输场站、枢纽和仓储设施要整合利用。第三,各地规划要服从于全国规划,要体现九大物流区域、十大物流通道和三级节点城市等基本布局,避免区域内同质化竞争。第四,园区建设要统筹协调存量资源和增量资源,充分利用现有物流资源,提升改造物流功能,避免盲目投资和重复建设。第五,要明确物流园区的规划和建设原则,严格相应的约束机制,坚决杜绝以物流之名圈占土地,搞房地产。第六,要处理好当前和长远的关系,明确发展的定位,采用先进适用的技术,具有一定的前瞻性。第七,要建立健全物流园区规划、运营、管理和服务体系,制定针对物流园区发展所需要的配套政策,保证物流园区稳健运行。在新一轮"物流热"兴起的时候,我们一定要保持清醒头脑。脚踏实地,多干实事,少走弯路。

贯彻落实《规划》是当前物流业发展的中心工作,也是我们这次会议的重要内容。《规划》提出了"建立现代物流服务体系,以物流服务促进其他产业发展"的指导思想,把"加强物流基础设施建设的衔接与协调"列为十项主要任务之一,把"物流园区工程""城市配送工程"列入九项重点工程,并要求制定"物流园区专项规划"。本次会议,我们邀请了国家发改委和商务部主管司局的负责同志作政策辅导,并就物流园区专项规划听取大家的意见。将分别举行市长论坛和专家论坛,从政府和专家两个层面来探讨物流园区发展问题。同时举行物流金融、公路港、钢铁物流中心、空港和保税物流等专题分论坛，从专业化的角度更有针对性地互动交流。还将组织投融资说明会、项目展示等相关活动，尽可能为参会代表提供实实在在的服务。希望大家按照《规划》的精神，分析形势，探讨问题，交流经验，寻求合作，提出促进物流园区快速健康发展的政策建议。

同志们！本次会议还将套开"振兴徐州老工业基地物流发展论坛暨徐州物流项目投资推介会"，并组织代表参观当地的企业和项目。徐州处于淮海地区的中心地带，是全国重要的铁路枢纽城市，新亚欧大陆桥中国段五大中心城市之一。地理位置优越，交通优势明显，资源较为富集，产业体系健全。市委、市府重视物流业发展，有许多优惠政策和便利条件。希望参会代表利用本次会议的有利时机深入考察，广泛交流，充分合作，共谋发展。

各位来宾、同志们！自 2003 年以来，"全国物流园区交流研讨会"已连续举办六届，在交流情况、促进合作、争取政策、营造环境等方面发挥了重要作用。我相信，在大家的共同努力下，本次会议一定能够取得圆满成功，为贯彻落实国务院《规划》，促进物流业又好又快发展做出新的贡献。

（本文为作者在"第 7 次全国物流园区交流研讨会暨第 18 次中国物流专家论坛"上的致辞）

# 积极推进制造业与物流业联动发展

## （二〇〇九年十月二十九日）

首先，我代表中国物流与采购联合会，对参加本次论坛的各位代表表示热烈的欢迎，对云南省人民政府及有关部门和云南省物流与采购联合会所做的工作表示衷心的感谢！

两年前，国家发改委在上海召开了首届全国制造业与物流业联动发展大会。两年来，我国经济形势和物流业发展的环境有了很大变化，推进"两业"联动发展的任务更加繁重与紧迫。本次会议的召开，十分及时，也非常必要。

今年3月，国务院发布《物流业调整和振兴规划》，我国物流业面临难得的发展机遇。各级地方政府根据《规划》精神，相继出台有关的政策措施，各有关部门正在抓紧落实《规划》中提出的各项工作任务。中国物流与采购联合会按照《规划》的要求和国家发改委的委托，在调研的基础上，针对物流企业遇到的突出问题，向政府有关部门提出了税收、交通、投融资、支持物流企业、促进物流园区发展和推进制造业与物流业联动六个方面的"60条"政策建议。9月下旬，由国家发改委牵头，包括国务院办公厅在内的15个部门深入江苏、上海和广东等地进行了物流业政策调研。我们预计，贯彻落实《规划》，支持物流业发展的政策措施将会出台，物流业发展的政策环境将会进一步改善。

今年以来，我国物流业随着经济发展逐步企稳回暖。前三季度，我国GDP增长率已经达到7.7%，第三季度增长率为8.9%，预计全年增长8%的目标可以实现。我国制造业采购经理人指数（PMI）自3月以来，已连续7个月保持在50%以上，9月达到54.3%，为去年5月以来的最高值。与此同时，我国物流业也呈现出积极向好的发展趋势。据初步统计，今年1—9月，我国社会物流总额69.4万亿元，同比增长2%；物流业增加值完成1.47万亿元，同比增长4%；社会物流总费用与GDP的比率为18%。综合各方面情况来看，年内经济回升的基本态势有可能继续加快，物流业需求将会保持回升的势头。但是，也要看到经济回升的基础还不够牢固，物流业发展的一些深层次问题尚未解决，我们要积极做好应对各种困难的准备。

同志们！物流业是制造业发展必要的支撑条件，制造业是物流业必需的需求基础。

推进制造业与物流业联动发展，不仅是提升制造业核心竞争力的重要手段，也是促进物流业发展的必由之路。近年来，制造业企业重视流程改造，整合内部物流资源，分离外包物流业务，企业物流运作水平显著提高；物流企业针对制造业需求，提升改造物流功能，逐步融入制造业流程，物流服务能力有了较大提高。"两业"联动发展呈现出新的局面，涌现出一批较好的典型。本次会议就有一百多家企业提供了书面材料，还有许多鲜活的经验要做互动交流。

我们要充分肯定"两业"联动取得的成绩，认真总结好的做法和经验。同时，也要看到发展还很不平衡：物流企业有参与联动的积极性，制造企业也有参与联动的愿望，双方还有个认识过程；家电、电子和汽车等先进制造业联动程度较高，原燃材料等上游企业改进幅度较小；东部地区发展较快，中西部地区相对滞后；各地、各部门对"两业"联动重要性的认识不断提高，但缺乏相应的政策措施。这些问题，都需要我们认真研究，逐步加以解决。

同志们！国务院《物流业调整和振兴规划》提出了"积极扩大物流市场需求"和"大力推进物流服务的社会化和专业化"的主要任务，并把"制造业与物流业联动发展"列为九项重点工程之一。我们要鼓实劲，办实事，求实效。不要把发展物流当作行政口号，不要盲目"忽悠"。希望大家珍惜这次机会，按照《规划》的精神，分析形势，探讨问题，交流经验，寻求合作，努力促进"两业"联动发展。中国物流与采购联合会，作为行业社团组织愿意继续做好相关服务工作。

我相信，在大家的共同努力下，本次会议一定能够取得圆满成功，为贯彻落实国务院《物流业调整和振兴规划》，促进物流业又好又快发展做出新的贡献。

（本文为作者在"第二届全国制造业与物流业联动发展大会"上的致辞）

# 研究新趋势　关注新变化

## （二〇〇九年十二月三日）

大家知道，今年3月，国务院发布《物流业调整和振兴规划》（以下简称《规划》），我国物流业发展迎来重大机遇。河南地处中原，人杰地灵，是中华文明的重要发祥地。改革开放以来，河南经济快速发展，经济总量居中西部地区前列，在中部崛起中占有重要地位。省委、省政府重视发展服务业、物流业，正在营造有利于发展的政策环境。郑州市是国务院《规划》确定的21个全国性物流节点城市之一，区位优势十分明显，物流条件极为便利。近年来，市委、市政府把现代物流列入服务业发展的重点，积极推进物流业发展，取得了显著成效。在这样的背景下，我们大家聚集在这里，互相交流物流业发展的经验，共同探讨贯彻落实国务院《规划》，相信能够取得更好的成果。

2009年，是新世纪以来我国经济发展最为困难的一年。党中央、国务院提出的促进经济平稳较快发展的"一揽子"政策，已经收到实效。1~9月，我国GDP增长率已经达到7.7%，第三季度增长率为8.9%，预计全年增长8%的目标可以实现。国内生产资料销售总额同比增长率从第一季度的2.2%，上升到1~10月的10.4%；货运周转量增幅由第一季度的-7.9%，提高到6.5%；制造业采购经理人指数（PMI）连续12个月持续回升，连续9个月位于临界点——50%以上，10月和11月均为55.2%。这些数据充分说明，中国经济总体回升的态势基本确立。

随着经济形势的发展变化，我国物流业发展也出现了新的趋势。

一是物流业整体运行持续回升向好的趋势。今年1—3季度，全国社会物流总额为69.4万亿元，可比增幅由第一季度的1.5%提高到6.9%；物流业增加值为1.47万亿元，增幅已由第一季度的1.7%提高到4%；物流相关行业固定资产投资为1.89万亿元，同比增长55%，高出同期城镇固定资产投资近22个百分点；社会物流总费用为3.92万亿元，与GDP的比率为18%。从进入第四季度以来的情况看，继续保持了加快回升的发展趋势。

二是制造业与物流业联动发展进一步加强的趋势。越来越多的制造企业分离、分立物流资源，整合外包物流业务，与专业物流企业结成战略合作伙伴关系；越来越多的物流企业，更快更广更深地介入生产领域，提供供应链一体化服务，推动了物流服务的市场化和社会化。

三是流通业与物流业融合渗透进一步显现的趋势。流通企业延伸和强化物流功能；物流企业进入贸易领域，代理采购、分销，向物流加贸易过渡，现代物流在现代流通体系中发挥着越来越重要的作用。

四是物流业延伸服务进一步加快的趋势。特别是向金融业延伸服务，使得物流企业的服务功能加速扩展。物流金融正在从简单的代收货款、代理结算、仓单质押融资向供应链金融等高级形式发展。

五是物流企业兼并重组进一步活跃的趋势。经过金融危机的考验，有的企业出现经营困难，甚至破产；也有的企业抢抓机遇，苦练内功，创新服务理念和经营模式；优势企业，业务整合，兼并、重组加快，物流企业的集中度进一步提高。

六是政策推动力度逐步加大的趋势。《规划》发布以来，国务院各有关部门、各地方政府都在制定出台相关的政策措施，物流业发展的政策环境逐步好转。中国物流与采购联合会，在深入调研的基础上，提出了税收、交通、投融资、支持物流企业、促进物流园区发展和推进制造业与物流业联动六个方面的"60条"政策建议，作为有关部门研究落实物流政策的参考。

11月27日中央政治局召开会议，研究了明年的经济工作，提出了"坚持把保持经济平稳较快发展作为经济工作的首要任务。坚持积极的财政政策和适度宽松的货币政策，全面实施并不断完善应对国际金融危机冲击的一揽子计划"。我们要认真贯彻执行，坚定信心，把握机遇，推动物流业又好又快发展。

第一，要密切关注宏观经济形势的变化。综合各方面情况，年内"保增长"的目标可以实现，但"扩内需、调结构"的任务仍然十分艰巨。同时，也要看到物流总额上半年增长 $-0.8\%$ ，第三季度才增长 $2\%$ ，扣除物价因素增长 $6.9\%$ ，低于 GDP 的增速。说明经济回升的基础还不够牢固，物流业发展的一些深层次问题尚未解决。我们要遵照中央政治局关于明年经济工作的基本精神，从经济发展的全局出发，积极应对各种困难，促进国民经济平稳较快发展。

第二，要密切关注物流业调整和振兴的政策措施落实。《规划》提出了十项任务、九大工程和九条保障措施，这些都是物流业发展的重点。各有关部门和地方政府都在研究出台相关的规划和政策，我们要结合实际，认真贯彻落实。

第三，要密切关注现代物流发展的基本趋势和方向。要进一步推广现代物流理念和供应链管理，推进制造业与物流业联动发展；要重视流通中的物流管理，进一步发挥现代物流在流通领域的核心作用；要建立健全农村物流服务体系，统筹发展城乡一体的现代物流。

第四，要密切关注经营模式创新。要根据市场变化和客户需要，开发新的经营模式，把我们的物流企业变成学习型企业、创新型企业、上下游客户离不开的服务型企业。

第五，要密切关注国外物流管理和技术的发展。要加强国内物流企业同国际物流企业的合资、合作与交流，引进和吸收国外先进经验和管理方法；要学会利用国内外两种资源、两个市场，推动我国物流企业"走出去"。

第六，要密切关注企业的社会责任。要加强行业自律，推动物流企业综合评估和信用体系建设；企业家要对客户、员工、股东和社会负责，注重企业文化建设；要积极参与行业活动，共同分享经验与成果，探讨解决困难与问题，促进物流行业携手、协商、协作，树立和维护行业整体形象。

中国物流与采购联合会作为行业社团组织，将永远与企业站在一起，努力做好服务工作，更好地发挥政府与企业的桥梁和纽带作用，为促进物流业又好又快发展做出新的更大贡献。

预祝"第七届中国物流企业家论坛暨 2009 中国物流企业年会"圆满成功！祝各位企业家身体健康，事业发展，不断取得新的进步！


（本文为作者在"第七届中国物流企业家论坛暨 2009 中国物流企业年会"上的致辞）

# 加强合作　扩大交流
# 相互学习　共创双赢

## （二〇一〇年十月十二日）

"海峡两岸暨香港、澳门物流合作与发展大会"于2001年创办以来首次在台湾举办，来自大陆的100多位团员，是带着深厚的同胞感情而来，是抱着扩大交流、加强合作和学习取经的美好愿望而来。

首先，我代表中国物流与采购联合会，代表大陆代表团全体成员，对本次会议的成功举办表示热烈的祝贺；对各位代表和来宾表示热烈的欢迎；对台湾同行为本次会议所做的工作表示衷心的感谢！

过去的一年，海峡两岸暨香港、澳门经济发展都受到国际金融危机的冲击，物流业作为重要的生产性服务业也受到了严重影响。大陆连续推出一揽子计划和相关政策，在世界率先实现经济回升向好。2009年GDP增长9.1%，今年上半年增幅达11.1%。在经济持续向好的推动下，物流业稳步回升。特别是去年3月，《物流业调整和振兴规划》出台，极大地提升了物流业在国民经济全局的地位，带动了各部门、各地区对物流业的重视和支持。今年1~6月，大陆社会物流总额为58万亿元，同比增长18.4%；物流业增加值完成1.2万亿元，同比增长15.6%；社会物流总费用与GDP的比率下降到17.9%。预计下半年受实体经济影响，增速可能会有所放缓，但全年仍将保持平稳较快的增长态势。

一年前，海峡两岸暨香港、澳门物流同行在海峡西岸的厦门相聚，取得积极成果。一年来，世界经济形势发生重大变化，海峡两岸暨香港、澳门经贸关系深入发展。特别是《海峡两岸经济合作框架协议》（ECFA）于9月12日正式签署，为两岸步入和平合作、双赢繁荣的新阶段创造了重要条件。面对新的形势、新的课题、新的机遇和挑战，我们今天齐聚台湾，共同探讨海峡两岸暨香港、澳门物流业未来发展前景，促进交流与合作进一步深入，意义重大，影响深远。为此，我提出以下四点建议。

第一，加强合作。近年来，在海峡两岸暨香港、澳门经济发展和政策推动下，经过业界共同努力，各方物流合作取得了明显成效，打下了良好基础。2003年，内地分别与香港和澳门签署了《内地与香港关于建立更紧密经贸关系的安排》和《内地与澳门关于建立更紧密经贸关系的安排》（即CEPA）。今年6月，大陆海协会与台湾海基会正式签署《海峡两岸经济合作框架协议》（即 ECFA）。这些协议的签署，为海峡两岸暨香港、澳门物流合作提供了制度性保障，我们要在新形势下开辟新的合作空间。大陆将继续奉行改革开放政策，欢迎台港澳同胞在大陆设立物流企业，参与物流基础设施建设，提供资金、管理、技术和人才。随着海峡两岸暨香港、澳门经贸关系稳步发展，我们要逐步把物流合作引向深入，争取就一些具体的项目达成新的合作协议。

第二，扩大交流。除继续办好一年一度的大会以外，海峡两岸暨香港、澳门物流业界还应建立多渠道、多层次、多方式的联系与交流机制。我们希望与台港澳物流协会加强人员往来、网站链接和信息互通，建立更加紧密的经常性联系。我们也希望就物流管理和技术方面的具体问题进行专题研讨。如，物流标准的协调、协作与协同；物流人才的教育、培训与交流；物流基础理论研究及新技术研发等。我会欢迎在大陆投资的台港澳物流企业加入中国物流与采购联合会，参与企业评估、信用评定、业务培训、研讨交流等活动，享受同等的会员待遇。我们呼吁各方为对方企业提供有关规定咨询以及相关服务。我会将于今年 11 月，分别在成都和南京举办"中国物流企业家年会"和"中国物流学术年会"，特别欢迎台港澳同胞前往参加。

第三，相互学习。海峡两岸暨香港、澳门经贸往来密切，经济结构互补性强。发展物流业各有优势，需要相互学习。近年来大陆物流业发展很快，形势很好，但仍处于初步发展阶段，还存在许多矛盾和问题。特别是在供应链管理、多式联运、农产品冷链物流、电子产品物流、物流信息化等方面差距明显，希望学习借鉴台港澳同行的经验。同时，我们也愿意把大陆物流业发展的实际情况介绍给台港澳同行。

第四，共创双赢。大陆有广阔的腹地和市场，台港澳有良好的区位优势、基础设施和管理经验。近年来，海峡两岸暨香港、澳门经济发展，合作增强，促进了共同繁荣。粤港澳地区物流一体化的推进，台湾"亚太营运中心"与大陆"海西经济区"的对接，大陆中西部地区物流体系的升级改造，中部崛起以及东北地区老工业基地的振兴等，都需要海峡两岸暨香港、澳门物流企业携手合作。我们还要积极创造条件，发挥各自优势，联手开发国际市场。

各位同胞、各位来宾！海峡两岸暨香港、澳门情同手足，同属中华民族大家庭。实现中华民族的伟大复兴，是全体中华儿女的共同历史责任。作为大陆物流行业社团组织，中国物流与采购联合会将积极联系会员企业，鼓励和推动物流领域加强合作，扩大交流，相互学习，共创双赢。凡是有利于海峡两岸暨香港、澳门物流业发展的事情，我们都会创造条件，提供支持，搞好服务。让我们携起手来，团结奋斗，务实开拓，为实现中华民族的伟大复兴提供更加坚实的物流保障。

预祝大会圆满成功。谢谢大家！

（本文为作者在"第七届海峡两岸暨香港、澳门物流合作与发展大会"上的致辞）

# 离职感言

## （二〇一〇年十一月三日）

中国物流与采购联合会从 2001 年 2 月更名到现在将满 10 年了，我当了 10 年的会长。这 10 年正是我们物流业艰苦奋斗、奋发图强的 10 年，是我们物流业快速发展的 10 年，同时也是确定我们物流业作为一个产业的 10 年。

中国物流与采购联合会是在改革和经济发展中产生的，这 10 年来，我们是在大家的议论中、在学习中、在探索中、在改革创新中成长的。到现在，联合会得到了政府部门的支持，企业的认可，受到了我们会员的欢迎。现在，联合会对内有了凝聚力，对外有了影响力，这些都是大家共同努力、共同奋斗的结果。10 年了，我回过头来看，感到很高兴，很欣慰，不仅仅是做了点事，更重要的是我和团队成员一直没有懈怠过。

好戏总有闭幕的时候，我现在应该感谢大家过去对我的支持和帮助。我感谢各位物流企业家和物流专家，感谢我们的会员、理事、常务理事和我们的副会长们，也感谢国务院的各个部门和地方有关部门对我们的支持。我特别要说，感谢联合会的全体同志，在这 10 年工作中给我的支持和配合、理解和谅解。谢谢大家了！

事业要传承，人事有更替，这是发展要求；长江后浪推前浪一代更比一代强，这是自然现象，年老人总要把年轻人推上来，年轻人总要超过老年人。现在联合会选出了何黎明为新会长，他年富力强，很优秀，有水平，有能力来担当这个工作，何黎明同志肯定比我做得更好。"众人拾柴火焰高，一个篱笆三个桩"，希望大家像支持我一样支持何黎明同志，支持中国物流与采购联合会。

党的十七届五中全会刚刚开过，提出了"十二五"的方针政策、目标和任务。我觉得这是一个很好的历史机遇。所以我们一定要抓住这个机遇，要加快物流服务体系的建设，要用科技创新和技术进步来引领、提升物流产业。现在我们物流业还是比较分散，集中度不够，我们要做大做强。要整合社会资源来加强物流信息建设，特别是要加强物流的基础和装备的建设，要发展绿色物流。

我想，在何黎明同志的领导下，中国物流与采购联合会和大家一起，一定会使我们的物流业发展得又好又快。

谢谢大家！我现在交班了！

（本文为作者在"中国物流与采购联合会四届四次理事会"上的即席讲话，作者在本次会议上辞去会长职务）